雅理

献给 Deb，Noam 和 Ari

人性并非机器，以预定的模式建造，并且精确运转，毋宁说是一棵树，向各个方向生长、伸张。这是由内在的力量所决定的，这种力量使它获得生命。

这就是人类在快乐来源、痛苦敏感度以及不同生理和道德因素作用下的差异。除非生活方式能够呈现出相应的多样性，否则人们既无法获得自己应得的份额，也无法发展出自身天性所能达致的精神、道德和审美境界。

——— **约翰·斯图亚特·密尔**
《论自由》（1859年）

本书得到中国政法大学法学院"学术著作出版项目"、
内蒙古科技大学"科研启动专项经费"资助

The Wealth of Networks
How Social Production Transforms Markets and Freedom

网富论

社会生产如何改变市场与自由

[美]尤查·本科勒 著
Yochai Benkler

沈伟伟　李诚予　胡凌　译

中国政法大学出版社
2025·北京

The Wealth of Networks: How Social Production Transforms Markets and Freedom
by Yochai Benkler

Copyright © 2006 by Yochai Benkler
Originally published by Yale University Press

版权登记号：图字01-2024-3712号

STRANGE FRUIT
Words and Music by LEWIS ALLAN
© 1939 (Renewed) EDWARD B MARKS MUSIC COMPANY
All Rights Administered by WARNER CHAPPELL NORTH AMERICA LTD.
All Rights Reserved
Used by Permission of ALFRED MUSIC

图书在版编目（CIP）数据

网富论：社会生产如何改变市场与自由 ／（美）尤查·本科勒著；沈伟伟，李诚予，胡凌译. -- 北京：中国政法大学出版社，2025. 1. -- ISBN 978-7-5764-1840-8

Ⅰ. F49

中国国家版本馆 CIP 数据核字第 2024HL5069 号

出 版 者	中国政法大学出版社
地　　址	北京市海淀区西土城路 25 号
邮寄地址	北京 100088 信箱 8034 分箱　邮编 100088
网　　址	http://www.cuplpress.com（网络实名：中国政法大学出版社）
电　　话	010-58908289（编辑部）58908334（邮购部）
承　　印	北京中科印刷有限公司
开　　本	650mm×960mm　1/16
印　　张	29.5
字　　数	410 千字
版　　次	2025 年 1 月第 1 版
印　　次	2025 年 1 月第 1 次印刷
定　　价	99.00 元
声　　明	1. 版权所有，侵权必究。 2. 如有缺页、倒装问题，由出版社负责退换。

致　谢

　　阅读手稿，乃英勇、慷慨之举。感谢那些给予我帮助的人，使我避免了那些几乎无可避免的错误。2001年以来，布鲁斯·阿克曼（Bruce Ackerman）在这部书稿及其片段上花费了无数时间，倾听、阅读、质疑。本书的思路和写作形式能够成为现在这个样子，很大程度上归功于他的友谊。杰克·巴尔金（Jack Balkin）不仅阅读了手稿，还慷慨地把它拿到研讨班上，强加给耶鲁信息社会项目的各位研究员，之后又用了几个小时，和我一起讨论他们发现的局限和缺憾。马文·阿莫里（Marvin Ammori）、阿迪·巴尔坎（Ady Barkan）、埃拉扎尔·巴尔坎（Elazar Barkan）、贝基·博林（Becky Bolin）、埃斯特·哈吉泰（Eszter Hargittai）、尼瓦·埃尔金·科伦（Niva Elkin Koren）、艾米·卡普钦斯基（Amy Kapczynski）、埃丹·卡茨（Eddan Katz）、扎克·卡茨（Zac Katz）、尼姆罗德·科斯洛夫斯基（Nimrod Koslovski）、奥利·洛贝尔（Orly Lobel）、凯瑟琳·麦克丹尼尔（Katherine McDaniel）、西瓦·瓦伊迪雅纳坦（Siva Vaidhyanathan）阅读了手稿，并提供了颇有见地的意见和观点。特别感谢耶鲁大学出版社的迈克尔·奥马利（Michael O'Malley）帮我下定决心写一本自己真正想写的书，并且坚持写完。

　　这本书经过了十多年的酝酿。它的源头可以追溯到1993—1994年：与尼瓦·埃尔金·科伦就网络空间民主问题进行了只有在读研究生时才会进行的彻夜长谈；与米奇·卡普尔（Mitch Kapor）形成了一系列奠基性的对话；与查尔斯·奈森（Charlie Nesson）开展过几次疯狂的想象；与伊本·莫格勒（Eben Moglen）获得了一次真正的理解。同样重要的是，在特里·费舍尔（Terry Fisher）的指导下，我写下了一篇关于19世纪自耕农和激进共和主义的论文，以及与弗兰克·迈克尔曼（Frank Michelman）、邓肯·肯尼迪（Duncan Kennedy）、莫特·霍瓦茨（Mort Horwitz）、罗伯托·昂格尔（Roberto Unger）和已故的大卫·查尼（David Charny）共同参与的一系列课程和论文。是弗兰克·迈克尔曼告诉我，如何按照自由主义去行事，这才是真正的挑战。

从那时起，我幸运地结识了许多朋友，他们身处不同领域，关注互有差异，对我的研究计划却有着方方面面的启发。1998年，大概是我第一次遇到拉里·莱斯格（Larry Lessig）。两个小时的谈话之后，我们建立起友谊，彼此间的思想交流自此成为我研究的核心。在改变数字环境中的控制、自由和创造力的公众理解方面，他一直在发挥关键作用。在过去几年里，我花了大量时间向詹姆斯·博伊尔（Jamie Boyle）、特里·费舍尔和伊本·莫格勒学习。他们以不同的方式和风格对我的研究产生了重大影响。从1999年博伊尔在耶鲁大学组织的会议到2001年他在杜克大学组织的会议之间的某段时间里，似乎有一群从事同样工作的人们，以不同程度的不同方式相互联系，以公有领域对信息生产和创造力（特别是对数字网络环境）的重要性为中心，形成了一场单一的学术运动。在此之前和之后的各种背景下，我从朱利·科恩（Julie Cohen）、贝基·艾森伯格（Becky Eisenberg）、伯恩特·胡根霍尔茨（Bernt Hugenholtz）、大卫·约翰逊（David Johnson）、大卫·兰格（David Lange）、杰西卡·利特曼（Jessica Litman）、尼尔·内塔内尔（Neil Netanel）、海伦·尼森鲍姆（Helen Nissenbaum）、佩吉·拉丁（Peggy Radin）、阿蒂·拉伊（Arti Rai）、大卫·波斯特（David Post）、杰里·雷希曼（Jerry Reichman）、帕姆·萨缪尔森（Pam Samuelson）、乔恩·齐特林（Jon Zittrain）、黛安·齐默尔曼（Diane Zimmerman）身上学到了很多。在这个领域里，我很享受与技术人员、经济学家、社会学家以及那些不完全属于这些类别的人一起度过的时光。他们非常耐心，教会了我很多。特别要感谢萨姆·鲍尔斯（Sam Bowles）、戴夫·克拉克（Dave Clark）、德韦恩·亨德里克斯（Dewayne Hendricks）、理查德·杰弗逊（Richard Jefferson）、娜塔莉·杰利米纳克（Natalie Jeremijenko）、塔拉·莱米（Tara Lemmey）、乔希·勒纳（Josh Lerner）、安迪·李普曼（Andy Lippman）、大卫·里德（David Reed）、查克·萨贝尔（Chuck Sabel）、杰瑞·萨泽尔（Jerry Saltzer）、蒂姆·施帕德（Tim Shepard）、克莱·舍基（Clay Shirky）、艾瑞克·冯·希佩尔（Eric von Hippel）。在宪法学和政治理论方面，我一直受益于艾德文·贝克尔（Edwin Baker），与他一起花了很多时间探讨本书处理的几乎所有政治理论问题；克里斯·艾斯格鲁伯（Chris Eisgruber）、迪克·法隆（Dick Fallon）、拉里·克莱默（Larry Kramer）、波特·纽博恩（Burt Neuborne）、拉里·赛格尔（Larry Sager）、凯瑟琳·苏利文（Kathleen Sullivan）也帮我构建了本书的各项论证。

本项研究的早期工作大部分是在纽约大学完成的，法学院提供了一个智识上引人入胜、组织上安全可靠的环境，让我得以探索一些很不正统的观点。1998年，我举办了一场自助午餐研讨会。一位来访的朋友在会上指出：几乎任何一家法学院都不会让一名没有终身教职的员工，向满屋子的法律和经济学者，以"信息政策中被忽视的公共物品"为题大放厥词，而且还没有危害到他的职业生涯。马克·盖斯特菲尔格（Mark Geistfeld）对我的共享经济研究给予了很大支持——就像我们在海滩上共享了许多愉快的下午，看着我们的孩子们在海浪中玩耍一样。我受益于艾尔·恩格尔贝格（Al Engelberg）的慷慨，他资助建立了创新法律与政策中心，并通过该中心资助了众多学生和研究员，我从他们的工作中受益良多；亚瑟·潘（Arthur Penn）资助了信息法律研究所，并通过该研究所资助了2000年"数字环境中的自由信息生态学"会议以及作为开放项目的系列研讨会。在那段时间里，我有幸结识了许多优秀的学生和研究员，特别是盖亚·伯恩斯坦（Gaia Bernstein）、麦克·博斯坦（Mike Burstein）、约翰·库津（John Kuzin)、格雷戈·博梅兰茨（Greg Pomerantz）、斯蒂夫·施耐德（Steve Snyder）、阿兰·托纳（Alan Toner），他们以各种方式与我共事，为本书提供了重要素材。

2001年，我有幸以访问学者的身份加入了耶鲁法学院的知识阵营，后来又成为正式成员。这本书的形式、结构和重点都是我沉浸于这个美妙社区的直接反映。几乎每一位同事都读过我在这段时间里写的文章，参加过我展示工作成果的研讨会，提供了富有建设性的评论。本书也因为这些评论而得以完善。我要感谢他们每一个人，尤其是托尼·克罗曼（Tony Kronman），是他让我认清许多问题。没有必要列举所有人的名字，只列举一些名字又会低估他们的贡献。但我还是要由衷地感谢他们，虽然还有很多无法提及的人。解决经济问题是能够提出核心政治主张的先决条件。鲍勃·埃利克森（Bob Ellickson）、丹·卡汉（Dan Kahan）和卡罗尔·罗斯（Carol Rose）深入探讨了互惠和基于公共物品的生产问题，而吉姆·惠特曼（Jim Whitman）则让我时刻牢记礼物人类学与该问题的重要关系。伊恩·埃尔（Ian Ayres）、罗恩·丹尼尔斯（Ron Daniels）、阿尔·克洛弗里克（Al Klevorick）、乔治·普里斯特（George Priest）、苏珊·罗斯-阿克曼（Susan Rose-Ackerman）和艾伦·施瓦茨（Alan Schwartz）提供了必要的质疑和帮助，促使我构建起更为可靠的论点。阿希尔·阿玛（Akhil Amar）、欧文·菲斯（Owen Fiss）、杰瑞·马什（Jerry Mashaw）、罗伯特·波斯特（Robert Post）、杰德·鲁本菲尔德（Jed Rubenfeld）、丽娃·西格尔（Reva Siegal）和吉野贤治（Kenji Yoshino）帮助我研究规范和宪法问题。我在第9章转而关注作为核心正义问题的全球发展，源于高洪柱（Harold Koh）和奥娜·哈撒韦（Oona Hathaway）邀请我在他们的全球化研讨会上发表演讲，以及他们对我的论文的深刻评论。这一转向主要受到了艾米·卡普钦斯基（Amy Kapczynski）在耶鲁大学所做研究的影响，与她一起工作的学生，特别是萨姆·查夫莱茨（Sam Chaifetz），他们邀请我一起研究了大学的许可政策。

奇怪的是,我一直没有合适的场合来表达两份最重要的谢意。我的父亲被卷入反抗英国殖民主义以及后来的以色列独立战争,高中便被迫辍学,却始终保持着对知识的渴望和贪婪的阅读欲。他过世得太早,如今我们在餐桌旁就可以与人类历史上最伟大的图书馆相伴的场景,他无法想象,但一定会喜欢。另一位是大卫·格莱斯(David Grais),他花费了大量时间对我的第一份法律工作进行指导,送我《风格的要素》(*The Elements of Style*),教我以言之有物的方式写作;当他读到这些文字时,我担心他会因为与这样一部毫无章法、充斥着长句、从句和不必要的复杂表述的作品有关而感到羞耻。

最后,感谢在被称为生活的这场斗争中我最好的朋友兼搭档德博拉·施拉格(Deborah Schrag),自从我们长大成人以来,我或多或少地和她分享了一切。

目 录

致 谢   1

第1章 导论：机遇与挑战并存的时刻   1
网络信息经济的崛起   2
网络信息经济与自由民主社会   7
四点方法论意义上的评论   15
利害攸关：围绕数字环境的制度生态所展开的斗争   21

第一部分 网络信息经济

第2章 信息生产与创新的经济学原理   34
我们当前信息生产系统中的多元策略   40
专有权的影响   47
当信息生产遇到计算机网络   49
数字环境中的强大专有权   54

第3章　同侪生产与共享　56
免费/开源软件　60
信息、知识和文化的同侪生产　64

第4章　社会生产的经济学　85
动　机　86
社会生产：可行性、条件与组织形式　92
交易成本与效率　99
社会生产在数字网络化环境中的兴起　108
社会生产与市场经济的界面　114

第二部分　私有财产和公共物品的政治经济学

第5章　个人自由：自主、信息与法律　125
为自己、靠自己、与他人一起做更多事的自由　125
自主、产权与公共物品　133
自主与信息环境　137
自主、大众媒体、非市场信息生产　151

第6章　政治自由（上）：大众媒体的难题　164
为自由公共论坛/空间所设计的交流平台的特征　168
商业化大众媒体在公共领域中的兴起　172
大众媒体的基本批判　182

第7章　政治自由（下）：网络公共领域的兴起　197
网络通信的基础工具　200
网络信息经济与公共领域的结合　204

对互联网民主作用的批评 218

互联网太混乱了，还是太集中了，抑或二者皆非？ 221

幂律分布、网络拓扑结构与被倾听 225

谁来扮演监督者？ 244

利用网络通信绕过威权控制 248

迈向网络公共领域 252

第8章 文化自由：文化的可塑性与重要性 254

自由主义政治理论中的文化自由 259

网络文化的透明度 266

互联网文化的可塑性：高生产价值的民间文化的未来 275

一种参与的文化：政策面向 277

第9章 正义和发展 281

自由主义正义理论与网络信息经济 283

基于公共物品的政策与人类福祉和发展 288

信息嵌入型商品和工具，信息，以及知识 290

HDI 相关信息产业的产业组织 294

基于公共资源的发展策略 296

基于公共资源的食物和药品研究 305

基于公共资源的发展策略：结论 329

第10章 社会纽带：共建网络 331

从"虚拟社区"到解体恐慌 332

浮现出更积极的景象 336

互联网作为人类联系的平台 344

社交软件的出现 347

互联网与人类共同体 350

第三部分　转型期的自由政策

第11章　数字环境的制度生态斗争	357
制度生态与路径依赖	359
描绘一个制度生态框架	362
物理层	369
逻辑层	383
内容层	409
安全问题	425
第12章　结论：信息法律与政策的重要关系	428
注　释	440

第 1 章
导论：机遇与挑战并存的时刻

对人类自由和发展而言，信息、知识与文化极为重要。它们在社会中生产和交换的方式，大大影响了如下几方面：我们如何看待世界的现状与未来；谁来决定这些问题；以及面对不同社会和政体，我们如何搞清楚可以做什么、应该做什么。一百五十多年来，为实现基本的社会功能，现代复杂的民主国家很大程度上依赖于工业信息经济。而在过去 15 年中，我们已经开始陆续见证信息生产组织的剧烈变革。技术革新让我们开始发现一系列经济、社会和文化的调整。这些调整，使得生产信息环境的工具发生巨变成为可能；而我们作为自主的个体、公民和文化与社会团体成员，恰恰置身于这一信息环境之中。事到如今，"互联网革命"这个词，似乎早已过时。若把它放在一些学术讨论里，肯定是幼稚的，但本不应如此。网络化的信息环境所促成的变革，是深远的、系统性的。近两个世纪以来，自由市场和自由民主国家齐头并进，而这两者的每一处根基，都与上述信息环境密不可分。

在这一信息环境中，技术、经济组织和生产的社会实践的一系列变革，已经为我们生产和交换信息、知识和文化的方式创造了新机遇。这些变革提升了非市场性和非专有产权（nonproprietary）生产的地位，这源于诸多独立活动与合作活动在更大范围内的协作，这样的协作有时候是松散组织的，有时候是紧密关联的。这些新兴实践已经在诸如软件开发、调查式新闻报道、先锋视频拍摄、多人在线游戏等诸多领域，取得了令人瞩目的成就。它们全都预示了一个新的信息环境的诞生,置身其中,个体能够比20世纪工业信息经济时代扮演更为积极的角色。这一新型自由蕴含了重大的实践性前景:它是个体自由的维度之一;它是一个更优越的民主参与平台;它是促进更具批评性和自我反思性文化的媒介;此外,在日益依赖信息的全球经济中,它是实现促进人类普遍发展的机制。

然而,随着个体与合作式非市场性生产信息和文化的大规模兴起,工业信息经济的既得利益者受到了威胁。在21世纪初,我们已身陷围绕数字环境的制度性生态展开的争斗之中。从电信、版权或国际贸易监管等宏观领域,到域名注册规则或数字电视用户是否会被强制安装特定代码的细枝末节,大量法律和制度正在被不断拖拽和扭曲,以使博弈形势朝着某个方向甚或相反的方向发生转变。这些博弈在下一个十年的结果如何,将很可能对如下几个主题产生深远影响:我们如何得知我们生活的世界正在发生什么;我们作为自主的个体、作为公民、作为文化与社群参与者,在何种程度、以何种形式有能力影响人们如何看待世界的现状与未来。

网络信息经济的崛起

现如今,世界最先进的经济体正同时发生两大转变;基于市场的生产活动限制了对自由社会核心政治价值的追求;然而,这两大转变却有可能实质性地降低这些限制。第一项转变已经形成一个多世纪,是朝向以信息(金融、会计、软件、科学)和文化(电影、音乐)生产、象征符号操控(比如耐克从制作运动鞋到推广品牌,并打造Swoosh弯钩标志的文化意涵)为核心的经济形态转变。第二项转变指向一个以高计算性能、遍布全球、互联互通的低成本处理器为基础的通信环境。这一现象伴随着互联网出现。正是第二项转变,使得信息与文化生产部门中非市场性生产的日益壮大成为可能。比起20世纪的传统方式,这些部门会以一种更为去中心化的模式组织起来。第一项转变意味着这些新生产模式——非市场性、彻底去中心化——如果得到肯定，将会出现在最先进经济体的核心而非边缘。它承诺使社会生产和交换——在基于财产、市场的生产活动以外——在现代民主国家发挥比过去更加核心的作用。

本书第一部分致力于梳理一些基本的经济学结论。首要的主张是，我们正在见证信息经济新时代的诞生，我称为"网络信息经济"（Networked Information Economy）。它正在取代工业信息经济，后者是横跨19世纪后半叶到整个20世纪的典型信息生产方式。而网络信息经济的特征是，去中心化的个体行动——具体而言，通过急剧分布式的、不依赖于专有产权的非市场机制，实现全新的、重要的合作与协同——起到比过去在工业信息经济中曾经有的（或本应有的）角色更加重要的作用。这一变化的催化剂，其实是处理器制造技术的偶然事件，以及其所引发的通信和存储技术的一系列连锁反应。计算、通信和存储价格的下降，实质上将信息与文化生产的物质方式，托付到普罗大众手中——全球大约10亿人。自19世纪中叶以来，通信、信息和文化生产的核心特征是，跨越更大范围的社会和地理版图的有效通信，需要借助越来越多的物理资本投入。大规模流通的机械印刷机、电报系统、功能强大的收音机和随后出现的电视传输设备、光缆和卫星以及大型电脑主机，对于生产信息并大规模跨地域通信而言，变得十分必要。一个人并不是想要与他人通信，就一定能轻易实现。于是，信息与文化生产在这一时期内，采取了比信息经济所需的更加工业化的模式。而网络化的、以电脑为中介的通信环境的兴起，改变了这一基本事实。现如今，许多个人都拥有着功能强大的信息生产与通信的物质性条件，比20年前基础信息生产和交换手段的拥有者高出若干数量级。

去除对有效信息生产的物理约束，已经使人类创造力和信息经济本身，成为新型网络信息经济的核心要素。它们具有和煤、钢铁、人力资源完全不同的特质，后者是工业经济的特征，并塑造了20世纪关于经济生产的基本观点。它们产生了有关新兴的信息生产体系的三个结论。首先，非专有产权策略在信息生产中总是比在钢铁或汽车生产中更为重要，即便是在通信经济更为适用工业化模式的情形下。教育、艺术与科学、政治争鸣、宗教辩论，这些领域总是比诸如汽车行业更显著地充斥着非市场性的动机和参与者。基于市场的、专有产权的策略所建立起来的信息环境最终会成为一种物质障碍，当它被清除时，这些基本的非市场性、非专有产权的动机和组织形式，就应当在原则上变得对信息生产系统更加重要。

其次，我们已经在事实上，看到非市场性生产的兴起具有更重要的意义。个体能够接触并播报或教导全世界数百万人。以前，除非个体努力通过市场组织、慈善事业或国家资助，否则，这种接触对具有多样化动机的个体而言，是无法做到的。而现如今，任何人只要连到网络上，就可以随时随地实现这种活动，这一事实催生出协作效应，即个人行动的聚合效果会带来全新的信息丰富环境的协作效应——即便个体并没有清醒意识到这一点。人们只需要就任何感兴趣的话题进行一次谷歌搜索，就可以看到回应其查询的"信息商品"（information good）是如何由广泛而分散的、具有多样化动机的个体与组织进行未经协调行动的协作效应生产出来——不论是市场化的，还是非市场化的，无论是国家主导的，还是非国家主导的。

最后，很可能最激进、最新奇，甚至费解到令人难以置信的，是有效的大规模合作的兴起——信息、知识和文化的同侪生产（peer production）。最为典型的是免费与开源软件的出现。我们开始发现这类模式不仅扩展到核心的软件平台上，也超越了这些平台，进入到信息与文化生产的每个领域——本书就在很多不同领域对这些问题进行讨论——从百科全书的同侪生产，到新闻与评论，再到沉浸式娱乐。

忽略这些变革并不难。它们和我们一些最为基本的经济学常识和直觉相悖，而这些常识和直觉脱胎于工业经济。当时唯一的、严肃的替代选项是国家主义，这个选项如今不再具有吸引力。免费软件无疑取得了经济上的成功,已经促使一些前沿经济学家尝试理解为何数千名松散的、网络化的免费软件开发者可以和微软等巨头在其擅长的操作系统业务上展开竞争,并且创造出一个大型操作系统——GNU/Linux。越来越多的研究(与其研究目标一致)聚焦于软件和免费开源软件开发社群的特殊性,尽管艾瑞克·冯·希佩尔(Eric von Hippel)的"用户驱动型创新"理念已经开始扩展了这一观念,思考个体需求和创造力如何在个体层面驱动了创新,以及通过志同道合的个体所组成的网络扩散。免费软件的政治意涵,是免费软件运动及其创始人理查德·斯托曼(Richard Stallman)所关注的核心问题,极富洞见的伊本·莫格勒(Eben Moglen)也煽动性地强调了这一点[1]。免费软件只是一种更普遍现象中的一个缩影。为何5万名志愿者能成功地共同编撰"维基百科"——《大英百科全书》(*Encyclopedia Britannica*)最严肃的在线替代品,并且反其道而行之,完全免费开放?为何450万志愿者将个人电脑的闲置运行周期贡献出来,创造出全球最强大的超级计算机SETI@Home?如果不能为解释这些现象建立起一个能够通行分析的框架,我们就只能将其视为个体的好奇心,要么是一时兴起,要么可能只在细分市场上有意义。相反,我们应当试着看清它们的本来面目:一种新的生产方式正在世界最发达的经济体中出现——那里的计算机网络化程度最高,信息产品和服务也已经开始占据最有价值的地位。

人类从来都是动机多样的生物。我们为了功利性价值而行动,也为非功利性价值而行动。我们为了物质利益而行动,也会为心理健康和满足、社会交往而行动。也许除了某些经济学家会质疑以外,上述观点并没有任何标新立异或是令人称奇之处。在工业经济和工业信息经济中,大多数创造有价值和重要事物的机会,受到物理资本条件的约束。从蒸汽引擎到装配线,从双轮印刷机到通信卫星,资本对人类行动的约束已经达到了这样的程度:如果只是单纯地想要做什么,则没有任何实现的可能。为必要的物理资本提供融资,反过来将必然是资本密集型项目导向能够证明其投资合理性的生产和组织策略。在市场主导的经济体中,那就意味着将生产导向市场向往的目标。在国家主导的经济体中,那意味着将生产导向国家官僚体制向往的目标。在这两种情况下,个人与他人合作创造有价值事物的实际自由,都受到生产的资本条件的制约。

在网络信息经济中,生产所需要的物理资本遍布于社会之中。个人电脑和网络连接无处不在。这不是说它们不能被市场利用,或者个体不再寻求市场机遇了。然而,这确实意味着,无论何时何地,在数十亿相互连接的人类(最终将是所有人)当中,有人想要借助人类创造力、一台电脑和一条网线来创造新事物,是完全有可能做到的,不论是自己单干还是与他人合作。他已经有这样做所需要的资本能力了;即使不是一个人,那么也至少为了互补的理由和其他个体合作。从而,更多的人类价值可由相互之间交往的个体实现了,他们既是生物性存在,也是社会性存在,但不是通过价格机制行为的市场参与者。有时,在后文详述的一些条件下,这些非市场性的协作更擅长动员人的行动,允许有创造力的人比在传统市场机制和企业中更高效地从事信息生产。从而,出现了一个繁荣的信息、知识和文化生产的非市场性部门,它基于网络化环境,并可应用在很多个体联网之后能想象到的任何事物上。相应地,其产出也不会被视为排他性财产。他们就遵从不断加强的开放分享伦理,向所有其他人开放,以便他人能够在此基础上改进、拓展和独立创作。

20世纪末,人们生活在基于市场逻辑的经济体中。对这些人来说,非市场性生产的存在和重要性已经变得如此反直觉。因此,本书第一部分将着重于细节和技术;克服我们直觉上"已知"的东西需要借助专业性分析。对经济分析不感兴趣的读者,也至少应该阅读第一部分的"引言"、第2章中的"我们当前信息生产系统中的多元策略""当信息生产遇到计算机网络",以及第3章中的案例研究。这些内容应该能为我提出的信息生产多元策略、非市场性的个体与合作生产的出现,提供足够的直观感受;也为本书后面更加规范的导向性内容打下基础。非市场性生产是否可持续有效，在很多情形中是不是一种有效率的信息、知识和文化生产策略，对此抱有疑虑的人应该通读第一部分，其核心内容就是在讨论这种可能性和实践的出现。它有关自由主义理念如何被转译到网络环境的鲜活经验，也构成了本书其余部分讨论"政治—理论"和"制度—法律"的事实基础。

网络信息经济与自由民主社会

我们如何生产信息，如何获取信息，如何与他人交流，以及他人如何与我们交流，在任何社会都是塑造自由的核心要件。本书第二部分，将更加细致地观察网络信息环境的技术、经济和社会的可供性（affordance）变化如何影响了自由民主国家的一系列核心埋念。其基本主张是，组织信息生产与使用的方式多样性开启了追求自由社会核心政治价值的广泛可能——个人自由、更真实的参与性政治系统、批判性的文化和社会正义。这些价值提供了评判政治道德性的指引，遵循这些价值，就能标绘出自由社会的形态和维度。因为这些价值的实际政策意涵经常是矛盾而非互补的；对每一种价值的追求，就限制了我们追求其他价值，从而导致不同的自由社会以不同方式呈现这些价值。一个社会为了个体自由而限制多数人民主决策的程度，或者它追求社会正义的程度，一直是划定那个社会的政治样态和性质的基本属性。但是，工业生产经济学和我们对生产力与增长的追求，都为我们如何能够追求混合安排以实现我们对自由和正义的信念施加了限制。我们通常认为，新加坡就是一个自由和福利相妥协的极端例子，但是所有发达资本主义经济体的民主国家都做了这种妥协。在思考例如是否将水稻生产民主化或使之更加平等的问题上，通常需要着重考量我们能多大程度保证粮食自给自足的预测。推动工作场所民主的努力也经常因这些限制而失败——无论是真实还是想象的，就像许多以社会正义之名提出的再分配计划一样。基于市场的专有产权生产模式常常似乎因生产有效率而无法小修小补。网络信息经济的出现，则确保了在政治想象力上扩展可行性视野。不同的自由主义政体可以追求尊重不同自由理念的价值混合体。然而，信息和文化生产的工业模式具有的、看似必要的特征导致的过度约束，已经转而约束了追求自由理念的努力。

增强的自主性

网络信息经济在三个维度上改善了个体的实际能力：①它改善了个体为自身处理更多事务的能力；②它加强了个体和其他人共事的能力，而不必受限于通过价格机制或传统社会经济组织的科层模式来相互联系；③它改善了个体在市场领域之外运转的正规组织中，处理更多事务的能力。增强的自主性是我描述的所有其他价值增进的核心。个体正在利用他们新近得到扩展的实际自由，展开行动并与他人合作，改善了关于民主、正义与发展、批判性文化，以及社群的实践经验。

因此，我从分析网络信息经济对个体自主性的影响效果着手。首先，个体能够独立地为自己处理更多事务，而不必获得许可或与他人合作。他们可以自我表达，可以寻找自己想要的信息，而且在实质上更少地依赖 20 世纪的商业大众媒体。其次，同样重要的是，个体可以更多地和他人一起松散地联合协作，不要求稳固的长期关系（像共事关系或加入正式组织）就能确保有效合作。无论如何，几乎没有任何生活在工业信息经济中的个体，能决定建造一座新的供全球使用的亚历山大图书馆，或者开始创造一部百科全书。当散落四处的个体之间的协作变得更加常见时，需要与他人合作才能做事的理念就更容易实现，个体能够自主选择事项的范围在质量上也会相应提升。流动性以及在给定合作关系中的承诺变少，都提升了人们能够加入的合作关系，以及由此他们能设想的向其开放的协作计划的广泛性和多样性。

这些增强自主性的方式寻求一个非常实质和丰富的自主性概念，这是一种实际生活经验，而不是那些把自主性想成一个哲人所钟爱的教条式概念。但是，即使从更狭义的、跨越了较为广泛的自主性概念的角度看，至少我们可以说：这意味着个体更难受到其他由法律所规定的阶层——通信基础设施和媒体的拥有者——的操纵。网络信息经济提供了各种可选择的交流平台，以至于它调节了传统大众媒体模式权力。在那种模式下，通信方式的所有权使拥有者有能力选择让他人看到什么，从而影响他们对自己能做什么、不能做什么的想法。更主要的是，对于任何给定个体来说，看待世界是什么、世界可能变成什么这样问题的观念多样性在质量上不断提升。这让个体能设想出更广泛的可能性，并为他们提供更丰富的标准以衡量他们实际作出的选择，从而使他们在把握自己的生活上有更多话语权。

民主：网络化的公共领域

网络信息经济的第二个主要意涵是，它将大众媒体主导的公共领域转向了网络化的公共领域。这一转变同样基于个体积极参与信息和知识创造而不断增长的自由，基于它在商业化大众媒体市场之外的新的公共领域中展示出的诸多可能。互联网民主化的观念已不再是新鲜事物。自20世纪90年代早期以来，美国已经涌现了很多以互联网为主题的研究。第一代相对简单的关于互联网自由效应的主张，汇总在美国最高法院庆祝互联网有潜力使每个人都变成小册子作者的判决中；但第一代研究已经在过去五年中受到了各种批评和攻击。这里我详细分析网络信息经济的出现如何作为大众媒体的替代选项，从而改进政治性的公共领域。针对第一代主张互联网民主化效应的批评，主要基于信息过载带来的各种隐含问题，也叫作"巴别塔异议"（Babel objection）。根据巴别塔异议，当每个人都能说的时候，就没有人听了。我们要么就蜕变到众声喧哗，要么就重新让金钱来决定哪些声音能备受关注，哪些则无人问津。第二代批评则是互联网并非我们在20世纪90年代设想的去中心化样貌。互联网带来的模式是，极少数的网站获取极大量的注意力，而其余上百万站点则不受关注。在这个世界上，巴别塔异议也许能避免，但只能牺牲互联网作为民主媒介的前景。

在第 6 章和第 7 章，我提供更加细致的补充分析，这也许是关于互联网自由效应最知名且最有争议的主张。我们有必要理解如下论点：任何对于互联网民主化效应的考量，都必须与基于商业化大众媒体的公共领域做对比，以衡量其效果，而不是与我们十年前设想的互联网理想化乌托邦做对比。商业化大众媒体已经主导了所有现代民主国家的公共领域，这已经得到集中研究。大量文献显示，它们表现出了作为公共话语交流平台的一系列失败。首先，它们提供了相对有限的进入渠道——即现代复杂社会中太多人的大量观察和关注，并未被进入那一小撮商业化的新闻工作者的视野，而负责发现任何给定社会中公共热点的，恰恰正是这一小撮新闻工作者。其次，特别是在市场化集中的地方，大众媒体给予其拥有者无节制的权力来塑造意见和信息，这一权力既可以供自己使用，也可以卖给出价最高者。最后，即使商业媒体拥有者选择不这样行使权力，他们也会倾向于制作心灵鸡汤式的节目，而不是政治参与；他们也会倾向于将复杂的公众讨论过度简单化。鉴于大众媒体的这些局限，我认为网络化公共领域使更多个体有能力与他人交流其发现和观点，这样做不会被媒体拥有者控制，也不像大众媒体那般容易受到金钱腐蚀。

至于针对互联网改善了公共领域结构这一主张的批评，关于网络拓扑结构与使用的经验性和理论性文献做出了回应。尤其值得一提的是，我将展示广泛的机制——简易邮件列表、静态网页、可写入的网站能力的出现、移动性——如何嵌入到集合了重要的政治信息、观察和评论的社会系统中，并且提供了交流的平台。商业化集中的大众媒体在当代复杂的民主国家是公共领域的核心平台，而上述平台克服了它们的一些基本局限。它们使任何人在任何地方都可以实现通过新视角观察社会，即他人为公共辩论实际提供一项思考、一段批评或一个关切而体现出的视角。个体将变得更积极，成为观察社会空间过程中更积极的参与者，而这些空间可能潜在地成为政治协商的主题；他们也能更积极地参与到有关自身的辩论中。网络化公共领域的各种形态，为任何人提供了无需借助主流媒体资源就能发表言论、质疑、调查的出口。我们正在见证全新的去中心化模式的出现，以实现守门人监督功能，并参与到政治辩论和组织当中。这些都在以一种不同的非市场性方式实现，而实现的方式作为公共领域建构的标准组成部分，在网络化信息环境出现之前更难有效获取。通过更为具体的例子，我尝试给予对网络化公共领域的民主化优势保持乐观的观点以更加具体的论证。

网络化公共领域同样开始回应信息过载问题，但并未重新创造出传统大众媒体的过滤和认证（accreditation）权力。这方面进展包含两个核心要素：第一，我们正开始看到非市场性同侪生产的替代性方案，以便取代基于市场生产的过滤和认证。关联性和认证本质上都是信息产品，就像软件或百科全书一样。我们在网络上看到的，是针对信息内容相关性和质量认证的过滤活动，这已经成为普遍实践的对象——相互指引、同侪生产、指引到某些主张的源头及其辅助材料——和社会实践，即那些有能力考察这些主张的人，事实上也确实参与了评论。第二个要素取决于实际情况，但在经验上已经得到确认，即有多少用户实际上使用了网络。作为一个描述性问题，和简单随机的信息流中的无序声音相比，网络中的信息流更有序，而且比大众媒体环境明显更分散。比起其他网站，某些网站更容易被看到且阅读量更大，在以下两种情况下这都是事实：一个是观察作为一个整体的网络世界，另一个则是观察那些由相似网站或倾向于群聚（cluster）的用户组成的更小规模社群。大多数学者发现这个模式后，就将其解释成大众媒体的重新出现——只有极少数网站占主导地位。然而，如果我们深入考察网络拓扑结构诸要素的文献，就会发现这些文献支持一种很不一样的解释，即网络出现了秩序，同时没有重蹈大众媒体的覆辙。各家网站是围绕着有共同兴趣的同人社群而群聚的：澳大利亚某一地方消防队的网站，倾向于链接澳大利亚其他地方消防队；美国的保守派政治博客（网站日志或在线杂志）链接其他美国的保守派政治博客，并且在一定程度上（概率不高但仍意义重大）链接自由派政治博客。在每一个群聚当中，一些具有高访问量的节点模式在持续扩展，但只要群聚足够小，更多网站就会在群聚中相互链接在一起。通过这种模式，网络似乎变成了一种注意力骨干网。"本地化"的群聚——有共同兴趣的社群——能够为个体在兴趣小组群聚中的贡献，提供初级审核和"类似于同行评审"的质量保证。在一个兴趣社群中被显著地注意到的观点，就会开始在那个群聚中更容易被看到，由此也会在更大的（"地区性的"）群聚中被别人看到。这会一直持续直到有一个观点被有成千上万用户的"超级明星"网站链接或转载。这一路径还有另一种实现方式，即直接在很多"超级明星"网站简单评论或发帖，这为吸引大量注意力创造了捷径。用户倾向于把他人选择链接哪里、倾向于阅读什么，作为自己阅读的理想参照。尽管如此，他们不是在刻板地模仿，而是会使用自己的一些判断，例如特定种类的用户（比如特定政治议题的狂热分子或特定电视节目的粉丝）是不是自己感兴趣话题的最佳预测人。其结果便是：和大众媒体环境相比，注意力在网络化环境中更加依赖于特定小组人群是否感兴趣的事物；而在前者环境下，面对大量无力参与的观众，调控更值得选择。由于群聚和链接存在冗余，而且许多群聚都基于共同兴趣而非资本投资，因此，比起大众媒体，在网上更难收买注意力，也更难用金钱来压制相反的观点。这些特征都将网络化环境从巴别塔异议中拯救出来，不会重新出现集中于单一参与方或一小撮参与方的过度集权，也不会重新导致金钱成为面向公众发表言论能力的前置条件。

正义与人类发展

信息、知识与富含信息的商品和工具，在经济机遇和人类发展中起到显著作用。尽管网络信息经济无法解决全球饥饿和疾病，其兴起却开启了理性界定的新途径来解决和建构一些正义与人类发展的基本条件。因为网络信息经济的产出成果通常是非专有产权的，它提供了免费获取经济机遇的全套基本设施和信息经济的基本成果。自由主义关注正义，从这一角度上看，至少这些成果变成了对陷入困境的人来说更容易获取的"完成品"。更重要的是，免费信息资源的可获得性，使得参与经济活动不再需要克服那些融资与社会交易系统的障碍——这在工业经济体中是脱贫的重要阻力。因此，这些资源和工具也促进了机会平等。

从更实质性的和着眼人类发展的全球视角看，使用基本资源和能力的自由可以改善参与生产信息以及人类发展中依赖信息的诸多构成要素。首先，目前最前沿的发展是：大量免费软件设施的出现，使中低收入国家更容易获取核心软件。更重要的是，免费软件使得软件服务得以本地化——无论是为了本国使用还是作为参与全球软件服务产业的基础，而不需要依赖跨国软件公司的许可。科学出版发布重要的信息源开始使用基于公共资源的（common-based）策略，从而使产出成果可以更自由地投放到贫困国家。更具雄心的是，我们开始看到农业研究中公共非盈利和类开源的发展，并应用到农业创新中。最终的目标都是在贫困国家和全球其他国家中开发出一套基本能力，让农民与科学家更好地协作，种出质量更高、更有营养的庄稼，以便在贫困地区改善食品安全状况。同样野心勃勃但刚起步运作的是，已经有人试图将这一创新体系移植到保健产品运营中。

所有这些努力意在解决全球信息经济中贫困和穷人发展的最主要问题：尽管发达经济体的富裕程度在不断提升，信息和创新带来更长和更健康的寿命，并通过更便捷的交流使得信息知识和文化变得更丰富；但在许多地方，预期寿命仍在降低，发病率仍在增长，文盲比例仍居高不下。有一些（尽管并非全部）全球性不公是下述原因的结果：我们高度依赖工业经济中的专有产权商业模式，来为人类发展提供基本的信息要素。而当网络信息经济创造出生产信息的新路径——即其产出并不被视为专有和排他的，但却能免费提供给所有人——的时候，它就提供了适度但有意义的机遇，以此来改善各地区的人类发展。我们正在看到一些早期迹象，即由公共资助的、传统非盈利的和新近出现的同侪生产部门构成的创新生态系统出现。有了它们，通过富国和穷国的合作努力推进人类发展，才成为可能。

一种批评文化与网络化的社会关系

网络信息经济也使更具批判性和自我反思性的文化出现。在过去十年中，尼瓦·埃尔金·科伦（Niva Elkin Koren）、特里·费舍尔（Terry Fisher）、拉里·莱斯格（Larry Lessing）、杰克·巴尔金（Jack Balkin）等众多法律学者已经开始考察互联网如何使文化更加民主。基于这些研究以及协商民主理论，我认为网络化信息环境给我们提供了更具吸引力的文化生产系统，这体现在两个显著方面：①它使文化更加透明；②它使文化更具可塑性。把这两者放在一起看，这意味着我们见证了新型民间文化的兴起———一种在文化生产的工业时代被极大压制的实践——在其中我们很多人会积极地参与文化生产，并在周围世界发现意义。这些实践使其行动者成为更好的文化"阅读者"，对身处其中的文化更具自我反思性和批判性，由此使他们成为在该文化中更具自我反思能力的对话参与者。这同样使个人获得更多自由，参与他人的文化创作，像巴尔金所说的那样"粘附"（glooming on），与大众媒体文化相比，他们更能拥有自己的文化。在自我反思和参与意义上，我们可以说文化正变得更民主。

本书相当篇幅都强调了增强的个体能力，这是网络信息经济背后的核心社会驱动力。这一增强的个体能力提出了一个万众瞩目的问题：互联网是否会进一步使社群碎裂化，并加剧长久以来的个体化？然而，大量经验研究表明，我们实际上用互联网取代了电视机，而这种交换从社会联结的角度来说是好的。我们使用互联网与亲朋好友保持联系，在地理上既邻近又遥远。就我们实际看到的社会联结转变而言，除了我们的强联结加强以外，这是因为我们同样增加了更弱联结的范围和多样性。基于曼纽尔·卡斯特尔（Manuel Castells）和巴里·威尔曼（Barry Wellman）的研究，我认为我们已经变得更容易过滤掉某些情感性和情景产生的机能，而在传统中，这些机能是和社群的重要性相伴随的，这些社群带有相互重叠的社会纽带网络，并在持久性和密集性上都有局限性。

四点方法论意义上的评论

到目前为止，我已经勾画出本书核心要点所代表的四条方法论路径，这需要得到进一步解释和论证。第一，我赋予技术一个非常重要的角色。第二，我集中在社会关系上进行解释，但主要是基于经济学而非社会学。第三条和第四条对自由主义政治理论更为关键。第三，我提供了自由主义政治理论，但采取的路径在相关文献中却常常遭到抵制——即思考经济结构和市场的局限，思考支持自由的各种制度，而不是单纯接受市场本身，并且从分配正义的角度论证或批判相关的制度调整。第四，我的方法主要强调在非市场性关系中的个人行动。许多讨论在选择市场还是选择非市场性社会行为之间徘徊。很多情况下，国家起不到什么作用，或者主要起消极作用，这与自由主义政治思想的进步主义分支背道而驰。由此本书主题似乎是更加自由至上主义或无政府主义，而非自由主义的。就像我将会解释的那样，我并不完全否认国家。但我确实认为，我们当前的特殊性是作为政治经济主体的个体与松散的非市场性隶属关系，它们的效能不断提升。就像市场一样，国家将会为了应对这一新兴的人类行动样态而进行调整。在这一样态能够开始为（无论是进步主义的还是相反意识形态的）自由主义国家重新协商其议程之前，自由主义政治理论必须首先承认和理解它。

技术在人类事务中的作用

第一条方法论路径关注如何看待技术在人类发展中的作用。刘易斯·芒福德（Lewis Mumford）提出的技术决定论在传播学领域中得到马歇尔·麦克卢汉（Marshall McLuhan）的大力鼓吹，这个观点在今天的学术界看来过于绝对，虽然大众文化未必持有同样的观点。保罗·斯塔尔（Paul Starr）近来关于媒体诞生的精彩作品或许是当前努力提供更细致的、基于制度和政治选择的解释的最好代表。尽管这些研究很有说服力，但我们不应将伊丽莎白·爱森斯坦（Elizabeth Eisenstein）的《印刷机：变革推动者》(The Printing Press as an Agent of Change)和麦克卢汉的决定论混为一谈。假设技术只是工具，只是或多或少地出现在那里，并且在任何给定的社会中都会以某种模式被使用，而这种模式也仅仅取决于社会和文化对它们的塑造，这种假定就过于僵化了。人们在一个没有发明轮子、没有创造文字的社会当中，活动会受到很大局限。巴里·威尔曼将借自工程学术语的"可供性"植入社会学研究。[2] 兰登·温纳（Langdon Winner）称之为技术的"政治属性"。[3]这一观点的早期版本是哈罗德·伊尼斯（Harold Innis）的"传播偏向"概念。[4] 在互联网法律与政策争论中，这一路径被劳伦斯·莱斯格（Lawrence Lessig）称为"代码即法律"，通过他那本颇具影响力的著作《代码2.0》(Code 2.0)而被广泛接受。[5]

　　这一观念很容易解释，而且绝不是一种天真的决定论。不同的技术使不同的人类行动和互动变得更简单（或者更复杂）。在其他条件等同的情况下，更容易做的事情就更可能完成，更难做的事情就更不可能实现。然而，其他条件永远不会等同。这就是为什么严格意义上的技术决定论是错的。如果你拥有技术"T"，你就应该期待社会结构或关系"S"的出现。同样是引入了新的航海技术，野心受制于强大邻国的国家（如葡萄牙、西班牙）对技术的使用方式就迥异于那些致力于建立庞大内陆帝国的国家。在宗教鼓励个人阅读的地方（如普鲁士、苏格兰、英格兰和新英格兰）和宗教抑制个人阅读的地方（如法国和西班牙），印刷术对读写能力就有不同的影响。本书采取的就是这种理解方式。技术既不是决定性的，也不是完全可塑的，它为个人和社会行动设置了一些参数。它可以使一些行动、关系、组织和机构变得更容易实现，另一些则变得更加困难。在一个充满挑战的环境中，无论是自然环境还是人为环境，它都能通过增加直接竞争策略的功效来淘汰一些行为。然而，在可行的范围内——不会因采用或拒绝一项技术而变得不可能——不同的采纳和使用模式可能导致围绕某项技术出现截然不同的社会关系。除非这些模式处于相互竞争中，或者即便在竞争中它们应对挑战时的效率并不会急剧下降，否则不同的社会就可以在长时段内采取不同的使用模式。正是由于有可能在长时段内采取不同的使用模式，本书的讨论更倾向于政策性，而非纯粹的理论性。计算机网络技术可以通过非常不同的模式采用。没有什么能保证网络信息技术必然改善创新、自由和公正，尽管我认为这是可能的。这是我们作为一个社会所面临的选择。我们的前进方式将在很大程度上取决于我们在下一个十年所做出的选择。

经济分析与个人主义方法论的作用

第二点强调本书使用的描述性方法在导向上明显是个人主义和经济学的，但这并非解决问题的唯一方法。卡斯特尔对网络社会的绝妙描写[6]将其核心特征视为从团体和科层制向作为社会和组织模式的网络——更加松散和灵活地对人类事务进行安排——发生的转向。卡斯特尔在描述交通网络到全球化与工业化的广泛变化时发展了这一理论。在他看来，互联网符合这一趋势，在松散网络中更好地实现了协同与合作。我的分析重点是一项社会学观察：市场和非市场性部门的具体相对作用，以及这种变化如何与卡斯特尔同样看到的彻底的去中心化结合起来。我将计算机网络和信息的技术与经济特征置于转变的核心。这些为生产向彻底去中心化的转变提供了支点，进而为一场更加宏大的转变提供了基础：从专有产权的、市场导向的行动所主导的信息环境，转向非专有的、非市场的交易框架和市场生产一起发挥更大作用的环境。这个新兴的非专有产权部门深刻影响了个体和社会身处其中的整个信息环境。如果我们可以从全球化和不断增长的市场力量中吸取一个教训的话，那就是市场的逻辑给现存的社会结构带来了巨大压力。如果我们在经济引擎的核心——信息的生产与交换——确实观察到了非市场生产的实质组成部分，以及基于信息的商品、工具、服务和能力通过它来进行交换，那么这种改变就表明了市场范围的真正局限。这种局限，从它所限制的市场内部生发出来，在最先进的经济体当中，将代表过去半个多世纪里市场经济和社会在全球范围内不断扩大的方向真正的转变。

自由政治理论的经济结构

第三点与经济结构在自由主义政治理论中的角色相关。我在这方面的分析着眼于现实与人自身。据此我想谈两点：首先，我关心人类，关心个体作为他们所寓居的政治经济制度结构的道德要求的承担者。在自由主义传统中，我采取的立场是人本主义的和总体性的，而非政治性的和特定性的。本书首要关心的，是人作为人的主张，而非民主的条件或在一个合法或自治的政治共同体中作为公民或成员的资格。我们可以通过形形色色的方式，来尊重关于人类自由、尊严和福利的基本要求。不同的自由政体通过不同的宪法和政策实践组合予以实现。全球信息经济结构和关系的兴起对世界各地的人类都产生了影响。在一些地方，它补充了民主传统；在另外一些地方，它破坏了对自由的束缚。理解我们如何从人类自由和发展的角度来看待这一时刻，就必须超越任何单一国家的特定传统，无论是自由主义的还是非自由主义的。我们从网络环境中看到的自由实践使人们得以跨越国家或社会的边界，跨越空间和政治的隔膜；允许人们在正式的法律—政治联盟之外成立新的联合体，共同解决问题。在这种流动的社会经济环境中，个人主张为思考权力与机遇、自由与福利的结构提供了道德支持。此外，尽管将组织、社群看成法律实体或"人"常常是很方便且被广泛接受的，但它们不是道德主体。它们在分析自由与正义时所扮演的角色会和它们在结构性语境中的实际角色——既获得能量又受其制约——相互分离，在这些语境中，在政治经济结构中，人类才是真正的道德主体。在这个意义上，我的"自由主义"立场无疑与社群主义、批判理论相对。

其次，我关心真实历史进程中的真实的人，而不是从这一进程中抽象出来的人的表象。这些理念意味着：历史演进中的个体自由和正义是从第一人称和实践的视角衡量的。基于这一立场，对个人自由的任何束缚和不平等的所有来源绝不可能免于审查，也不能被视为特权。经济和文化继受没有被赋予独立的道德价值。只要受到外部力量的限制，一个人的生活和关系就是不自由的，无论这种限制来自市场、威权主义、还是社群的传统价值。这并不意味着激进的无政府主义或自由至上主义。对人类繁荣和自由的有效行动而言，组织、社群和其他外部结构是必要的。然而，这确实意味着，我只是思考这些结构对人类的影响。它们的价值完全是从寓居其内又被其建构的真实人类的重要性中剥离出来的，无论好坏。作为一个实践性的问题，这使得对市场结构和经济组织的关注比自由主义理论的通常志趣更加接近自由问题的核心。自由主义者倾向于将财产和市场的基本结构问题留给自由至上主义者，例如哈耶克，将现状看作是"自然的"，看作自由的核心组成要素；要么留给马克思主义者和新马克思主义者。我认为财产与市场只是人类行为的一个领域，具有可供性和局限性。它们的存在于某些维度增强了自由，但是当它们在非市场环境中抑制行动自由时，其制度性要求也能成为约束的来源。因此，调整市场的外延对塑造社会的正义或福利就会变得至关重要，对自由也是如此。

国家在哪里？

第四点，也是最后一点，会多次出现在本书当中，但值得在此予以明确。我发现对网络信息经济新颖而有趣的问题是：个人实践能力的提高，以及这些新能力在提升非专有产权的、通常是非市场的个体和社会行为的相对重要性方面所起的作用。在关于自主和民主、正义与批判性文化的讨论中,我强调了个体与私人合作行为的兴起,以及基于市场的专有产权行为的衰落。此时,国家在哪里?大多数情况下,正如第2章论述的,欧美国家在支持以市场为基础的、20世纪信息生产体系的工业既得利益者方面起到了很大作用,但这是以牺牲新兴网络信息经济的个体利益为代价的。大多数的国家干预要么以讨好既得利益者的俘获立法形式出现,要么充其量是好心办坏事的努力,用以改良过时的信息与文化生产模式的制度生态。我认为,自由和正义可以且应当通过市场行为与私人的、自愿的(更不用说慈善的)非市场行为的结合来实现,而国家是相对可疑的行动者。在传统的政治理论图景中,这是自由至上主义的立场。或者,在那些以财产为规则的批评者看来,一如是他们对"智慧财产""频谱产权"的态度,我的观点毋宁说是无政府主义的,强调互助的作用,对国家持高度怀疑态度。(如今,自由至上主义是十分时髦的,几十年以来一直如此,而无政府主义比过去一个世纪更加时髦。)

更为确切的是,我的立场并不基于针对国家的理论怀疑,而是在技术、经济和政治的实际条件下,对实现人类自由与发展的机遇、障碍和策略的实际判断。原则上,我并不反对一个有效的、自由的政府追求某项自由的计划和理念。在本书中,你将碰到很多我认为国家能够发挥建设性作用的情形,前提是它可以在足够长的时间内不再对既得利益者言听计从。其中包括:市政府资助中立宽带网络、州政府资助基础研究,以及为了抑制数字环境中的关键资源垄断而实施战略性监管干预。尽管如此,基于我对市场特定规律、个体与社会行为的综合分析,在数字化、网络化信息环境中,国家采取积极行动的必要性被削弱了。计算和通信的经济学,信息、知识和文化生产的经济学,以及在当代先进的经济体中信息的相关作用研究,都认为非市场性的个人与社会行为是进一步实现自由主义核心理念的最重要领域。鉴于这些特性,相比国家有意识地采取公共行动,通过为自愿的个人与合作行为开辟制度空间,可以获得更多的自由。尽管如此,我仍然没有特别的理由来反对自由主义国家传统上所发挥的作用。我也没有理由认为教育和公共卫生不再是由国家提供资助的公共活动，不再是自由主义国家的核心义务。我有充分的理由认为，非市场性生产加强而非削弱了国家资助基础科学研究的正当性，因为公共资助的信息生产的溢出效应现在可以更多、更有效地传播，并用于提高整体福利。

然而，关于网络环境的一个关键的新事实是：个人和集体社会行动的有效性与核心地位。在大多数领域，个人的行动自由，无论是单独行动，还是与他人进行松散的合作，都能实现我在本书中讨论的诸多自由愿望。放眼全球，让个人有能力以此方式行动，也能让自由化利益跨越国界，增强个人在非自由主义国家中获取更多自由的能力。相反，只要先进的市场经济国家持续优化制度框架，以支持工业信息经济的既得利益者，它们就会倾向于威胁而非促成自由主义理念。一旦网络信息经济得以稳固，我们开始理解市场以外的自愿私人行动的相对重要性，国家也就可以调整政策，为非市场性行动提供便利，并利用其产出来改善自身对自由主义理念的支持。

利害攸关：围绕数字环境的制度生态所展开的斗争

没有哪股仁慈的历史力量，会无情地领导这种技术—经济运动，使其朝向一种开放、多样、自由均衡的方向发展。如果我描述的转型真的发生了，它将在根本上导致权力与金钱从20世纪信息、文化与通信的工业化生产者——像好莱坞、唱片工业，也许还有广播业者与一些电信服务巨头——向全球广泛分布的人口与市场参与者进行实质性的重新分配，后者将生产出新的工具，让这些人能够更好地创造自己的信息环境，而不是购买现成的产品。没有哪个工业巨头会对这种再分配无动于衷。技术本身不会通过难以遏抑的进步冲动来克服阻力。生产的重新组织和它能够给自由和正义带来的优势只可能是社会和政治行动的结果，这些行动的目标是保护新的社会模式不受既得利益者的威胁。本书正是为了理解利害攸关之处在哪里，为什么值得我们为之奋斗而写。然而，我并不能保证这一切真的会发生。

信息生产和交换的专有产权、工业化的模式与新兴的网络信息经济相比，孰轻孰重？有关这个问题的战斗正在数字环境的制度生态领域打响。在更广泛的背景下，一系列类似的制度问题正在彼此交锋：这些对信息生产和交换而言急需的资源在何种程度上可以像公共资源一样被对待，对所有人都免费开放使用，并且不会因为可获得性而产生偏差？在何种程度上这些资源应当完全变成专有产权，只通过市场机制或者以得到充分资助的非市场行为（像国家和有组织的慈善活动）这种传统形式运作使用？我们已经看到战斗发生在信息环境的所有层面上：对通信而言十分必要的物理设备和网络渠道；既有的信息和文化资源，关于它们的使用必须有新的说法；以及逻辑层资源——软件和标准，这对把人类的表达内容转译成机器能处理和传输的信号非常关键。其核心问题是，是否存在一个核心公共基础设施，可以像公共资源一样治理，并且因此在基于市场的专有产权框架以外，向所有希望参与网络化信息环境的人开放。

这并不是说财产在某种意义上本身就不好。财产与合同，是市场的核心制度性构成，也是自由社会的核心制度要素。它使卖家从买家得到对价，使买家知道他们何时付款，何时能够安全使用已经买到的东西。它构成了我们规划行动能力的基础，这种规划要求使用各种资源，如果没有排他性，这些资源就不会为我们所用。但是财产也约束了行动。财产规则是限制性的，并将引出一个特定事实——即为排他地控制资源而付出代价的意愿与能力。它们限制了人们使用特定资源所能做的事，即以某种方式而不是其他方式进行使用、披露或隐藏使用资源的信息等。这些限制是必要的，以至于人们必须通过市场和他人交易，而不是通过武力或社交网络实现；但是这样做就会牺牲市场以外的依赖获取这些资源的行为。

公共资源是自由社会中自由行动的另一个核心制度性要件，但是它们只服务于特定行动，即那些并非基于排他性控制资源的行动。例如，我可以规划一场户外聚会，这可以通过财产制度租借私人花园或海滩来实现；我也可以在公共海滩或者在纽约中央公园会见朋友。我可以从邻居那里购买地役权以便走到河边；我也可以绕过她的财产，而使用已成为公共交通资源的公路。每一个制度性框架——财产和公共资源——都产生一定程度的行为自由和一定程度的获取资源的可预测性。它们作为行动的制度性框架相互补充、共同存在，它们也十分重要，这决定了在它们所治理的资源和依赖获取这些资源的行动问题上，市场范围和个人与社会的非市场性行为领域的边界究竟划在哪里。既然物质条件已经使更广泛的非市场性行为兴起，那么一个核心公共基础设施——包含对生产和交换信息十分必要的基础性资源——的范围和存在，将塑造个体能在其中以各种方式活动的程度，这些方式在我看来，对一个网络信息经济的兴起及其所促成的自由是至关重要的。

在互联网的物理层，向宽带转型一直伴随着有关物理管线与连接的集中化市场结构，也伴随着更少的管制，以至于宽带公司能控制其网络上的信息流动。基于"频谱公共资源"的开放无线网络的兴起，就和这股潮流不太相符；宽带所有权人当前的商业实践也是一样，它们没有使用自己的所有权控制其网络上的信息流动。通过发展市政宽带网络来解决宽带市场集中化的努力，是当前在立法机构和法院中高度争议的问题。物理层最具威胁的技术进步，是主要由好莱坞在过去数年中推动的一项努力，它要求计算设备制造商刻意设计其系统，以便执行由数字版权作品拥有者提出的版权主张和许可。如果这一行动成功，电脑的核心特性——即它们是通用型设备，当使用和偏好改变时，其所有者就能配置和改变电脑功能——将会被抛弃，这有利于按照工厂规格运行的可信机器。这些法律并未通过也不太可能通过，其首要原因是，电脑硬件和软件、电子元件和电信产业都明白，这种法律将摧毁它们的创新和创造力。在逻辑层，我们正在看到一种仍然由好莱坞和唱片产业领衔的共同努力，试图塑造软件和标准从而使数字化编码的文化产品可以继续作为一揽子商品出售。《数字千禧年版权法》（Digital Millennium Copyright Act，DMCA）和扑杀点对点（P2P）技术的行为就是这方面最显著的例子。

更普遍的是，信息、知识和文化领域正在经历第二次圈地运动，就像詹姆斯·博伊尔（James Boyle）最近深入探讨的那样。为了确保由工业信息经济生产商要求的经济回报，个人希望生产信息、知识和文化的行动自由正在受到系统性的限制。针对这场在过去二十年中不断增强的圈地运动，已有大量法学文献给予了回应，从大卫·兰格（David Lange）发人深省的公共领域研究开始，到帕梅拉·萨缪尔森（Pamela Samuelson）对计算机程序和数字材料版权化预见性的批评，并通过杰西卡·利特曼（Jessica Litman）和博伊尔的研究得以继续。前者的工作针对公共领域与数字版权，后者对新兴"智慧财产"结构背后的基本浪漫假定以及为保存公共领域所需要的环境主义框架等问题进行了探索。其中，最为雄辩的论证来自劳伦斯·莱斯格。他主张，思想和信息的自由交换是我们最具创造力努力和尝试的核心；他还分析了当下圈地运动的破坏效应。可以和这种法学学术界中日益增长的怀疑主义相匹配的，是经济学家长期以来的怀疑主义（我将在第2章重点讨论）。然而，对日益强大的专有产权监管趋势缺乏分析或实证研究，并没有导致知识生产监管的政治行动转变。直到最近，我们才开始看到一种关于信息政策和"智慧财产"的政治行动开始兴起，这种政治行动源于下述现象：一种大众政治的混合，来自电脑工程师、大学生和关心全球贫困问题的积极分子；一种传统媒体支持者的再定位；以及高科技企业逐渐意识到，由好莱坞推动的规则可能阻碍基于电脑的商业行为的增长。这一政治反向运动被与电脑通信技术的基本特征绑在一起，也和愈演愈烈的分享社会实践绑在一起——有些行为（比如P2P分享）直接挑战专有产权的主张，其他则是不断出现如下新实践：以非专有产权模式生产信息，个体分享自己基于社会模式而非市场模式的成果。这些经济和社会力量正互相撕扯，而且每一股力量都试图使法律环境更好地服务于自身需求。我们仍然处于如下阶段：即为了大多数用户，信息生产可以被监管从而被迫退回到工业模式，从而压制正在出现的模式——个体的、极端去中心化的、非市场性生产及其相伴随的自由和正义得到改善。

社会和经济组织并不具有无限可塑性，它也不总是对积极的设计保持开放。人类与信息、知识和文化的互动实践，以及与生产和消费的互动实践是一种反馈效应的结果，这种效应发生于社会实践、经济组织、技术可供性和通过法律与相似的制度形式对行为施加的正式约束之间。这些对人类行为的约束和可供性的构成要件倾向于动态地相互适应，以至于技术可供性和社会经济实践、法律之间的张力通常不会太大。在稳定时期，这些人类生于其中的社会结构的构成要件，是相互联合与加强的，但是稳定性会因任何一个维度发生变动而受到影响。有时，变动可能来自经济危机，在大萧条时期的美国便是如此。它也常常能从对社会制度的外部现实威胁而来，比如战争。有时，变动还源自法律（尽管这并不常见），就像有些人会争辩的那样，它脱胎于布朗诉教育委员会案（*Brown v. Board of Education*）去种族隔离的司法判决。有时，它还源自技术；印刷术的发明就是这样一种变动，当然，蒸汽机也是如此。而高性能的机械印刷机和电报的发明，则开启了大众媒体时代。收音机的发明带来了类似的变动，并在短时间内，使大众媒体模式失去了活力，但是又迅速地汇聚到该模式。在每一个例子中，变动期比相对稳定期提供了更多机遇和更大风险。在扰动期，社会自我组织的方式有待开掘探索；更多的事物可以被重新协商安排，就像各种人类稳定性的其他要件要适应变化一样。借用斯蒂芬·杰伊·古尔德（Stephen Jay Gould）的进化论术语，人类社会存在于一系列间断平衡（punctuated equilibria）当中。不平衡的时期不一定很长。无线电从发明到适应大众媒体模式，仅仅用了25年的时间。电话从诞生到采取垄断设施形式、只能进行一对一的有限通信，所用时长也相差无几。在此期间，各种路径都可能被采纳。无线电的例子告诉我们，即便在过去的一个世纪里,在一些社会中不同路径是如何被采纳并持续数十年的。然而,在不稳定期之后,人类行为约束和可供性的各种要素就会出现新的稳定组合。在稳定期内,我们能寄望的,至多是在人类状况的边缘小修小补了。

如此说来,本书就是一种对当代自由民主国家的挑战。我们正处在技术、经济和组织的转型过程中,这使我们能够重新就信息社会中的自由、公正和生产力进行协商谈判。如何在这个新环境中生存,很大程度上取决于我们在今后十年中做出怎样的政策选择。为了理解这些选择,为了能更好地做出选择,我们必须认识到,它们本质上是社会和政治选择的一部分——选择在一套新的技术和经济条件下如何成为自由、平等和有生产力的人类。作为经济政策,让昨天的赢家决定明天的经济竞争条件将是灾难性的。作为社会政策,在仅仅维持和增强生产力的同时,失去增进我们社会民主、自由和正义的机会,则是不能被原谅的。

第一部分

网络信息经济

29   一百五十余年来，新的通信技术持续致力于信息生产、交换的集中化和商业化，同时不断扩大信息分配网络的地理边界和社会范围。机械化批量印刷和电报与新的商业实践共同努力，推动报纸从小规模的地方发行转变为大众媒体。报纸成为传播手段，旨在接触越来越多、越来越分散的受众，同时也需要大量的资本投资对之加以管理。随着受众规模及其地理和社会分散度的增加，公共话语形成了一种越来越单向度的模式。信息和观点——为大众所知悉，并成为政治对话和广泛社会关系的共同基础——从资本愈趋密集的商业和专业生产者流向被动的、无差别的消费者。

30   这是一种很容易被广播、电视以及后来的有线电视和卫星通信所采用和放大的模式。这一趋势并没有涵盖所有形式的交流和文化。电话和个人间的互动，以及最重要的小规模分发模式（如油印传单），都是其明显例外。然而，运输系统和大规模行政管理结构的效率不断增加。这就意味着，可以将政治和经济权力延伸到更为广阔的地理区域中去，可以覆盖更多的、在地理上更加分散的人口。由此必然要求能够进行长距离、大规模分配的经济系统满足前期投资高、分配边际成本低等特征。这些特征促使文化生产向越来越广泛的受众提供生产价值越来越高的产品（将固定成本分摊给受众），如电视剧、录制音乐和电影，进而使生产、传播信息和文化产品的大众媒体模式成为20世纪公共传播的主流形式。

    互联网有可能彻底颠覆这一长期趋势。作为一种现代传播媒介，互联网扩大自己的覆盖范围，破天荒地采取了去中心化的方式，拆解了那个生产分配着信息、文化和知识的资本结构。赋予网络以智能的大部分物理资本被分散给广泛的终端用户，并且为他们所拥有。网络路由器、服务器在质量上与终端用户所拥有的计算机没有什么区别;与此对照,广播电台、有线电视系统在经济和技术上与接收其信号的电视存在着根本差别。信息和文化的生产分配在物质条件上发生了根本变化,这对如何认识我们所处的世界,以及我们作为个人和社会行动者所能采取的其他方案产生了重大影响。而新兴的网络环境在这些影响下构建了我们如何感知和追求现代自由社会的核心价值观。

技术自身并不能决定社会结构。印刷术在中国和朝鲜并没有像欧洲那样,在印制了《圣经》并制造争论之后,引发深刻的宗教和政治改革。技术也并非无关紧要。路德绝不是公开攻讦教会的第一人。然而,印刷术使得路德版《圣经》在1517—1520年间发行了三十多万份,这是早期教会争论所无法企及的。[1] 只有经济上允许将《圣经》印发给每个家庭使用,只有抄写者不再限于教徒或其他的教会附庸,才有可能以方言阅读《圣经》的方式对自己进行宗教指导。技术为社会实践创造了可行的空间。在不同的技术条件下,做(或不做)某些事情变得更容易、更经济,另外一些则变得更困难、更昂贵。这些技术—经济可行性空间之间的相互作用,以及社会对这些变化所做出的反应——既包括制度(如法律法规)方面的变化,也包括不断变化的社会实践——定义了一个时期的特征。人们在一系列相互关联的技术、经济、制度和社会实践中的实际生活方式,决定了一个社会的吸引力的有无,决定了它的实践是值得称道的还是令人悲哀的。

技术和经济变化的特殊融合正在改变我们生产和交换信息、知识和文化的方式,从最发达的经济体向全球扩展,对我们的基本实践做出重新定义。20世纪70年代以来,"信息经济"在某种程度上的随意使用乃至滥用,掩盖了我们与过去150年的潜在断裂。这个术语多用来彰显可用信息在生产以及投入—产出—服务流程中作为一种控制手段的重要性正在急剧增长。信息经济尽管常被视为与"后工业"阶段相对应的经济形态，但事实上在整个20世纪都与控制工业经济进程紧密相连。这在会计师事务所和金融市场中表现得最为明显，在组织文化生产的工业模式中也是如此。好莱坞、广播电视网和唱片工业都是围绕着实体生产模式建立起来的。一旦音乐、电影等文化话语最初被某种储存和传播的方式制作和固定下来，生产分配这些实体商品的经济就开始了。制作原始声音和实体产品需要先期投入很高的资本。多制作些拷贝并不会增加太多成本，制作得多反而会降低单张拷贝的成本。这些产业因而自我组织起来，投入大笔资金制作出少量高生产价值的文化"制品"，之后再大量复制低成本拷贝并进行贴牌，或者通过高成本系统进行传播或分销，以此获得在屏幕和接收器上的低边际成本的短暂消费。这就要求尽可能地管理那些对录制、复制或分销产品所提出的需求，以确保生产者能够以较低的单位成本大量销售那些少量的文化话语，而不是以较高的单位成本销售大量文化话语中的少数部分。由于重点在于资本密集型的生产和分销技术，对这个阶段最好的概括是"工业信息经济"。

　　智能在通信网络上彻底去中心化，加之信息、知识、文化和观念向先进经济活动集中，正在把信息经济引向一个新的阶段——网络信息经济。在这个新的阶段，文化传播可以利用更多曾被规模经济扼杀的途径和机制，在规模经济中，大众传媒无论由商业运营还是由国家主导，都是高度集中的且受到严格的控制。网络信息经济的最重要作用在于为颠覆工业信息经济的控制创造可能，尤其是针对位于控制工程核心的两种文化生产趋势：集中化和商业化。

　　工业信息企业的经济生态中出现了两个基本变化。首先，人类的意义和交流在发达经济体中成为占据主导地位的基本产出。其次，互联互通的个人计算机成为表达和交流人类意义所必需的基本物理资本。全体用户共同拥有处理、存储和通信的核心功能。这些变化共同破坏了工业信息经济的稳定性。全球数以亿计的用户都具备或随时可以具备制造意义的能力——人性化地编码和解码出有意义的陈述，以及在世界范围内传达个人意义的能力。任何一个拥有信息的人都可以与任何需要这个信息的人建立联系。同样，任何想要使信息获得意义的人也可以与任何能够赋予该信息以意义的人建立联系。高昂的资本成本是收集、工作和交流信息、知识和文化的先决条件，如今广泛分散给了全社会。那些曾经主导信息环境的大型组织不能再将资本作为门槛。相反，彻底去中心化且基于合作分享的信息和文化生产新模式，以及简单协调共存的新模式，开始对网络信息经济生产意义（信息、知识、文化）的方式发挥越来越大的作用。

我们在谷歌上查询一个问题，会得到几十个乃至更多的站点，其中就包含可能的答案。谷歌的查询响应就是协调共存模式生产信息的一个例子。正如利特曼在《分享和窃取》（*Sharing and Stealing*）中所展示的，数百名独立的信息制作者出于爱好、乐趣、工作、销售等各种原因，成本也大不相同，独立制作出与你所寻找的内容相关的信息。他们彼此共存，又不必相互了解，绝大多数也不专为你提供服务，甚至根本就没有任何用户。然而，大量的、多样的兴趣和来源却使得这些分散的、互不相关的努力通过谷歌算法或是其他算法相互协调起来，共同形成了一个画面，产生出意义，并为我们所搜索的问题提供了答案。互联网中也出现了其他参与程度更深、更具备合作性的企业。例如"维基百科"，一部由5万名志愿者合著的多语言百科全书，是众多此类企业中一个特别有效的例证。

通信和信息处理的技术条件促进了信息和知识的生产中出现新的社会经济实践。爱森斯坦严谨地论证出印刷品如何松动了欧洲教会生产信息和知识的权力，特别是在北欧的新教地区，现代早期资本主义企业中出现了印刷品商店。这些印刷商人能够利用他们的市场收入独立于教会或君主，这是以往的复制者从未做到的事情，并且为一种自由的且以市场为基础的思想和通信自由提供了社会经济基础。在过去的一个半世纪里，早期的印刷商人变成了商业化的大众媒体：一种以市场为基础的特殊生产类型——集中化的、高度同质化也高度商业化的——在20世纪末主导了我们的信息环境。在此主导作用下，一种截然不同的信息生产形式具备了可能；这种可能性——去中心化、社会驱动不亚于商业驱动、如人类思想本身一般多样——为我们如何看待周遭世界的方式，如何认识评价世界的方式，如何与他人交流我们所知、所信、所谋的方式提供了深刻的改变。

本书第一部分致力于解释使这些实践成为可能的技术—经济转型。不是因为经济驱动了一切，也不是因为技术决定了社会或交流的发展方向；而是因为技术冲击，再加上新兴社会实践在经济上的可持续性，为社会和政治创造出一系列新的机遇，这是本书的主题。通过研究这些实践的经济原理，我们可以理解在数字网络环境中实际的政治想象与实践得以运作的经济参数。我解释了为什么企业能够以去中心化的、非市场性的生产方式进行持续生产，以及为什么生产率和经济增长与生产模式的这种转变相一致。我所描述的不是一种面向田园乌托邦的实践，不是一种返回前工业生产模式的愿景，这是一种实践的可能性，源自我们对信息和文化作为生产对象的经济学理解。它来自对一种非常不标准的经济现实所进行的传统经济分析：于此现实之中，信息和文化的所有生产交换手段掌握在世界各地数以亿计、最终数以十亿计的人手中；这些手段在他们为了维持生活而承担市场功能时发挥着作用，也在他们承担社会功能和个体功能时同样有效地发挥着作用，并试图为他们作为个人和社会成员的生活赋予意义。

第 2 章
信息生产与创新的经济学原理

没有不想赚钱的汽车制造商,也没有无偿生产的钢铁厂。你绝不会将自己的主要生存来源,寄望于他人的自愿奉献。但无论如何,在由非盈利教育机构和政府资助的非商业研究机构中工作的科学家,创造了我们大部分基础科学知识。志愿者们的广泛合作,在网上编写软件、制定标准,实现了互联网大部分功能,由此我们得以做想做的事。许多人把国家公共广播电台(National Public Radio)或 BBC 作为可信的新闻源。有什么关于信息的理论可以解释这种差异吗?我们为什么几乎完全依赖市场和商业公司来生产汽车、钢铁和小麦,而对于发达国家所依赖的关键信息而言,却并非如此?这是一个历史的连续性问题,还是说作为一种生产对象的信息有什么特性导致非市场性生产变得富有吸引力?

科班的经济学答案是,信息与文化的特定品质引导我们将其理解为"公共物品",而不是"纯粹私人物品"或标准的"经济物品"。当经济学家提及信息的时候,他们通常说这是"非竞争性的"。当一件物品被某人消费并不影响另一个人对它的消费,我们就认为它是非竞争性的。一旦这种物品被生产出来,就不需要投入更多社会资源以创造更多此类物品来满足下一个消费者了。苹果是竞争性的。如果我吃了这个苹果,你就吃不到。如果你无论如何都想吃一个苹果,就需要从比如说制作椅子中转移出更多的资源(果树、劳动)来种苹果,以便满足你的需求。你消费第二个苹果的社会成本,就是没有把种植第二个苹果所需的资源（果树的木头）用在另一个最佳用途上的成本。换句话说，对社会而言，这是没有额外椅子的成本，这把椅子本可以用树木来制作。而信息是非竞争性的。一旦一位科学家发现了一项科学事实，或一旦托尔斯泰写了《战争与和平》，该科学家或托尔斯泰就不需要再花时间为了百分之一、千分之一或百万分之一的用户生产额外的《战争与和平》手稿或研究了。图书或杂志的物理纸张有一定成本，但是信息本身只需要被一次性创造出来。经济学家把这种物品叫作"公共的"，因为如果按照其零边际成本定价的话，市场就不会进行生产。为了给托尔斯泰或科学家提供收入，我们对出版行为进行规制：通过法律让他们的出版商有能力阻止竞争者进入市场。因为没有竞争者被允许进入市场出售《战争与和平》的副本，出版商就可以将书或杂志的内容按照高于其实际零边际成本来定价。这样他们就可以将一些超额利润转交给托尔斯泰了。即使这些法律由此对创造出版激励是必要的，从科班的经济学视角看，基于此发展出来的市场将会系统性地低效。就像肯尼斯·阿罗（Kenneth Arrow）在 1962 年说的那样，"恰好就（财产的）有效性而言，对信息的利用是不足的。"[1] 因为福利经济学将市场界定为：只有按照边际成本为物品定价时，才属于有效率地生产商品，而像信息（就经济学而言，还有文化与知识也属于信息的各种形式）这样的物品，可能永远无法同时按照一个正价格（高于零）和按照其边际成本出售，由此信息就成了本质上非市场性生产的基础。

这种针对信息生产的经济学通行解释告诉我们：基于专利或版权的市场涉及静态和动态效率之间的权衡。在任何一个给定时间点观察世界现状，人们和企业出售他们占有的信息都会是低效的。从社会整体福利的视角看，最有效率的做法其实是，占有信息的人把信息免费送出去，或者仅收取通信费用，但仅及于此。在任何一个给定时间点，强制执行版权法都会导致低效利用版权保护的信息的后果。尽管如此，如果考察不同时间点的信息生产问题，对于像版权这类专有权的标准辩护就是：如果企业和个体知道其产品将让人随意免费拿走的话，那么他们就不愿意生产。为了那些想要通过生产来获利的个人和企业着想，我们愿意牺牲一些静态低效，来换取动态效率。也就是说，我们愿意接受每天有一些低效的无法获取信息的情况，来换取让更多人参与长期的信息生产。作家和发明家，或者更为常见的，与音乐家、制片人、科学家和工程师签订合同的公司，之所以愿意投资进行研究和创造文化物品，是因为他们期望出售其信息产品。长此以往，这种激励效果就会带给我们更多创新和创造力，这将在特定时刻超过由通过以高于其边际成本的价格出售信息而导致的低效率。这种对专有权的辩护，受制于在多大程度上能够准确地描述信息生产者的动机以及他们可用来获取投资收益的商业模式。如果一些信息生产者并不需要对其特定信息产出获得经济收益的话，或者如果一些公司不是通过排他控制其商品来获得信息生产的经济价值的话，那么通过授予版权或专利来规制使用的正当性就会变弱。我将会仔细讨论，对于标准辩护的两个局限实际上都发生了。

更关键的是，非竞争性并不是作为一种经济现象的信息生产的唯一特色。信息生产的另一个关键特点是：信息就其自身生产过程而言，既是投入又是产出。为了创作今天的学术文章或新闻报道，我需要读以往的文章和报道。为了创作今天的小说、电影或歌曲，我需要使用和改编已有的文化创作形式，例如故事主线与高潮。这个特征被经济学家称为"站在巨人肩膀上"效应，这让人回想起牛顿曾说过的一句话："如果说我看得比别人更远些，那是因为我站在巨人的肩膀上。"[2]如果类似财产的专有权主导制度性安排的话，那么和信息的非竞争性唯一特点相比，作为一种产品的信息的第二个特点，就使得这种权利对于信息与文化生产而言不再具有吸引力了。原因在于，如果任何信息物品或创新都建立在既有信息之上，那么除了增加信息生产者明天能够得到的回报外，强化知识产权还会提升那些今天投资于生产信息的人必须向昨天的投资者支付的价格。考虑到非竞争性，从今天的角度看，支付这些对价使今天利用昨天的信息过于昂贵并导致低效——

它们都高于零边际成本。今天的信息使用者并不仅仅是今天的读者和消费者；他们也是今天的生产者和未来的创新者。考虑到不仅存在增加的潜在利润，也存在增加的潜在成本的话，那么，他们从一个强化的专利或版权体制中得到的净收益可能是负值。如果我们规制信息生产的立法过于严苛的话，即允许其获益者对今天的创新者要价过高，那么我们不仅今天将拥有太少的信息可供消费，未来新信息的生产也会相应减少。

由于非竞争性和"在巨人肩膀上"效应的结合，过度扩张"知识产权"保护在经济上是有害的，也许当前经济学家能够达成共识的最令人惊奇的说法，出自联邦最高法院的埃尔德雷德诉阿什克罗夫特案（*Elolred v. Ashcroft*）[3]中经济学家作为法庭之友的陈述。该案件挑战了一项法律，它延长了版权保护的期限，从作者死后 50 年延长到作者死后 70 年，或者对拥有版权的法人来说，从 75 年延长到 95 年。如果信息像土地或钢铁一样，那么从经济学家角度出发，理想的财产权期限应当是无限的。尽管如此，在本案中，这里的"财产权"是版权，有数十位领军经济学家自愿签署一项意见陈述反对该法，其中有五位诺贝尔奖获得者，包括著名市场怀疑论者米尔顿·弗里德曼（Milton Friedman）。

通过强有力的版权和专利规制信息来控制知识与文化生产的效能，不仅在理论上模糊不清，也缺乏经验基础。试图评估知识产权的创新影响的经验研究，目前集中在专利领域。能够用来支持更强的和日益增加的专有权的证据基础并不多，就像我们在 20 世纪最后 25 年中看到的那样。实际上，没有任何研究表明更强或更长的专利会带来明显的收益。[4] 在过去几年中发表的也许是最令人震惊的一篇有关创新经济学的论文中，乔希·勒纳（Josh Lerner）考察了 150 年间 60 个国家知识产权法的变化。他研究了将近三百项政策变化，发现在已经拥有专利法的发展中国家和经济发达国家中，当专利法被强化以后，本国企业在国内外申请专利的数量（一个评估其在研究和发展方面投资的指标）反而有轻微降低！[5] 这隐含说明：当一个国家——要么它已经拥有完善的专利体系，要么是一个发展中国家——加强其专利保护时，反而会略微降低由本地企业进行创新投资的水平。如果单凭直觉而不了解理论背景的话，这看起来不合情理——为什么投资者或公司在得到更多保护的同时反而创新却减少了？一旦你理解非竞争性和"在巨人肩膀上"效应之间的互动，就会知道这些发现和理论其实是完全合情合理的。提升专利保护强度，不论在主要作为既有科技净进口国的发展中国家，还是已经拥有一定程度专利保护（由此也是对发明者的非竞争性保护）的发达国家，都提升了当下创新者需要为既有知识支付的成本，该成本也超过了该知识提升其利用自身贡献价值的能力。一旦有人超越知识产权游说者（像制药公司或好莱坞和唱片业）的寻租政治游说，一旦有人克服谬误百出的但无论如何都感觉良好的信念（来自为依靠版权和专利为生的行业辩护的律师和他们随后成为的法官），知识产权经济学中的理论与实践的真相就是：理论和到目前为止的经验证据表明，经济学几乎不支持使用知识产权法这一工具来规制信息、知识和文化生产。

如果创新和信息生产并没有像人们相信的那样，从以知识产权为基础的市场行动者中来的话，那么它究竟从何而来呢？它主要产生于以下两者的混合过程：①国家与非国家性质的非市场渠道，②市场行动者，其商业模式并不依靠知识产权的规制框架。前一种生产者是主流经济学对像信息生产那样的公共物品问题的预期答案。国立卫生研究院（National Institutes of Health, NIH）、国家科学基金会（National Science Foundation）和国防部是美国主要的研究资助渠道，就像在欧洲（欧盟与国家层面）、日本和其他主要工业化国家的政府部门一样。后一种类型——即其商业模式并不要求和依赖于知识产权保护的基于市场的生产者——其存在与重要性并没能被该模型在理论上预测，但是当你开始思考它之时就已非常明显了。

让我们来考察日报。通常我们认为报纸依赖于版权。然而，事实上那是错的。如果一家日报只是靠等待一个竞争者带着一个故事版本出现，然后对故事进行复制，重新在一个竞争性的版本中再生产出来，那么没有哪家日报能存活下来。日报主要通过低定价的报纸栏销售或订阅与广告收入配合赚取利润。我们只须理解消费者不会为了节省五分钱或两角五分钱而多耗半大时间等竞争者的报纸出版，就可以解决二者都不依赖版权。如果关于报纸的版权全都废除，报纸的利润也几乎不会受到影响。[6] 例如，拿2003年美国头部报纸公司的年度报告来说，《纽约时报》公司从广告和发行利润中获得每年超过30亿美元，从所有其他渠道获得每年超过2亿美元。即使所有的"其他渠道"都是来自故事和照片的整合——这很可能是过度强调了这些依赖版权渠道的作用——它也才占总收入的6%多一点。甘尼特（Gannett）公司的净营业收入中，报纸广告和发行收入超过56亿美元，其他所有收入约3.8亿美元。与《纽约时报》一样，最多只有6%多一点的收入可以归功于依赖版权的活动。对《骑士日报》（Kight Ridder）来说，2003年的数字分别是28亿美元和1亿美元，也就是说，来自版权的比例最高约为3.5%。鉴于这些数字，可以说日报不是一个依赖版权的行业，尽管它们显然是一个以市场为基础的信息生产行业。

事实证明，自1981年以来的多项调查研究表明，在所有工业部门中，除了极少数部门（最明显的是制药业），公司经理们并不认为专利是他们获取研究与开发收益的最重要途径。[7] 他们认为强研发为其带来的优势在降低生产成本或提高生产质量、率先进入市场，或者开发强大的市场关系，这些都比专利更重要。"知识产权"一词在今天具有很高的文化知名度。好莱坞、唱片业和制药业占据了国内和国际信息政策议程的中心位置。然而，在我们的信息、知识和文化生产系统的整体组合中，相对于非市场性部门、政府和非营利部门、基于市场的行动者（其商业模式不依靠从其信息产出的排他专有权）的组合而言，这些以专有性为基础的市场行为者的总权重微乎其微。

当今对信息生产的主流经济分析认为，市场或多或少是生产商品的最佳方式，产权和合同是组织生产决策的有效方式，以及补贴扭曲了生产决策,这些广为流传的直觉只能非常模糊地适用于信息。虽然基于专有权的生产可以部分解决我们社会中信息如何生产的问题,但在这一领域试图模仿财产的全面规制体系——如美国和欧盟都曾试图在内部和通过国际协议实施——即使是在最抽象的经济学模型所提出的理想市场中,也不可能完美地运作。相反,我们发现多数行业的企业报告指出,他们并不依赖知识产权作为获取其研发投资收益的主要机制。此外,主流经济学家认为:政府的资助有很大的作用;非营利性的研究可以比营利性的研究更有效率;除此之外,非专有性的生产可以在我们的信息生产系统中发挥重要作用。

我们当前信息生产系统中的多元策略

由此,经济活动中信息生产的实际情况并不像过去四分之一世纪对"知识产权"的日益痴迷可能表现的那样,依赖于信息产品的产权和市场。相反,我们从经验和理论工作中看到的是,经济活动中的个人和企业利用各种策略生产信息。其中有些策略确实依赖于专利或版权等专有权,目的是将信息作为一种商品卖到信息市场。然而,许多策略却不是这样。为了更好地理解这些模式,我们可以勾勒出一系列生产信息的理想型"商业"策略。这里的重点不是要提供一张详尽的商业经验文献图。相反,它是要提供一个简单的分析框架,用来理解企业和个人在信息、知识和文化的生产活动中可用的策略组合,以获取他们投资于时间、金钱或两者所带来收益。分类的参数很简单:成本最小化和收益最大化。这些策略中的任何一种都可以通过向现有信息的专有权所有人购买许可的方式利用已经被人拥有的投入(如一首歌既有的歌词或一项可改进的专利发明)。这里的成本最小化纯粹是指以边际成本为零的方式获得尽可能多的信息投入的理想型策略,而不是以正的市场价格购买投入的许可。这可以通过使用公共领域的素材、使用生产者自己占有的素材,或通过分享/交换他人占有的信息投入来换取自己的信息投入。这样获得收益既可以依靠维护自己的专有权，也可以采取非专有权策略，利用一些其他机制提高信息生产者的地位，因为他们在生产信息方面进行了投入。利益最大化的非专有性策略可以被市场行为者和非市场行为者同时采纳。表2.1列出了以这些要件为特征的9种理想型策略。

表 2.1 理想型信息生产策略

成本最小化/收益获取	公共领域	公司内部	以物易物/分享
基于权利的专有性（通过行使专有权赚钱——许可或阻止竞争）	浪漫的利益最大化者[作者、作曲家；卖给出版商；有时卖给米奇（Mickey）]	米奇（迪士尼用存货重新制作衍生作品；购买浪漫的利益最大化者的产出）	RCA（少数公司持有封锁专利，他们建立专利池，打造有价值的商品）
非专有性市场（从信息生产中赚钱，但不通过行使专有权赚钱）	学者型律师（写文章找客户；以及乐队免费把音乐作为巡回演出的广告，收取演出费；软件开发商开发软件，通过为特定客户定制软件赚钱，现场管理、咨询和培训，而不是靠授权）	技术诀窍（因研究而拥有更便宜或更好的生产工艺、降低成本或提高其他商品或服务质量的公司；在现有基础上发展的律所）	学习网络（与类似的组织共享信息——通过早期获取信息赚钱。例如，报纸联合起来建立一个电信服务；不同公司的工程师和科学家参加专业协会以传播知识）
非专有性—非市场	乔·爱因斯坦（Joe Einstein，赠送信息，以换取地位、名誉利益、创新对自己的价值；动机广泛。包括免费演出的业余合唱团的成员，为名声撰写论文的学者们，写专栏文章的人，投稿的人；许多免费软件开发商和免费软件公司都在这里，一般用于大多数用途）	洛斯·阿拉莫斯（Los Alamos，共享内部信息，依靠内部投入生产有价值的公共产品，用于确保额外的政府资金和地位）	有限的共享网络[将论文发布给少数同事，以获得意见，从而在发表前对其进行改进。利用时间上的延迟，稍后用乔·爱因斯坦策略获得相对优势。在正式的互惠条件下分享自己的信息：如"左版"（copyleft）条件下的派生作品发布]

作为专利和版权基础的理想型策略可以被认为是"浪漫的利益最大化者"。它把信息生产者想象成只为利益最大化这单一目的而从事创造性劳动的作家或发明家——因此是"浪漫的"——但他们期望获得的是版税,而非不朽、美丽或真理。将自己开发的软件卖给大公司的个人或小型初创公司,或将一本书或一部电影的权利出售的作者,就是这种模式的典型。第二种从基于专有权行业中产生的理想型,"米奇"是一家规模较大、已经拥有大量专有权的公司,有些专有权通过内部开发,有些则是通过向浪漫的利益最大化者购买。米奇公司的一个决定性的成本降低机制是,它要求创作人员在自己占有的专有内容上工作,而不需要为这些内容支付高于市场边际成本的价格。在版权保护力度非常大的环境下,因为如下一些原因这种策略最有优势。首先,能够从现有租金中抽取更高的租金。对于(a)有库存和(b)依靠主张专有权作为其价值提取方式的公司来说,信息商品库存的影响最大。其次,与强大的专有权相关的生产成本的增加,被这些企业对其产品进行再加工的能力所缓冲。而不是试图利用不断萎缩的公共领域的材料,或者为新创作的每一个灵感来源和元素付费。如果迪士尼将现有的动画片中的场景捆绑在一起,制作一个 30 分钟的"冬季运动"电视节目,比如高飞打曲棍球的场景,配上唐老鸭滑冰的片段等,就可以找到这种策略的最粗糙的版本。更微妙的,也是与此处分析相关的重复使用类型的代表,是迪士尼买下"小熊维尼"的版权,在制作了原书故事的动画版后,继续与相同的角色和关系合作,创作一部新的电影,比如《小熊维尼——弗兰肯维尼》(或《美女与野兽——魔法圣诞》,或《小美人鱼——狂暴海马斯托米》)。第三种基于专有权的策略,我称之为"RCA",就是库存所有者之间的易货贸易。我在第 6 章中描述的 1920—1921 年无线电专利持有者之间的专利池、交叉许可和市场共享协议就是一个完美的例子。美国无线电公司(RCA)、通用电气(GE)、美国电话电报公司(AT&T)和西屋电气(Westinghouse)拥有阻断性专利,这些专利阻止了彼此和其他任何人在当时的技术条件下制造出更好的收音机。这四家公司达成了一项协议，将它们的专利合并起来，并划分无线电设备和服务市场，它们于整个1920年代都在用这种方式来排除竞争对手，并准确地获取专利带来的创新后的垄断租金。

然而，以专有权为基础的商业模式，只占我们信息生产体系的一小部分。既有基于市场的模式，也有非市场的模式来维持和组织信息生产。这些模式加在一起，占了我们信息生产的很大一部分。事实上，与专利有关的行业调查表明，绝大多数工业研发都不是主要依靠专利。这并不意味着实行这些策略的大多数或任何公司都不占有或不寻求对其信息产品的专有权。这仅仅意味着，它们的生产策略并不依赖于通过专有性来维护这些权利。我称之为"学者型律帅"的这样一组策略依靠的是生产者所传播信息的需求方效应。它所依据的事实是，有时使用一个人制作的信息产品会使其用户寻求与作者建立关系。然后，作者按关系收费，而不是按信息收费。医生或律师在行业杂志上发表文章，成为知名人士，并因此获得业务，就是这种策略的例子。一个极具创造力的行业，其中大部分是以这种模式运作的，就是软件。软件开发行业约三分之二的收入来自经济普查所描述的活动。①编写、修改、测试和支持软件，以满足特定客户的需求；②规划和设计计算机系统，将计算机系统集成在一起；③现场管理和操作客户的计算机系统和/或数据处理设施；④其他与计算机相关的专业和技术咨询和服务、系统顾问和计算机培训。"软件出版"则相反，这种依靠基于版权销售的商业模式，只占行业收入的三分之一。[8] 有趣的是，这就是十多年前的侵占模式。伊斯特·戴森（Esther Dyson）和约翰·佩里·巴洛（John Perry Barlow）预示了音乐和音乐家的未来。他们在1990年代初就主张或多或少地免费在网上发行唱片副本，这将为现场演出招来更多的观众。演出的门票收入，而不是录音的版权收入，将支付给艺术家。

然而，制药业以外最常见的工业研究与开发模式取决于信息生产的供应方效应。追求研究的一个核心原因是它对企业特定优势的影响，比如技术诀窍，它允许企业比竞争对手更有效地生产，并销售更好或更便宜的竞争产品。日报集体资助新闻机构，单独资助记者，因为他们寻找信息和报道信息的能力是其产品——及时新闻——的必要投入。正如我已经建议的那样，他们不需要版权来保护其收入。日报的出版周期很短，这就保护了他们的收入。投资是为了能够在日报的市场上发挥作用。同样，半导体领域的收益曲线和技术诀窍效应，使新芯片早期进入市场，这使先发者比竞争对手有显著优势。然后进行投资以获取这一地位，而投资是通过先发优势所提供的准租金来获取的。在某些情况下，为了能够以最先进的技术进行生产，就必须进行创新。企业参与"学习网络"，以获得处于最先进水平的利益，并分享各自的改进。然而，它们只有在创新的情况下才能参与。如果它们不创新，它们就缺乏内部能力来了解最先进的技术并在其中发挥作用。它们的投资就不是通过主张自己的专有权来收回，而是通过向一系列市场中的一个市场销售来收回，而进入这些市场的机会是由具有这种吸收能力的相对较少的公司所保护的，或者说是在技术水平的边缘发挥作用的能力。这类公司可能以交换信息来换取进入市场的机会，或者干脆成为一小批组织的一部分，这些组织拥有足够的知识，可以利用这些市场的所有参与者所产生和非正式分享的信息。它们从集中的市场结构中获得租金，而不是从产权的主张中获得。[9]

　　IBM公司是基于非专有性商业策略的一个范例。从1993年到2004年，该公司每年获得的专利数量最多，总共积累了29 000多项专利。然而，IBM也是最积极调整其商业模式以适应免费软件兴起的公司之一。图2.1显示了专利使用费、许可证和销售在IBM收入中的相对比重以及该公司所说的来自"Linux相关服务"的收入的情况。在四年时间里，"Linux相关服务"类别从几乎不占收入比例，到提供了所有专利相关来源的收入，是美国专利数量最高的公司的两倍。IBM称自己在免费软件开发者身上的投资超过10亿美元，雇佣程序员帮助开发

Linux 内核和其他免费软件,并向免费软件基金会(Free Software Foundation)捐赠专利。这对公司的作用是为其服务器业务提供了更好的操作系统,使服务器更好、更快、更可靠,从而对消费者更有价值。参与免费软件的开发也使 IBM 与客户建立了服务关系,在免费软件的基础上提供针对客户的解决方案。换句话说,IBM 将供应方和需求方的策略结合起来,采用非专有权的商业模式,每年为公司创造了 20 多亿美元的业务。其策略即使不是共生的,也肯定是对免费软件的补充。

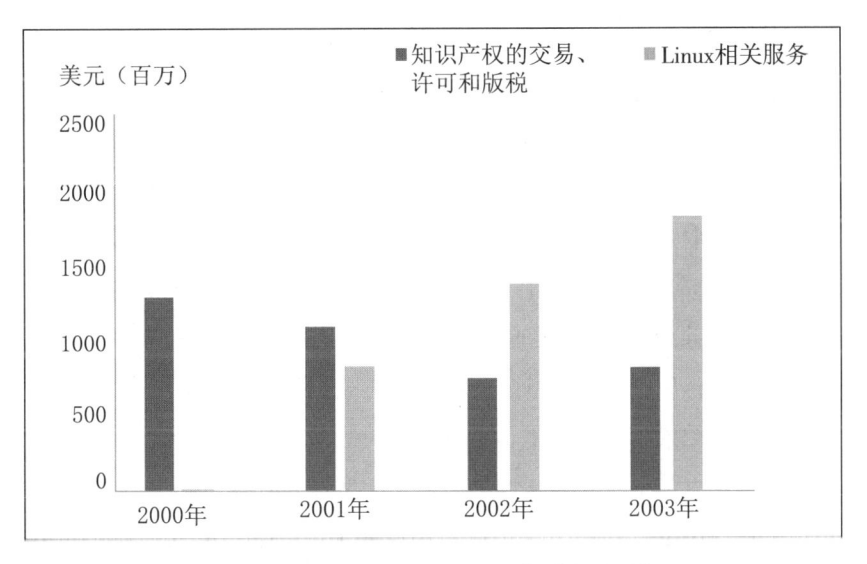

图 2.1　IBM 公司 2000—2003 年的部分利润

我在本章开始时提出一个难题——发达国家在信息生产方面对非市场组织的依赖程度远高于其他部门。这个难题反映了如下事实:除了信息生产的市场导向型商业模式的多样性以外,非市场模式也存在多样性。在宏观抽象层面上,我把这种动机和组织形式的多样性称为"乔·爱因斯坦"——以强调非市场性生产的社会实践和从业者的广泛程度。这些机构包括大学和其他研究机构;公开其工作内容的政府研究实验室,或者像国家统计局那样的政府信息机构。它们还包括个人（如学者们），以及为实现"不朽"而不为寻求收益最大化而创作的作家和艺术家们。埃里克·冯·希佩尔多年来一直在记录用户的创作活动，范围从冲浪板设计到通过绝缘瓦连通电流的新发明。[10] 纽约清唱剧协会（Oratorio Society of New York）的合唱团成员是由志愿者组成，自1891年剧院的第一个演出季以来，该协会每年12月都会在卡内基大厅上演亨德尔的《弥赛亚》（Handel's Messiah）。政党、宣传团体和教会只是为我们的信息环境提供新闻和观点的少数稳定社会组织。为了表2.1中的对称性目的，我们也看到了一些非市场组织对内部库存的依赖，比如秘密政府实验室不公布其研发信息，但却用它来继续获得公共资金，这就是我所说的"洛斯·阿拉莫斯"。圈内分享行为也发生在非市场关系中，如学术界的同事传阅草稿以获得评论。然而，在非市场和非专有领域，这些策略在过去的范围和意义都比从公共领域获取并反馈的简单行为更少，后者是典型的乔·爱因斯坦行为。只是从1980年代中期以来，我们才开始看到从向公有领域贡献到采用加强公共资源约束力的许可的转变，比如我在第3章中描述的"左版"（copyleft）策略。这些策略与乔·爱因斯坦的不同之处在于，它们将互惠的要求正式化了，至少对于某些共享的权利而言。

我的观点并不是要为我们生产信息的所有方式提供一个详尽清单。我只是想为信息、知识和文化在当代社会中以不同方式生产这一说法提供一些素材。这样做就能让我们理解，纯粹基于专有权——如专利、版权以及对信息的使用和交流的类似监管限制的生产方式——进行生产，至今在我们的信息生产系统中发挥的作用仍相对有限。非市场性生产对信息生产很重要，这并不新奇。只要有可能以一种允许生产者（无论它是不是市场行为者）获利的方式来生产信息，而不对信息本身的使用要价，那么效率就会提高，这也不新奇。这种策略在市场和非市场行为者中都很常见。如果认识到这一点，就会带来两个不同的问题：首先，构成知识产权法的一系列机制是如何影响这种组合的？其次，我们如何解释在任意给定时间采取的策略组合？例如，为什么在20世纪,以市场为基础的专有权生产在音乐和电影行业中变得如此突出,而在数字网络环境中有什么东西可以改变这种组合?

专有权的影响

一旦我们认识到在信息生产中存在着不同的专有策略,我们就会看到由强"知识财产"型权利引发的新的低效率因素。回顾一下,在主流分析中,专有权总会导致静态低效,也就是说,它们允许生产者对边际成本为零的产品(信息)收取正价格。专有权有着更加模糊的动态影响。它们提高了信息生产的预期收益,因此被认为会诱发对信息生产和创新的投资。然而,它们也会增加信息投入的成本。如果现有的创新更有可能被专利所覆盖,那么目前的生产者将更有可能付费给过去可以从公共领域免费获得的创新或使用。因此,总体而言,任何增加专有权利范围的监管变化究竟是改善还是破坏了新的创新,取决于在之前给定的可占有性水平下,增加的潜在收益与增加的投入成本孰高孰低。

专有策略的多样性给这个故事增加了一个转折点。考虑下述这个非常简单的假设。设想一个生产"信息小程序"的行业。有10家公司从事这个行业。其中,有2家是信息小程序出版商,采用"浪漫的利益最大化者"模式,将信息小程序作为成品来生产,并在专利基础上销售。有6家公司根据供应方(技术诀窍)效应或需求方(学者型律师)效应进行生产:它们分别更有效率地生产Realwidgets或Servicewidgets或对消费者而言更受欢迎的产品。还有2家公司是非营利性的信息小程序生产商,靠固定的慈善收入生存。每家公司都生产5个信息小程序,市场总供给为50个。现在想象一下法律开始变得更加有利于专有权。假设这是一项法律变化,假设没有政府拨款支持多样性,它将被认为是有效的。假设它增加了10%的投入成本和20%的可分配性,预期净收益为10%。有2家信息小程序生产商将各自发现10%的净收益，让我们假设这将使它们各自增加10%的努力，并多生产10%的信息小程序。仅就这2家公司而言，法律的变化导致了信息小程序从10个增加到11个——这是政策改变的收益。然而，从整个市场来看，另外8家公司的成本增加了10%，在专有性方面却没有收益。这是因为这些企业中没有一家真正依靠专有权来获取其产品的价值。如果与我们对生产商的假设相呼应，我们假设这导致8家公司的努力和生产力下降10%，那么我们将看到这些公司生产的信息小程序总数从40个下降到36个，而市场总产量将从50个下降到47个。

  法律变化的另一个影响可能是说服一些公司转变策略或进行合并。举例来说，2家生产商所需的大部分投入是由另一家信息小程序生产商拥有的。如果这2家公司合并为一家米奇公司，那么每家公司都可以按其边际成本（零），而不是按独家版权的市场价格使用另一家公司的产出。这样一来，专有权的增加就不会影响到合并后的公司的成本，只会影响到必须从市场上购买合并后的公司产出的外部公司的成本。鉴于这种动态性，强专有权推动了内容库存所有者的集中。我们从迪士尼等以内容库存为基础的公司的规模不断扩大中可以非常清楚地看到这一点。此外，独占权市场的可占有性增加，可能会使一些处于非专有商业模式边缘的公司转向采用专有权商业模式。这反过来又会增加只能从专有权来源获得的信息量。这种反馈效应将进一步加速信息投入成本的上升，增加从转向专有权策略和用新的生产来巩固更大的库存的收益。

  鉴于策略的多样性，增加专有权的范围和效力的直接效应是塑造商业策略的群体。强专有权增加了基于专有权的策略的吸引力，而牺牲了无论是基于市场还是非市场的非专有权策略。它们也增加了用新的生产来巩固大量既有信息库存的价值和吸引力。

当信息生产遇到计算机网络

19世纪的音乐在很大程度上是一种关系型作品。它是人们在彼此亲临现场的情况下所做的事情：聆听、重复和即兴创作，这是大众的方式；购买乐谱，为客人演奏或参加公开表演，这是中产阶级的方式；雇用音乐家表演，这是上流社会的方式。资本以乐器的形式在音乐家中广泛分布，或在地理上分布于表演厅（和客厅）所有者手中。基于市场的生产有赖于在场表演。它为艺术家们提供了在当地生活和表演机会，或是在文化中心获得明星地位，但不会取代本地表演者。随着留声机的问世，一种新的、更被动的与所播放音乐的关系成为可能，它依赖于密集资本的要求——录制、复制和分发录制音乐的特定样本。结果得到发展的是一个基于对广告或形成消费者偏好的大量投资的集中化商业行当，其目的是让越来越多的人想要听那些录音制作人所选择的唱片。换句话说，音乐产业采取了更加工业化的生产模式，许多地方场所——从起居室到地方歌舞厅——都被机械录音而不是业余和专业的本地表演所占据。这种模式排挤了一些（但不是全部）以现场表演为基础的市场（例如，爵士俱乐部、钢琴酒吧或婚礼），并创造了新的现场表演市场——巨星巡回演唱会。音乐产业从对学者型律师和乔·爱因斯坦模式的依赖转变为对浪漫的利益最大化者和米奇模式的依赖。随着计算机变得更有能力创作音乐，以及数字网络成为无处不在的传播媒介，我们看到了在20世纪工业化模式的唱片业和新兴的业余传播系统（至少据其支持者说，伴随着专业表演艺术家的分散的、基于关系的市场重新出现）之间，当下围绕文化生产规制的冲突开始发生——这主要体现在版权法当中。

音乐产业的典型事例更普遍地反映了大众媒介的特点。自从机械印刷厂和电报问世以来，接着是留声机、电影、大功率无线电发射器，一直到电缆或卫星，将信息和文化产品固定在一个传播媒介上的资本成本——一份高发行量的报纸、一张唱片或一部电影、一个广播或电视节目——一直都很高，且在不断增加。如果要制作一个可以畅销的信息产品，并将其传播到更大的社区范围（通过更好的交通系统和更多的经济政治系统联系在一起），所涉及的高额物质和金融资本成本就削弱了非市场性生产的相对作用，只强调那些能够聚集必要的金融和物质资本来进行大规模传播的公司的作用。正如这些大型工业时代的机器标准，增加了信息和文化生产的资本成本，从而引发了这个部门的商业化和集中化，同样，无处不在的廉价处理器也大大降低了能够固定信息和文化表达并在全球范围内传播的资本投入成本。这样一来，它们就使我们的信息和文化生产系统的彻底重组成为可能，使之脱离了从严重依赖商业化和集中化的商业模式，转到更多地依赖非专有权的获益策略，特别是非市场性的策略，其效率在整个工业时期被有效传播的高资本成本所抑制。

  信息和文化生产有三个主要类别的投入。第一类是既有的信息和文化。我们已经知道，既有信息是一种非竞争物品，也就是说，它在任何特定时刻的实际边际成本是零。第二类是感知我们的环境、处理环境和交流新信息产品的机械手段。这就是典型的工业模式高成本，而在计算机网络中已经急剧下降。第三类是人类的交流能力——从现有的信息和文化资源中获取并将其转化为对我们所交谈的其他人有意义的新见解、符号或表述所必需的创造力、经验和文化意识。鉴于现有信息的零成本以及通信与处理成本的下降，人的能力成为网络信息经济中的主要稀缺资源。

  然而，人类的交流能力是一种投入，与比如说印刷厂或卫星的特点完全不同。它是由每个人持有的，不能从一个人"转移"到另一个人身上，也不能像许多机器那样聚合起来。它是我们每个人与生俱来的东西，尽管在质和量上各有不同。个体的能力，而不是聚合金融资本的能力，成为我们信息和文化生产的经济核心。一些人的能力目前正在并将继续通过创意劳动市场进行交易。然而，从物质资本的限制中解放出来后，有创造力的人可以更自由地参与广泛的信息和文化生产实践，这超越了那些除了创造力、经验、文化意识和时间之外，还需要几百万美元才能从事信息生产的领域。从我们的友谊到我们的社区，我们在多元关系中生活和交流思想、见解和表达，而不是以市场作为中介。在实体经济中，这些关系在很大程度上被归入我们经济生产系统之外的空间。网络信息经济承诺将这种丰富的社会生活多样性，带入我们的经济和生产生活中来。

让我们做一个小实验。想象一下，你和我一起进行一次网络搜索。我们使用谷歌作为搜索引擎，回答一个好奇的6岁孩子关于维京海盗船的问题。我们坐在电脑前，输入"维京海盗船"的搜索请求，会得到什么？第一个网站来自加拿大，包括一个资源、论文和工作表的集合。似乎是纽芬兰甘德学院（Gander Academy in Newfoundland）的一位热心的小学教师把这些东西放到了一起。他搜集不同主题的文章，并链接了一些由个人和组织主办的网站，如一家瑞典博物馆、雅虎地球村（GeoCities）上的个人网站，甚至还有来自一个专门销售航海复制品的商业网站上的维京海盗船复制品图片。换句话说，这是一个指向其他网站的乔·爱因斯坦网站，而这些网站反过来又使用乔·爱因斯坦或学者型律师的策略。当人们继续打开其他链接时，这种在第一个网站上出现的信息来源的多重性就会被复制。第二个链接是一个名为"维京人网络"的挪威网站，这是一个专门准备和放置有关维京人短文的网络圈。它包括短文、地图和外部链接，例如其中一个指向《科学美国人》（Scientific American）杂志文章。"要成为会员，您必须制作一份关于您当地的维京人的信息表，并将其以电子格式发送到维京人网络。您的信息表将被纳入维京人网络"。第三个网站由一位丹麦商业摄影师维护，服务器托管在哥本哈根，其中有一部分专门用于拍摄考古学发现和丹麦维京海盗船的复制品。匹兹堡大学的一位退休教授负责第四个网站。第五个网站是介于爱好和展示个人独立网络出版商的服务之间，提供出版相关服务。第六个和第七个是博物馆，分别在挪威和弗吉尼亚。第八个是一个致力于建造维京海盗船复制品的业余爱好者团体的网站。第九个包括由美国公共广播公司（PBS）在互联网上免费提供的课堂材料和教学指南。当然，如果你阅读本书时现在就进行这个搜索，排名会和我当时看到的有所改变；但我敢说，生产者的组合、范围和多样性，以及非市场性生产者的相对突出不会有明显改变。

　　数字化网络环境的不同之处在于：它能够提升更大量、更多元的非市场性生产者的效率，从而提高其重要性，这些生产者属于乔·爱因斯坦这一类。它使非市场性策略——从个人爱好到正式的、资金充足的非营利组织——比在大众媒介环境中的效果好得多。这种现象的经济学原理既不神秘也不复杂。让我们想象一下，一位小学教师希望为学生准备10~20页关于维京海盗船的材料。在互联网出现之前，他需要去一个或多个图书馆和博物馆，寻找带有图片、地图和文字的书籍，或者自己拍照（假设他得到博物馆的允许），并结合这些研究写出自己的文字。然后，他需要选择部分内容，获得版权许可以重印这些内容，找到一家印刷厂，将他的文字和图片装入印刷机，付费印刷一些副本，然后将它们分发给所有学生。显然，今天的研究更简单、更廉价。切割和粘贴数字化的图片和文字更廉价。根据教师所处的位置，这些最初的步骤有可能是不可逾越的，特别是对于一位条件差的社区教师来说，不太容易获得相关书籍，因为研究需要大量的旅行。即使克服了这些障碍，在计算机和互联网出现之前的时代，要制作出看起来和感觉上都是高质量的产品，带有高分辨率的图片和地图，以及可读的印刷品，都需要使用资本密集型设施。制作这样的产品，哪怕只有一份，其成本也可能使教师拒绝制作这本小册子。最多他可能会制作一个油印的书目，也许还有一些用复印机复制的文本。现在，我们让这位教师在家里或在学校图书馆拥有一台电脑和高速互联网连接，他努力制作产品的生产和分配的成本微不足道，一个网站每月只需几美元就可以维护。计算机本身在整个发达世界都可以广泛使用。对于一个教师来说，制作"小册子"就变得微不足道了，只要他愿意花一些空闲时间来整理小册子，而不是看电视或看书，就可以在任何时间、任何地点向世界上的任何人提供更多信息。

当你把这些非常简单的程式化的事实乘以生活在足够富裕的社会中的大约10亿人，允许低廉的无处不在的互联网接入，我们正在经历的变革的广度和深度，就开始变得清晰了。在发达经济体的10亿人中，每天可能有20亿到60亿小时的空闲时间。为了利用这几十亿小时，假设每个工人每周工作40小时，也需要美国整个电影和唱片行业雇用的近34万名工人的没有任何假期的全部劳动力总和，时间相当于3年到8年半之间！除了纯粹的潜在量化的能力外，无论人们如何折算，以考虑不同水平的天赋、知识和动机，10亿志愿者的素质使他们更有可能产生别人想读、看、听或体验的东西。他们有多元的兴趣——就像人类文化本身一样多元。有些人关心维京海盗船，有些人关心选民投票机的准确性；有些人关心晦涩难懂的乐队，有些人则对烘烤有热情。正如伊本·莫格勒所说："把互联网包裹在地球上每一个人身上，然后旋转地球，软件就会在网络中流动。这是相连的人类思维的一个新兴属性，他们为了彼此的快乐而创造东西，并征服他们对过于孤独的不安感。"[11] 正是这种创造和与他人交流的意愿，以及共同的文化经验的结合，使得我们每个人都有可能谈论一些我们相信其他人也想谈论的东西。这使得今天的在线对话的10亿潜在参与者，以及明天的对话的60亿参与者，肯定比商业化的工业模式更好。当工业化生产的经济特性要求高前期成本和低边际成本时，生产者必须专注于创造几个超级明星，并确保每个人都能收听或观看到他们。这就要求他们专注于平均化消费者最可能购买的东西。只要没有更好的替代品，这种方法就能合理地发挥作用。只要制作音乐或晚间新闻的成本很高，那么争夺头条的竞争对手确实很少，明星系统就能发挥作用。一旦地球上的每一个人，甚至只有生活在富裕经济体的每一个人和生活在较贫穷国家的10%~20%的人，都能轻松地与他们的朋友和同胞交谈，竞争就会变得更加激烈。这并不意味着大规模生产和大规模销售的文化产品——无论是小甜甜布兰妮还是广播新闻——没有持续的作用。

然而，这确实意味着更多的"利基市场"——如果它们应该被称为市场而不是对话——开始在我们的文化生产系统的总组合中发挥越来越大的作用。数字环境中的生产经济学应该使我们预期非市场性生产模式在我们的信息生产系统的整体组合中的相对重要性会增加，而且这种情况的发生是有效的——更多信息将被生产出来，而且其中大部分将以其边际成本提供给用户使用。

我们知道的信息和知识作为生产产品的古怪特征，总是使非市场性生产在这个生产系统中的作用比资本主义经济中常见的有形产品大得多。生产和交换信息、知识和文化的物质手段的成本急剧下降，大大降低了信息表达和交换的成本，从而提高了非市场性生产的相对效率。当这些事实叠加在信息、知识和文化已经成为最先进经济体的核心高附加值经济活动的事实之上时，我们就发现自己处于一个新的、陌生的社会和经济状况。传统上被置于经济边缘的社会行为已经成为最先进经济体的核心。非市场行为正在成为生产我们信息和文化环境的核心。我们通过知识和文化教育的渠道来认识和理解这个世界，形成我们对它的看法，并在与他人的交流中表达我们所看到的和相信的东西，这些渠道已经从对商业的集中化媒介的严重依赖，转变为由许多不受广告或娱乐产品销售驱动的行为者在一个更广泛的模式下生产。

数字环境中的强大专有权

我们现在了解了既得利益机构和新兴社会实践之间冲突的基本要素。信息和文化生产的技术最初导致了商业、工业模式的生产在这些领域日益突出。在整个20世纪，在一些最显著的文化行业（如电影和音乐），版权法与工业模式是共同演进的。到了20世纪末，版权比世纪初的时候时间更长、范围更广、内容更全面丰富。在信息、文化和创新成果方面的其他专有权也按照类似的逻辑扩展。像这样强大、广泛的专有权具有可预测的效果。它们优先提高了依赖专有权（如版权和专利）的商业模式的回报，而牺牲了市场外或不依赖专有权的市场关系中的信息和文化生产。它们使既有素材库存更加有利可图。围绕着生产所需的物质资本而发展起来的商业活动反馈到政治体系，而政治体系的反应是不断优化制度生态，以牺牲其他信息生产者的利益来满足工业信息经济的需求。

网络信息经济在信息生产和交换的技术与物质成本方面已经打乱了现有秩序。然而制度生态、政治框架（游说集团、立法机构的习惯）和法律文化（法官的信念、律师的实践）尚未改变。它们就像在20世纪的发展历程一样，其核心都是不断优化那些在信息和文化的强大专有权之下蓬勃发展的商业公司的生存条件。工业信息经济与网络信息经济之间冲突的结果，将决定我们是像莱斯格警告和预测的那样演变成一种许可文化（Permission Culture），还是演变成一个以非市场性生产和合作分享信息、知识和文化的社会实践为特征的社会。我在全书描述了后者这种类型，并认为这将改善自由主义社会的自由和正义。第11章记录了这种基本冲突所发生的许多场景。然而对于本部分其余内容和第二部分而言，我在这里提供的基本经济学解读是必要的。

组织信息生产的动机和策略十分多元。它们的相对吸引力在某种程度上取决于技术，在某种程度上取决于制度安排。我们今天看到的非市场性生产的效能和范围的提升，以及我在下面两章中描述和分析的同侪生产，在我们对信息生产经济学的这种理解下，就可以得到很好的预测。构成我在第二部分提供的大部分规范性分析基础的信息生产社会实践，考虑到数字网络环境中信息生产和交换的物质条件，将是内在可持续的。这些模式对我们来说还很陌生，它们挑战了我们对生产如何发生的直觉感，它们挑战了我们在整个20世纪发展起来的规制信息和文化生产的制度安排。但这是因为它们兴起于一套本质上不同的物质条件，我们必须理解这些新生产模式。我们必须学会评估它们，将其优劣与工业性信息生产者的优劣进行比较。然后我们必须调整自身的制度环境，为网络环境带来的新社会实践铺路。

第 3 章
同侪生产与共享

59   在世界最发达经济体的引擎核心，我们注意到一个持续存在且相当惊人的现象。一种新的生产模式已经生根发芽；而根据我们对经济行为最普遍的理解，这种模式本不该存在。成千上万的志愿者聚集起来，共同完成一个复杂的经济项目，这完全不符合 20 世纪末美国人的直觉。当然，这些志愿者也不可能在自发活动中击败世界上最大的、资金最雄厚的商业企业。这些恰恰都发生在网络世界里。

    根据罗纳德·科斯（Ronald Coase）和奥利弗·威廉姆森（Oliver Williamson）的看法，工业组织研究最能说明市场和企业的交易成本学说。个人直接进入市场，是因为减去交易费用之后的收益，超过了在

60 企业中做同样的事情再减去组织和管理费用后的收益。企业的情况恰恰相反，它通过将一项活动置于一个不需要通过单独的交易来分配资源或其他投入的管理环境中，可以最大限度地降低交易费用。免费开源软件的出现，及其典范之作 GNU/Linux 操作系统、Apache 网络服务器、Perl 和其他许多产品所取得的惊人成功，迫使我们重新审视这一主导范式。[1] 免费软件项目并不依赖市场或管理层级结构来组织生产。这些程序员通常不会依老板命令而参与项目，尽管有些人确实如此。他们一般不会因为有人付费而参与项目，尽管有些人确实通过以商业活动——如咨询或服务合同——而专注于长期获利。然而，参与项目的临界质量（critical mass）不能用当下的市场价格甚或未来的货币回报来解释。对所有重要的、微观层面的决定来说尤其如此，例如谁来

工作、用什么软件、用于什么项目。换句话说，程序员参与免费软件项目并不遵循基于市场、企业或混合模型所产生的信号。在第2章中，我重点讨论了网络信息经济如何通过提高非市场生产的效率而脱离了工业信息经济。免费软件可以让我们管窥一项更根本、更彻底的挑战。它表明，网络环境使一种新的生产组织模式成为可能：彻底的去中心化、协作性和非专有性；基于广泛分布的、松散联系的个人之间共享资源和产出，他们相互合作而不依赖市场信号或管理命令。这就是我所说的"基于公共物品的同侪生产"。

"公共物品"指向一种特殊的制度形式，用于构建获取、使用、控制资源的各项权利。在以下意义上，它与"私有财产"相反：私有意味着，法律规定某个人有权决定如何使用资源。他可以根据自己的意愿或多或少地出售或赠送资源。"或多或少"，是因为他无法随心所欲地处置财产。例如，人们不能将财产分给家族中的某个支系，只要该支系有男性后代；如果这个支系家族没有男性后代，就可以命令将其财产归还给家族的其他支系。这种规定曾在英国财产法中屡见不鲜，但现在由于公共政策而失去了法律效力。我们不能对自有财产做的事情还有很多，比如在湿地上建房。然而，私有财产作为市场制度基础，其核心特征在于，决定如何使用资源的权力在配置上是不对称的，而且这种非对称性是系统性的、极其严重的。它允许存在一个可以决定做什么、和谁一起做的"所有者"。我们知道，如果要将资源用于其他用途，就必须进行交易（租赁、购买等）。与私有财产相比，公共物品的显著特点是，没有任何人能够独占使用权和处置权。共有的资源可以由一定数量（可以加以明确界定）的人使用或处置，所遵循的规则既可以是"任意处置"，也可以是其他得到了明确规定且能得到有效执行的正式规则。

公共物品可以根据两个指标划分为四种类型。第一个指标是对任何人开放还是仅对特定群体开放。海洋、空气和高速公路系统都是典型的开放型公共物品。正如埃莉诺·奥斯特罗姆（Eleanor Ostrom）所描述，瑞士农村地区的传统牧场、西班牙的灌溉区则是典型的有限型公共物品，使用权仅限于村庄或协会成员们集体"所有"的某些特定牧场或灌溉系统。[2] 不过正如卡罗尔·罗斯（Carol Rose）所指出的，与其称之为公共物品，不如将其视为私有财产的有限型共有制度，因为除了共同拥有这些财产的群体成员之外，它们对整个世界而言都是私有财产。第二个指标是看共有制是否受到规制。经研究发现，有限型共有制度多多少少都会在资源管理上受到规制，有时通过正式规则，有时通过社会习惯。开放型公共物品方面的情形则要复杂得多。可以开放获取的公共物品不受任何规则约束，任何人都可随意取用属于这类公共物品的资源且无需付费。就吸入空气（呼吸、为涡轮机供气）而言，空气就是这种资源。然而，空气在排放方面则是一种受规制的公共物品。对人类个体来说，呼出气体要受社会习惯的轻微约束，除非不得已，切不可对着他人的脸呼出过多的气体。在工业领域，空气的排出——污染控制——受到的规制更加广泛。当代景观中最成功、最明显的公共设施是人行道、街道、公路和高速公路，它们覆盖了我们的土地，为我们从此地移动到彼处提供了物质基础。然而，共有土地在以上所有情形当中所展示出的特点是：假使限制存在，在所有使用者之间也应是对称出现的，而绝不能由某个人单方面控制。"基于共有"一词旨在强调我在本章中所描述的合作企业的特点，即它们并非围绕私有财产的不对称排斥关系而建立的。相反，合作过程中的投入和产出可以进行自由的或有条件的分享，其所依赖的制度形式可以使所有人都根据自己的意愿平等地使用这些资源。允许个人自由选择作为公共物品的资源，这个特点是公共物品得以创造自由的基础，也是我在讨论自主权时将要提到的自由。并非所有基于公共物品的生产都属于同侪生产。所有将投入和产出作为公共物品进行管理的生产战略，都将这种外在于财产专有体系之外的生产模式置于社会关系的框架之内。无需任何人许可即可支配资源和项目的自由，是基于公共物品之生产的一般标志，这种自由也为同侪生产的特殊效率提供了基础，我将在第4章对此进行探讨。

"同侪生产"是基于共有生产实践的一个子集。它指的是一套依赖于个人行为的生产系统,这种个人行为是自我选择的、去中心化的,并不按等级次第来分配。"中心化"针对的问题是如何使众多个体行为者的行为形成有效模式或实现有效结果。它的首要特征是将行动机会与选择行动的权力进行了分离。政府官员、企业管理者、教室里的教师,所有人都处于这样一种环境中,许多个人意志都可能导致行动,反而减少了通过其个人意志影响行动者所采取的实际模式的人数。"去中心化"描述的则是这样一种情况,即行为主体在行动上是一致的,也是有效的,而且不需要减少其意愿以引导有效行动的人数。过去20年间,以查尔斯·萨贝尔(Charles Sabel)为代表,学者们广泛讨论了如何通过将学习、计划和执行公司职能分散到员工或团队手中,由此克服金字塔式管理的僵化。然而,"去中心化"的最普遍模式是理想化的市场。每个行动者都按其自我意志做事。个人通过协调、理解他人的意志(will)并通过价格体系展示出自己的意志(而非与他人合作),从而表达出自己的意愿(wish),安排了自己的行为,由此才产生了一致性和有效性。

我们现在看到的,是更有效的集体行动实践的出现,它们是去中心化的,并不依赖价格体系或管理结构进行协调。在这一点上,它们与第2章中提到的日益突出的非协调性的非市场行为相辅相成。网络环境不仅为像企业一样组织行动的非营利组织,也为只是协调共存的业余爱好者,提供了更加有效的行动平台。它还为广泛分散的行动者提供了一个新机制,使之能够采取彻底去中心化的合作策略,而不是通过使用专有的、契约性的权利要求来进行定价或施加管理命令。

这种由行动者在去中心化的、非财产专有的模式下所进行的信息生产并非全新的事物。科学是由许多人逐步贡献出来的——不是根据市场信号运作,不是由老板下达指令——独立决定研究主题,将他们的合作聚合起来,创造出科学。我们在网络信息经济中所看到的,正是以这种方式产生的信息急剧提升了自身的重要性和中心地位。

免费/开源软件

免费软件是基于公共物品的同侪生产的典型。免费软件或开放源代码是一种基于非财产专有模式的群策群力的软件开发方法。它依赖于许多个人出于各种动机为一个共同的项目做出贡献,并分享各自的贡献,不会有任何一个人或实体对某部分的贡献或由此产生的整体主张排他的权利。为了避免公共产品被人侵占,参与者通常会对自己贡献的那一部分保留著作权,同时又将之许可给所有人,无论是开发的参与者还是其他陌生人。这种模式将普遍许可与许可限制结合在一起,使得任何一个贡献者或第三方很难甚至也不可能独吞项目。这种许可模式是免费软件运动最重要的制度创新。它的核心是 GUN 通用公共许可证(General Public License,GPL)。GPL 要求任何修改软件并发布修改版本的人都得按照与原始软件相同的自由条款获得许可。虽然在如何广泛适用防止下游盗用的条款上存在大量争议,但实际采用的模式主要还是以许可形式来防止某人独占合作产品。超过 85% 的免费软件项目都包含 GPL 的某个版本或与之结构类似的许可证。[3]

免费软件在同侪生产的接受性方面发挥了关键作用,因为软件是一种具有可衡量质量的功能性商品。免费软件可以和商业软件进行权威测评,并且在许多情况下,免费软件都占上风。大约 70% 的网络服务器软件,尤其是重要的电子商务网站,都运行在免费软件 Apache 网络服务器上。[4] 例如,谷歌、亚马逊和 CNN.com 的网络服务器都运行在 GNU/Linux 操作系统上。之所以如此,是因为它们相信这种同侪生产的操作系统比其他操作系统更可靠,而不是因为"免费"。为了节省几十万美元的许可费而将核心业务置于高风险之中,这么做是荒谬的。像 IBM 和惠普这样的公司、电子消费品制造商,以及世界各地的军事和其他关键政府机构,已经开始采用依赖并扩展免费软件的业务和服务战略。这样做是因为免费软件使它们能够制造更好的设备，销售更好的服务，或更好地履行公共职责，尽管它们并不控制软件的开发过程，也不能对自己有所贡献的产品提出排他性的专有权诉求。

免费软件的故事要从1984年讲起。那时，理查德·斯托曼（Richard Stallman）正着手建立一个非专有的操作系统，他称之为"GNU"（GNU不是Unix，这是程序员文化中的一种递归缩写——译者注）。斯托曼就读于麻省理工学院（MIT），他的工作源于一种政治信念。他憧憬这样一个世界：软件让人们自由地使用信息，要改变软件以满足自身需求或是与朋友分享这些软件，也无需征得别人的许可。他认为，共享软件和制作软件的自由，根本上是与依赖产权和市场的生产模式互相冲突，为了让软件获得市场，所有者必须让其他人无法使用这个软件。这些人将向软件的提供者付费，以换取自己所需的软件或修改。如果任何人都可以制作软件，或与朋友分享彼此所拥有的软件，那么编写软件就很难形成一种商业模式，将人们排除在他们所需要的软件之外，除非付费。斯托曼编写了大量软件。更重要的是，他采用了一种法律手段，使雪球越滚越大，终于不再能够独自编写整个操作系统。由此，他在许可证下发布了部分代码，允许任何人以自己喜欢的方式复制、分发和修改软件。他只要求，如果修改软件的人将该软件发布给其他人，必须满足与他发布软件时完全相同的条件。通过这种方式，他邀请所有其他程序员合作开发该软件，只要像他一样慷慨地将自己的贡献提供给他人。斯托曼保留了所发布软件的著作权，所以他就能将这一条件写入软件的许可证中。这意味着，任何人在不修改软件的情况下使用或分发软件，都不会违反斯托曼的许可证。他们也可以修改软件供自己使用，同样也不会违反许可证。但是，如果他们选择发布修改后的软件，就会侵犯斯托曼的著作权，除非他们在发布软件时包含与斯托曼相同的许可证。这个许可证就是GNU通用公共许可证——GPL。斯托曼使用法律手段主张自己的著作权，但只是为了迫使所有希望依赖他的贡献的下游用户将自己的贡献提供给其他人。这简直是对著作权的讽刺。这种法律手段使得任何人都可以为 GNU 项目做出贡献，而不必担心一觉醒来后，发现有人把他们锁在了自己协助建立的系统之外。

接下来的一个重要事件，是一个更加注重实际而非空想的人开始开发操作系统的核心组件——内核。林纳斯·托瓦兹（Linus Torvalds）在 GPL 协议下与他人分享自己开发的内核，即 Linux。参与者随后开始修改、添加、贡献并共享操作系统的各个部分。在斯托曼的基础上，托瓦兹形成了一种与此前完全不同的生产模式。他的模式基于自愿贡献和无处不在的递归共享；基于广泛分散的人员对项目的小规模增量改进，贡献有小有大。依据对志愿者项目和无管理者的去中心化生产流程的一般性认识，这种模式是不可能成功的。然而，它确实成功了。

主流技术产业花了近十年的时间才认识到免费软件开发及其协作生产方式的价值。随着这一进程的不断扩展，越来越多的人参与进来，生产出更多互联网连接的基本工具，如网络服务器、电子邮件服务器、脚本。参与者由此也逐渐倾向将其"常规化"，更具体地说，将其非政治化。免费软件事关自由（"是言论自由的自由，而不是啤酒自由的自由"——斯托曼为免费软件写下的墓志铭）。"开源软件"则不带任何政治含义。它只是一种软件生产的组织模式，较之以市场为基础的生产或许更有效率。这种将软件同侪生产非政治化的举动导致了免费软件运动和开源软件社区之间的分裂。然而，重要的是要明白，着眼于整个社会和信息生产的历史轨迹，放弃政治动机并将免费软件引入主流，并没有减少反而增加了其中的政治旨趣。开放源代码及其在商业和行政机构中的广泛应用，使得免费软件逐渐远离软件世界的边缘，跻身公共舆论中心，讨论如何以更加实用的方法进行替代性变革。

那么，什么是开源软件开发？艾瑞克·雷蒙德（Eric Raymond）写于 1998 年的《大教堂与集市》（Cathedral and Bazaar）如今仍是理解开源开发现象的最佳读物。我们不妨想象，有人或者几个朋友想要开发一个实用工具，可以是一个文本编辑器、修图软件，也可以是一个操作系统。这个人或者这个小团体从开发这个项目的某一部分开始，直到整个工具（如果足够简单）或者它的某些重要部分能够正常运行，在还有很大改进空间的情况下，这个人将程序免费提供给其他人使用，并提供了源代码（即用人类可读的语言所编写的说明），同时也解释了这个软件在编译成机器可读的语言时是如何运行的。之后，其他人开始使用这个软件，他们可能会发现漏洞，或者想要添加某些相关的实用程序（例如，修图软件只能增加尺寸和清晰度，而某个用户希望能调色）。发现错误的人，或者有兴趣在软件中添加功能的人，或许是世界上最适合编写软件修复程序的人。尽管如此，他还是会在该软件用户的互联网论坛上报告错误或提出新需求。于是，就会有人认为自己有办法进行相应的调整，之后又像前人一样，发布出带有修复功能或新增功能的新版软件。这就形成了三个人之间的合作：第一位作者编写了原始软件；第二位作者发现了问题或缺陷；第三位作者修复了问题或缺陷。这种合作不是因为三个人是由某个管理者组织起来的，而是因为他们都浏览了同一个互联网论坛并使用了同一个软件。一些用户发现问题，另一些用户解决问题，无需征得任何人同意，也无需进行任何交易。

开源运动给现实世界带来的最令人惊讶的事情是，这种简单的模式可以在各种尺度的规模上运行——从我所描述的用于简单项目的三人小模式，到成千上万的人参与编写 Linux 内核和 GNU/Linux 操作系统（后者是一个非常困难的生产任务）。源锻科技（SourceForge）是目前最大的项目聚集地，拥有近十万个注册项目和近百万注册用户。这种现象的经济效益非常复杂。在较大规模的开发模式中，实际的组织形式比简单的三人模式更加多样化。特别是在一些大型项目中，最突出的是 Linux 内核开发过程，明显呈现出某种精英管理的等级制度。然而，它在风格、实现方式和组织角色上与公司经理的等级制大相径庭。我将在第 4 章分析同侪生产组织形式的部分解释这一点。现在，我们只需要描述同侪生产项目的大致轮廓，由此转而观察软件领域以外的同侪生产案例。

信息、知识和文化的同侪生产

毫无疑问，免费软件是同侪生产在世纪之交最典型的例子。然而，它绝非个案。无处不在的计算机通信网络正在使整个信息和文化生产系统中同侪生产的范围、规模和效率发生巨大变化。计算机变得越来越便宜，网络连接变得越来越快、越来越廉价、越来越无处不在，信息的同侪生产现象随之升级到更大规模，完成任务的复杂程度远超过去的非专业生产。为了更加详实地描述这一现象，我将目光对准一些这样的企业，其组织形式证明了这种方法在整个信息生产和交换链中的可行性。虽然可以将信息交换分解得更加细致，但在这个过程中，我们大体上可以看到三项不同的功能。首先，是一条对人而言存在意义的声明的初始表达。无论是专业人士还是业余爱好者，无论是高质量还是低质量，写一篇文章或画一幅画都是这样的行为。其次，将初始表达映射在知识图谱上，还具备另一项独立的功能。特别是，一个语句必须被理解为某种意义上的"相关性"以及"可信性"。相关性是一个主观问题，是将语句映射到某些为特定目的、寻求信息的特定用户的概念图谱上。可信性是通过某种客观标准衡量的质量问题，个人为评价某一特定语句的目的而适当采用这种标准。然而，两者的区别在一定程度上是人为的，因为信息的效用往往取决于对其可信度和相关性的综合评价。因此，我将"相关性/认证"作为一项单一功能来讨论，并牢牢记住这两种功能是互补的，是不可分割的。最后一项是传播功能，即如何将一个人的言论传播给其他人，让他们认为该言论是可信的且相关的。在大众传媒领域，这些功能经常（并非总是）融为一体。国家广播公司（NBC）新闻制作出一些言论，通过在晚间新闻中播放，使之具有可信度。互联网能够对这些功能进行更大程度的分解。

内容生产

NASA 发起了一项名为"点击操作者"（Clickworkers）的实验，"以了解公众志愿者能否在几分钟内完成通常需要科学家或研究生连续工作数月才能完成的常规科学分析"。用户可以在火星地图上标注陨石坑，对已标注的陨石坑进行分类，或者搜索火星地貌中的"蜂窝"地形。该项目是"一项资金有限的试验性研究，由一名软件工程师兼职负责，偶尔也有两名科学家参与"。在运行的前 6 个月里，超过 85 000 名用户访问了该网站，并有许多人做出了贡献，输入了超过 190 万个条目（包括同一环形山的多余条目，可用于平均误差）。对标记质量的分析表明，"大量点击操作者在自动计算之后形成的共识与具有多年火星环形山识别经验的地质学家的输入几乎没有区别。"[5] 点击操作者执行的任务（如标记陨石坑）是非连续性的，每项任务都可以在几分钟内完成。因此，用户可以选择几分钟完成一次任务，也可以选择几个小时完成多次任务。早期研究表明，也有一些点击操作者在该项目上花费了数周的工作时间，但 37% 的工作都来自单次贡献者。[6]

"点击操作者"项目是一个特别典型的例子，说明一项复杂的专业工作需要众多训练有素、领取全职工资的人员来完成，也可以在重新组织之后由数以万计的志愿者来完成，志愿者的工时很短，因此可以大幅降低预算。低预算将用于志愿者的协调工作。人们因乐趣贡献出了任务所需的原始人力资本。科学家的专业性被任务的高度模块化所取代。组织者将庞大而复杂的任务分解为独立的小模块。他们建立了冗余，并自动弭平错误和故意的错误标记——正如有些淘气的美术生认为在地图上标记同心圆很有趣。NASA 的科学家们在这项实验中利用了大量的"人类在 5 分钟内的判断"，这些判断被用于参与一项与"赚钱"无关的任务。

"点击操作者"作为一项实验虽然比较独特也稍显刻意，但是体现出分布式生产的特征，而这些特征实际上是可以被广泛观察到的。

我们在第 2 章中，对"维京海盗船"进行了简单搜索，就可以看到互联网如何产生出百科全书式或年鉴式的信息。互联网能够回答一个百科全书式的问题，并不是因为某个网站拥有全部答案。它不是《大英百科全书》。它的威力来自这样一个事实，即它允许在特定时间寻找特定信息的用户从足够多的贡献中搜集答案。筛选和认证的任务落在了用户身上，用户的动机是找到所提问题的答案。只要有工具可以将任务的成本降低到用户可以承受的水平，网络就可以"生产"出他想要找到的信息内容。这些因素并非微不足道，也并非难以解决。正如我们所看到的，解决方案有些就来自同侪生产，而有些则是随着计算和通信速度的提高而出现的，这使得更有效率的技术解决方案成为可能。

百科全书式和年鉴式的信息产生自数百万用户在互联网上相互协作却又完全独立的行动。这类信息也是 21 世纪头五年发展起来的最成功的合作项目之一——维基百科——的重点。维基百科由互联网企业家吉米·威尔士（Jimmy Wales）创立。威尔士早先曾试图组织一个名为"Nupedia"的百科全书，以传统生产模式为基础，成果免费发布，贡献者限定为博士研究生群体，采用正式的同行评审程序。该项目似乎未能产生足够多的高质量贡献，不过却为维基百科以一种全新形式所进行的百科全书创作埋下了种子。维基百科成立于 2001 年 1 月，具有三个核心特征：第一，使用了一个协作工具——Wiki。这个平台使任何人，包括匿名游客，都可以编辑项目中的几乎所有页面。它存储下所有版本，以便查看更改痕迹，并允许所有人将文档恢复到先前的任意版本，或者添加大大小小的更改。所有的贡献和更改都通过软件和数据库实现透明化。第二，它有意识地要去编纂一部百科全书：首先接受一项非正式集体承诺的约束，即在对该项事业的困难有充分认识的限度内，尽量保持中立。这一努力的核心特点是平等地呈现对一个问题的所有观点，而不是追求客观性。第三，合作产生的所有内容均按照 GNU 自由文档许可证发布，该许可证是 GNU 通用公共许可证（GPL）在文本层面的改编版。

事实证明，向开放的同侪生产模式转变的这一战略取得了巨大成功。该网站的贡献者数量（包括活跃和非常活跃的贡献者数量）以及百科全书收录的文章数量都出现了急剧增长（表 3.1）。早期的增长主要来自英语内容，但最近其他语种的文章数量也在上升：最显著的是德语（超过 200 000 篇）、日语（超过 120 000 篇）和法语（约 100 000 篇），另外还有 5 种语言的文章数量在 40 000~70 000 篇之间，11 种语言的文章数量在 10 000~40 000 篇之间，35 种语言的文章数量在 1000~10 000 篇之间。

表 3.1　2001 年 1 月—2005 年 6 月维基百科贡献者

	2001.01	2002.01	2003.01	2004.01	2004.07	2005.06
贡献者*	10	472	2188	9653	25 011	48 721
积极贡献者**	9	212	846	3228	8442	16 945
卓越贡献者***	0	31	190	692	1637	3016
英语文章数量	25	16 000	101 000	190 000	320 000	630 000
所有语言文章数量	25	19 000	138 000	409 000	862 000	1 600 000

注：* 至少贡献过 10 次，** 上月至少贡献 5 次，*** 上月至少贡献 100 次。

对维基百科文章质量的第一份系统研究报告发表于本书付梓之际。《自然》（Nature）将维基百科的 42 篇科学文章与作为行业顶级标准的《大英百科全书》进行了比较，结论是二者在"准确性方面并没有显著差异"。[7] 2004 年 11 月 15 日，《大英百科全书》前主编罗伯特·麦克亨利（Robert McHenry）发表文章，批评维基百科是"基于信仰的百科全书"。[8] 他指出，汉密尔顿的传记作者在确定他的出生年份时遇到了问题，难以确定是 1755 年还是 1757 年，而维基百科掩盖了这一错误，将日期定为 1755 年。麦克亨利接着批评了其中处理日期的方式，并以此为基础提出了他的主张：维基百科是不可靠的，因为它的制作并不专业。然而，麦克亨利没有注意到的是，其他主要的在线百科全书，如哥伦比亚百科全书（Columbia Encyclopedia）和微软电子百科全书（Encarta），同样没有处理汉密尔顿出生日期的模糊性问题。只有《大英百科全书》做到了这一点。麦克亨利的批评触发了维基百科的分布式校正机制。麦克亨利发表这篇网络文章之后，几个小时之内，参考文献就得到了更正。在接下来的几天里，维基百科进行了密集的清理工作，使传记中的所有参考文献都与最新修订的版本保持了一致。大约一周之后，维基百科就有了一个正确的、相当清晰的版本。现在，维基百科与《大英百科全书》一样，成为权威的百科信息来源。在对维基百科的抨击中，麦克亨利也送上了自己的祝福。他恰恰证明了维基百科拥有一套校正机制，从长远来看使其能够稳健地提供更加合理、更加可靠的信息模式。

维基百科最有趣的特点也许是它自觉以社会规范为基础，致力于客观的创作。与我在本章中描述的其他项目不同，维基百科不包括精心设计的由软件加以控制的访问和编辑功能。维基百科是完全开放的，任何人都可以编辑资料、删除他人的修改、讨论所需的内容、调查档案中以前的修改等。它依赖于对旨在达成共识的开放语句的自觉使用。虽然有用户可能要求对任何给定的定义进行投票表决，但这种要求通常会被社区忽略，除非有足够多的用户认为已经穷尽了辩论。虽然系统运营商和服务器主机（例如威尔士本人）确实有权力阻止用户破坏系统，但似乎很少用到这项权力。该项目依靠社会规范来确保项目参与者致力于客观创作。因此，尽管该项目并不是完全无政府的，但与本书所描述的其他项目相比，其社会性、人性化、基于语句和信任的程度都要高得多。以下文字来自维基百科自述的基本特征和基本政策的早期版本：

> 维基百科自认为是一部百科全书，而非字典、论坛、门户网站……维基百科的参与者通常遵循并执行一些基本政策，这些政策对保持项目的顺利和高效运行至关重要。首先，由于维基百科的参与者来自世界各地，具有各种意识形态立场，因此维基百科

致力于使其文章尽可能地不挟偏见。维基百科的目的不是从单一的客观观点出发撰写文章——这是对该政策的常见误解——而是公正、同情地介绍有关问题的所有观点。更多解释，参见"中立观点"页面。[9]

从这段引文中可以看出，维基百科的参与者显然都是喜欢创作的人。当中有些人还参加了其他的协同创作项目。然而，当他们进入维基百科这个协同创作项目时，他们承诺以一种特殊的方式参与，即作为集体使其产品成为百科全书。根据他们的解释，这意味着以简短的语言传达关于该项目的技术现状，包括对该项目的不同意见，但不包括作者的个人意见。这个目标能否实现，是一个可以交由解释学理论来讨论的问题，也可以是一个共同适用于专业百科全书和维基百科的问题。随着项目的发展，维基百科开发了更多用于讨论管理和解决冲突的空间，并建立起调解机制，如果调解失败，可以对特定条款的争议进行仲裁。

至关重要的一点在于，维基百科不仅需要自动的合作，还需要人们致力于一种创作和概念描述的特殊风格，而这种风格远非直观的或自然的。它需要自律，它强制人们遵守它所要求的行为，主要通过对参与者所从事的共同事业的呼吁，以及一个完全透明的平台。该平台忠实地记录并呈现了每一个体对共同项目的干预，并促使参与者讨论他们的贡献是否对共同事业有所促进。对共同目标的明确陈述、透明度和参与者识别彼此行为并加以消除（即删除"坏的"或"不诚实"的定义）的能力，三者结合起来似乎成功地防止了这个社区陷入低效或更糟的境地。IBM公司的一项案例研究表明，尽管维基百科上存在许多破坏行为，包括删除关于"堕胎"等争议性话题的全部文章版本，但用户能够看到发生的一切，通过单击就能将之恢复到过去的版本来加以修复。这意味着破坏行为在几分钟内就得到了纠正。[10]也许更加令人惊讶的是，这一成功并不是发生在一个紧密联合的社区，需要通过诸多社会关系来强化共同目的感及其具化的社会规范，而是发生在一个庞大的、地理上分散的、原本毫无关系的参与者群体当中。这表明，即使在这种规模的群体中，通过建立社会规范，再加上一套允许任何参与者编辑违反社会规范的刻意的或错误的偏差的纠错机制，以及一个强大的基本无中介的对话平台，也能使群体保持正轨。

作为沉浸式娱乐的大型多人在线游戏（MMOGs）的兴起，呈现了一种非常不同的分布式内容生产的文化形式。这些游戏与20世纪的电视节目和电影属于同一文化"时段"。这类游戏的有趣之处在于，它们组织"剧本"生产的方式与电影或电视节目截然不同。在《网络创世纪》（Ultima Online）或《无尽的任务》（EverQuest）这类游戏中，游戏供应商并不会讲述一个已完成的、高度精细化的故事，让消费者从头到尾被动地进行消费。相反，游戏供应商的作用是建立工具，让用户共同讲述故事。多年来，人们对这种方法在多用户地下城（MUDs）和多用户面向对象游戏（MOOs）的适用已经有了一些观察。MMOGs需要得到理解的一点是，它们生产的"内容"是一种离散的元素，而这种元素在过去是由集中化的专业生产所主导的。电影等沉浸式娱乐产品的编剧就像标记火星陨石坑的科学家一样，是生产成品的专业人士。而在网络游戏中，这一功能是通过使用适当的软件平台来实现的，允许众多用户在体验故事的同时编写故事。故事线的用户/共同作者的个人贡献实际上是为了娱乐——玩游戏。然而，他们所真正消费的经济产品——注意力和大量的订阅费用——在于一种娱乐形式，利用一个平台来积极地共同制作故事线，以取代过去那种被动接受的商业和专业制造的成品。

2003年，一家名为林登实验室（Linden Lab）的公司将这一观念向前推进了一大步，建立了一个名为《第二人生》（Second Life）的在线游戏环境。《第二人生》最初几乎没有任何内容，完全是工具，但短短几个月内就拥有了成千上万的用户。他们居住在一个拥有数千个角色、数十万件物品、多个区域、村庄和"故事线"的"世界"中。

游戏中99%以上的物体都是由用户自己创造的，包括所有的故事线和实质性的互动框架（例如一个特定的村庄或某个特定主题下的一大群参与者）。游戏中的互动涉及大量的礼物赠与和交易，也有一些非常令人惊讶的结构化行为。有些用户建立了一所大学，提供游戏技能和编程课程；还有些用户设计了宇宙飞船，并参与了外星人绑架活动（绑架外星人在游戏中似乎已成为一种身份象征）。有一次，为了阻止公司改变其定价政策，用户在游戏入口处制作标语、组织纠察队进行示威，并在游戏中的华盛顿纪念碑周围放置了大量"茶叶箱"，以此"抵制征税"。《第二人生》在几个月内就已成为一种身临其境的体验，像是一部电影或一本书，游戏供应商提供的仅仅是平台和工具，而用户编写了故事情节，渲染了"场景"，表演了整部戏剧。

相关性/认证

如何保证分散个体所生产的内容不是纯粹的胡言乱语？相关性和认证能在同侪生产模式下自己产生出来吗？我们可以从商业企业的经验中找到答案，这些企业成功地将"认证和相关性"从产品中分离出来，并依靠同侪生产来实现这一功能。亚马逊和谷歌，可能是这一战略中最为突出的两个例子。

亚马逊吸引用户购买图书和其他产品需要使用多种机制。其中一些就利用用户本身产生出了相关性和认证。最简单的例子是"购买了您最近浏览过的商品的其他用户也购买了这些商品"的推送，这是一种自动化手段，它基于用户做出购买决策时所产生的相关性数据，进而在众多用户行为中提取出相关性和认证的判断。亚马逊还允许用户创建主题列表，并将其他用户视为自己的"朋友和最爱"。亚马逊和许多消费网站一样，也为用户提供了给所购图书打分的功能，加权平均后产生一个同侪评分。更具实质意义的是，谷歌在2000年代前半期被公认为是最有效的通用搜索引擎，其核心创新也引入了以同侪为基础的相关性判断。与当时的其他搜索引擎一样，谷歌最初也使用基于文本的算法来检索给定范围内的网页,之后创造出"网页排名"(PageRank)算法,通过以下方式利用同侪产生排名:将其他网站指向给定网站的链接视为信任票,每当一个网站的作者链接了其他人的网页时,意味着他表示其所链接的网页是值得访问的,也就是将这个链接视为对其所指向的网页质量投出了信任的一票,那么一个被大量链接的网页也就具有更高的信任投票权重,如果它链接了某个页面,那么这张投票就比一个没有人认为值得访问的网站的投票更加重要。通过对谷歌和亚马逊的观察,我们可以得出这样的结论:这些公司之所以成功,是因为它们都利用同侪生产,让用户快速有效地找到了自己想要的东西,从而成功地获取并留住了用户。

开放目录项目(Open Directory Project)在分布式项目中堪称典范。该网站依靠6万多名志愿者编辑来决定哪些链接应被列入目录。成为志愿者需要申请,主要考察申请者的资历和对网站的参与程度。该网站由 Netscape 托管和管理,后者支付服务器租用和少量网站管理员工的费用,并制定初始指南。许可是免费的,并且在一定程度上增加了美国在线(AOL)和 Netscape 商业搜索引擎/门户网站的价值,并且部分是通过商誉实现的。志愿者与 Netscape 没有任何关系,也不收取任何报酬。他们花时间选择要收录到目录中的网站(每个网站的审查时间大约15分钟),制作出最全面、最优质的人工编辑的网络目录。在这一点上超过了率先制作人工编辑网络目录的公司:雅虎。

在相关性和认证的同侪生产方面,Slashdot 可能是设计最为精心的多元平台。利用数十万用户的协同生产,号称"书呆子新闻"的 Slashdot 已经成为网络技术新闻的领头羊。用户对最初提交的涵盖各种技术主题的内容发表评论,由此构成了 Slashdot 的主要内容。这些最初提交的内容通常是一个站外的故事链接,再加上提交者本人的评论,用户通常会对之发表数百条评论。而最初提交的文章本身,以及更重要的,通过用户评论来进行相关性和认证的筛选方式,为如何在分布式、同侪生产模式下实现这一功能提供了一个生动的范例。

首先，必须理解在 Slashdot 发布外部链接故事的功能，即一连串评论中的第一个"言语"，其本身就是一种相关性生产的行为。发布故事的人告诉 Slashdot 社区的用户，"这是一个'书呆子新闻'读者都应该感兴趣的故事"。这个链接被发布之后，会由受雇于开源技术集团（Open Source Technology Group，OSTG）的编辑进行粗略过滤。OSTG 运营着许多类似的平台，例如免费软件开发者最重要的平台 SourceForge，同时也是 VA 等软件服务公司的母公司。FAQ（常见问题）中是这样讲的："问：你们如何验证 Slashdot 报道的准确性？答：我们不会对内容进行核实，读者应该自行判断。除非有些内容看起来过于离谱，我们才会去寻找一些佐证，但作为一项规则，我们认为这是提交者和读者的责任。所以，阅读评论很重要。您可能会从中发现一些反驳或支持的意见。"换句话说，Slashdot 非常自觉地将自己设定为一种手段，去促进认证的同侪生产；正是在评论阶段，故事经历了其最重要的认证形式——同行的事后审查。

Slashdot 的评论过滤和认证，为这些功能的同侪生产提供了最有趣的案例。用户提交的评论与最初提交的报道一起显示。这些评论中产生的"内容"既有学术期刊同行评议的一面，也部分类似于电视节目为替补"话题达人"上场而进行的同侪生产。Slashdot 的系统正是通过认证和评估这些评论的方式，提供了一个同侪生产相关性和认证的综合性范例。Slashdot 采用自动化系统从用户中挑选版主（moderation），标准如下：必须登录（不是游客），必须是稳定用户（主动使用网站的用户，而非页面一次性加载者或强迫性用户），必须是老用户（从而阻止了那些只是为了当版主才注册的人），必须有明确的意愿，而且"积分"（karma）不得为负数。"积分"是分配给用户的一个数字，主要反映用户的评论质量（根据其他版主的评分）。如果一个用户符合这些标准，程序就会给该用户分配版主身份，并给该用户 5 个"影响值"来审核评论。版主使用下拉列表对自己选择的评论进行评分，列表中包含"引战"（flamebait）和"有用"（informative）等词语。一个积极的评语会使评论得1分，一个消极的评语会使评论减1分。每次给评论打分也会消耗1点影响值，因此版主在每个审核期只能给5条评论打分。审核期以3天为限，如果用户没有使用影响值，影响值就会过期。设置审核的目的是让众多用户拥有少量的权力，从而减少了那些带有偏见或判断力较差的用户对内容的影响。网站还实施了一些自动的"发帖狂过滤器"，以防止用户破坏系统。"发帖狂过滤器"限制用户每60秒只能发一次帖，防止出现相同的帖子，用户如果在短时间内多次被版主扣分则会被禁言24小时。Slashdot还提供了一个"门槛"过滤器，允许用户屏蔽质量较低的评论。该方案对评论进行数字评级（1~5级）。匿名发帖者的评论从0级开始，注册用户的评论从1级开始，积分良好的注册用户的评论从2级开始。因此，如果用户将自己的过滤器设置为1级，那么就不会看到所有匿名发帖者的评论，除非版主提高了这些评论的分数。用户可以将自己的过滤器设置为从1（查看所有评论）到5（只显示被版主提高等级的评论）的任何等级。

相关性，有别于认证，也与Slashdot联系在一起，因为有些帖子与主题不符而被版主评为"跑偏"，并沉到门槛水平以下（假设用户设置的门槛高于最小值）。然而，版主的不同选择未必是相互排斥的。例如，面对一个有趣却离题的帖子，版主不得不在"有趣"（+1）和"跑偏"（-1）之间做出选择。因此，一个不相关的帖子可能会因为有趣或信息量大而排名上升，并超过门槛水平。然而，目前还不清楚这是不是对相关性的限制，还是对日常行为的模仿，例如在读报纸或浏览图书时，我们可能会在一个有趣或信息丰富的花絮上停留更长的时间，即使我们确定它与自己要找的东西并不完全相关。

版主的主要功能就是提供认证。如果用户设置了较高的门槛，那么他们只能看到版主认为质量较高的帖子。用户还可以通过他们的积分获得认证。如果他们的帖子持续获得高评分，积分就会增加，到了一定级别，评论将从2级开始，从而放大了自己的声音，门槛为2级的用户可以立即看到他们的帖子，并且因为减少了上级审核而推高了网页上的位置。反之，如果一个用户的帖子起始值为 0 或 1，那么积分会因为持续的差评而消失。除了以自动方式选择版主并尽量削弱他们歪曲认证系统的权力，Slashdot 还为版主本身施加了一套同行评审的认证系统。任何一个用户，只要在系统中创建的账号排名前 90%，就有资格化身"元老"，对版主打分。用户如果选择执行"元老"权力，可以获得 10 次机会去随机评价版主的评论，评价分"不公平""公平"或"无所谓"三类。"元老"评价会影响版主的积分，当某个版主的"不公平"评价累积到了一定程度，就会被踢出版主名单。

这些机制共同实现了相关性和认证的分布式生产。能够对任一给定的评论进行评价的版主有很多，并且这些机制明确限制了某个版主对总体判断产生过度影响的权力，因此系统就可以通过将判断聚合起来，对评价中的差异加以平衡。此外，它允许个人用户设置过滤器的包容度，以决定该聚合系统所宣布的认证级别是否适合自己对时间和需求的偏好。通过引入积分制，该系统还允许用户随着时间的推移建立自己的声誉，并且在面对评论者的权力时，可以有更大的权力去控制对自己作品的认证。无论是用户、版主，还是元老，他们都是志愿者。

我们从 Slashdot 的例子中看到，同侪生产初始内容的动力机制同样适用于相关性和认证。系统设计并不需要专业认证专家的全职工作，而是通过无数微小判断的聚合，每个判断都只需要贡献者在材料的相关性和认证方面付出一丁点儿的努力。在协作同伴之间进行沟通的中介软件既包含了促进参与的手段，也包含了旨在保护协同努力不受错误判断或恶意干扰的各种机制。

增值性分布

最后，在我们讨论信息或文化产品的存在（内容已被生产出来）以及通过某种相关性/认证机制得到使用时，还需要考虑分配的问题。在某种程度上，这对互联网来说不成问题。传播成本很低。只需要一台服务器，和一条将服务器与外部世界相连的通道。尽管如此，同侪生产在发布过程这个环节上也可以提供非常重要的示范，包括作为早期典范的古腾堡计划（Project Gutenberg）。

古腾堡计划由数百名志愿者组成，他们负责扫描、校对书籍，以便以数字形式免费发布。古腾堡计划已经积累了 13 000 多册图书，并向所有人免费提供。其中绝大多数"电子文本"都已经进入公有领域。网站以 ASCII 格式提供电子文本，这是技术上的最小公分母，但并不妨碍志愿者以标记语言提供电子文本。它包含一个搜索引擎，允许读者搜索主题、作者、书名等典型字段。古腾堡计划的志愿者可以自行选择公有领域内的任意一本图书将其转化为电子文本。志愿者向项目创始人迈克尔·哈特（Michael Hart）提交一份该书扉页的复印件，以便核对版权。如果该书通过了版权审查，志愿者将收到继续进行的通知。只要不违反版权限制，志愿者可自行决定将某本书转换为电子文本。通常情况下，志愿者使用 OCR（光学字符识别）将图书转换为 ASCII 格式，并进行一次校对，以筛查重大错误，然后将 ASCII 文件交给一名志愿校对员。这种交换很少受到监督。交换的发起和监督都是志愿者通过 Listserv 邮件列表和公告板来完成的。此外，图书上标注的版本号表明其经过了多少次校对。网站鼓励志愿者校对那些版本号较低的图书。古腾堡计划的校对过程非常简单。校对者（除第一遍校对外）不必接触图书，只需查看电子文本是否存在明显的错误。

"分布式校对"（Distributed Proofreading）这个网站本来和古腾堡计划并无关系，后来却致力于将志愿校对功能分布到更小、信息更丰富的模块中，从而有效地校对古腾堡计划的电子文本。来自拉斯维加斯的计算机程序员查尔斯·弗兰克斯（Charles Franks）提出，他有一种更有效的方法来校对这些电子文本。他建立了一个界面，允许志愿者将原始文本的扫描图像与古腾堡计划中的电子文本进行比较。按照分布式校对网站的设计，扫描页面存储在网站上，志愿者同时看到原始的扫描页面和电子文本页面，这样他们就可以对二者进行比较。由于模块化程度高，仅校对一页或几页也可以提交到网站。而在古腾堡计划的网站上，交换的最小单位通常是整本书，至少也是一整章。通过这种方式，分布式校对网站每月可以完成数万页的校对工作。经过各自独立的几年工作之后，弗兰克斯与哈特终于携手合作，到 2004 年末，已经使用这种方法校对了 5000 多本书。

共享处理、存储、通信平台

目前我们所看到的所有同侪生产都是个人将时间、经验、智慧和创造力汇集起来，形成新的信息、知识和文化产品。然而，放眼互联网，有些用户是在一个松散的团体当中形成合作的，虽没有市场信号和管理命令，却建立起超级计算网络和海量数据存储及检索系统。就其彻底的去中心化以及对社会关系和动机的依赖而言，这些共享实践类似于信息、知识和文化的同侪生产，不过也存在一个重要的差别：用户分享的不是他们与生俱来或后天获得的人类能力，他们输入和输出的也不是公共产品，比如信息。相反，参与者分享了他们私人拥有的物质产品，主要是个人电脑及其组件。他们生产的是计算、存储和通信能力等经济产品，而非公共产品。

截至 2004 年中，全世界运行速度最快的超级计算机是 SETI@home。它的运行速度比当时被正式称为"世界上最快的超级计算机"的 IBM "蓝色基因/L"（Blue Gene/L）快 75%。然而，SETI@home 并不是一台计算机的名称，而是一个软件和协作平台的开发项目，它使数以百万计的参与者能够将他们的计算资源集中到一台功能强大的计算机上。每个项目参与者都需要下载一个小型屏幕保护程序。当参与者的个人电脑处于闲置状态时，屏幕保护程序就会启动，载入需要计算的任务并进行运算（例如分析射电天文信号的规律）。一旦程序计算出一个解决方案，它就会自动将结果发送到主站点。从用户的角度来看，只要计算机处于闲置状态，这个循环就会不断重复下去。截至 2004 年中，该项目已利用 450 万名用户的计算机，使其计算速度超过了世界上最快的超级计算机。这些超级计算机是私人公司聘请全职工程师，为世界上最大、资金最雄厚的政府实验室开发的。SETI@home 只是其中最著名的一个，只是数十个结构类似的基于互联网分布式计算平台中的一个。另一个著名的平台是 Folding@home，它的创建者对其结构进行了最广泛的形式分析。截至 2004 年中，Folding@home 已经汇聚了由 365 000 多名用户贡献的约 840 000 个处理器。

SETI@home 和 Folding@home 为描述基于互联网的分布式计算项目的共同特征提供了良好的基础。首先，这些项目都是非商业性的，从事的是为大众谋福利的科学事业，寻求那些希望为这种超越自我的目标做出贡献的个人。SETI@home 旨在寻找地外智慧生命。Folding@home 助力蛋白质折叠研究。Fightaids@home 致力于运行模型，筛查化合物是否有可能成为抗击艾滋病的候选药物。Genome@home 进行的人工基因建模，是为了生成有用的蛋白质。其他网站，例如那些专精于密码学或数学的网站，虽然对大众没有太大的吸引力，但其基本动机是将个人爱好与"利他"结合起来。无论如何，非营利性是绝大多数分布式计算项目的典型特征，只有不到 1/5 的项目涉及钱。而大多数涉及钱的项目往往也会提出，如果因为成功解决了科学或数学难题而获得奖金，做出贡献的人就有资格从中分得一杯羹，从而将爱好和利他的诉求与物质奖励结合在一起。在 2004 年活跃的大约 60 个项目中，只有 2 个是按贡献付费的，而且与其他许多项目相比，规模相当小。

大多数的分布式计算项目都提供了一系列操作工具和统计数据，旨在让参与者以各种方式为其贡献赋予意义。这些项目似乎同时考虑了参与动机在社会学和心理学方面的深层内涵。网站描述了模型的科学目的和具体的科学成果（包括使用了计算结果的论文发表）。在这些内容中，项目组织者似乎假定了某种程度的普遍利他主义和追求为共同目标做出贡献的意义。他们还实施了各种机制来强化这种目的感，比如提供关于整个项目所完成的总计算量。然而，这些网站似乎也采用了人类学研究所谓的"赠予竞赛"，即表明贡献较多者要比贡献较少者更加重要。例如，多数网站都允许个人跟踪自己的贡献情况，并提供"本月最佳用户"之类的排名。许多网站都有一个有趣的特点，可以创建用户"团队"，组团比赛谁提供了更多的计算结果或工作单元。特别是 SETI@home，通过提供国家级的统计数据，利用了既有的民族主义。Folding@home 上的一些团队名称还暗示在项目之外也保持着国家或种族等方面的联系，如国家或种族联系（如澳大利亚超频者联盟或法语联盟）、技术上的少数群体地位（如 Linux 或 MacAddict4Life）、组织隶属关系（田纳西大学或阿拉巴马大学）以及共同的文化连接点（说"Ni!"的骑士）。此外，这些网站还为用户提供论坛，讨论科学和社会参与问题，为用户间的简单联系和相互陪伴提供了平台。就激励分享而言，这些网站可能是在"暗夜射击"。然而，它们也有可能获得一个具足洞察力的认识，即人们可以出于各种原因而形成社交或慷慨解囊，至少在这个领域，这些提升参与度的理由——无论是竞赛，还是利他，或者寻求互惠——并不会造成挤出效应。

与分布式计算项目一样，在利用计算机网络存储和访问数据方面，点对点文件共享网络也堪称高效系统中的典范。如果想要理解参与者背后的动机，这些共享网络并不"神秘"。然而，它们提供了重要的经验，说明在陌生人或松散关联的用户之间进行大规模协作，能够在多大程度上存在有效的通信平台。出于相当明显的原因，我们通常认为，点对点网络从 Napster 开始就成了一个"难题"。这是因为，几乎所有法学专家都认为，绝大多数点对点网络最初都用来实施侵犯版权的行为，时至今日也仍然如此。那么，提供点对点软件的公司是否应为此类侵权行为负责，这个问题一直争论不休。然而，无需争辩的是，任何一个允许成千上万其他用户来复制其音乐文件的人侵犯了他人的著作权——因此首要难题是解释为什么要创建点对点网络。如果立足于狭隘的著作权法，或是站在唱片业和好莱坞商业模式的立场上，这就是一个非常关键的问题。该项技术在最初应用时主要就是用来交换音乐文件的，这是事实。但是，我们的目的是要由此判断社会和经济结构正在发生什么变化,反复强调这个事实,反而会分散我们的注意力。让我来解释一下原因。

想象一下,在1999年,某个人——无论是确定政策目标的立法者,还是确定所需服务的商人——站起来提出了下述要求:"我们希望开发出一个新的音乐和电影发行系统。它能存储所有数字化的音乐和电影,可以在世界任何地方使用,能够在任何时候为数千万用户提供服务。"听见这些话的人应该都会想到,建立这样一个系统将耗资数千万甚至数亿美元;运行这个系统将需要大量的常备人员;管理这个系统以使用户找到自己想要的内容而不会淹没在内容的海洋中,将需要大量的"策展人"(DJ和电影发烧友);而且建立系统至少需要5~10年的时间。然而,这个系统从肖恩·范宁(Shawn Fanning)的想法起步,从Napster开始实施,最终由众多参与者以非常低廉的成本就构建完成了。想法一经提出,其他人就给予完善,甚至取消了Napster包含的一个集中功能——用户在Napster网络中提供配对功能的计算机上的文件列表。从那时起,面对来自唱片工业的诉讼和对点对点音乐软件稳定而持久的需求,Gnutella完成了快速迭代,之后是FastTrack的客户端KaZaA和Morpheus、Overnet、eDonkey、BitTorrent等的改进,不断增强点对点音乐分发系统的可靠性、覆盖范围和速度。而所有这些都发生在诉讼、罚款、警察搜查的持续威胁下,甚至在一些国家,这些网络的开发者或用户遭到了监禁。

几个十几二十几岁的年轻人以奇低的资金投入,编写了软件和协议,使全球数千万计算机用户能够合作创建起世界上最高效、最强大的文件存储和检索系统,这是一个指向未来的信号,也是点对点网络的真正独特之处。无需太多投资就可以创建起一个服务器群,存储和提供媒体文件转译的海量数据。用户的计算机本身就是"服务器群"。无需大规模投资建设由高质量光纤构成的专用传输通道。用户的标准互联网连接加上一些非常智能的文件传输协议就足够了。建立内容分发网络只需要一套架构,引导用户在文件的存储、搜索、检索和传输方面相互合作，它使以前存在的一切东西都相形见绌了。

同样，用户参与下的点对点网络并不神秘。他们需要音乐；他们可以从这些网络免费获得音乐；因此他们参与其中。然而，从点对点文件共享网络中，我们可以获得更具普遍性的观点：个人只要可以控制使其达成有效合作所必需的有形资本，就会非常高效地与其他人形成大规模合作。这些系统并没有"补贴"，因为它们并没有支付其服务的全部边际成本。请记住，音乐和所有信息一样，是一种非竞争性的公共产品，一旦生产出来，边际成本就是零。此外，数字文件并不是从一个地方"拿到"另一个地方播放的。它们可以被复制到任何地方，变得无处不在，而不可能变得稀缺。传输过程涉及的唯一社会成本是存储、编排、搜索、检索和传输必要信息所需的存储能力、通信能力和处理能力，以便将文件从副本所在的地方复制到更多地方。与任何非竞争物品一样，如果甲愿意花费实际的社会成本来复制乙已经拥有的音乐文件，这样做就是有效率的，而无需向创作者支付一分一毫。这可能会冲击社会所选择的向音乐家和唱片管理者付费的方式。正如我们在第 2 章中所看到的，这种方式以效率换取了对唱片业进行长期激励的效果。就常规的经济学意义而言，这种方式是有效率的。然而，如果甲和乙使用的计算机或网络连接存在补贴，这种方式就是非效率的。

与分布式计算一样，点对点文件共享系统的基础是用户在其个人电脑中所拥有的闲置容量。与分布式计算一样，点对点网络开发出了允许用户共享这些闲置容量的架构。通过在这些共享实践中的合作，用户共同构建起系统，其功能远远超过了他们自己所能开发的功能，甚至超过了资金最为雄厚的公司凭借自主拥有的技术组件所能提供的功能。在存储和检索能力方面，任何一个音乐播放服务所拥有的网络组件都无法与用户集体连接起来的硬盘和网络相媲美。同样，超级计算机的处理器也无法比肩数百万台个人电脑通过互联网连接起来所形成的海量计算资源。面对互联网上以参与免费/开放源代码软件开发项目的形式连接起来的大量编程人才，软件开发公司在竞争中毫无胜算可言。

除了计算和存储，计算机通信网络的最后一个主要因素是连接。在这一点上，我们也可以看到基于共享技术的发展，甚至比另外两个功能都更为显著。点对点网络的设计特点在通信领域最直接的应用是Skype的成功开发。这是一种互联网通话工具，允许计算机的所有者通过互联网进行免费的语音对话，也可以付费拨入公共电话网络。截至目前，Skype用户数量已超过200万。它使用类似FastTrack的架构来实现计算和通信资源的共享，以创建一个运行在互联网之上的全球电话系统。它是由KaZaa的开发者创建并运营的。

最引人注目的是，这些技术已经出现在无线通信领域。几乎整个20世纪，无线电通信采用的都是单一的工程方法，在某个地理区域内无线发送多个信息。我们利用电磁波在振荡频率或波长上的不同，制造出独一的电磁波来传输同步信息。随后，接收器通过天线只接受特定的振荡频率，忽略其他电磁能量，从而将这些信息分离出来。1900年，马可尼（Marconi）最先使用了这一技术，并在此基础上形成了"频谱"的概念，即我们知道如何以足够的可控性和可预测性来生产电磁波从而对信息进行编码和解码的频率范围，以及在通信中"使用"频谱的"信道"的概念。半个多世纪以来，无线电通信监管一直被认为是必要的，因为频谱具有稀缺性，若不加以监管，个人涌入各个频率，会导致发送信息的混乱和失败。从罗纳德·科斯在1959年首次对这一监管方式进行批判，到1990年代初开始的"频谱拍卖"，有关"频谱政策"或无线通信监管的争论一直围绕着以下焦点：排他性地授权某人在特定地理区域内发射无线电信号，究竟是监管许可，还是产权交易。20世纪90年代的"频谱拍卖"让我们看到了一个产权制度的原始版本。21世纪初，这一制度允许专有权的新"所有人"开始将最初纯粹的移动电话系统转变为移动数据通信系统。

然而，新的计算和网络技术此时已经淘汰了一个世纪前的工程假设，抽空了讨论无线通信的制度框架是监管还是产权的概念基础。[11]计算成本的急剧下降，加上数字信号处理、网络架构和天线系统的改进，彻底改变了无线通信系统的设计空间。工程师们不再只靠一个主要参数——载波的振荡频率——来分离信息，他们现在可以使用多种机制，让更加智能的接收器从他们所处地理区域的所有电磁辐射源中分离出自己想要接收的信息。无线电发射机如今可以同时发射相同频率的信号，而不会相互"干扰"，也就是说，不会让接收机分不出携带所需信息的电波。正如汽车可以共享作为公共媒介的公路，而火车必须使用专用的、自有的、专人管理的铁轨。新型的无线电设备可以共享作为公共媒介的"频谱"。用法律——无论是以立法形式，还是以排他性产权的形式——将频谱分割成独家控制的一个个片段，这种做法如今不再必要，甚至也不再有效。取而代之的是，部署大量由终端用户拥有和运营的收发器，使用设备嵌入式协议来协调通信。

　　用户之所以能够分享无线电设备的闲置容量，原因非常简单。即便用户希望始终保持无线连接，在任何地方都可以立即使用，然而实际上并不需要每隔几微秒就进行通信。因此，他们愿意购买并保留能够提供这种连接的设备。反过来，制造商也会制定并遵守能够提高容量、保持连接的标准。这就是工程学所谓的"合作增益"（即节点合作所带来的系统质量的提高），是分布式无线系统最有希望的容量扩展来源。[12]"合作增益"很容易在日常互动中理解。坐在讲台下听课，难免会错过一两个单词，这时我们会问邻桌："你听到她说什么了吗？"在无线电系统中，不同天线（就像耳朵）之间的合作被称为天线分集，是许多改善接收的系统设计的基础。站在喧闹的人群中，我们可能无法大声喊叫或挤到房间的另一端，但是可以告诉朋友："如果你看到老王，告诉他……"随后，这位朋友碰见老王的朋友，并告诉他："如果你看到老王，告诉他……"以此类推。我们这样做，使用的就是无线电工程中所谓的中继器网络。这类合作系统可以在不受干扰的情况下承载更高的负荷，共享更加广阔的频谱，比那些依赖离散频率功率发射权的市场交易的系统更有效率。在需要时，可以自我配置成合作网络的无线电网络，并通过无线电发射互相转发、破译信息，设计这样的"自组织网状网络"是当今无线电工程中最具活力的领域。

在 21 世纪的最初几年里，这一技术转变催生出无线通信领域中增长最快的部门——WiFi 和类似的非授权无线设备。设备市场利用在美国可用的为数不多的原始"频谱公域"取得了经济上的成功，这些"频谱公域"最初是用于车库开合器和微波炉的虚假辐射等低功率设备的。这导致了美国无线电政策最初的缓慢变化，以及最近的巨大变化。仅在过去两年中，被称为"基于公共资源"的无线通信政策就被视为联邦通信委员会（Federal Communications Commission，FCC）无线政策的合法组成部分，甚至是核心组成部分。[13] 我们在该领域所能看到最为突出的例子是一个系统的转变。这个系统此前完全以监管为导向，旨在改善以市场为基础的将无线传输容量作为成品（链接时长）出售的制度条件。如今，它开始促进可共享商品（智能无线电）市场的出现，旨在以共享模式提供无线传输。

希望本章列举的这些例子能够为我们思考同侪生产提供一幅共同的图景。下一章，我将特别解释信息的同侪生产与为计算、通信、存储而共享物质资源的经济学，以及非市场化社会生产的经济学原理：为什么它是有效率的，我们如何解释引导人们参与这些非市场合作这项伟业的动机，以及为什么我们在网上看到的东西要比在线下看到的多得多。然而，本书余下部分的道德和政治讨论并不取决于你是否接受我在第 4 章中提出的特殊分析，即将这些现象"驯化"成大致符合标准经济学的模样。在这一点上，重要的是，这些故事提供了一种背景，并建立了以下主张的合理性：非市场生产，特别是同侪生产，是比免费软件应用更广泛的现象，并以重要的方式存在于整个网络信息经济中。要想理解本书大部分篇幅所涉及的政治含义，搞清楚这一点就足够了。

第 4 章

社会生产的经济学

非市场生产——特别是同侪生产——的蓬勃发展给经济学提出了三个难题。第一,为什么参与?当人们为一个没有报酬或直接奖励的项目工作或贡献资源时,他们的动机是什么?第二,为什么是现在,为什么在这里?数字网络环境有什么特别之处,让我们相信同侪生产将是一种重要的经济现象,而不是一种时尚?随着媒介的成熟,一旦行为模式趋向于那些我们熟悉的钢铁、煤炭和临时工机构的经济,这种时尚就会过去吗?第三,让所有人共享自己的电脑、奉献时间和创造性努力,这是不是有效率的?回答这些问题,我们就可以清楚地看到,在互联网上观察到的复杂多样的行为模式,从维京海盗船的爱好者到 GNU/Linux 操作系统的开发人员,都与我们对人类经济行为的基本理解完全一致。我们不需要假设人性的本质发生根本变化;不必宣布我们所熟知的经济学的终结。我们只需要看到,在网络信息经济中,生产的物质条件已经发生了变化,社会分享和交换作为经济生产的一种方式变得更加突出。也就是说,社会关系中常见的那些行为和动机模式一般都会继续以自己的模式聚合在一起。发生改变的是,这些行为模式如今变得更有效率,超出了建立共同利益的社会关系与满足我们对陪伴和相互认同的情感和心理需求。作为激励、宣示和组织生产行为的模式,它们已经在网络信息经济的核心区域发挥了重要作用。正是这种作为信息生产方式的日益重要的作用,在本书的其余部分荡起了涟漪。通过社会而非市场和专有产权关系生产信息、知识和文化的可行性——通过合作的同侪生产和协调的个人行动——创造了更大的自主行动、更具批判性的文化、更广泛的参与机制和更完善的信息共和国，或许还为创造更公平的国际社会提供了机会。

动　机

经济学通过采用非常简单的人类动机模型，来实现分析的可操作性。其中的基本假设是，人类的所有动机都可以或多或少地归结为积极效用和消极效用，即人们想要争取的东西和想要避免的东西。这些都是可以被总结归纳出来的，并且通常可以转化为一种普遍的交换媒介，比如货币。综合考虑，在任何给定的社会互动中加入更多人们想要的东西（比如金钱），都会使这种互动对理性人更有吸引力。虽然很简单，但这种高度可控的人类动机模型使得政策处方得以实施。事实证明，这比依赖其他人类动机模型的处方更有效率，例如假设善良的管理者会被激励去服务社会，或者假设个人会为国家或共同体的利益作出自我牺牲。

当然，这个简化模型虽然为当代经济学提供了主要基础，但它是错误的。至少，作为对人类动机的普遍描述，它是错误的。当你在朋友举办的晚宴会结束时，把一张50美元的支票留在桌上，并不会增加再次被邀请的概率。我们生活在不同的社会框架中，而金钱与这些框架有着复杂的关系，有时它增加了参与的动力，有时也会减弱参与的动力。虽然这在经济学领域之外可能是一个微不足道的观察，但在这个分析框架内却是相当激进的。这一代人将其正式化并开展研究，始于1970年代初理查德·蒂特马斯（Richard Titmuss）和肯尼斯·阿罗的辩论。在一项重要的研究中，蒂特马斯比较了美国和英国的血液供应系统。前者当时主要是商业性的，由营利性和非营利性的私人机构组成；后者完全是自愿的，由国家卫生服务机构组织。蒂特马斯发现英国系统的血液质量更高（以接受者因输血而感染肝炎的可能性来衡量），血液浪费更少，医院的血液短缺也更少。蒂特马斯还抨击美国的系统是不公平的，富人通过购买血液剥削了穷人和渴望获得救治的患者。他的结论是，利他主义的血液采集系统比市场系统更道德且更有效，并建议将市场排除在系统之外，以保护"献血权"。[1] 蒂特马斯的论点立即遭到了经济学家的反驳。与本章意旨最相关的是，阿罗赞同血液质量的差异表明美国的血液系统存在缺陷，但反对蒂特马斯的核心主张，即市场减少了血液捐献行为。阿罗重新提出了"典型经济学家"持有的另一种假设，即如果有些人对劝勉/道德激励（捐助者）做出反应，而另一些人对价格和市场激励（售卖者）做出反应，这两个群体很可能是相互独立的，不会对对方的激励做出反应。因此，允许或禁止市场的决定应该不会对捐赠行为产生影响。然而，取消市场可以消除"坏血"提供者出售血液的动机，从而提高血液供应的整体质量。阿罗认为，蒂特马斯的论争分析性不足，无论证明还是证伪都取决于经验研究。[2] 抛开理论上的论争，美国的血液供应体系确实从1970年代开始向完全自愿的社会捐献体系过渡。在此后的调查中，献血者表示，他们"喜欢帮助"别人，体验到一种道德义务或责任感，或是在他们或其亲属接受血液捐献后表现出互惠性的特征。

一些学者（主要是心理学家和经济学家）试图从经验和理论两方面解决这个问题。经济学中最系统的工作是由瑞士经济学家布鲁诺·弗雷（Bruno Frey）等人完成的，他们的工作建立在心理学家爱德华·德克（Edward Deci）的工作基础上。[3] 我们可以对该模型进行一个简单的描述：个人动机分为内在和外在两类。外在动机是外界强加给个体的，在形式上要么是对行为提供金钱，要么是对行为施加价格，要么是管理者或法官对遵守或不遵守规定的行为进行惩罚或奖励的威胁。内在动机是来自个人内部的行动理由，如快乐或个人满足。外在动机被认为"排挤"了内在动机，因为它们（a）削弱了自决能力——也就是说，人们感受到外界的压力，因此在维护自己的内在动机而不是顺从外在激励来源的意愿时，感到过于正当（overjustified）；或（b）

损害了自尊——它们使个人感到自己的内在动机被拒绝,不被重视,结果削弱了自尊,导致他们减少努力。直观地说,这种模式依赖于一种文化偶然性的观念,即如果一个人适应能力很强且身处一个体面的社会,那么他"应当"做什么。有人给你钱,让你去做你"应当"做且作为自尊的社会成员通常都会去做的事,这意味着给你钱的人认为你的适应能力不够强,或者不是一个值得受同等尊重的社会成员。这会导致收钱的人要么相信付钱的人,从而失去自尊并减少努力,要么怨恨出价者并拒绝收钱。罗兰·贝纳布(Roland Bénabou)和让·梯若尔(Jean Tirole)提出了一个类似的因果解释:接受金钱激励的人推断出,提供激励的人不相信接受者会做正确的事情,或者不相信接受者会自愿把事情做好。被激励者的自信和成功的内在动力会被削弱到这样的程度:被激励者认为激励者(例如管理者或父母)更有资格判断被激励者的能力。[4]

比理论研究更有力的是大量实证研究,包括现场和实验室实验、计量经济学和调查。这些研究自 1990 年代中期以来逐渐开展,用以检验人类动机模型的假设。在许多不同的环境中,研究者发现了大量证据,表明在某些情况下,为之前没有价格补偿的行为增加资金,反而会降低(而不是提高)行为的水平。这项研究综合考虑了各种情况,如员工自愿加班或与团队成员分享自己的经验和知识,社区愿意接受当地不受欢迎的土地用途,或父母愿意准时到日托中心接送孩子。[5]研究结果有力地表明,金钱奖励和非金钱动机之间的某些取代或排斥可以在各个领域被识别出来。这并不意味着提供金钱激励不会增加外在奖励。正如经济学中通常预测的那样,当外在奖励占主导地位时,确实会增加奖励行为。然而,对内在动机的影响,至少在某些时候,走向了相反方向。如果内在动机是一个重要的因素,因为定价和合同难以实现,或者因为可以提供的报酬相对较低,那么总体效果可能是负面的。说服有经验的员工将他们的隐性知识传达给一起工作的团队,是一个很好的例子。这类行为很难明确有效地定价,因此通过团队工作的社会动机比通过支付更有效率。小额报酬对志愿者参与工作的负面影响就是一个例子，即低额报酬只能招募到相对较少的人，却使其他人把他们的努力用到了其他地方，从而减少而非增加了志愿工作的总体水平。

"为某项活动提供更多资金将带来更多的行动"，这是隐含在大多数新经济模型中的假设。它被基于心理学的假设所取代，而基于社会学的假设又对这一心理学假设进行了补充。这来自社会资本研究的一个分支，即由詹姆斯·科尔曼（James S. Coleman）发起的社会学与经济学的交叉研究［可追溯到马克·格兰诺维特（Mark Granovetter）1974年出版的著作《找工作》（Getting a Job）］。[6] 该项研究的基础，如林南（Nan Lin）所说："人在社会结构中可以获得两种最终（或原始）回报：经济地位和社会地位。"[7] 这些奖励被认为是工具性的，在这方面高度符合经济学。经济和社会两个方面都代表着"地位"，可以根据个人调动资源能力的关系来衡量。有些资源可以用金钱调动起来。社会关系可以调动其他资源。由于各种各样的原因——制度上的、文化上的，可能还有技术上的——社会关系比金钱更容易调动某些资源。如果你想让自己的侄子得到一家美国律师事务所的工作，与该事务所负责招聘的合伙人建立友好关系，比递上一个装满现金的信封更有帮助。如果社会资本理论是对的，那么有时候你应该愿意用经济回报来换取社会资本。关键是，这两者是无法互换或累积的。在一个以金钱收买为标准的经济环境中，负责雇佣的合伙人并不会承担任何社会义务。然而，如果处在相同文化中，同样是合伙人，同时又是朋友关系，并因此放弃了报酬，那么很可能就承担了一项社会义务，为应对以后类似的社会情况提供了条件。然而，社会债务的规模现在可能变小了。它很可能是由不花钱所节省下的钱来衡量的，而不是由为侄子获得工作的价值来衡量的，在一个不能通过收买获得工作的经济环境中，这很可能是一种价值。有些事物和行为根本无法被商品化用于市场交换，例如友谊。任何把这两者混在一起的做法——为赢得一个人的友谊付费——都将使之变成完全不同的东西。也许在我们的文化中，这就是一场精神分析。有些事物即使被商品化，仍然可以用于社会交换，但交换的意义就会被削弱。人们会向邻居借鸡蛋，或者帮朋友把家具搬到新公寓。还有一些事物，即使被商品化了，仍然可以充分地用于社会交换。以当代美国文化中的配子捐赠为典型。然而，重要的是要看到，任何给定的"事物"或行为都没有任何内在的因素使其属于这些类别中的一个或某个。这些类别具有文化偶然性和跨文化多样性。不过，对于我们的目的来说，重要的是要认识到，对于任何特定的文化，都会有一些行为，人们宁愿不为钱而做，而是为了社会地位、社会认可，也许最终，只有通过社会交易而不是市场交易来实施该行为，才能获得工具价值。

　　没有必要精准地确定正确或最真实的动机理论，也没有必要确定通过引入或使用市场奖励而挤出非市场奖励的全部程度和范围。勾勒出一个分析框架，只需要认识到存在某种形式的社会和心理动机，它既不能与金钱相取代，也不能简单地与金钱相累积。在价格体系内进行交易可能增加或减少社会心理奖励（无论是内在的还是外在的，是功能性的还是象征性的）。这个直觉很简单，正如前文所述，在朋友家吃完一顿愉快的晚餐后，在桌上留下一张50美元的支票，并不会增加主人在这个晚上获得的社交和心理上的收益。这极有可能使客人再次收到邀请的次数大大减少直至为零。相反，一瓶酒或一束花则会增加社交收益。道理很简单，以金钱为导向的动机不同于以社会为导向的动机，它们有时是一致的，有时会发生冲突。两者中哪一个会占据主导位置取决于历史和文化。在19世纪末维多利亚时代的英国，体育或娱乐领域中金钱的存在减少了表演带来的社会心理收益，至少对中上层阶级来说是如此的。这体现为维多利亚时代社会长期将奥运会和演员维持在"业余"地位上。一个多世纪后，这种情况发生了巨大的变化，运动员和当红艺人的社会地位实际上是用他们的表演所能带来的数百万美元来衡量的。

因此，金钱和社会心理奖励的相对关系取决于文化和环境。在不同的社会或文化背景下，类似的行为可能有不同的含义。假设有三个法律人——分别是律师、法官和学者——正在考虑是否要通过写作来表达他们观点。对律师来说，金钱和荣誉往往是（尽管不总是）正相关的。通过撰写法律文书来获得高额的时薪，是表达行业地位的一种方式，也是一种把鱼子酱摆上桌的方式。然而，有些获得尊重的方式，比如为律师委员会写报告，并没有因为金钱的存在而得到改善，事实上还会受到金钱的破坏。后者对法官的影响最为明显。如果有人花钱请法官写法律意见，不仅不是一种荣誉的标志，而且是对社会角色的颠覆，会使法律意见的撰写成为一种腐败。对法官来说，撰写法律意见的内在"回报"如果像是购买商品，得到的将是内疚和羞耻，因此这种出价是一种不尊重的表现。最后，金钱对于学者写作的影响介于法官和律师之间。在很大程度上，就像法官一样，为钱而写作的学者会受到学术界的怀疑。一篇论文如果明显得到了某方的资助，其结论一定是支持该方的监管或诉讼立场，毫无学术价值。然而，与律师相一致的是，有些形式的金钱增加并强化了学者的社会心理奖励，其中最突出的是同行评议的补助和报酬。

此外，个人并不是单一的行动者。虽然我们描述贪婪的财主、无私的圣人或攀附者的理想型，但事实上多数人是各种角色的混合体，而且与任何一个角色都不完全一样。显然，有些人更专注于赚钱，有些人更慷慨；有些人做事更多是受社会地位和尊重的驱使，有些人则追求心理上的满足感。营利性和非营利性体系可能对这些需求有不同的吸引力。学术领域中的纯理论研究和商业化研究也会吸引受过类似学术训练但对奖励类型有不同偏好的学者。然而，有着良好适应能力的、健康的个体在自身需求方面很少是一成不变的。我们通常会认为，那些为了获得更多金钱或社会认可而选择忽视和背叛亲友的人是某种形式的恋物癖。我们花一些时间赚钱，一些时间享乐；花一些时间与亲友、邻居在一起，帮助他们；花一些时间创造性地表达自己，探索我们是谁，以及我们想成为什么。我们中的一些人，因为所处的经济条件，或者自身的品位，花费大量时间去赚钱，无论是为了变得富有，还是更常见的只是为了维持生计。其他人则花更多的时间做志愿者、聊天或写作。

  对于所有人来说，在任何一天、一周、一月、一年、一生之中都会在不同尺度的时间里，选择以某种方式行事，以满足自己的社会和心理需求，而不是市场交换需求。这是我们生活的一部分和我们的动机结构，社会生产正是利用它得以发展的。这一点并不神秘。对于我们中的任何一个人来说，这都是显而易见的，在工作日结束后匆忙赶回家，或与朋友去餐厅酒吧，而不是再加班一小时或增加我们的计费工时；或者至少在我们不能这样做时感到遗憾。对每一个曾经给生病的朋友或亲人递上一杯茶，或接到一杯茶的人来说，对所有帮朋友搬过东西，一起玩过游戏，讲过笑话，或者很喜欢朋友讲的笑话的人来说，这也是显而易见的。然而，现在需要理解的是：在什么条件下，这些许多不同的社会行为可以转变为一种重要的经济生产方式。所有这些有别于我们对金钱的渴望、由社会和心理需求所驱动的行为，什么时候才能以我们认为具有经济价值的方式得到动员、指导，并获得效率？

社会生产：可行性、条件与组织形式

  使社会关系成为网络信息经济中突出的生产方式，基于核心技术层面的一个偶然的事实，即有效生产活动所需的所有投入都处在个人用户的控制之下。人类的创造力、智慧和生活经验都为个体所独有。从现有的信息和刺激中做出新的有意义的对话动作，并将之呈现和传达给或远或近的其他人，所需的计算机处理器、数据存储设备和通信能力也处在这些个人用户的控制之下，至少在发达经济体和发展中经济体的部分人口中是如此。这并不意味着处理、存储和传播信息所需的所有物质资本都在个人用户的控制之下，也无此必要。更确切地说，社会中的大多数人都具备了探索自己所占据的信息环境、从中获取信息并为之做出贡献所必需的基本物质能力。

没有任何计算或通信技术能够必然地促成这一事实。这是计算机制造技术在20世纪最后25年的一个幸运的巧合，而且在可预见的未来似乎也是如此。建造可以独立运行的计算机，使其所有者能够使用广泛的、动态变化的信息应用程序，并且便宜到每台机器都可以进入千家万户。这比建造具有大型超级计算机便宜得多，后者具有高速通信能力，向廉价的简单终端传送信息，并以按需或标准化的打包模式向个人出售信息服务。不过，无论是必然的还是偶然的，在网络信息经济的工业基础上，个人用户（由于容易受到不同动机不同关系的影响，有时以市场为导向，有时以社会为导向）拥有和控制必要的物质资本，使他们独特的、特有的人类潜能发挥出现实作用。

如今，信息生产的核心投入四散分布于全社会，是一个核心的赋能事实，但仅凭这一点并不能保证社会生产具备重要的经济意义。除了儿童、青少年、退休人员和极端富足的人，多数人无法把大部分时间花在社交或志愿服务上。虽然创造力和判断力可以在人群中普遍分布，但可用的时间和注意力却非如此，人类的创造力不可能一直完全投入非市场的、非产权专有的生产。工作是为了赚钱，至少在某些时候就是为了养家糊口；个人电脑在某些时候就是用于谋生。在这两种资源中，存在着大量过剩的能力——人类的时间和兴趣以及计算机的处理、存储和通信能力——可用于那些不能直接或间接获得金钱或货币化回报的活动。

为了有效利用这种过剩的能力，信息生产过程必须有效地整合这些来自许多个体和计算机的广泛而分散的贡献。这些贡献在质量、数量和重点上各不相同，在时间和地理位置上也各不相同。互联网（特别是同侪生产）的巨大成功正是由于在技术和组织架构上能够有效集中这些不同的努力。核心特征在于这类企业的模块性（modularity）和整合颗粒度贡献的能力。

"模块性"是项目的属性,描述了项目在多大程度上可以分解成更小组件或模块,这些组件或模块在组装成整体之前可以独立生产。如果模块是独立的,单个贡献者可以各自选择什么时候贡献什么。这就最大限度地提高了它们的自主权和灵活性,以确定其参与项目的性质、程度和时间。将"点击操作者"项目中涉及的火星地图分解开(如第3章所述),用一个简单的标记工具将它们分成小段,就是陨石坑绘制任务的一种模块化方法。在SETI@home项目中(见第3章),扫描无线电天文学信号的任务被分解成数百万个小型计算,是涉及计算的一种模块化方法。

"颗粒度"指模块的大小,即个人在生产模块时必须投入的时间和精力。在Slashdot上审核一条评论或修改一条审核所需的5分钟,比在一个开源项目中参与编写一个bug修复所需的数小时要细密得多。参与前者的人比参与后者的人多,这与参与所需知识的差异无关。因此,原则上可以参与项目的人数与产生可用模块所需的最小规模的贡献大小成反比。因此,模块的颗粒度设定了参与项目所需的最小个人投资。如果这种投资足够低,那么生产模块化项目的组件的"激励"可能是微不足道的。最重要的是,为了理解非市场生产日益上升的作用,我们可以从通常用于娱乐和参与社会互动的多余时间中提取。如果细颗粒度的贡献相对较大,并且需要大量的时间和精力投入,那么潜在贡献者的范围就会缩小。因此,一个成功的大规模同侪生产项目必须使其模块的主要部分保持较精细的颗粒度。

在粗颗粒度模块使项目停滞不前的问题上,最典型的例子可能是2005年同侪生产开放式教科书的情况。这方面最显著的行动是Wikibooks项目,一个与维基百科相关的网站,它并没有像其母体维基百科那样迅速发展起来。它的文本很少能成熟到可以用作部分教科书,而那为数不多的文本主要是由一个人写出来的,其他人的贡献很小。同样,2004年在加州发起的一项雄心勃勃的倡议,直到2005年中期仍未取得明显进展,只是发出了慷慨激昂的邀请。截至2005年,最成功的项目大概是南非的一个项目,由物理学研究生马克·霍纳(Mark Horner)发起的"免费高中科学课本"(Free High School Science Texts,FHSST)项目。到撰写本书时,这个历时三年的项目已经基本完成了一本物理学教科书,化学和数学教科书也完成了一半。项目的管理方法比同侪生产中常见的方法更加简单有效,由专门的研究生管理员组成的核心小组招募贡献者,分配任务并整合贡献。霍纳认为,编写高中教科书的基本限制因素是国家对内容和形式的规定。为了达到这些要求,不同模块必须在一定程度上相互衔接,这比维基百科难得多,因为维基百科可以接受风格的多样性和发展的多向性,同时又不损失实用性。因此,个人的贡献被保持在一个高度抽象的水平上——每次解释一个想法或原则。因而,每个贡献者所需提供的最低时间投入是很大的,这导致许多最初自愿贡献的人没能完成他们的份额。在这种情况下,国家的有关规定限制了项目的颗粒度,从而阻碍了其成长和获取必要的成千上万个细颗粒度贡献的能力。由于贡献者的数量减少了几个数量级,每个人都必须比维基百科、Slashdot和类似的成功项目有更高的积极性和可用性。

然而,并不是每个组件或模块都必须是细颗粒度的。免费软件项目向我们表明,成功的同侪生产也可以在技术和文化层面实现结构化,使不同个体能够根据自己的能力、动机和"用途",在不同层次上各自做出贡献。成千上万基于社会心理原因(感到酷或有趣)而参与的志愿者,数百名旨在扬名业界以便获得高薪优岗的年轻人,数十名被第2章所描述的实施非专有策略的公司雇来写代码的程序员,他们有可能被整合到同一个大型免费软件项目当中。以这种形式为同侪生产项目贡献带薪员工的时间,IBM和红帽公司(Red Hat)是其典型代表。商业公司和同侪生产社区之间的这种联系形式绝非同侪生产成功的必要条件;然而,它确实为市场动机行为和非市场动机行为提供了一个有效的界面,这两种行为在此界面上可以相互加强,而非相互破坏。

有计划地将问题模块化,这个特点在一些同侪生产项目中非常显著，SETI@home 的分布式计算项目就是很好的例子。然而，如果退后一步，从更宏观的角度，整体审视网络出版现象，我们就会发现互联网的架构——尤其是个人网页和博客的持久性及其自成一体、技术上相互独立的特点——使得互联网整体具有了可模块化、可变且细颗粒度的特征。想象一下，你要评估网络是如何执行媒体监督任务的。下面这个例子我将在第 7 章将再次提到："记忆洞"（The Memory Hole），是自由撰稿人兼编辑拉斯·奇克（Russ Kick）创建并维护的一个网站。奇克花了几个小时，向国防部提交了一份《信息自由法案》申请，要求获得在伊拉克阵亡的美军人员灵柩的照片。用不了多少时间，他就可以做到这些，不必靠"独家新闻"养家糊口。与此同时，数以万计的个人网络出版商和博主也在寻找令他们感动的故事，或者日常生活中偶然发现的故事。奇克得到这些照片后，可以上传到自己的网站，任何人都可以立即看到它们。由于每个类似的贡献都可以被独立创建和存储起来，由于作为"信息服务"的互联网结构中不存在单一的许可点或故障点（它只是用来方便地标记由许多联网使用 HTML 和 HTTP 的人独立存储文档的一种方式），从而就使互联网具备了高度模块化和多样化颗粒度的特点。每个独立的贡献都包含了其所有者、经营者或多或少投入的精力。数百万人在闲暇时的共同生产——无论何时何地，无论想做什么——最终汇聚起来，构成了一个巨大的年鉴、记事簿、新闻和评论站。

独立性是网站与更有组织性的同侪生产的主要区别。在同侪生产中的贡献并不强调独立性，反而以相互依赖性为特点。互联网在整体上不需要一个正式的协作结构。作为一种"信息产品"或媒介，它是由数以百万计的、相互独立的行为协调共存而形成的。它所需要的只是在这些行为的输出上叠加一个识别工具——搜索引擎或目录。相反，同侪生产通常需要用户之间形成实质合作。在 Slashdot 上，单个评分本身并不能对单个评论起到提级或降级的调节作用，对火星陨石坑的单个标记也是如此。发现免费软件中的错误、提出修复建议、审查修复建议并将其集成到软件中，这些相互依存的行为需要相当程度的合作。而合作的必要性也要求同侪生产采取更多的参与策略，以确保每个参与者都以真诚、负责、不破坏整体的方式参与，并剔除那些不合格的参与者。

同侪生产中的合作通常由技术架构、社会规范、法律规则以及由社会规范背书的技术支撑等级共同维持。维基百科最有力地示范了以社会规范为基础的、以话语为中心的合作模式。然而，即使是维基百科，最终也会有一小部分人拥有系统管理员的权限，他们可以删除或封禁蓄意破坏者的账户。然而，只有在参与者的自我监督以及非正式和准正式的社区争端解决机制用尽之后，才会选择这种技术上的退路。相比之下，Slashdot 提供了一个成熟的技术系统的强大模型，以确保没人可以"背叛"评论和审核评论的合作事业。它通过系统对行为做出限制，事先阻止破坏行为，而非进行事后监管。Slash 代码以技术手段限制某个人对其他人进行提级或降级的审核权力，并使每个版主都成为同行评议系统的主体。系统的最终判断在技术上是强制执行的，也就是说，某个用户如果被足够多的其他用户描述为"不公平"时，将自动丧失审核他人评论的技术能力。该系统本身是一个由 GPL（通用公共许可证）授权的免费软件项目。而 GPL 本身就是一个典型的例子，展示出法律是如何用来防止背叛软件同侪生产的共同事业的。GPL 防止的背叛是个人或公司对共同产品的侵占，这种风险会打击参与者为项目做贡献的初心。GPL 提供了法律上的保证，任何为免费软件做贡献的人都不必担心其他人会将项目据为己有。免费软件"正式发布版"的最终质量判断可以很好地说明，唯才是用的等级结构在多大程度上可以将不同的贡献整合为一项成品。但这是一种有趣的等级结构，史蒂夫·韦伯（Steve Weber）很好地解释了这种结构的异趣所在。在 Linux 内核开发项目中（见第 3 章），发起人托瓦兹总是有权决定哪些贡献应该包含在新版本中。[8] 托瓦兹拥有的权力是说服性的，而非法律性或技术性的，也绝非独断性的。除了劝阻他人不要开发某个东西并将之添加到内核中，或者发布该替代版本的内核之外，托瓦兹什么也做不了，更不能阻止整个（或一部分）用户社区拒绝接受他对内核应该包含什么的判断。只要乐意，所有人在法律上都有权这样做。因此，这些项目建立在一个尊重功绩的等级结构上，建立在社会规范上，而且在很大程度上，建立在大多数参与者的相互认可上——在同行评审制度中赋予某人一点儿领导权，对大家都有利。

信息生产不以排他性的所有权要求为基础，不以动机或信息为目的在市场上销售，也不围绕产权和合同来形成企业或市场交换。综合来看，实现这种信息生产需要三项特征。第一，信息和文化生产所必需的物理设备可以在发达经济体的人口中普遍分布。当然，作为资产的个人电脑是由数量庞大的个人所控制，在数量上远超大型印刷机、电台、卫星或有线电视系统、唱片制造分销系统、电影制片分销系统的掌控者。这意味着物理设备可以根据每个人的不同动机而投入使用和部署。它们不需要调动金融资本购买和使用工业信息经济中典型的大型资本物品，从而也就不需要将最大限度地提升金融资本的回报率作为目标。第二，与工业经济不同，信息经济的主要原材料是公共产品——现有的信息、知识和文化。它们的实际边际社会成本为零。除非监管政策为了维持专有的商业模式而故意使它们变得昂贵，否则获取原材料也不需要金融资本投入。同样，这意味着这些原材料可以用于任何动机。它们不需要最大化的财务回报。第三，互联网上信息生产和交换的技术架构、组织模型和社会动力机制已经发展起来，使我们能够以高度模块化的方式构建问题的解决方案，特别是信息生产问题。这使得动机各异的人们出于各种各样的原因采取行动，而这些原因结合在一起，就会产生出新的信息、知识和文化产品。这些架构和组织模型既可以为相互独立的创造留出共存的空间，也可以将其整合成可用的模式，还允许企业以同侪生产的形式相互依存。

总之，这三项特征表明，我们在数字网络环境中观察到的社会信息生产模式并不是一种时尚。相反，鉴于网络信息经济的特点，它们是一种可持续的人类生产模式。人类动机的多样性并不是什么新鲜事。

乔希·勒纳和让·梯若尔、里沙布·高什（Rishab Ghosh）、艾瑞克·冯·希佩尔和卡里姆·拉卡尼（Karim Lakhani）等人对动机在免费和开源软件开发项目中的重要性进行了大量研究。信息的公有物性质也不是什么新鲜事。新的是技术条件，使得这些事实成为非市场、非财产专有产品能够在网络信息经济中发挥更大作用的要素。只要这种经济的有形资本基础的资本化和所有权仍然广泛分布，只要监管政策不人为地使信息输入变得昂贵，个人就能独立地或者在与他人相互依存的松散合作中，运用自己的创造力、智慧、对话能力和联网计算机，创造大部分我们所占据的信息环境。此外，无论选择什么理由，我们都能够做到这一点——通过市场或公司来解决温饱，或者通过社会关系和与他人的开放式交流，赋予自己生活的意义和背景。

交易成本与效率

为了分析本书所关注的政治价值问题，我们只需要接受这样的观点：在网络信息经济中，非市场信息的生产与交换——特别是同侪生产——是可持续的。本书余下的大部分内容都是试图从自由和正义的不同侧面出发，展示信息生产系统中存在一个非市场性质的、基于公共物品的部门为什么以及在多大程度上是可取的。至于说这个部门是否具有福利经济学意义上的"效率"，并不是本书论证的重点。即使基于对实用主义政治理论的坚定承诺，接受物质和经济的现实限制并将其纳入思考范围，也不必以福利意义上的"效率"政策为目标。政策只要在经济上和社会上是可持续的，这就足够了。换言之，对效率的持续关注，不需要牺牲被排除在政策分析之外的其他领域。尽管如此，还是应该用几页纸解释一下，为什么以及在什么条件下，基于公共物品的同侪生产，以及更普遍的社会生产，不仅是可持续的，而且实际上是组织信息生产的有效方式。

在社会生产（无论是同侪生产还是独立的非市场生产）和市场生

产之间做选择，关系到两种稀缺资源和一种公共物品的分配效率。由于生产出来的大部分都是信息、知识、文化等非竞争性的物品，即社会生产系统免费释放这些物品，而不对使用它们收费。这意味着，在其他条件相同的情况下，信息生产在非财产专有的社会模式下会比在财产专有的市场模式下更有效率。事实上，在其他条件未必相同的情况下，这一点也能成立。只要社会生产以公共物品为基础且能够免费提供的信息在净价值上不小于基于产权制度所产生的信息总价值减去因高于边际成本的定价行为所造成的福利净损失，这就足够了，而高于边际成本的定价行为正是知识产权制度所追求的结果。

在这两种情况下，在以市场为基础的系统（无论是直接市场交换还是以企业为基础的分级生产）和以社会为基础的系统之间，在财产专有和非财产专有的策略之间，影响选择的主要因素是，两个系统的相对交易成本，以及交易成本是否会超过系统工作收益的程度，或者导致系统扭曲其产生的信息从而系统性地错误分配资源。

首先要认识到，市场、企业和社会关系是三个不同的交易框架。想象一下，我坐在一个房间里，我的打印机需要纸张。我可以（a）从商店订购；（b）如果我所在的公司或组织有储藏室，打电话给储藏室让工作人员送过来；或者（c）去邻居家借一些。（a）描述了市场交易框架。商店知道我立即需要纸张，因为我现在就愿意付钱。（b）是公司作为交易框架的一个示例。纸张放在储藏室里，是因为企业中的某个人预计到今天会有人需要纸张，并订购了足够的纸张来满足这种预期需求。储藏室的工作人员把纸交给我，因为这是他的工作；同样，这也是由某人安排好的，当其他人通过适当的权力渠道表达用纸需求时，他就会派人送来。比较并提高（a）和（b）的效率一直是交易成本组织理论的核心课题。例如，可以用接听电话、验证信用卡信息、卡车运送的成本，去比较某人为日常用纸的平均需求制定计划、储备足够的纸张并配备工作人员及时满足需求的成本。然而，请注意（c）也是一个可供选择的交易框架。我可以不承担通过市场与供货商进行交易的成本，也不承担建立一个有足够权限来储存管理仓库的公司的成本，而是直接去邻居家借一些纸。即使是在公司内部，相互借用纸张也是有意义的，特别是当我急需两三页纸而又不想等储藏室的工作人员时，或者当我居家办公而创建"公司"、储藏室、支付人员工资的成本对我和邻居来说太高时。相反，我们建立了一套邻里的社会关系，而不是以公司为基础的组织，以处理在保证市场稳定的纸张流动成本过高时期（例如在深夜、周末或人口稀少的地区）的短缺。

当然，这并不是要把所有的社会关系和人类尊严都归结为交易成本理论。矫枉过正的做法既无用处，也没什么启发意义。问题的关键在于，多数经济学都忽略了社会交易框架作为一种替代方案，它的相对效率可以用与简单市场的相对成本优势相同的方式来核算和考量，而后者是我们大部分经济活动的典型组织——企业——的典型特征。

市场交易要想有效率，就必须明确界定交易内容，以便有效定价，然后以同样明确的货币进行支付。即使一项交易最初可能被宣布为以"习惯"价格出售"生产所需产出的合理数量"，但在某些时候，供给和需求必须是明确的并固定为正式交换。明确性是价格体系的功能要求。它源于交换媒介——货币——的精确性和正式性，以及通过代表这些增量价值差异的交换媒介的面值而为边际决策的比较价值提供精确表达的目标。同样，管理的等级结构需要明确定义，谁应该在什么时候做什么，以及如何做，以使计划和协调过程具有效率。

另一方面，社会交换并不要求同样程度的边际清晰度。正如莫里斯·古德利尔（Maurice Godelier）在《礼物之谜》（*The Enigma of the Gift*）中所说，"亲朋好友之间礼物的标志……并不是没有义务，而是没有'计算'。"[9] 显然，古代社会和现代社会都存在复杂而正式的礼仪性社会交换体系，也有对共有财产进行监督和记录的制度。然而，在许多共有财产制度中，我们会发现对共有财产的使用进行约束或公平分配的机制，对权利、行为和后果的界定比财产专有制度所需要的更为粗略。在现代市场社会，我们将货币作为正式的精确交换媒介，社会关系比传统社会更具流动性，社会交换当然是作为一种模糊的媒介发生的。在许多文化中，慷慨被理解为一种义务；但所给予的确切价值、所偿还债务的精确性质，甚至偿还日期都不需要明确的说明。行为进入了一种善意或成员关系的迷雾之中，每个行为主体都可以认为自己有权获得一定的依赖或利益，以换取持续的合作。这可能是两个人之间的持续关系，可能是家庭或朋友等小团体之间的持续关系，也可能是陌生人之间的普遍慷慨关系，从而形成了一个体面的社会。其中的关键在于，社会交换并不需要这样定义："我周一把车借给你搬5个箱子，作为交换，你得在明年7月帮我喂鱼"；或者，"我周二搬5个箱子需要100美元，6个箱子就是120美元"。这并不意味着社会制度是无成本的，它们需要巨大的投资、适应和维护。这一点与市场或国家的情况一样。然而，一旦开始运作，社会交换就会降低对边际信息的清晰度的要求。

　　社会交换制度和市场交换制度都需要大量的固定成本——为市场建立法律框架和执行机制，为社会交换建立社会网络、规范和制度。然而，一旦投入了这些初始成本，市场交易系统就需要比社会交换系统更加精确地掌握有关行为、商品和义务内容的信息，并在每次交易中都进行精确的监督和执行。

　　一边是市场和等级结构，另一边是基于社会关系的同侪生产过程，二者之间的差异在人类创造性劳动的背景下尤为明显。创造性劳动是这些系统在网络信息经济中必须分配的一项重要的稀缺资源。这就要考虑个人在付出和能力的各个方面——天赋、动机、工作量和专注度——它们在一个人一天的时间都会发生微小的变化，更不用说几个月的时间了。个人劳动的水平和方向是极难定价或管理的。相反，我们看到的是劳动类型的标准化，无论是拾荒者还是法学教授，都可以被精细地定价。然而，我们只需要看看律师事务所起薪的相对均质化，而不是法学毕业生的个人能力和动机水平的高度可变性，就会意识到个人劳动的定价可能相当粗糙。与此类似，随着时间推移，这些属性也很难加以监督和验证，尽管可能没有事先预测的那么困难。因此，定价仍然是关于人们之间实际差异的相对粗糙的信息的函数。更重要的是，绩效的某些方面是难以事先完全明确或加以监督的，比如创造力随着新的创造机会的出现而不断提高，或者隐性的技术诀窍成为个人贡献价值中更加重要的一个方面，由此，市场机制用来维护效率的成本就会越来越高，而且，作为一个现实问题，会直接丢失大量信息。

人的先天能力各有不同：个人、社会和教育经历，情感结构，以及持续的生活经验。这使得人们在不同时期和不同背景下，对现有信息和文化输入的联想、见解和利用大相径庭。因此，很难在明晰的市场化或等级化组织生产所必需的合同中对人的创造力加以标准化和类型化。随着人的智力在给定生产流程的整体投入中占比增加，一种组织模式如果不需要通过合同来明确个人参与集体事业所需的努力，并允许个人自己确定任务，将会比一个需要这些明确规定的系统，更好地收集并利用有关谁应该做什么的信息。一些企业试图以混合市场和社会关系为导向来解决这个问题，例如激励性的薪酬方案和月度员工类型的社会激励框架。这些方法可能会改善单一的企业或市场方法，但目前还不清楚能在多大程度上克服核心困难，即市场和企业的等级结构都需要为组织和定价的对象（这里指人的智力投入）给出明确的规范。关键在于定性（qualitative）。这不仅仅是说，甚至主要不是说，可以有更多人参与基于公共物品的生产。更重要的是，泛在化的信息生产模式能够更好地确定生产项目的特定组成部分的最佳生产者，同时将特定时间框架内对特定模块工作的所有能力和可用性纳入考量。由于生产活动的价值具有足够的不确定性，而且相对于任何一组生产机会而言，信息投入和创造力的质量也具有足够的可变性，因此，个人的行动自由加上潜在生产者和消费者之间的持续沟通，可以产生关于最有价值的生产活动的更优信息，以及在特定时间内从事这些活动的最佳人力投入。市场和企业激励机制的目的，正是产生这种形式的自我认同。然而，通过这些系统收集和理解个人出价相关的刚性规则

（即交易成本）限制了工作认同的效率。与之相比，在另外一个系统中，一旦个人自己认同某项工作，他就可以在不需要他人许可、合同或命令的情况下承担该任务。网络化组织的出现（查尔斯·萨贝尔等人对之进行了描述和分析）表明，企业实际上正在努力克服这些限制，放松管理束缚，将更多解决问题的构想和执行从企业的管理核心中分离出来，并且通过社会、金钱和动机来实施这些战略，试图以此挖掘与同侪生产所固有的学习、创新和对这些创新采取行动的自由相类似的能力。然而，由于需要确保所创造的价值在组织内部得到体现，这些战略只能在单一企业内部加以实施，无法进入开放的社会生产过程。反过来，这种影响在某些领域又会因为使用沃尔特·鲍威尔（Walter Powell）等人所描述的学习网络而减弱。工程师和科学家们通常会通过会议或研讨会等方式，建立起允许他们走出组织化的隶属关系。通过再现学术交流的社会生产特征，他们克服了企业边界所造成的部分信息损失。虽然这些组织策略缓和了问题的严峻性，但也凸显出问题的普遍性和组织对问题的理解程度。实际上，商业组织所选择的解决方案已经开始倾向于将生产过程的要素从基于市场或企业的模式转移到网络化的社会生产模式。现在，对同侪生产的相对信息效率至关重要的自我认同并不总是完美的。一些企业和市场所使用的工作水平和能力认定机制（如正式证书）是基于个人对其能力具有重大误解或错误陈述的经验性结果。因此，要想取得成功，同侪生产系统还必须包含弭平自我评估错误的机制，就像传统学术研究或维基百科、Slashdot等大型网站中的同行评审那样，或者像NASA"点击操作者"的冗余和统计平均那样。个人贡献者对自身能力的普遍误解以及消除这些错误的成本将成为与这种组织形式相关的交易成本的一部分。它们类似于企业和市场所面临的品控问题。

在网络信息经济中，不去明确地规定谁给谁什么以换取什么。这也影响了与第二种主要稀缺资源分配相关的比较交易成本，即通信、计算和存储容量等构成网络信息环境的物理资源。然而，需要注意的是，这些资源与作为投入的创造力和信息非常不同：它们是私人物品，而不是信息那样的公共物品，它们是具有明确功能类型的标准化物品，而不是像特定时刻和背景下的人类创造力那样具有异质性和高度不确定性。与信息不同，它们的产出也不是公共物品。因此，这类资源在网络环境中依然能够有效共享的原因需要不同的经济学解释。然而，这些物理资源的共享，就像人类创造力、洞察力和注意力的共享一样，都依赖于市场和社会关系的比较交易成本以及人类动机的多样性。

个人电脑、无线收发器和互联网连接都是"可共享商品"。可共享商品概念背后的基本直觉很简单。有些商品是"块状的"（lumpy）：在一定的技术条件下，这些物品只能通过某种离散的捆绑方式加以生产，所提供的功能或容量也是离散的。例如，消费者必须购买一个计算机处理器，才能拥有计算能力。反过来，这些处理器也只能以具有一定速度或容量的离散单元的形式出现。不难想象这样一个世界：计算机非常庞大，它们的所有者在消费者需要运行应用程序时"按需"向其出售计算能力。这基本上就是20世纪六七十年代大型机世界的运作方式。然而，过去30年来，微芯片制造和网络连接的经济性以及存储技术的发展改变了这一状况。对于用户所需要的大多数功能而言，在经过了性价比的权衡之后，更倾向于独立的、通用的个人计算机，这些计算机由个人拥有，能够在本地运行用户所需的多数应用程序，而不是能够按需销售计算和存储的远程设备。因此，如今的计算和存储都是离散的块状单元。你可以决定购买更快或更慢的芯片，更大或更小的硬盘驱动器，一旦购买了它们，无论是否需要，你都可以支配这些机器的容量。

块状物品可以是细颗粒度、中颗粒度或大颗粒度的。大颗粒度物品价格高昂，只能通过聚合需求才能使用。蒸汽机等工业资本设备就属于这种类型。细颗粒度物品则允许消费者根据自己需要的容量进行购买。中颗粒度物品足够小，个人可以根据其价格以及对其所需功能的支付意愿和能力，合理地购买并供自己使用。在发达经济体和贫穷国家的富裕阶层中，个人电脑是一种中颗粒度的块状物品，但对于贫穷国家的多数人来说，则是一种大颗粒度的资本物品。如果考虑到这种商品的价格和社会财富，大量的个人购买并使用这种中粒块状商品，就意味着这个社会有大量的过剩产能"存在"于个人手中。由于这些机器是为满足个人需求而投入使用的，因此它们的过剩产能可供个人随意支配，自用、出售或与他人分享。这些机器的价格（相对于财富而言）允许用户能够纯粹根据个人使用价值来使用，而它们又有足够的能力为他人的行动提供额外便利并满足其需求。这两个事实结合起来，就使它们具有了"可共享性"。如果这些机器价格昂贵，只能通过聚合众多用户的价值才能购买，就得要么通过某种市场机制来聚合需求，要么通过正式安排由所有投资购买以满足自身需求的人共同拥有。如果它们的容量非常小，以至于没有可以共享的条件，那么共享将难以为继。事实上，这些机器都相对廉价，而且产能过剩，从而为个人拥有机器、社会共享过剩产能的模式提供了稳定的基础。

由于社会共享对每笔交易的交易细节要求不高，因此在重新分配共享物品的过剩产能方面，它相比市场机制具有明显的优势，特别是在过剩产能相对小于实现预期结果所需数量的时候。假设有1000人拥有计算机，每台计算机每秒能够执行100次运算，而每台计算机的所有者每秒需要执行大约80次操作。换句话说，每人每秒都有20次多余的算力。那么，安排出售这20次计算的边际交易成本（包括交换PayPal账户信息、支付保险、电脑使用时间的具体声明等），比社会分享过剩产能的边际交易成本高出10美分。甲想在1秒钟内渲染1张照片，这需要每秒200次的运算。乙想建立蛋白质折叠模型，这需要每秒1万次的运算。对甲来说，一个共享系统将节省50美分，假设他可以用自己的电脑完成所需200次操作中的一半。他需要与另外5个用户进行交易，以"租用"每个用户多余出来的20次运算。乙则需要与500个拥有过剩产能的用户进行交易，使用共享系统就会节省50美元。这个例子的要点很简单。与价格体系相比，共享作为一种交易框架，其成本优势会随着获得一项业务所需资源的必要交易数量呈线性增加。如果一个社会的过剩产能分布非常广泛，且单位容量较少，那么在使用任何特定的过剩容量时，都需要聚合数千乃至数百万用户的过剩容量，共享系统的交易成本优势由此就会变得异常显著。

动机挤出理论（the motivation crowding out theory）强化了交易成本效应。当需要聚合诸多离散的过剩产能时，不同的贡献者都不可能得到很大的回报。动机挤出理论预测，当一项活动的货币回报较低时，挤出社会心理动机的负面影响将比通过承诺支付少量费用来转移自身过剩产能所产生的激励更重要。结果是，当技术状态导致物质资本的过剩产能以小块形式广泛分布时，社会共享作为一种利用过剩产能的机制，就会优于二级市场。原因在于交易成本和动机。在适当的社会环境下，愿意廉价出售过剩产能的所有者将少于愿意赠送的所有者，而且出售的交易成本将高于共享的交易成本。

类似地，社会交易框架可能比市场交易要便宜得多，因为它汇集了大量离散的、小增量的个人计算机处理器、硬盘驱动器和网络连接的过剩容量，这些过剩容量构成了网络信息经济的物理资本基础。在这两种情况下，从贡献者的角度来看，分享的大部分都是过剩的产能，在他们满足了基于市场的消费需求的某个门槛水平之后，社会共享系统可能会利用金钱无法利用的社会心理动机，而且，事实上，在交易框架中存在金钱可能会使其无效。由于这些影响，社会共享和协作不仅可以为基于市场和基于企业的信息、知识、文化和交流模式提供可持续的替代方案，而且还可以更有效地利用网络信息经济的人力和物质资本基础。在这些条件下，一个制度生态允许社会生产蓬勃发展的社会，将比一个仅仅为市场和企业生产优化制度环境，而忽视其对社会生产的有害影响的社会更有生产力。

因此，从效率的角度来看，我们有充分的理由认为，社会生产系统——无论是信息、知识和文化的同侪生产，还是物理资源的共享——在激励和分配人类的创造性劳动以及作为网络信息经济中典型的过剩计算、存储和通信能力方面，都比基于市场的系统更有效率。这并不意味着我们所有人自此摆脱了基于市场的生产关系，但也确实意味着，除了以市场为基础的行为，我们产生了大量的创造力和机械力。通过价格体系或企业来清算这些资源的交易成本是巨大的，而且对边际交易来说，要比通过作为交易框架的社会共享机制进行资源清算的成本高得多。只要有合适的制度框架和同行评议或质量控制机制，再加上良好的模块化工作安排，社会共享就有可能为一项工作找到最适合的人选，并使其能够利用免费获得的信息投入从事该项工作。同样，社会交易框架在聚合大量离散的、小规模的个人计算机处理器、硬盘驱动器和网络连接的过剩能力（构成网络信息经济的有形资本基础）方面，可能比市场交易的成本低得多。在这两种情况下，从贡献者的角度来看，所分享的大部分都是过剩的容量，是在他们满足了基于市场的消费需求的某个基准之后，社会共享系统很可能会激发出货币无法激发的社会心理动机，事实上，在此交易框架中货币的存在可能会使这种动机失效。由于这些效应，社会共享和协作不仅可以为基于市场和基于企业的信息、知识、文化和传播模式提供可持续的替代方案，而且可以更有效地利用网络信息经济的人力和物质资本基础。在这些条件下，一个制度生态允许社会生产蓬勃发展的社会在生产力方面，将明显强于一个只为市场和企业优化制度环境而无视其对社会生产的不利影响的社会。

社会生产在数字网络化环境中的兴起

研究礼物问题的人类学家与当今主流的经济学家之间有一种奇特的一致性。他们都将礼物现象视为边缘，视为与现代资本主义社会截然不同的社会。正如古德利尔所说："这些类型的社会、这些社会和精神世界，与今天的资本主义社会形成了多么鲜明的对比！后者中的绝大多数社会关系都是非个人化的（例如，公民个人与国家的关系），物品和服务的交换大部分是在匿名的市场中进行的，几乎没有为基于赠与的经济和道德规范留下多少空间。"[10] 然而，在发达经济体中，分享无处不在。自 20 世纪 80 年代以来，我们看到越来越多的研究开始关注严重依赖社会政策而非价格或政府政策的生产实践。其中就包括有关社会规范和社会资本或信任的研究。[11] 然而，这两类研究都针对社会机制在促进市场交换和生产方面的制度性作用。对社会生产和交换体系更直接的观察，来自对公共物品的社会供给（如作为治安犯罪维度的社会规范执行）以及共有产权机制的研究。[12] 二者皆有局限。前者对公共物品的供给问题给予了过度关注。后者通常受限于对共有资源池（common pool resource）的讨论，这种资源类型必须在一组权利主张者之间进行管理，同时对非成员保留所有权专有的外部边界。研究这些现象的人通常关注的是相对较小且联系紧密的社区，在成员和非成员之间有明确的界线。[13]

这些文献指出，人们正在认识到社会生产和交换是市场和企业的替代品。社会生产并不局限于公共产品，也不局限于偏僻之处（如中世纪西班牙的灌溉区或缅因州的龙虾渔场），甚至也不局限于习焉不察的家庭现象。正如 SETI@ home 和 Slashdot 所表明的，它并不一定局限于那些经常互动、相互了解或期望持续互动的稳定的个人所组成的共同体。社会生产的商品和服务，无论是公共的还是私人的，无处不在，尽管不为人所注意。社会生产对市场和国家的替代或补充，无处不在。可以说，它是我们经济生产宇宙中的暗物质。

下述内容会让人感到很亲切，在实践层面描述了商品或服务的供应情况。这些商品或服务都明确归属于 NAICS（北美产业分类标准）的某个类别（经济普查所划分的经济部门类别），经济普查也反映出了它们的市场供应情况，但它们基本都符合共享的定义，也就是说，在一种激进的分配模式中，不存在价格或命令。

- NAICS 624410624410［保姆服务，儿童日托］

"约翰，今天你带劳伦去踢足球的时候，能顺便接一下鲍比吗？我得参加一个电话会议。"

"今天谁陪佐伊做作业，是你，还是我？"

● NAICS 484210 [用卡车运输旧家具、办公家具或设备]

"简，能帮我把桌子搬到餐厅吗？"

"我来帮你扶着电梯门，看起来挺重的。"

● NAICS 484122 [卡车运输，一般货运，长途运输，少于一卡车的货物]

"杰克，我能把那箱书放你车的后备箱吗？在去波士顿的路上，帮忙送到我哥家。"

● NAICS 514110 [交通报告服务]

"别走95号州际公路，39号出口在施工，太堵了！"

● NAICS 711510 [报纸专栏作家，独立（自由）]

"我不了解克里，他没说动我，他应该更积极地批评布什在伊拉克问题上的立场。"

● NAICS 621610 [家庭保健服务]

"你能帮我把药拿来吗？我累得起不来了。"

"你想喝杯茶吗？"

● NAICS 561591 [旅游咨询局]

"打扰一下，请问去卡内基音乐厅怎么走？"

● NAICS 561321 [临时帮助服务]

"我的农场碰到个大麻烦，你星期六能来帮帮忙吗？"

"要疯了，晚上我就得把这份文件弄好，你能帮我校对、整理一下吗？"

● NAICS 71 [艺术、娱乐和休闲]

"你听过那个僧侣、拉比和神父的故事吗？"

"罗杰，把你的吉他拿出来……"

"有人想玩游戏吗？"

这一连串的例子可以通过四个维度的结合来概括。这四个维度则需要从当前与社会生产相关的研究焦点上扩展开来。第一，它们涉及商品和服务的生产，而不仅仅是规范或规则的生产。社会关系为生产和交换提供了动机和相关信息，而不仅仅是组织行动的制度框架，它本身是市场或管理命令来驱动、通知和组织的。第二，它们涉及各种物品，不仅仅是公共物品。特别是，免费软件开发和分布式计算所涉及的劳动和可共享物都明显在投入上利用了私人物品，分布式计算的产出甚至也是私人物品。第三，其中至少有一些不仅涉及在边界明确的共同体内部进行重复互动的生产关系，而且还扩展到涵盖人类尊严的一般标准。这使得陌生人可以互相询问时间或方向，使得司机可以互相让道，使得陌生人可以在软件项目上合作，共同创作在线百科全书，或者模拟蛋白质的折叠方式。第四，它们可以补充或替代市场和国家的生产系统，这取决于混合供给的社会结构。很难衡量社会和共享的生产在经济中所占的比重。但我们对毛细血管系统的直觉表明，由家人、朋友、邻居和最起码体面的陌生人搬运或抬起的箱子或书籍、发出的指令、传递的消息以及准备的饭菜，相对于通过市场交换或国家供应进行的可替代活动，在总量上会非常大。

社会生产无处不在，为什么我们总是看不到它是一种经济现象，为什么我们现在要重新考虑它的重要性？社会共享要成为一种经济生产形式，而不是一种纯粹的社会再生产，门槛之一是基于共享的行动有效率。个人行动的效率取决于使行动具有实质效力的物理资本要求，而物理资本要求又取决于技术。有效率的行动可能对物质资本的要求很低，因此每个人都有自然能力采取行动所必需的"物理资本"。这样，社会生产或共享就可以无处不在（尽管在实践中未必如此）。有声带就可以参加合唱，有肌肉就可以举起箱子，这都是明显的例子。当资本需求高，而资本物品广泛分布且可用时，共享同样可以无处不在，并具有效率。当共享的资源或物品是资本物品本身的能力时（如可共享物），以及当一些广泛分布的人类能力通过使用广泛分布的资本物品而具有效率时（如在线同侪生产共享了人类的创造力、判断力、经验和劳动，参与者在这个生产过程中使用广泛可用的联网计算机做出贡献），都是如此。当大型有形资本物品成为行动效率的基本条件时，我们就不应该期望看到依赖分散共享作为标准的生产方式。例如，由于资本的限制，汽车、钢铁或塑料玩具的大规模工业生产就不太可能以社会共享为基础。这并不是说，社会生产系统不能介入类似灌溉系统和水坝这样的大型资本项目。我们在共有制度研究中可以看到一些关键的例证，例如工人共同所有的企业就是一种制度混合。然而，这些制度往往是在复制企业、国家或市场生产的某些特征，使用配额、代用券制度、"专业"官员的正式监管或工人所有企业内部的管理等各种组合。相比之下，缅因州龙虾协会或日本渔业团体所体现的"共有产权"安排，对资本的要求低得多，往往是以社会关系为基础的制度，对生产系统的贡献和要求也就没有那么正式或明确的标准。

　　说共享依赖于技术，并不是否认它是一种普遍存在的人类现象。共享在许多文化中如此根深蒂固，以至于很难说，随着"正确的"（也可能是"错误的"）技术条件出现，它就会直接消失。不过，我的主张自有限度，那就是共享的相对经济作用会随着技术的发展而变化。在某些技术条件下，需要或多或少的资本，或大或小的资本组合，才能有效地提供人们所重视的商品、服务和资源。随着这些条件的变化，社会共享实践在生产中发挥作用的相对范围也会发生变化。当商品、服务和资源广泛分散时，它们的所有者可以选择通过社会共享而不是通过市场或正式的、基于国家的关系来互相参与，因为个人可以获得参与这种行为所需的资源，而无需求助于资本市场或国家税收。如果技术变革使有效行动所需的资源变得稀少或昂贵，个人可能希望在社会关系中互动，但他们现在只能维持低效，或分离在不同的工作领域，这些领域同样不需要高资本。通过市场或税收，大量、昂贵的物质资本将人们的行为吸引到能够吸收必要金融资本的各种生产方式当中。然而，没有什么可以阻止在相反方向上发生的变化。在信息经济的工业阶段，需要大规模、集中的资本投资才能提供的商品、服务和资源，现在受到不断变化的技术环境的影响，与国家、市场或混合的、规制性的行业相比，共享可以更好地实现同样的结果。

由于最发达经济体的工业基础技术发生了变化，社会共享和交换正在成为其核心生产的一种常见形式——在信息、文化、教育、计算和通信领域。免费软件、分布式计算、特设网状无线网络和其他形式的同侪生产为大规模、高效率的有效共享实践树立起鲜明的榜样。当代通信和计算系统高度分布式的资本结构在很大程度上导致社会共享作为一种经济生产方式在此环境中日益突出。通过降低有效的个人行动所需的资本成本，这些技术使各种供给问题能够以适合基于社会关系的分散生产，而不必通过市场或等级结构来构建。

当然，并不是说我们生活在一个人类共享的特殊时代。更确切地说，我们所处的历史时刻提出了一个更具普遍性的观点。一个社会的技术状况，特别是个体行动者能够在多大程度上利用其个人控制的物理资源从事有效的生产活动，影响着社会、（包括以价格和管理为基础的）市场和国家生产模式的空间，从而影响着它们的相对普遍性和重要性。在工业经济中，有效经济行动的资本成本将共享转移到经济边缘——发达经济体的家庭和全球经济边缘地带，而这些地带一直是礼物人类学或共有财产制研究的主题。数字网络中新兴的资本投资结构调整——特别是用户资本化计算和通信能力的现象——至少在一定程度上扭转了这种影响。技术并不决定共享水平。然而，它确实为共享作为经济生产方式的有效领域设置了门槛。在实际可行的范围内，共享实践的实际水平将受文化驱动，并呈现出跨文化的多样性。

大多数生产实践——社会的或市场的——已经嵌入了特定的技术环境。它们没有明显的"问题"需要解决，也没有政策需要选择。我们不需要有意识地关注如何改善朋友间互相帮助搬箱子、做晚饭或送孩子上学的条件，也不需要重新考虑以市场为基础的公司作为汽车生产的主要模式是否合适。然而，一个行动领域正在经历技术转型，从而改变了共享作为一种生产方式的机会，当这个时刻到来时，理解共享是一种生产方式就变得颇为重要，理解它作为一种生产方式如何发挥作用也同样重要。正如我们今天所看到的，先前的技术在建立起以市场或国家为基础的生产体系之后，法律和政策制定体系的设计就会去满足它们的要求。尽管先前的安排可能是最有效率的，甚至对现有的生产体系来说也是绝对必要的，但在新的技术条件下，这种安排反而会削弱而不是提高社会制造并提供商品、资源或作为政策分析对象的产能的能力。正如我在第三部分的讨论，无线通信监管（又称"频谱管理"），信息、知识和文化生产监管，或现在通常所说的"知识产权"监管，计算和有线通信网络政策，都是如此，这是我们在讨论分布式计算和新兴的点对点架构时所表明的。

社会生产与市场经济的界面

社会生产的兴起并不意味着市场生产的衰落。社会生产首先利用了冲动、时间和资源，而在工业信息经济中，这些东西本来会被浪费或纯粹用于消费。因此，它的直接影响可能是提高其有效部门的整体生产率。但这并不意味着它对市场化企业的影响是中性的。一种新的有效的社会行为形式，再加上品位的文化转变，以及新技术和社会为解决那些原本属于市场型企业的问题所提出的方案在空间上不断拓展，共同对市场行为的形态和条件产生了重大影响。理解这些发展对某些在先市场主体所构成的威胁，就能解释这一领域的法律政治经济学，这将是第 11 章的内容。在最简单的层面上，一般的社会生产，特别是同侪生产，给那些生产信息产品的在先市场主体带来了新的竞争，它们的产品现在已经有了社会生产的替代品。例如，开源软件开发在 1998 年首次受到主流媒体的关注，原因是微软泄露了一份内部备忘录，后来被称为"万圣节备忘录"（Halloween Memo）。在这份文件中，微软的一位战略专家指出，开源是微软的桌面市场主导地位的一个主要潜在威胁。正如我们后来所看到的，在网络服务器市场和操作系统的细分市场中，这个预测得到了验证。同样，维基百科现在也成了像哥伦比亚百科全书、格罗里埃网络百科全书（Grolier Online Encyclopedia）或微软电子百科全书这类在线百科全书的竞争来源，并且很可能被视为大英百科全书的适当替代品。最广为人知的是，点对点文件共享网络已经开始与唱片业竞争，成为另一种音乐发行系统，以至于唱片业能否存在下去都遭到了质疑。像威廉·费舍尔（William Fisher）这样的学者，像珍妮·图米（Jenny Toomey）这样的艺术家，以及"音乐未来联盟"（the Future of Music Coalition）的参与者，已经在寻找替代方式，以确保艺术家们能从他们创作的音乐中谋生。

然而，来自社会生产的竞争威胁只是一种表面现象。企业经常面临竞争或潜在的竞争，这是一个新的来源，具有新的经济性，可能会也可能不会使一些现有企业倒闭。但是，新的进入者以新的商业模式淘汰缓慢的老旧企业，并不是什么新鲜事。更根本的是机会空间的变化，企业与用户之间关系的变化，以及那些已经适应社会生产的企业所表现出的企业边界性质的变化。理解了社会生产为企业带来的机遇，就可以看到一个稳定的社会生产系统如何与适应和采用（而不是对抗）社会生产的市场化组织共存并发展出了一种相互加强的关系。

我在第 2 章中介绍了 IBM 与免费开放源码软件开发社区的关系。正如我所解释的，IBM 每年与"Linux 相关收入"超过 20 亿美元。在承诺适应免费和开放源码软件的必然性之前，IBM 要么自己开发，要么从外部供应商那里购买软件，一方面作为硬件业务的一部分，另一方面作为自己软件服务（定制、企业解决方案等）的一部分。在这两种情况下，软件开发都遵循公认的供应链模式。通过雇佣合同或供应合同，企业获得了法定权利，可以要求雇员或供应商在给定时间交付给定的产品。依靠这种由合同固定或决定的供应链概念，企业转而向客户承诺，它将交付包含合同组件的集成产品或服务。对于自由或开源软件，这种关系发生了变化。IBM 的投入实际上依赖于一群界定松散的、从事生产性社会关系的人所构成的云服务。IBM 认为，从这个云服务中产生足够好的产品的可能性很高，因此可以对客户承担合同义务，即使在这个云服务中没人以合同的方式明确承诺在企业要求的时间范围内可以提供企业所需的特定投入。然而，这种从合同确定性供应链到概率性供应链的明显转变并没有想象中那样引人注目。即使与员工或供应商签订了合同，由于协调和执行方面的困难，合同也仅仅提供了员工或供应商实际上按时按质供货的可能性。组织理论中的大量研究都是围绕着制定各种协作和控制的策略而展开的，这些策略的目的是提高生产过程的不同组成部分实现它们所期望目标的可能性：从早期的垂直整合，到关系承包，务实协作，或丰田著名的灵活专业化。对于供应商可以要求并转让产权的产出而言，正式的、可执行的合同可能会改变预期结果的实现可能性，但不会改变这样一个事实，即在与客户签订合同时，企业就是在对必要投入的及时可用性进行预测。当该企业转向社会生产云服务时，它也在做出类似的预测。而且，与更多参与形式的关系契约、务实协作或其他与同侪生产者的迭代关系模式一样，公司可能会参与社会过程，以提高所需投入实际上被及时生产出来的可能性。在 IBM 或红帽这样的公司中，这意味着至少部分地向参与开源开发项目的员工支付报酬。但管理这种关系是很棘手的。企业必须在不寻求甚至看起来不寻求接管项目的情况下做到这一点；因为接管项目以更"可预测性"将其引向企业需求，而这无异于杀鸡取卵。对于 IBM 和最近的诺基亚来说，支持它们所依赖的社会进程，也意味着向免费软件基金会捐出数百项专利，或者将之公开授权给软件开发社区，从而扩大这些专利所形成的保护伞，使其避免竞争对手的诉讼。随着这些调整战略的公司越来越融入同侪生产过程本身，企业的边界也就变得更加松散。参与开源开发项目的讨论和治理会产生新的模糊性：社会过程在哪里，企业"内部"和"外部"的界线就在哪里。在这些条件下,企业可能开始为用户提供实用工具或平台,然后将其产出用于自己的产品,例如开源开发小组(Open Source Development Group,OSDG)为 Slashdot 和 SourceForge 提供的平台。在这些情况中,存在着离散的"供应商"和"消费者",每一方与其他方都有着明确的界线,并且在形成公司内部的稳定关系之外,这些供销方的概念在某种程度上也逐渐弱化了。

随着企业开始经历与个人和社会群体之间这种新的模糊关系,它们开始纠结于领导与共存的问题。像 IBM 或 eBay 这样的企业,将同侪生产作为其商业生态的关键组成部分(例如没有同行审查系统创造出来的可信度,陌生人之间的远距离交易就不可能实现),它们必须以一种有益的、非威胁性的方式构建自己与同侪生产的关系。有时,正如我们在 IBM 对社会过程的贡献中看到的那样,这可能意味着支持,而不是试图承担项目的"领导"。有时,当同侪生产更直接地整合到一个企业所创建和拥有的平台上时,例如 eBay,这种关系更像是一个同侪生产的领导者,而不是一个商业参与者。在这里,企业管理者要接受的关键点和难点是,将同侪生产群体带入企业新的、松散的边界之内,把那些曾经是客户的人变成共同生产过程的参与者,由此改变了企业管理者和用户之间的关系。经营《第二人生》的林登实验室在第 3 章中描述的税收反抗中认识到了这一点。用户不能像员工一样被命令。企业也不能像对待顾客一样,简单地对他们进行宣传和操纵,甚至让他们被动地接受调查。这样做就会失去创造性和生动性的社会特征,正是这种特征将同侪生产整合到商业模式的价值中。相反,管理人员必须能够识别社区中出现的行为模式,并使人们相信企业从用户(而不仅仅是从企业)的角度对哪些模式具有价值的问题做出了正确判断,从而使用户能够围绕这些模式进行活动,并给予进一步的扩展。

从商业的角度来看,社会生产的出现带来另一个具有根本性的变化是品位的变化。与被动的消费者相比,主动性的用户更加需要也更加看重新奇的事物。工业信息经济专门生产被动消费的成品，如电影或音乐，以及性能良好的电器，比如电视机的用途在出厂时就已完全明确。而网络信息经济的新型企业则专注于满足活跃用户对平台和工具的需求，这些平台和工具的设计更加松散，后期绑定（仅在使用时优化，而不是提前优化）、用途多变，并致力于为用户提供新的、灵活的关系平台。个人电脑、拍照手机、音频和视频编辑软件以及类似的实用程序工具，都是这样的例子。当用户能够开发出新的方式创造性地与他人互动时，这些工具的价值也随之增加。在网络中，我们开始看到一些商业模式的出现，让人们聚集在一起（如 MeetUp），分享自己的网页注释（如 del.icio.us）或拍摄的照片（如 Flickr）。像 Blogger 和 Technorati 这样的服务平台同样为个人日志这种新的社会和文化实践（以及我将在第 7、8 章提到的新的表达方式）提供了平台。

最重要的一点是，社会生产正在重塑企业运作的市场环境。对于工业信息经济的一些旧有企业来说，社会生产已经构成了一种实实在在的威胁。在 21 世纪的头五年里，媒体最广泛报道的是这些在先市场主体与新实践之间的冲突，并推动了这一领域的许多政策制定、立法和诉讼。但对商业环境更为根本的影响在于，社会生产正在改变企业与外部个体的关系，并由此改变企业内部正在探索的战略。社会生产正在创造新的投入来源，以及新的产出品位和机会。消费者正在转变为用户——比工业信息经济的消费者更活跃、更有生产力。这种变化正在重塑商业成功所必需的关系，要求在投入和产出方面能够将用户更加紧密地融入生产过程。它需要不同的领导才能和要素。我在 2005 年写作本书时，这些新的机遇和适应已经开始被一些围绕互联网和信息技术工作的最成功的公司作为战略优势加以利用，而且现在越来越多地围绕更广泛的信息和文化生产进一步利用。艾瑞克·冯·希佩尔的研究表明，即使在远离网络或信息生产的领域，比如设计风筝、冲浪设备或山地自行车，用户创新模式也会以某种方式融入创新型公司的商业模式。在企业给予反馈的过程中，合作的平台和工具随之得到改善，社会生产的机会和重要性增加，政治经济开始发生变化。随着这些企业和社会进程的共同发展，它们正在形成的动态调合为我们描绘了未来以市场为基础的企业和新近兴起的社会生产之间形成稳定界面的可能图景。

第二部分

私有财产和公共物品的政治经济学

社会如何创造它的信息环境，关乎自由的核心。谁可以说什么，对谁说？世界的状态是什么？什么样的信息才算可靠？不同形式的行动会对世界发展产生怎样的影响？这些问题涉及人类有效行动的基础。它们决定了个人所能理解的选择范围及其行动的后果范围，也决定了在一个社会所能理解的公开辩论的范围，以及集体目标或集体行动路径的可能界限。它们决定了谁的观点会被集体行动采纳，而谁的观点会被遗忘，并且永远不会在有关政治实体或社会共同体应当做什么的辩论中被提及。自由依赖于个人和社会所处的信息环境。信息是个人实现自我指导的基础。信息和通信作为一种实践，使社会对重大利害及其可达的途径形成一系列的共同理解。它们构成了决定集体行动的正式和非正式机制的基本组成部分。一个社会，如果可以将网络信息经济的兴起嵌入到一种可以容纳非市场生产（包括个人生产和合作生产）的制度生态当中，就会在所有这些方面推进社会成员的自由。

网络信息经济使个人能够更好地为自己做事，与在大众传媒文化中相比，也更不易受他人操纵。在这个意义上说，这套新的技术、经济、社会和制度关系的出现可以增加每个人在创造自己生活时所能发挥的相对作用。网络信息经济也有望为公共辩论提供更加强大的平台。它使公民能够持续、广泛地参与公共对话，不再被动接受来自专业发言人的"公认的智慧"，积极参与在政治和社会结构等多个层面上的对话。个人能够更多地了解世界上正在发生的事情，并更有效地与他人分享。他们可以检验别人的主张，提出自己的主张，并让其他人听到，而无论志趣是否相同。就更具基础性的集体理解而言，工业经济向网络信息经济的转变，增加了个人参与创造自身文化环境的积极程度。它使一种更具批判性和反思性的文化成为可能。

与信息生产和自由的关系不同，信息生产组织和分配正义之间的关系不是内在的。然而，知识在当代经济生产中的重要性，使得信息生产方式的改变对正义也具有重要意义。网络信息经济可以为世界各地完善分配机会和分配能力的公正性提供机会。如今，个人、社会群体乃至一个国家的经济机会和福利都取决于自身的知识状况以及获得学习和应用实践知识的机会。交通运输网络、全球金融市场和制度性的贸易安排使物质资源和产品能够比以往任何时期更有效地从地球的任何一个角落流向另一个角落。经济福利和增长更多取决于知识和社会组织而非自然资源。与其他变化相比，知识传递和社会改革更可能影响全球经济体系不同部分的经济机会和物质发展，无论是发达经济体还是欠发达经济体。网络信息经济中兴起了大量非市场部门，它们为发展中经济体、欠发达经济体以及发达经济体中相对贫穷的地区和社会部门获得并产出知识和信息提供了更好的机会。更好地获得知识，以及降低资本依赖性的社会生产组织形式的出现，共同创造了这样一种可能：网络信息经济为全球以及世界各地提供了改善经济正义的机会。

早在1990年代初，人们就相信互联网将带来更大的自由和全球公平。这一直是技术狂热者的基本信念，正如网络色情、网络犯罪、网络恐怖主义一直是技术恐惧者的标配痛苦一样。技术狂热者的反应让人想起以往对电力、无线电、电报的看法，即詹姆斯·凯里（James Carey）所谓"崇高电气神话"。本书第二部分想要探讨的问题是，鉴于过去十年的经验，这种主张是否可以通过细致的分析而获得支持，是不是技术乌托邦主义的又一个例子。早期的乌托邦过于乐观，并不意味着先前的技术没有现实地改变生活条件——物质的、社会的、智力的。它们确实带来了改变，但是在不同的社会中它们进行改变的方式却各不相同，与它们所依附的社会乌托邦思想也并不相同。不同的国家以不同的方式吸收和使用这些技术，在社会和文化习惯上存在差异，在采用技术的制度策略上也有差异——一些倚重国家的作用，另一些以市场为中心；一些更受控制，另一些则非如此。只要有助于准确诊断网络信息经济对社会和政治的重要性，并且有助于我们对此重要性形成规范性的概念，关于这一新型经济发生条件的乌托邦观点（至少是最佳设想）就是有价值的。我们起码可以藉此进行制度设计，回应当前的技术忧惧，从而在未来几十年改善自由和公正的条件。

第二部分主要讨论对自由的承诺或关注。第 5 章涉及个人自治；第 6~8 章讨论从政治公共领域延伸至文化建构的民主参与；第 9 章聚焦正义和人类发展问题；第 10 章分析网络信息经济对社会共同体的影响。

第 5 章
个人自由：自主、信息与法律

网络信息经济的崛起在很大程度上提升了个人自主性。首先，相较于工业信息经济，网络信息经济消除了对个人能力的关键物质限制，从而拓宽了个人行动的领域和多样性。在发达经济体中，大多数人具备在信息环境下有效行动所需的资源、工具与平台。其次，网络信息经济为个人提供了非专有的、替代性的通信能力和信息，以及专有的媒介通信平台。这就降低了个人在采取行动时对通信设施所有者的依赖。虽然电视文化将消费者塑造为被操控的对象这一特征尚未立即消失，但在信息环境中已逐渐失去主导地位。最后，网络信息环境催生了国内外、商业和非商业、主流和边缘的信息资源生产，并实现与所有人的信息交流，从而显著提升了个人获取信息的范围和样式。这种信息生产与交流的多样性从根本上改变了个人选择的空间，为他们提供了更为厚实的基础，使其能够对生活方式进行批判性思考，并通过反思认识到为何应珍视所选择的生活。

为自己、靠自己、与他人一起做更多事的自由

2003 年，年仅 26 岁的迈阿密消防员兼护理员洛里·塞哈斯（Rory Cejas），在哥哥、妻子和朋友的协助下，利用一台简易摄像机、三脚架以及常规电脑软件，拍摄了一部颇具《星球大战》（*Star Wars*）风格的粉丝电影。这部名为《绝地传奇》（*The Jedi Saga*）的作品，时长 20

分钟，既非拙劣的模仿，亦非社会讽刺，而是一种简洁的尝试，以同类角色与故事线为基础，创作出一部《星球大战》式的电影。在数字化之前，塞哈斯无法想象能在有生之年，将自己身边的人塑造为蛇蝎美人、绝地武士，与他们并肩作战，挥舞光剑，对抗帝国克隆人军队。而将自制电影分享给他人，更是他想都不敢想的事。然而，文化生产的物质条件变革使得这一切变得可行。塞哈斯无需依赖政府资助，无需跨越高端电影工作室的媒体门槛，无需遵循有线电视接入规则，便可将幻想呈现在任何有兴趣的观众眼前。人们不仅可以被动地在电影院或电视机前欣赏乔治·卢卡斯（George Lucas）的创作，还可以亲自操刀制作同类电影。

《绝地传奇》无法跻身一线大片之列，观众寥寥，观影者也不太可能如对待卢卡斯的作品般深入剖析。然而，这并非重点所在。塞哈斯拍摄此部电影，并非意图取代卢卡斯，而是改变自己所做的事情——从端坐在他人银幕前转向自行构思。观看者会像和亲友们彼此交谈、一起唱歌那样，来享受这部电影，而不是看着、听着别的什么人讲话。作为工业信息经济的缩影，电视文化将消费者塑造成高度被动的角色。虽然约翰·菲斯克（John Fiske）等媒体学家注意到，观众在分析和解释他们所接收到的信息时也在持续发挥作用，但消费者在这个模型中的角色是毋庸置疑的。媒体产品是他们消费的成品，而非他们创作的成果。影院就是绝佳的例子，黑暗环境、立体声效、巨幕只为消除观众的能动性，仅留下一套感受器——眼睛、耳朵——来接收。将电影视为娱乐方式本无过错。然而，如果我们看到影院恰好揭示出大多数人与他们所处信息环境的关系，就会发现其中的问题。电视文化日益增长的被动性，成为大多数人在工业信息经济后期的生活标志。"沙发土豆"（couch potato），和麦迪逊大道上被广告淹没的眼球一样，并没有参与创造他所处的信息环境。

大型多人在线游戏充分展现了网络信息经济对电视文化所产生的深远影响。这类游戏具有两大核心特质：首先，它们构建了持久稳定的游戏环境。这意味着在游戏世界中，玩家所实施的行为或创造的"产物"将持续存在，直至被游戏内的其他玩家破坏；游戏环境对所有参与者而言是均质的。其次，这类游戏实际上是成千上万人的大型协作平台，例如韩国最受欢迎的游戏《天堂》（Lineage）拥有超过400万用户。因此，各类平台致力于为玩家营造多样化的环境，让他们在竞技智力和技艺的过程中享受到丰富的场景体验。电脑游戏环境为玩家的行为及社交行为构建了持久的关联数据库。《网络创世纪》《无尽的任务》等首批现象级游戏均包含高度丰富的场景。游戏设计师在塑造玩家行为及关系方面仍扮演重要角色。中世纪主题、魔法、武器用法，以及各种可能的行动类型和范围，共同构建了多样化的背景，进而创造出各种关系。然而，这些游戏仍为个人奋斗和个人品位预留了广阔的空间，从而营造出与电视或电影体验相似的情境、关系和故事情节。林登实验室推出的游戏《第二人生》揭示了沉浸式娱乐发展的新篇章。与诸多大型多人在线游戏相似，《第二人生》是一个强调用户协同创作的平台。然而，《第二人生》的独特之处在于，它仅提供工具，而并无既定故事情节、库存物品以及具有文化或意义导向的背景。在游戏环境中，用户创造了99%的对象。游戏初始场景的中世纪村庄一片空白，飞行器设计商店、未来派哨站、大学等场所亦然。在这些地方，部分用户提供了基础编程技能和游戏内部设计课程。林登实验室按月收取定额的订阅费。实验室员工专注于构建工具，让用户能够完成所有内容，从基本的故事梗概到他们自己的外观和他们在游戏世界中所使用对象的最佳细节。游戏中的人际关系指的是用户在沉浸式娱乐体验中与他人互动而产生的人际关系。与电影电视工作室对观众的关系截然不同，后者试图掌控整个观赏体验，剥夺观众的能动性却又能使之感到满足。而《第二人生》将用户视为娱乐环境的积极创造者，并尽可能地为他们提供所需的工具。这两种模式对参与者的态度形成了鲜明的对比。在电视面前，消费者仅作为一个被动的接受者，在有限的消费范围内进行有限的选择。在《第二人生》的世界中,每个人都被视为具有完全能动性和创造力的个体,可以独自或与他人共同创造出属于自己的故事。

《第二人生》和《绝地传奇》只是娱乐领域的案例,或许影响有限。然而,它们揭示出变革的可能性,网络信息经济中的个人,和出售给他们工具的公司一样,都能成为信息环境的积极创造者和使用者。他们是生动的代表,正如电视迷是人类行为在电视文化中的核心形象。他们所具备的特征代表着个人作用的转变,既反映了网络信息经济的一般性,也体现出同侪生产的特殊性。Linux内核开发社区的创立者林纳斯·托瓦兹,按照艾瑞克·雷蒙德的描述,是一个狂热的创设者。同侪生产往往由这样一些想要做些事情的人组成,他们通过网络寻找志同道合的伙伴,共同实现心中的构想。迈克尔·哈特在多个岗位工作过三十多年,由最初的循序渐进发展为目前的狂飙突进,他汇聚了数百名志愿者的力量,致力于古腾堡计划,汲汲于他所追求的目标——创建一个全球可访问的公共电子图书馆。查尔斯·弗兰克斯——一名来自拉斯维加斯的计算机程序员,发现了校对电子文本的更有效方式,因此设计了一个界面,允许志愿者们将原始文本的扫描图像与古腾堡计划中的电子文本进行比对。在独自工作几年后,他加入了哈特的团队。弗兰克斯的部门现在有上千名志愿校对人员,每人每月可校对两三百本书。成千上万的志愿者参与了免费软件开发项目、维基百科、开放目录项目等同侪生产项目。他们视此为个人生活的重要组成部分,成为林纳斯·托瓦兹、迈克尔·哈特或《绝地传奇》所捕捉到的各种可能性的缩影。他们坚持利用生活所需的某些技术、组织和社会条件,成为世界的积极创造者,而不仅仅接受既有的东西。他们相信一定存在一些有价值的事情,并根据这一信念而采取实际行动,展现出个人自由在质上的进步。这标志着出现了将自我指导的行为作为一种生活经验的新实践,超越了纯粹形式上的可行性和理论上的可能性。

个人自主的观念不仅源于一个民主的、尊重公民权利的国家在政治体制上超越主要竞争对手的背景,同时也和以市场为基础的工业经济日益形成的压倒性优势存在关联。过去一个世纪发展起来的文化充满了工业经济所带来的被动形象。福利经济学的一维曲线将人视为生产和需求的函数，没有哪个文化形象能够更好地揭示出规模化工业生产如何将工人变成齿轮、将消费者变成容器。这种文化的（如果不是智识的）根源在于弗雷德里克·泰勒（Fredrick Taylor）的管理科学：抽象并定义员工在生产过程中的所有运动和行动，使所有的知识都在系统中，而员工仅仅是系统的可替换部件。讽刺的是，与血汗工厂和童工盛行的第一个工业时代相比，泰勒主义被视为巨大的进步。尽管如此，它还是蜕变为一种机械的存在，正如卓别林在《摩登时代》这部悲喜剧作品中所描绘的那样。尽管工业泰勒主义的苦役似乎已经远离了发达经济体的核心，如今转移到相对贫穷的经济体当中，但依然制造着疏离感，剥夺了个体能动性。斯科特·亚当斯（Scott Adams）的连环画《呆伯特》（Dilbert），描述了一位美国公司雇员的生活，他与企业极度疏离，被公司的等级制度层层束缚，虽尝试各种反抗方式，也无法逃离格子间的囚禁。这本漫画敏锐地捕捉到了工业信息经济的感觉，手法与卓别林如出一辙。

在工业经济及其信息生产领域，大多数人的生活常常受制于等级化的生产关系，工作之余也不过是在严格脚本化的可能性中进行消费。生活未必非得如此。20世纪八九十年代出现的"第三条道路"研究，以迈克尔·皮奥利（Michael Piore）和查尔斯·萨贝尔的《工业的第二次分化》（Second Industrial Divide），以及罗伯托·昂格尔（Roberto Unger）的《虚假的必然性》（False Necessity）为代表，探讨了在取消个体能动性的等级化生产体系之外，生产过程是否还有其他替代方案。彻底去中心化和非市场生产的出现，有可能让劳动者和消费者从受压制和自我压制的角色中解放出来。这一新的进路并不囿于意大利北部的手工业或新兴经济体，而是处于最先进市场经济的核心地带。同侪生产和去中心化的非市场生产可以在文化、娱乐、信息等方面改变生产者与消费者的关系。我们正目睹用户成为信息生产和交换关系中的一个新兴类别。作为个体的用户,他们时而是消费者,时而是生产者,无论是界定生产活动,还是界定消费的对象和方式,他们实质上成为更加积极的参与者。在生活的两大领域(生产和消费、工作和娱乐)当中,通过创造一个更少控制、更多助推的环境,网络信息经济大大丰富了个人的自主性。

彻底去中心化的非市场生产,特别是作为潜在行动方式之一的同侪生产,它们的出现为个人开启了新的行为类别。人们有理由相信,可以做任何自己想做的事,在数字网络环境中可以建造自己想要建造的一切东西,而且这种追求不会(甚至绝不可能)被难以克服的成本或外部官僚机构所挫败。无论是在政治组织领域(如 MoveOn. org),还是在教育和职业成就领域[如吉姆·科尼士(Jim Cornish)在加拿大纽芬兰省甘德镇的五年级教室里建立起维京全球资讯中心],网络信息环境为生产性活动开辟了前所未有的新领域。在此过程中,它也为生产性活动提供了新的想象方式。甚至只是在几年前,编写一套自由操作系统或出版一部自由百科全书,似乎还是不切实际的,如今却不再是什么妄想。生活在物质和社会环境中的人,渴望在生活中,依靠自己或是依靠与他人的松散联系,来做这些事情,他们就会拥有广阔天地来尽情发挥。我们可以过一种更多的由自己的意志和想象所创造的生活,而不是由所处的物质和社会条件所给定的生活。至少,我们可以比 20 世纪最后十年做得更好。

数字环境使这种新的、实践性的个人自由成为可能,也决定了本书所要描述的政治参与、正义和人类发展、更具批判性的文化,以及成为流动性更强的共同体成员的网络化个体。在这些领域当中,网络信息经济决定了能否以及在多大程度上可以提高自由承诺在新行动中所受尊重以及付诸实践的水平。这些行为之所以在今天出现,正是因为个人拥有了更高水平的自由来开展有效行动,不必受制于任何人的同意。正是这种自由,提高了非市场化动机在生产驱动力上的重要性。正是这种自由,使我们寻求并写下自己需要的任何信息,加入或退出各种项目和与他人合作,从而为我们在网络信息经济中所看到的新效能奠定了基础。这些行为构成了作为网络公共领域基础的合作性新闻和评论生产的基础,并反过来使我们能够将这个世界视为话语的潜在参与者,而不仅仅是潜在旁观者。它们是创造更透明的、更具反省能力的文化的根本动因。它们使我所建议的战略成为可能,成为确保平等获得经济参与机会以及改善全球人类发展的可行途径。

将这些新的实践性行动机会视为自主性的提高,在理论上并不是没有问题的。自主性尽管在直觉上具有吸引力和核心地位,但也是一个众所周知的模糊概念。特别是自主性究竟是一个实质性术语还是一个形式化术语,研究者莫衷一是。杰拉德·德沃金(Gerald Dworkin)、约瑟夫·拉兹(Joseph Raz)、乔尔·范伯格(Joel Feinberg)以及本书坚持前一种观点。形式化的自主概念假设了所有人都有自主选择的能力,而没有进一步试图判断人们在被自然和人为环境所约束的世界中实际行使自由的程度。顽固地否认那些客观上限制着我们选择的暴虐命运,并不会为这一承诺提供根据。相反,它应以这样一种感觉为基础,即认为人自有其能力与作用,由此才能使人成为自由、理性的存在,从而给予其足够尊重,并避免滑向专横的家长式作风。正如罗伯特·波斯特(Robert Post)所说,虽然自主性很可能是需要"实现"的描述性对象,但是否视个人为自主的个体,会带来对"社会权威结构"的不同设计。"因此,结构设计者会把自主性的有无视为一项核心原理和基本原则。"[1] 自主理论如果总是想要彻底理解人们在各种制度安排中进行实践时所体现出来的自主水平,就有可能为一种过度的仁慈提供基础,而这种仁慈将破坏自主行动的可能性。

虽然担忧一个过于强势的官僚机构是否可以如慈父般教导我们变得更加自主,这是非常合理的,但被当作一种工具,用来评判政策见之于自主性具有何种意义,形式化的自主概念因其模糊性而付出了高昂的代价。考虑到我们所处的环境、背景以及自身的混乱,如果看不到法律和政策现实地影响着我们在某种意义上书写自己人生选择的能力，就是一笔高昂的代价。我们是有能力形成信念并改变信念的人，有能力形成观点和计划并捍卫它们的人，但也有能力倾听论点并修改我们的信念。我们认为某些决定比其他决定更自由；当我们发现自己被机器或格子间困住时，我们自嘲自怜，这是因为一种无助感，一种对自由的否定，而不仅仅是甚至很少是因为福利的缺乏；我们珍惜自己所体验到的"自由"的条件，是因为自由本身，而不是基于其他原因。因此，无论一个专横的国家是否宣称自己的仁慈，我们对它的忧惧都是真实而直接的。任何经历过20世纪极权主义以及当代威权主义的人都不会忽略这点。但是，国家通过形式法律强加给我们的巨大罪恶不应该导致我们在方法论上委曲求全，这样会使我们忽视民主社会的日常生活在许多方面还是可以或多或少地获得自由，或多或少地有利于个人的自我创作。

如果认为我们的问题有涉对个人自由状况的分析，我们就必须从第一人称、实践的角度——也即从自主性对人的重要性的角度——考察生活的状况。如果认为所有个体总是受到个人环境的（既是物质的也是社会的）约束，那么思考人类行为主体的自主性，就要去研究个体在环境约束下书写自己生活的相对能力。就此观之，约束来自私人行动者还是公共法律无关紧要。重要的是，特定的物质、社会和制度条件在多大程度上允许个人成为自己生活的作者，以及这些条件在多大程度上允许他人将其作为行动的控制对象。为了对特定社会和环境中个人的自由状况进行诊断，必须观察人们实际在多大程度上能够谋划、追求一种可被合理描述为自主选择之产物的生活。它允许我们对各种条件进行比较，从而确定在哪种条件下个人可以做更多事情，且无需征得任何人的同意。在这个意义上，塞哈斯得以拍出《绝地传奇》的条件比他在没有那些工具的情况下制作电影而所需要的条件更具自主性。在这个意义上，我们增加了在与他人的松散关系中设想自己行动的范围（例如创建古腾堡计划），也就增加了我们想象和追求生活计划的能力，而这在不久前都还是不可能的。

从自主性对人们在数字环境中如何行动的影响以及这些章节所讨论的人们如何改变自由和正义实现条件的各个维度来看,核心在于这种行动的自由。这是一种实践性的自由,足以维系那些为其他领域中的改进提供基础的行为。然而,从自主理论的内部视角来看,人们可以仅依靠自己或是在与他人的松散联系中做更多事情,这一基本观察只是网络信息经济对自主性的部分贡献,只会被那些实质性自主概念的拥趸们认为是一种改进。网络信息经济对自主性的影响实际上更为广泛,使其比任何一种自主概念更有吸引力。为了说明这一点,我们必须把重点放在作为约束来源的法律上进行更加具体的讨论,这是自主的实质和形式概念所共同关心的问题。分析法律对自主的意义,本书所提供的视角要求将分析范围拓展到直接限制自主性的法律之外,必须去关注那些为生活在其作用范围内的个人限定了行动条件的法律。特别是,当我们有可能构建出一系列使得个人了解世界状况和行动范围,并将其意图传达给他人所必备的核心资源时,就必须考虑对这些资源的管理方式是否会对个人掌控自身生活的能力造成系统性限制,从而更容易受到他人的操纵和控制。一旦认识到个人不可能拥有理想的"自由"——不受他人决定的约束或以他人决定为"因",我们就只能衡量可以从特定法律安排中所预见的各种约束会产生怎样的效果,衡量它们怎样影响个人生活创造所发挥的相对作用。

自主、产权与公共物品

首先被网络信息经济改变了作用的法律框架是专利、版权及其他排他机制(适用于信息、知识和文化)的产权规制结构。自由主义理论通常以为,产权以两种截然不同的方式来增强而非限制个人自由。首先,它提供了安全的物质环境。也就是说,它允许个人较为确定地知晓某些资源、属于他的那些资源,可供他用来逐渐实现自己的计划。这是康德财产理论的要旨,依赖于积极自由的概念,即基于我们可以为自己制定的人生计划从而成事的自由。其次，财产和市场为个体所有者提供了更多的行动自由，既多于封建社会的制度安排（如马克思所指出的），也多于20世纪大部分时间里与之竞争的国家所有及监管模式（马克思肯定不这么认为，但哈耶克是这么认为的）。

  市场作为一种制度空间，确实能够大大实现选择自由。但是，"自由"并不意味着"无所不能"。如果甲有车，而乙有枪，那么，只有当甲被禁止撞倒乙并夺走他的枪，乙被禁止向甲开枪或威胁如果甲不把车给他，他就开枪时，才会形成市场。只有当一方或双方被禁止或被要求做很多事情，比如垄断或信息披露，一个更有效或更无效的市场才会发展起来。换言之，市场是一种结构化关系，旨在引出一组特殊的数据——行动者购买商品或资源的相对意愿和能力。为了让市场发挥作用，需要对构建市场的行为进行限制，其中最基本的约束就是我们通常所说的财产/产权制度。财产是一束背景规则，决定了与他人发生关系时，我们每个人拥有哪些资源，同样重要的是，"拥有"或"缺乏"某种资源在与他人的关系中意味着什么。这些规则限定了谁可以在需要获取资源的行为范围中（即财产法领域中）做哪些事。它们旨在将资源占有的非对称权力加以具体化，这就构成了交换的基础——我允许你做X，而我被不对称地授权去做这件事（比如用一个有线电视系统收看电视）；你反过来允许我做Y，而你被不对称地授权去做这件事（比如从你的银行账户里扣款）。产权作为市场的必要前提，也意味着市场中的选择本身并非不受约束，反而被约束在一个特定模式当中。它使一些人在某些事情上更有权力，并且必须限制其他人的自由行为，以实现这种不对称。[2]

  公共物品则是另一种形式的制度空间，行动者身在其中可以不受市场的特定限制，并且有相当的信心获得他们所需要的资源。行动自由和获得资源的安全性在实现模式上与基于产权的市场截然不同。与市场一样，公共物品并不意味着做什么都可以。不过，将资源作为公共物品来管理意味着个人和团体可以在不同于财产法的约束下使用这些资源。这些约束可能是社会性的、物理性的,也可能来自法律法规的规制。这些规则允许人们在它们所掌控资源的界限内进行自由选择,较之财产法所规定的范围或许可能更宽,也可能更窄,从而可能使个人更自由,也可能使个人更不自由。将特定类型的资源置于公有物之中,而非基于财产的市场当中,究竟会增加行动自由和安全,还是会造成损害,是一个因具体情况而异的问题。这取决于公共物品是如何构建起来的,以及在没有公共物品的情况下,又将如何在资源上构建起产权。纽约的公共空间(中央公园、联合广场或任何人行道)为更多的人提供了较之私人院落更大的自由(当然是除了所有者之外的所有人)。与邻里之间所强制实施的社会规范相比,这些公共空间提供了更多的选择,在很多城乡社区当中提供了更多的行动自由,甚至对私人院落的所有者来说也是如此。埃莉诺·奥斯特罗姆所描述的长期可持续公共物品经典案例的瑞士牧场和灌溉区,为参与者提供了与任何财产制度至少同样稳定的所有权保障,但是对谁可以使用资源、如何使用资源、如何(如果可以的话)转让权利以及转变资源使用方式,施加了传统的实质性约束。尽管以几乎相同的方式保持了资源安全,但与市场化财产制度安排相比,在拥有相同资源的情况下,这种类型的公共物品为参与者所提供行动自由相对较少。例如空气、人行道、公路及高速公路、海洋或公共海滩等,公共物品以一种截然不同的模式实现了安全。我可以用一种盖然性的、而非确定性的方式去获取以公共物品模式进行管理的资源。我可以计划和朋友在公园野餐,不是因为我拥有这个公园,并且规定它为我所用,而是因为我知道会有一个公园,对我来说是免费的,并且有足够的空间让我们找到一个角落坐下来。这也是一种安全,它允许我计划在某个时间离开住所,计划在另一个时间去工作,出行不是靠自己所拥有的道路,而是靠公路和高速公路,它们对我而言的可用性与对他人而言的可用性是完全对称的。如果进行更仔细的观察,我们会看到产权和市场也只提供了一种盖然性的安全,只是参数不同,例如,其确定性程度有赖于作为产权的资源是否被盗或受损,是否足够满足需要或进一步的需求,是否可供售卖,我们是否负担得起。

因此,像产权和市场一样,公共物品既提供了自由的行动,也提供了安全的环境。然而,它们所施加的是与产权和市场规则不同的约束。特别是,公共物品的典型特征在于法律没有授权任何行为者将他人作为其意志的客体而采取行动。当你走进我的花园,我可以对你进行限制;但你若走在人行道上,我对你就没有任何强制的权力。单独使用这两种系统中的一种,是否会在总数上提供"更多的自由",无法先验地加以确定。这取决于资源的技术特性、市场和公共物品所专有的规则框架,以及社会财富的分配。考虑到资源和环境的多样性,以及任何一种制度都不可能是"随心所欲的",将两套制度框架进行某种程度的混合,或许可以为物质环境中的行动者提供最为多样的自由选择。这种多样性反过来使人们能够在物质环境中尽可能自由地谋划自己的行动,允许个人在不同资源的可得性和限制性之间做出权衡,以形成一种足够宽松的环境,使他们在充分自由的情况下执行自己的计划。自由存在于多元约束之中,而不存在于由单一制度所代表的自由与约束的最佳平衡之中。正是约束的多样性,使得个人能够在不同制度环境中谋划自己生活的不同部分和不同侧面,在他们尽力争取到的不同程度的自由和安全中获益。

藉此思考信息、知识和文化问题,由于信息的非竞争性及其在输入/输出生产过程中所体现出的特点,公共物品在物质资源(如公园或道路)受到威胁时可以提供更安全的保障。此外,同侪生产和网络信息经济为新的信息输入提供了日益稳健的来源。这在缺乏创新表达或发现新事物所必要的资源时降低了风险,并且提供了更稳健的自由,使其行动不必受制于那些对信息资源拥有不对称权力的人。因此,我们可以充分确定的是,就信息而言,开放公共领域将会增强个人自主,而封闭则会带来破坏。不过,对通信系统来说,就没有这样确定了。计算机和网络连接是相互竞争的商品,因此"公共物品"只能在较低水平上提供稳定的必要资源。当前条件下，混合公共通信系统和专有通信系统，或许可以提高自主性。然而，如果技术、社会条件发生变化，使得例如对等网络、分布式计算或无线网状网络模型上的共享将能够像 Web 提供信息和知识资源那样，可靠地提供一系列通信和计算资源，那么，从自主的角度来看，以公共性为导向的通信政策将会更具吸引力。

自主与信息环境

信息环境结构对我们的自主性具有构制性的作用，而不仅仅是功能性的。尽管网络信息经济最直接也最明显地改变了限制自由行动的能力，但在制定、实现可称之为"自有"生活计划的能力中，信息发挥着更为基本的作用。自我指导的基本要求之一是有能力去感知世界的状态，去设想可供选择的行动，在行动与后果之间做出联系，评估各种可能的结果，并据此采取、实施某一行动。若是没有这些，任何行动，即使是大脑有意识地指挥身体去行动的机械式自我指导，也不能被理解为具有规范意义的自主性。行动者所处的信息和沟通环境构成了行动决策的所有组成部分，以及那些本身就是沟通行为或将沟通作为有效性前提的行动。这些结合点的任何一处如果出现问题，都会造成瓶颈、沟通失败，或是给信息环境的看门人提供了操纵的机会，由此对信息环境中的个人自主造成威胁。不难看出，信息环境的状况，以及在信息环境中控制个人信息流进出的权力分配，是技术、经济行为、社会模式、制度结构以及法律等因素综合作用的产物。

1999 年，思科公司（Cisco）发布了一份技术白皮书，其中描述了该公司计划向有线宽带供应商出售的一种新型路由器。在描述这些"策略路由器"可以为供应商提供的优势时，白皮书解释道，如果用户想要订阅一种将信息"推送"到个人电脑上的服务："你可以限制推送广播的进入以及订阅用户对推送站点的外出访问，以阻止其使用。

同时，你可以进行推送自己的或合作伙伴的服务。"[3]

通俗地说，宽带供应商可以审查进出客户的数据包，并决定哪些数据包可以更快、更可靠地通过，而哪些数据包会减缓或丢包。它在工程学上目的是提高服务质量，但是也可以用来使单个用户更难接收到想要订阅的信息，而使他们更容易接收到来自供应商所偏好的站点信息，例如供应商自己的站点，或者那些付费站点，"鼓励"用户购买他们的服务。宽带供应商对这些功能的系统使用目前还没有被公开披露过，但也有事件表明这一担忧绝非无中生有，例如加拿大第二大电信公司在2005年封锁了所有用户以及依赖其网络访问电信工人联盟网站的小型互联网服务提供商。

很明显，新型路由器增加了有线电视运营商的能力，将用户物化并操纵其行动，以便按照它们的意愿行动，而不是按照完全知晓信息的情况行动。至于这是否违反用户的自主性或者是否削弱了用户的自主性，则不太明显。我们可以把家想象成一个没有任何通信功能的黑箱，只有一条有线宽带可以连接。无论从什么角度看，黑箱居民对"世界状况"的了解完全依赖于这条电缆所传输进来的信息。在此情况下，是不加区别地传输大量完全中立的信息，还是由有线运营商进行精确控制，二者之间的区别对黑箱居民的自主权具有重大意义。如果信息渠道无区别，用户的选择就决定了他们所知的内容；基于该知识做出的决定就可以认为是自主的，至少自主与否可以取决于行动者做出决定时的知识状态所发挥的作用。与之相比，如果信息渠道被运营商进行了精细的控制和有目的的操作，个人通过该信道获取知识，并由此所做的决定就主要取决于信道控制者的选择，而非用户的选择。这是一个极端的设想。再来设想另一个极端，行动者如果拥有几十个可供选择的家庭信道，并且知道每个信道如何进行流管理，那么即便在某个或多个信道中引入策略路由器，也不会对行动者的自主性产生任何实际影响。虽然某个或多个信道可由其提供者加以操纵，但是，一方面存在无区别的其他信道，另一方面，在各种受操纵的信道之间也存在竞争和选择，由此削弱了信道提供者的选择对个体行动者所参与的信息世界的结构性影响。即使提供者有意操纵通过其信道观察世界的用户，从而试图通过该信道塑造出一个可供观察的信息环境，我们也不能说提供者能够左右个人的选择。有了充分的信道选择，以及对各信道差异的充分认识，选择使用哪一个受操纵的信道，本身就可以被视为一种自主行为。最终所得到的知识状态，是由用户自己选择的。即使这种知识状态是片面的，并且限制了未来的行为，有限的选择范围本身仍然体现而非阻碍了用户的自主权。正像是面对塞壬的奥德修斯及其部下，将不同形式的自由和限制混杂在一起。奥德修斯没有堵上自己的耳朵，保留了获取新信息的能力，同时让部下们把他绑在桅杆上，以此将自己限制在船上。部下们选择了和他一致的航线，但用蜡堵住了耳朵，虽然也被约束在船上，却不会得到新的信息——海妖之歌可能会搞乱他们的脑子，导致航线变化。他们经过塞壬时都是自主的，但这种自由只是因为能力的缺乏。奥德修斯没有能力跳进水里游向塞壬，部下们没有能力听到塞壬的歌声，这都是他们此前自主选择行为的结果。

我们生活的世界既不是黑箱，也不是一个有着完美信道的丰饶之角（cornucopia）。然而，用上述极端方式刻画我们所处通信环境的构造特征，为我们描述通信环境的现实状况在多大程度上有利于个人自主提供了一个基本框架。或许更重要的是，它允许我们将影响通信环境的政策和法律依据对个人自主的利弊来进行定性。法律可以影响个人可用信道的范围及其使用规则。个人可以接收多少信道和信源，可与他人通信的渠道有多少，谁在进行控制，控制行动者的信道意味着什么，控制者能做什么、不能做什么？所有这些问题都是政策和法律的主题，影响着个人在由此所建立的制度—技术—经济框架内运用自主权的程度。

信息法律对个人自主性的影响主要存在两种类型。第一种涉及某些人对他人观念进行系统限制或对他人偏好进行塑造的相对能力。如果一项法律系统地赋予某些人控制他人选择或偏好的权力，那么就是对自主权的损害。政府对旨在塑造其受众生活的媒体和媒体活动做出规制，是这一普遍忧惧的特殊表现。这种忧惧在某种程度上可以量化，也就是说，一个人受到的控制越强，对他自主权的侵犯也就越大。更为根本地，如果一项法律系统性地使某个人更易受他人的控制，这项法律就侵犯了前者的自主权，给一个人成为他人行为的对象创造了条件。这是类似联邦最高法院在生育服务所诉凯西案（*Planned Parenthood v. Casey*）中对自主权所进行的脱离实际的侵犯，例如强制寻求堕胎的女性收听旨在劝阻她们堕胎的演讲。这些法律的正当性来自多数意见，不是因为没有侵犯女性的自主权，而是因为国家将胎儿生命的利益抬高到孕妇自主权之上。

法律对自主性产生的第二种影响在于大大缩减了普通人或某类人的选择范围和种类。这与对政府干预的普遍忧虑不同。它并不关注国家是否禁止选择，只关注是否会产生削减选择的法律后果。这种影响发挥作用是通过禁止，还是通过个人和组织之间的一套可预测、可观察的适应性行为，并没有那么重要。本书也不主张以自主之名对任何导致取消单一选择的立法进行限制，而不考虑还存在多少（种）选择。很多法律都是如此。相反，自主性受法律影响，法律会系统而显著地减少社会行动者的选择数量，以及更重要的选择多样性。

"数量和多样性"意在表明向个人开放选择具有两方面的影响。首先是量化。一个人要成为自己生活的作者，必须有一系列可供选择的重要选项；否则，主宰他人生的就不是他自己，而是这一系列选项或某个给出选项的人。然而，从个体的角度来看，这一量化维度并不意味着选择越多越好。为了跳出环境的左右，行使实质性的自我创作，个人拥有的选择只需达到一个最低水平。超过了这个阈值，额外的选择可能会影响个人作为自主行动者的利益和成效，但它们并不会因此限制选择，从而限制自主性。除了充分的数量，可供个人使用的选项必须代表各种意义并不相同的路径，而不仅仅是同主题下的细微调整。

从质上讲，自主性要求选择的可得性，在对这些选择做出适应或排斥的过程中，个体践行了批判性的反思和生活的选择。每个人都生长在有关什么是好生活的社会固有习俗中，为了在这套文化面前维持自主性，人们会希望在传统和主流文化之外另有一套重要的选项。如果一个人的所有选项——即使在纯粹量的意义上是"足够的"——都来自传统和主流，那么他就失去了自我创造的重要维度。问题的关键并不在于，真正的自主必须打破常规。相反，如果个人的自我管理在于通过生活中的不断选择来进行批判性反思和再创造，那么，其中某些选择就必然不同于另外一些盲从的选择，毫无理由地采取一种生活计划，也好过跟随多数人的意见而接受另外一种。选择传统生活意味着有所选择，让传统生活成为自己的生活方式；如果不知道存在其他生活方式，那就谈不上什么选择。

只要认真体会信息在受规制社会的个人和组织之间流动所造成的两种影响，对信息法进行自主性分析就不会与形式化的自主概念发生冲突。它不需要什么治疗日程，以教会成年人应对更加广泛的选择，更不会给出什么教育计划。它只关注法律通过构建与信息环境有关的人际关系所产生的两种核心效应。一项法律无论是否因为关注了自主性而获通过，只要它在社会群体中造成了权力的系统性转移，使得某些人具备了更强大的能力去塑造其他人对可用选择、行动结果或价值偏好的看法，那么在自主性方面就是需要被怀疑的。它使一些人更难做出自主选择，更多受制于那些被法律赋予了观念控制权的人。此外，就自主性而言，如果一项法律对个人选择范围做出了系统且严格的限制，就意味着强迫人们接受规范的成本，无论它想要传递什么价值。只要自主性在制度设计层面仍然迫切要求保障最佳信息向个人流动，法律结构的设计者就不必为了服务于自主性，而假设个人没有自主性，甚至根本不存在所谓自主性。所有设计者需要假设的是，个人行动不会以优化他人的自主性为目的。法律因而应当避免在制度设计上拉高某些人对他人采取行动的能力，且这些行动会系统性地侵害他人控制自己生活的能力，同时应当实施具有可预测性的多元化政策，使所有人看到对他们保持开放的一系列选择。

1990年代以来的大部分时间里，全世界的通信和信息政策都遵奉"以私营部门为主导"的宏愿，这在很大程度上意味着应加强各种财产和准财产的监管框架，同时放松对准产权的各种限制。向专有的、以市场为基础的方向发展通信和信息供应，这源自对监管体系和国有通信网络的幻灭。它见证了世界各国邮政、电话和电报机构（PTT）的私有化。即使是有着悠久的国家中心主义通信政策传统的法国，也对大部分电信系统进行了私有化改革。这一模式在美国体现为，从20世纪占主流的受控垄断模式向竞争性市场转变，从1960年代到1990年代中期主要依靠政府资助的互联网发展向纯粹的私有制、市场化转变。克林顿政府在1993年对此予以确认，通过《国家信息基础设施：行动纲领》（*National Information Infrastructure: Agenda for Action*）推动了互联网布局和发展的私有化，为1995年《知识产权白皮书》（*White Paper on Intellectual Property*）打下基础，进一步描绘了较各届政府都更为激进的议程，支持完全关闭公共领域。正是在这个历史时期，联邦通信委员会（FCC）首次对频谱进行拍卖，旨在使美国的无线通信彻底私有化。加强知识产权保护，深化以市场为中心的电信系统，由此也成为国际贸易体系推动较小经济体和发展中经济体采取类似政策的一项核心原则。

推动私人供应，放松管制，结果导致有线物理宽带服务领域出现了近乎垄断的市场结构。到2003年底，超过96%的美国家庭和小型企业使用的所有"高速"互联网服务都来自有线电视运营商或本地电话公司。如果我们看到在这些家庭和公司当中，有一部分用户能够为自主交流行为提供空间更大的服务，也就是说，拥有高速上游服务的家庭和公司能够发布和参与在线制作，而不仅仅是快速接收信息，上述情况就会令人感到更加沮丧。不到2%的家庭和小型公司通过有线电视运营商或电话运营商以外的其他人获得宽带连接。超过83%的用户通过有线电视运营商接入。此外，有线宽带和本地电话数字用户线路（Digital Subscriber Line，DSL）的增长率一直居高不下，而卫星宽带等少数竞争平台的增长率却持续停滞、萎缩。专有有线环境正在被高速连接平台吸纳，要么形成不平衡的双寡头垄断，要么最终融合成一个垄断平台。[4] 这些所有者在技术上和法律上都有能力安装前文中提到策略路由器——允许加速某些数据包、减缓或丢掉其他数据包，试图为网络用户塑造一个可用信息的封闭世界。

1990年代中期制定出催生这种通信市场结构的政策时，还没有人理解为什么要将电信和信息的生产交换系统部分建设为公共物品。然而，正如我们在第3章中所看到的，无线通信技术已经发展到这样的程度：用户可以使用自己的设备在网状网络中进行合作，从而形成只有用户才拥有的"最后一公里"基础设施。如今可以通过无线电网络设计，使其资本结构更加接近互联网和个人计算机市场，从而为基于公共物品的同侪生产进入电信基础设施建设打开更大的空间。20世纪的大部分时间里，无线通信结合了高成本的生产资料（无线电发射机和天线塔）和相对便宜的消费品（无线电接收器），使用受管制的专有基础设施，以工业模式提供无线通信成品。而WiFi的出现则标志着无线通信的资本结构可能发生倒转。我们看到像英特尔、思科等终端用户设备制造商生产和销售着可以共享的无线电"收发器"。通过使用自组织网状网络技术（一些早期版本已经得到了部署），这些收发器允许其个体所有者合作并共同提供自己的无线通信网络，不再依赖任何一家有线运营商或其他作为最终运营商的有线供应商。几乎所有关于频谱政策的辩论，以及市场/公共物品在无线政策上孰优孰劣的讨论，如今都围绕效率与创新而展开。一个常见的问题是：哪种进路会带来更大的无线通信扩容，并且更有效地分配既有容量？我已对这种分析方法发表了自己的观点，不过这个问题对我具有另一种吸引力。我们必须要问的是：在通信环境的"第一公里"和"最后一公里"中，如果出现了一种可行的、可持续的、以公共物品为基础的物理基础设施同侪生产，它会对个人自主产生怎样的影响？

鉴于有线网络的市场结构，及其赋予宽带网络所有者控制绝大多数家庭信息流的能力，无线数据网络在专有和公共之间的选择具有新的意义。公共无线系统不会使用户系统性地受制于基础设施的所有者，从而成为通信能力的主要法律形式。

想象这样一个世界，有甲、乙、丙、丁四个行动者，通过通信网络相互连接。网络的每个组件或路由可以是私有的，也可以不为任何人所有。如果所有的组件不为任何人所有，也就是说，被组合成了一个公共物品，每个行动者都有同等的权利去使用网络的任何组件，与其他任何行动者进行通信。如果所有组件都是私有的，则任何网络组件的所有者都可以拒绝其他行动者去使用该网络组件进行通信。在现实世界中，这意味着要么存在一个"拥有"两个用户之间全部链接的"频谱所有者"，要么所有链接都是两个用户以一种其他人无权阻止的方式相互通信的结果。

在这个简单的模型中，如果网络是无主的，任何通信所需要的只是一个自愿的发送者和一个自愿的接收者。两个人是否通信，其他任何行动者都没有发言权。每个行动者独立于其他行动者决定是否参与一个通信交流，当所有参与者（且只有他们）同意互相通信时，通信才会发生。举例来说，甲可以与乙交换信息，只要乙同意。唯一有权阻止甲从乙处接收信息或发送信息的人是乙，乙有权决定是否改变自己的信息环境。在这些条件的作用下，甲或乙都不会受制于他人对信息环境的控制，除非这种控制是为了否定他用来控制别人信息环境的能力。另一方面，如果所有网络组件都归私人所有，那么通信的发送者、接收者、基础设施的所有者就都必须是自愿的。在单一的产权制度中，基础设施所有者可以影响其他人是否以及在什么条件下相互通信。而正是阻止他人通信的权力让基础设施所有权成为一个值钱的东西：可以对通信许可进行收费。例如，假设丁拥有甲和乙之间直接连接或通过丁相互连接的所有线路，而丙拥有所有甲或乙与丙相连接的所有线路。那么，甲如果要与乙交换信息，除了乙之外，还必须获得丙或丁的同意。此时，甲在两种不同类型的约束下发挥作用。第一种约束，与之前一样，是由乙的自主性所带来的约束：没有乙的同意，甲就无法（通过与之交换信息）改变乙的信息环境。第二种约束，甲必须说服连接甲乙之间的所有传输媒介所有者允许他们通信。通信不发送给丙或丁，不来自丙或丁，不会改变丙或丁的信息环境（甲也无意改变）。丙、丁同意或是不同意，这一功能并非基于自主原则，而是基于一种工具性的计算：在基础设施中创设这样的产权将会对甲和乙之间布设必要的通信基础设施产生正向激励作用。

接下来，假设丁拥有整个基础设施。如果甲想从乙那里获得信息，或与丙沟通，以说服丙采取对甲有利的行动，甲就需要得到丁的许可。丁可以授予或拒绝许可，并且可以收取许可费或附加其他条件。最重要的是，丁可以选择阻止任何人之间的交流，或者让每个行动者只接触一部分而非全部社会成员的交流。这种所有权赋予丁一种权力，即通过有选择地让甲接触他人所提供的信息，从而塑造甲的信息环境。最常见的情形是：如果所有基础设施都用于允许乙将他的信息传递给甲和丙，而不是用于将甲的信息传递给丙，那么丁就会让乙支付更多的费用。从而，丁拒绝将甲的消息传递给丙，而只允许乙与甲、丙通信。关键在于，从甲的角度来看，甲高度依赖丁在基础设施所承载信息的类别、主体和方向等问题上所做的决定。由此，甲的自主性受损。丁对甲提出的要求，成为甲使用基础设施的先决条件，我们可以称之为"影响力收费"（influence exaction）。

对自主性造成负面影响或进行影响力收费的程度，主要取决于绕过私有设施的难易度，以及收费的透明度。例如，思科的有线宽带策略路由器允许有线运营商根据自己的偏好加快或减慢数据包的速度，而亚马逊在1998—1999年间进行了简短的试验，推送一些图书并收取出版商的秘密报酬。如果有线运营商对路由器进行编程，以减慢竞争对手的数据包，或者减慢不付费的信息提供商的数据包，这种做法就是对用户的收费。首先，收费是完全不透明的。不同站点以不同的速度加载，甚至完全无法加载，固然有很多影响因素，但绝大多数用户并不知道提供商可以（如果它愿意的话）控制信息流，他们会认为是目标站点出了问题，而不是服务提供商在操纵他们所能看到的内容。其次，没有真正的变通办法。有线宽带覆盖了美国大约三分之二的家庭市场，在许多地方没有其他选择；即便在有选择的地方，也不过是既有的另一家电话公司。如果不在这些非竞争性的基础设施所有者之中进行选择，家庭用户就无法使用宽带上网。当亚马逊的行为被披露出来时，消费者的愤怒集中在透明度问题上，但很少有用户反对那些占据着固定位置的推送广告。应当抵制来自推荐系统的不透明操纵，这种系统的目的是使消费者的行为与亚马逊的目标一致，而不是与他们自己的目标一致。不过在这种情况下，也有其他选择。我们可以在很多地方可以找到书评和推介，而 barnesandnoble.com 网站作为一个在线图书销售商当时已经在这样做了，虽然具体做法还略有差别。因此，这种收费就不那么重要了。此外，一经披露，亚马逊就公开宣布放弃这一行为，并开始将广告放在一个清晰可识别的单独类别当中。其他公司也吸取了这个教训。谷歌进军搜索引擎领域之初，就打破了当时出售搜索结果位置的惯例，即使后来引入广告链接，也在界面设计上将广告与基于算法的搜索结果进行了清晰的区分，将后者置于比前者更加显著的位置。这并不意味着任何接受付费链接的搜索引擎就一定是坏的。像序曲（Overture）这样的搜索引擎，明确而公开地按照付费多寡，来呈现被检索网站的排名结果。这类搜索引擎在为消费者寻找商业网站方面具有自己的价值。这种透明的、非垄断的选择增加了而不是减少了用户找到他们想要的信息并据此采取行动的自由。搜索引擎将这两种策略混合在一起并隐藏起来，或者是垄断搜索引擎，才会出现问题。

围绕自有基础设施运转的可能性非常重要，因此在此类设施上的市场竞争水平也就非常重要。但是，在通过与公共物品比较从而发现竞争性市场的局限性之前，必须先得认识到，对自主性的关注为政策对媒介集中化的关注给出了不同的理由。为了理解这一集中化的影响，可以将不受约束的自由视为一种福利。正如我们没有理由认为在高度集中的市场中，总福利——遑论消费者福利——是最优的，也没有理由认为福利的组成部分——免于束缚的自由作为个人通信环境的进入条件——是最优的。此外，如果要用"福利"微积分来比喻用户在这个系统中的自主程度，就像上文所进行的经济分析，需要进行优化的并不是总福利，而是在这个微积分比喻中被算作"消费者盈余"的部分。在影响力和自主性的问题上，只有"消费者盈余"才能算作自主性增强。"生产者盈余"即将影响力有效施加给他人作为服务条件的水平，在自主性的微积分中被理解成一些人（提供者）对另外一些人（消费者）的控制。它反映了对自主性的有效否定。因此，上述垄断的例子告诉我们，对媒介集中化的常见批评之外还存在新的规范性的维度。不过，为什么这不单是对媒介集中化的分析？为什么高度竞争化的基础设施市场无法解决产权在自主性上的亏空？

如果我们对完全竞争市场做出标准化的假设，并将之应用到甲—乙—丁的例子中，就可以看到改变分析的必要性。丁不再具有垄断能力。假设基础设施的所有者受竞争驱动，将基础设施分配到用户最看重的用途上。如果一个所有者利用强加给用户的条件而"收取"过高的价格，例如要求用户放弃接受某些对所有者不利的言论，那么用户就会去寻找其他并不强加这种条件的竞争对手。如果每个人都关心自主性，这种标准化的市场反应绝不可能无关道德。事实上，如果每个人都能精准地选择一整套影响力收费方案或者他愿意与之交换信息的"竞价排名"交易，那么由通信基础设施的产权所造成的自主性亏空就是微乎其微的。如果自主的个人可以获得所有可能的不受他人影响的自由度，那么尊重他们的选择，包括选择屈服于他人影响以释放出用以进行其他追求的资金，就是对他们的自主性给予了尊重。

然而，出于我们所熟知的原因，竞争实际上并不会消除通信基础设施私有化的自主性亏空。我们往往以为"市场自会解决问题",对这种直觉的否定是交易成本,特别是信息收集和谈判的成本。与货币价格相比,影响力收费更不容易被同质化。因此,消除影响力收费的交易成本会更高。有些人会积极地评估那些抛给他们的信息,有些人则态度消极。有些人对暗示具有很强的免疫能力,有些人则不然。影响力收费的内容和背景将会对作为受其影响者所选择的一种手段的有效性产生极大的影响。而且,对同一个人来说,这些影响很可能因为交流方式的不同而发生变化,更不用说对不同的人了。用户和信息提供者都不完全了解用户是否容易受到信息流操纵的影响;他们不完全了解每个用户对免于特定收费的价值。获得必要的信息,以便在特定服务的"影响力变现"的正确比率方面,能够很好地符合每个消费者的偏好,将是非常昂贵的。即使获得了这一信息,对"花钱购买影响力"的准确交易所进行的协商也将代价高昂。谈判可能因战略行为而失败。对消费者来说,理想的结果是劳动免于收费。如果消费者能够通过遵守对沟通的限制来降低价格,但又不会改变他的生活规划或破坏其创造生活的能力,那么就可以在不损害自主权的情况下增加其福利。然而,对卖方来说,理想的结果则是有效地实施影响力收费,即成功地改变了接收者的偏好或生活规划,从而适应了卖方的偏好。因此,在使用专有基础设施的特定条件能否有效影响特定接受方的问题上,双方都会隐藏自己的真实想法。在通信基础设施服务中,如果没有一个假想的、不可能实现的完美市场,专有基础设施的用户就会面临一系列不够完美的影响力收费,他们必须接受这些收费,才能使用自有基础设施进行通信。

因此,当所有物理通信手段都以私有化的基础设施为基础时,对其采用任何一种监管框架都会给用户的自主性制造成本,即完全依赖专有模式所造成的自主性亏空。如果基础设施的所有权是高度集中的,或者所有者能够通过对想要使用该设施的其他人施加政治、个人、文化、社会影响而获益,他们就会对设立基础设施的使用条件,以此满足施加影响的意愿。如果所有者以外的行动者（广告商、烟草公司、美国毒品管制政策主管）重视影响基础设施用户的能力，那么基础设施使用价格中的影响力收费部分将被出售，以服务第三方利益。只要这些影响力收费有效，基础设施的纯粹私有产权制度就允许所有者限制用户的自主权。所有者可以通过控制和操纵用户的信息环境来改变他们对生活选择的理解方式，从而使其更有可能按照所有者偏好的方式行事。

对以产权为基础的市场失灵，传统的进步主义或社会民主主义回应以行政规制，在通信领域采取了准入规制的形式，限制公共传输，以及更加有限的答辩权、公平性的规制。完善的准入规制——特别是公共载体责任——和完善的竞争性市场一样，原则上可以弥补产权的自主性缺陷。然而，就像市场一样，限制基础设施产权权力的实际规制也受到了限制。首先，公共传输机制的制度细节可能会扭曲对通信类型和自由程度的激励。如果说20世纪美国通信政策史告诉我们一个道理，那就是受规制实体非常善于利用公共传输规制体系中的弱点来设计服务、定价和商业模式。它们甚至善于影响规制过程，在规制体系中制造出有利可图的薄弱环节。目前，有线宽带已经成功地获得了一种地位，使自己几乎完全不受接入要求限制从而降低控制平台使用的能力，基于传统电话系统的宽带也正日益占据与此类似的一种不受管制的半垄断地位。其次，无论是否存在公共传输，拥有基础设施的组织都保持着相同的内部动机来进行内容控制，只要可以利用传输规制或规制实施的缺陷。最后，只要网络建立在一个信息交换中心的基础上，规制者就可以立足这个中心，重申控制权或对所有者进行重新授权，通过有目的地对公共传输要求的范围做出限制，以此防范不受欢迎的言论。

那么，如果所有无线系统都像有线系统一样，以私人产权为基础，实际上就可以通过引入竞争（尽管并不完美的）来提供某些利好。然而，它并不像真正的多样性约束那样，带来自主性增强的效果。另一方面，如果美国目前正在试验的政策能够催生出一种由用户所有、共享并在对称的技术约束下向所有人免费提供的、强大的、可持续的无线通信基础设施,这确实会是一种真正替代性的通信平台。它可能给有线平台的功能及其用户都带来技术上的利好,也可能不会。然而,资本的彻底分散化,以及设备嵌入技术协议所实现的可持续的公共资源,再加上摆脱了由制度创造的非对称通信权力的市场,使得基于公共物品的无线系统将提供一个在完全不同的制度约束下运行的基础设施。对于那些无法适应专有市场限制的用户,或者那些发现市场所提供的一整套"花钱购买影响力"方案对自主性构成过度威胁的用户,这样的系统可以成为首选和终选的基础设施。

为提供通信、存储和计算能力而以公共物品为基础进行构划,这一策略的可行性使我们能够从实际的、真实的角度来看待纯粹基于财产的通信系统的自主性亏空。当我们将私人产权与公共物品进行比较时,就会看到产权制度在设计上引入了一系列法律权力,这些权力不对称地允许基础设施的所有者对其系统的用户施加影响。这种不对称性对于市场运转来说是必要的。然而,可以预见的是,它系统地允许一组行动者—所有者将另一组行动者—消费者作为操纵对象而采取行动。在当代文化中,没有哪个词语能比"眼球经济"更好地抓住这一特点了,这个词描述了广告时段中的市场。另一方面,公共物品并不依赖非对称的约束。它消除了对有效沟通所需资源的非对称控制,从而消除了物化他人的法律基础。然而,它们所施加的约束与产权制度或行政管理制度所产生的约束存在本质不同。因此,它们与专有网络的结合使个人活动受到的约束更加多样化。通过为不同的信息流提供不同的交易框架,这些网络在实质上和质量上增加了个人感知世界的自由,并使个人形成自己的看法,去发现有哪些选择,以及如何评估不同的行动方案。

自主、大众媒体、非市场信息生产

在个人为适应其生活而形成目的、规划行动的能力中,产权的形式结构被当作一种制度设计,而通信和信息系统的作用被当作基本要求,这是私有通信和信息系统存在自主性亏空的原因。这一结果直接源自公共物品的制度特征。网络信息经济的出现对自主性做出了另一项重要贡献,它有效提高了个人获得信息的多样化水平。如今,产生信息、知识和文化的源头在于对各种动机做出回应,不再高度依赖面向大众市场的销售动机。生产可以通过各种生产性组织形式来组织,不再限于以营利为目的的企业。利润动机和商业组织被其他动机和组织形式所替代(从个人游戏到大规模同侪生产项目),这不仅为可用信息源提供了数量上的非连续性急剧增长,更重要的是提供了质量上的增长。

让我们设想红色、蓝色、绿色三个社群:每个社群都遵循一套关于如何生活和如何讲故事的习俗。红色和蓝色社群的成员白天都很忙碌,没人讲故事。晚上,大家就聚在一个大帐篷里,指定一个人来讲故事。在其他时间、地点,也不是不能讲故事。但是,由于时间的关系,即便有人白天坐在树荫下讲,也很少会有听众。在红色社群里,讲故事的人是世袭的,讲什么故事由他自己说了算。在蓝色社群里,讲故事的人是每晚多数票选出来的,每个社群成员都有资格自荐为当晚的故事讲述者,并且大家都有资格投票。在绿色社群中,人们随时随地都在讲故事,每个人都在讲故事,只要愿意就可以停下来听,有时两三个人,有时一大群人。这些社群的故事在理解和评价世界中扮演着非常重要的角色。它们是人们描述自己所知世界的方式,是想象世界的试验场,是人们用来分辨什么好、什么坏、什么令人向往、什么又令人讨厌的方式。这三个社群彼此隔绝,也没有其他信息来源。

罗恩、鲍勃和格特鲁德分别来自红色、蓝色、绿色三个社群。罗恩对各种行动选项的感知和评估很大程度上受制于世袭的讲故事的人。他可以尝试联系讲故事的人，劝说他讲出不同的故事，但决定权在讲故事的人。这些故事描述了罗恩的所知范围，讲故事的人定义了选项。讲故事的人对选项范围的理解很大程度上决定了罗恩可选择范围的大小和多样性。这不但极大地限制了已知选项的范围，也阻止了罗恩自己成为讲故事的人。罗恩受制于讲故事的人，讲故事的人可以通过选择讲哪些故事和如何讲故事来左右罗恩的愿望和行动。换句话说，成为一个积极生产者的自由和不受他人控制的自由都受到了限制。限制了鲍勃自主性的不是讲故事的人，而是蓝色社群中的多数选民。这些选民选择讲故事的人，而他们的选择方式将深刻地影响鲍勃获得讲故事的机会。如果多数人只选择一小群有趣的、受欢迎的、令人愉快的或有权势的（在财富或政治权力等其他方面）故事讲述者，那么鲍勃能够选择的范围将仅比罗恩（如果有的话）略宽一些。控制鲍勃对自己能做什么、不能做什么的认知的权力中心已经发生了转移。讲故事的人不再是世袭的，而是多数人的选择。鲍勃可以参与决定讲哪些故事，每天晚上他都可以自荐成为讲故事的人。但是，他不能独立于多数成员的选择而决定成为讲故事的人，也不能自己决定听到什么样的故事。他被简单多数的偏好严重限制了。格特鲁德的处境很不一样。首先，他可以决定在任何时候自己讲故事，无非是有没有其他成员想听他讲。他可以自由地成为一名积极的生产者，只是受限于其他成员的自主性。其次，他可以从任何其他成员想讲的故事中进行选择，因为他和他周围的人都可以坐在树荫下讲故事。任何人，包括多数人，都无法决定他是否能讲故事。谁也无法单方面地控制格特鲁德可以听谁的故事。谁也不能替他决定从其他想讲故事的成员那里听故事的范围和多样性。

红色社群和蓝色、绿色社群的区别是形式上的。在红色社群中，只有讲故事的人可以把讲故事当作一种权利形式，听众只有一个选择，就是听或者不听这个故事。在蓝色和绿色社群中，任何人都可以把讲故事当作一种权利形式，而听众也可以把讲故事作为一种权利形式。

一方面，红色社群和蓝色社群在经济上区别于绿色社群。前者只提供了很少讲故事的机会。由于能听的故事很少，或是只能听一个人讲故事，这就带来了更高的社会成本。可见，蓝色社群和绿色社群的区别就不仅仅是形式的，而是实质的。蓝色社群成员只能在晚上和大帐篷里的所有人一起听故事，这个习惯给交流制造了很高的成本，因此实际上必须选出一个要占用整晚时间的"讲故事的人"。由于故事会对如何生活的观念产生重要作用，这种实际上的差异也就改变了每个蓝色和绿色社群成员对多元化选择的认知能力，也改变了他们成为讲故事的人的自由。鲍勃所能听到的故事的范围，以及选择听/讲哪个故事的自由程度，实际上更接近罗恩，而非格特鲁德。在听故事、讲故事的环境和场合上，格特鲁德的选择更多。他和其他所有社群成员可以接触到更加丰富的观念，去了解能够以及应当怎样生活。这种更广泛的认知多样性给了他更多的选择，也增强了从更多可支配的材料中创作自己生活故事的能力。他可以比罗恩或鲍勃更有能力进行自我创作。这种多样性极大地覆盖了所有社群成员有关如何生活的认知范围，正是因为讲故事的习俗使得每个人都成了潜在的讲故事的人，都成了如何生活的信息和灵感的潜在来源。所有这一切听起来都像是一个关于市场如何奇妙地实现自主最大化的道德故事。绿色社群听起来很像是绿背党（Greenbacks），而不是将公共绿地划为信息公共物品的环保主义者。但在工业信息经济中却非如此，媒体市场具有较高的准入门槛和庞大的经济规模。开办电视台的成本很高，更不用说网络、报纸、有线电视公司或电影发行系统了。生产这些系统所能提供的内容是非常昂贵的。一旦产生了生产成本或铺设网络的成本，许多用户获得信息或将用户加入网络的额外边际成本会比初始成本小得多。这就是信息、文化产品和通信设施给供给侧规模经济带来的东西，同时也是生产它们的工业模式的基础。由此可见，工业信息经济更适合由红色和蓝色社群而非绿色社群来主导。虽然对所有生产、传播信息产品的人都不存在形式上的限制，但是经济现实却限制了在大众媒体环境中讲故事的机会，并且使得讲故事的机会变成了稀缺品。在大众媒介环境中讲故事是非常昂贵的。因此，大多数讲故事的人都是那些试图将它们的故事卖给观众的商业实体。通过前文的讨论，不难看出绿色社群代表了更大的自由，选择成为自己信息环境的积极生产者。同样显而易见的是，它们使得任何单个行动者都难以控制流向其他行动者的信息流。我们由此也就可以看到，这个故事提供了一种合理性以及基本轮廓，去理解尊重自主性的政策的第三个重点：政府不得限制可获得信息的数量和多样性。

大众传媒环境的商业性质使得它更像蓝色社群而非红色社群。这些渠道服务于通过现金支付和广告关注共同表达出来的多数口味。大众传媒市场为什么不能很好地反映受众的偏好？艾德文·贝克尔（Edwin Beker）的《媒体、市场与民主》（*Media, Markets, and Democracy*）对该问题进行了很好的回答，本书不必再赘以全面分析。遵循一个传统模型，就可以对大众媒体市场中的垄断和竞争进行更好的分析，从而说明市场、渠道和内容多样性之间的关系。我将在第6章详细阐述斯坦纳-毕比（Steiner-Beebe）模型对多样性和频道量的分析。[3] 就我们此时此刻的目的而言，只要注意到这个模型就够了。这个模型显示了需要得到广告支持的媒体如何倾向于编排迎合大众口味的节目，目的是尽可能多地"抓住"观众的眼球。这些媒体并不需要确定观众最想看哪些节目，只要搞清楚观众能够容忍哪些节目而不会关掉电视就够了。有没有面向较小市场的电视节目，取决于观众的需求形态、可提供给此类观众的频道数量以及所有权结构。内容多样性与（所有权）结构多样性之间的联系并不顺滑，是以跳跃的方式发生的。频道数量的小幅增加持续服务于低强度偏好（即人们所能接受的）的大量聚集。新增加一个频道，更多是想从一个由最普通观众群体所代表的大蛋糕中分一杯羹，而不是试图服务一个新的利基市场。只有在达到了一个相对高的门槛数量之后，以广告为支撑的媒体才有足够理由去抓住更小、更高强度的（即人们真正感兴趣的）群体。可见，如果社会上所有讲故事的人都追求利润最大化，并且进行市场运作，那么讲故事的人和场所的数量对一个社会的故事多样性来说就至关重要。在如何更好地讲述有限几个故事（而不是讲述什么故事）方面，可能存在非常活跃的市场竞争，尽管很多人更希望听与之完全不同的故事，但他们的群体太小、太穷、缺乏共识而无法说服讲故事的人换掉故事而不是变换讲故事的道具。

　　网络信息经济正在两个维度上偏离工业信息经济，这两个维度意味着讲故事的人在数量上急剧增加和故事内容的多样化。在最简单的层面上，渠道成本如此之低，以至于任何人都可以获得出版能力。从电子邮件账户到托管订户网站几兆字节的主机容量，再到可用于任何类型文件（如 FreeNet 或 eDonkey）的对等分发网络空间，人们如今拥有了太多手段，为自己的故事寻找出口。因此，信道的数量正处于从相对人口的无穷小——是 3 个网络还是 500 个信道几乎无关紧要——转变为与用户数量大致相等的过程之中。与频道数量剧增相匹配的是，通信和制作的低成本使得任何人只要愿意就可以讲述自己的故事，无论他们的故事能否符合预期地抓住足够的付费（或易受广告影响的）观众以收回制作成本。自我表达、个人嗜好、寻求抱团、政治动员，任何一个理由都足以驱使我们借助某种媒介与天南海北的人进行交谈。基本的市场过滤已然失效，从人类经验、兴趣、品位和表达动机的丰富多样性中产生的任何东西都可以在个人之间来回流动。工业信息经济条件下，一切多样性均需通过市场过滤，有鉴于此，去除过滤则意味着网络信息经济用户可获得的生活选择、意见、品位和可能的生活计划在范围和多样性上有了质的提升。

　　每个人都能平等地讲故事，这一场景或许比其他所有场景更清晰地反映出网络信息经济吸引力的两个关键异议：质量和杂音。质量的问题不难理解，但与自主性的直接联系较少。在中学演出话剧、举办篮球赛，自然与好莱坞电影、NBA 不同。用这些来理解质量问题，就工业转向网络信息生产所引起的实际程度看，与其说是对自主性的威胁，不如说是为自主性增强变化而付出的福利代价。就自主性角度来看，更令人不安的是信息过载问题，与生产质量有关，又有所不同。每个人都可以自主创作丰富的故事，如果不至沦为无意义的噪音，就只会增强我们的自主性。你可能会担心，如果无法判断某个故事或信息是否可信，是否与个人的特定经历相关，那么信息生产系统又如何增强个人书写自己生活的能力？人们会把所有的时间花在一大堆空洞的故事和童话中，而不是根据可以掌握的小部分更可信也更相关的故事来评估哪种生活才最适合吗？没有哪种哲学可以真正解释自主，这就表明，在个人可选择的数量——或在此情况下个人可感知的数量——与个人自主之间存在一种线性的增长关系。信息过载和决策成本会妨碍一个人过上自主选择的生活。

互联网的公共讨论经常提到质量问题，并以如下形式出现：我们能获得比如电影这样的高质量信息产品吗？这种反对形式虽然常见，却在规范性上被低估了，在言辞上被夸大了。首先，"质量"的定义含混不清，作为信息、知识和文化产品的一种特征，受到了从工业经济向网络化信息经济转变的负面影响。本书第2章解释了信息总是以各种形式被生产出来，并不限于以市场为导向的组织，也不为专有战略所独占。政治理论作者如果旨在自身利益最大化或出版商的商业利润最大化，他的作品就不会在趣味性上获得"更好"效果。大多数商业的、私有的在线百科全书在任何可见的维度上都不会比维基百科更好。此外，许多信息和文化产品的生产都基于关系模式，而非商品包装模式。数字网络环境的出现并没有明显改变它们的经济模式或可持续性。依赖现场表演的专业剧院是一个例子，音乐表演也是如此。因此，非市场、分布式生产在网络信息经济中大量出现，给"质量"造成了压力，可见所谓"质量"其实是某种类型的"质量"。对工业生产的大众市场产品来说，受此威胁的必需品是那些具有独特吸引力的东西。高制作成本的好莱坞电影或电视系列片就是这样的濒危物种。当然也不会濒临灭绝，不同行业所面临的威胁也是不同的，这点在第

11章会有更详细的阐述。某类电影——特别是目前仅供拷贝发行的电影——的确可能发生衰退。然而，真正具有高产出价值的电影将继续依赖发行窗口而非家庭录影带的商业模式。另一方面，在多频道有线电视和卫星电视所带来的压力下，靠广告支持的电视正在推动更多低成本制作（例如真人秀）。大众传媒的内部发展，而不是网络信息经济，已经在推动工业生产者向低成本—低质量的方向发展。此外，正如第7章所要说明的，同侪生产和非市场生产都在生产可取的公共信息——新闻和评论——为民主讨论提供了核心品质。第8章讨论了这两种生产形式如何提供了一个更透明的、更具可塑性的文化环境——二者对个人确定目标和选择都具有决定性意义。因此，网络信息环境中出现的不会是对现有商品模式加以业余模仿的低级系统，而是一个拥有更多信源、更加多样化的表达空间。在这个空间中，自由——表达的自由、不受操纵的自由、认识到多元选择的自由——本身就意味着极大丰富的信息、知识和文化，通过这种多样性理解世界，并想象一个人可以成为什么样子。

拒绝绝对意义上的质量会造成严重损失，这一观念并不能解决信息过载的深层次问题，也无法解决信息过多而丧失专注力或行动力的问题。拥有太多信息却无法区分其优劣，我们称之为"巴别塔异议"。个人必须能够使用某种机制来筛选无限多的信息、知识和文化变迁，以便将它们限缩到能够加以管理和使用的范围之内。那么问题就变成，考虑到过滤对人类的必要性，网络信息经济是否真正改善了个人见之于工业信息经济的信息环境。答案需要包含三个要素：首先，需要认识到编辑功能的内在力量，这是非常重要的一条基准线。信息过载在多大程度上抑制了暴露在编辑良好的信息流当中的个人自主，取决于编辑者在多大程度上通过削减信息流而获得了控制编辑功能的用户生活的权力，以及他如何使用这种权力。其次，用户能否自由选择、更换编辑者，或者编辑功能是否捆绑了其他交流功能并由服务提供者一同出售，而用户几乎无法选择服务提供者。最后，需要理解过滤和认证本身就是信息产品，就像任何其他产品一样，也可以在一个基于公共物品的、非市场的模型上加以生产，因此不会导致自主性亏空（以产权模式解决巴别塔异议则会造成亏空）。所有通信过程都需要将过滤和认证关联起来。通信必须具备相关性，确定的信息发送者将信息发送给确定的信息接收者，并由相关的信息接收者接收。就相关性和认证而言，过滤哪些信息，受过滤信息人员价值观的影响，而不受接收信息人员价值观的影响。例如，有线电视新闻杂志的编辑决定了一篇报道是否具有相关性。有线电视系统的所有者决定了观众在系统上看到该新闻杂志总体上是否具有相关性。只有在双方共同决定的情况下，每一名观众才能获得是否观看这篇报道的剩余选择。这三个选择必须同时出现，才能将这篇新闻报道标记为与观众相关，但其中只有一个选择由个人接收者控制。而且，尽管编辑的选择在某种程度上可能被认为是信息生产的内在要求，但有线电视运营商的选择纯粹是作为基础设施所有者所发挥的角色功能。值得关注的是，接收者的判断取决于有线电视运营商是否播放节目的决定。专有系统作为克服信息过载或巴别塔异议的机制，主要优点恰恰基于这样一个事实，即个人不能对有线电视运营商——或介于发送者和接收者之间的其他商业中介——决定不播放的所有节目行使自己的判断。

　　与任何流一样，在通信过程中对必要信道或瓶颈的控制赋予了控制者引导整个信息流的权力。这一权力使过滤服务具备了价值，该服务承诺接收者无需在不相关的材料上浪费大量时间。然而，只有当编辑对相关性和质量的看法与发送者和接收者大致相同时，过滤才能增强用户的自主性。不妨想象一位想了解非洲政治同时又喜欢体育的接收者。在理想情况下，他会在大部分时间里寻找有关非洲政治的信息，偶尔也会搜索有关体育的信息。然而，编辑靠广告赚钱。对他来说，相关信息就是那些既能把观众的注意力集中在屏幕上，又能让观众保持愉快心情的信息。面对有可能使观众感到悲悯而非愉悦的苏丹饥荒信息，同时还有一场没有类似负面影响的足球比赛，二者之间他会倾向于推送后者。总体观点应该是显而易见的。为了加强用户的自主性，过滤和认证功能受到代理问题的影响，就价值观与用户价值观相背离的程度而言，编辑基于其价值观和为用户制定的计划选择相关信息，不会促进用户自主权，而是把个人偏好强加给那些与其生活选择有关的用户。类似的效应也发生在认证上，编辑可能会选择将那些观点或表达方式更具吸引力的人当作可信的人，而不一定是最聪明或最见多识广的评论员。电视上发言的人质量差别很大，这足以作为一个例子。在我们欢庆网络信息经济之前，巴别塔异议可能给出了一个很好的理由，但它并没有给我们提供庆贺工业信息经济自主效应的理由。

对巴别塔异议的第二个反应与工业信息经济中的过滤和认证组织有关。有线电视运营商凭借资本投资——或许再加上铺设电缆、为家庭接入并销售视频服务的专业知识——拥有了有线电视系统。然而，正是对家庭接入信道的控制赋予了它编辑哪些材料能够到达家庭的功能。由于有线电视系统的集中经济效益，这种编辑权力很难被取代，也不受公开竞争的制约。同样的现象也发生在其他经济集中化的媒体上，它们的信息生产和传播功能与相关性过滤和认证相结合：从仅有一家报纸的城镇到广播公司或有线电视宽带服务提供商。承担编辑角色成为拥有媒介载体、大型印刷机或现有内容的版权的结果，而非用户自主选择编辑或过滤的结果，此时，一个允许个人从少量信息输入中进行思考和选择的编辑环境就变得不那么有吸引力了。编辑的存在意味着个人需要处理的信息更少，这并不意味削减信息所依据的是用户在编辑与专有内容的制作或传送产生联系之前所遵循的价值。

最后，也是最重要的一点，和其他形式的信息、知识、文化一样，相关性和认证可以也确实以分布式的方式产生。用户不需要依赖唱片公司和商业电台 DJ 的判断来决定什么音乐值得听，他们可以就自己喜欢的音乐交换意见，并把音乐送给他们认为会喜欢的朋友。这就是音乐文件共享系统作为分发系统的优点。此外，第 3 章描述了一些最有趣的同侪生产实验，这也反映在过滤上。从维基百科的讨论到 Slashdot

的审核和"元老"方案，从组成开放目录项目的 6 万志愿者到谷歌使用的 PageRank 系统，数据过滤方法产生于在网络信息经济中使用同侪生产和更广泛的非专利生产的协调模式当中。这些过滤的存在为巴别塔异议提供了最重要的答案。不依赖专有控制，并且不将专有内容制作和传送服务与过滤捆绑在一起，这种过滤提供了一种真正独特的方法，让自主的个体在反映了提供者不同动机、不同组织形式的过滤机制中做出选择。

除了在基于共性的认证和相关性过滤方面的具体努力之外，我们依经验观察到因特网和万维网的使用模式呈现出显著的有序性。第 7 章详细描述并运用了网络拓扑结构在民主和新兴网络公共领域的环境中所发现的巴别塔异议，它的基本教训也适用于此。简言之，互联网的链接结构表明，即使没有准形式的协同过滤，许多自主个体的协调行为也会建立在一种秩序上，使我们能够理解由日常的交流和创造能力所产生的巨大信息流。我们观察到，网络正在形成一种秩序——具有高度可见性的节点，以及紧密连接的集群化"区域"，在这些"区域"中，网站组通过相互引用而相互授权。高可见度的网络站点为告知个人选择提供了聚合点，其数量与它们为公共讨论所提供的聚合点一样多。多样性极大丰富于因话题和环境而聚合的集群（其内容可供任何人从任何地方访问），既提供了一种切割信息并使之更易理解的方式，也在人们必须与之交互的信息源之外，提供了一种搜索新信息源的方式。一定程度上解决了巴别塔异议，人们就倾向聚合于共同的选择。这样做并不是基于目的性的操纵，而是因为在选择是否阅读某样东西的时候，我们可能会考虑其他人是否阅读了它。除非认为每个个体之间完全不同，否则多人选择阅读就是一个值得我去阅读的合理信号。这种现象是普遍存在的（如我们所见，通过聚合所有有关任何给定网站的相关性判断，谷歌很好地提供了有用的排名），并且在基于兴趣和基于环境的集群或组群中呈现出一种递归序列。然而，网络聚合和实际分布水平表明，人们不会简单地随大流，不会读大多数人读的任何东西。相反，他们会另外做出粗略的判断，例如哪些人的偏好最有可能预测到他们自己的偏好，或者哪些话题是他们应该看看的。根据这些非常简单的规则，例如其他人依据个人品位与我分享的东西，同时一些人与我分享的比其他人更多，可以看到巴别塔异议在没有任何人施加正式的法律控制或实际的经济权力时，会通过一个分布式模型而得到解决。

但是，为什么这不是向他律的简单回归，回归对他人判断的依赖，让个体受制于他人的控制？答案是，不像在瓶颈或入口处装备的专有过滤器，注意力分配模式产生于许多小规模的、独立的选择，在这些选择中存在自由选择。它们不容易被操纵。值得注意的是，数以百万计的低流量网站并没有"倒闭"。正如克莱·舍基（Clay Shirky）所说，尽管我对周末的看法不太可能引起随机三个用户的兴趣，但这些看法很可能是有趣的，并且是我和三位密友的谈话基础。事实上，网站注意力的幂律分布是兴趣的随机分布结果，而不是无法克服的正式或现实瓶颈。这意味着，只要摆脱那种认为个人用户呈均等相似或不同的最简单、最不现实的观点，个人用户基于某些机制进行搜索，另一种类型的网站就会以高度可见的形式出现。话题网站不出所料地围绕话题偏好群体聚集；一个网站并不能满足所有读者的兴趣。作为个体的我们也经历了一个迭代过程，为他人的判断分配一个可能的相关性。通过这个过程，我们限制了有可能淹没自身知识能力的信息过载；使我们所接触到的信息来源多样化；避免了对无法绕过其判断的编辑的过度依赖。我们可能会花一些时间使用谷歌所代表的最通用的"人类兴趣有一些重叠"的算法来搜索某些事物，但也可以使用共同的政治取向、本地的偏好、癖好、主题等任何给定的搜索，使自己远离与其判断相关联的潜在的他者世界。通过随机搜索和社交图谱的目的性展布（目前和我们有关联的人当中谁是有趣的），我们可以迈过巴别塔异议，既不受制于通信基础设施或媒体产品所有者的法律和市场力量，也不受制于无差别群体的简单判断。正如我们在第7章中看到的，这些观察结论不仅基于严格的数学和实证研究，而且符合任何因特网使用者的直觉经验。我们不会堕落到在刺耳喧嚣中漫无目的地闲逛，我们可以很好地找到自己想要的东西，我们会无意中发现别人给出的建议。当我们忽然想要散步时，不用走出几步就会发现一些有趣的东西，或是以一种更有自我意识和更有条理的方式去寻找。

因此，回应巴别塔异议，关键是接受过滤对自主个体至关重要的观点。尽管如此，这一承认并不意味着，想要保护自主个体免受信息过载所带来的瘫痪威胁，最佳手段就是工业信息经济现实产生的、与对内容生产交换的所有权控制相联系的过滤和认证系统。基础设施和内容的产权方案提供了用来过滤的控制方式。在某种意义上，产权为一些人提供了塑造他人意志形成过程的权力。采用分布式的信息生产系统，即结构化的对等生产企业和非结构化的个体行为协调结果（类似网站的偏好聚集），并不意味着过滤和认证不再重要。而是仅仅意味着，当这些交际功能像其他功能一样，可以从非专有的、开放的生产模式以及专有的过滤机制中获得时，自主性可以得到更好的实现。在这种情况下，自主并不意味着我们必须自己制作、阅读、筛选所有的信息。这意味着，约束了谁可以生产信息、谁可以访问信息、谁可以决定哪些内容值得阅读的制度和实践相结合，使每个人扮演起重要角色，以决定自己应该阅读什么内容，以及在信息环境中进行筛选时应出于什么目的、在什么情况下遵循谁的判断。正如受环境约束的个人自主一样，问题在于个人所扮演的相对角色，而不是某种可以被定义为自由条件的、脱离环境的、绝对的角色。

非市场的、非专有的信息、知识、文化生产，以及通信和算力生产，越来越具可行性，为个人在网络信息经济中提高自主性提供了希望。通过消除对个人行动和有效合作的资本及组织限制，网络信息经济允许个人自己做更多事情，并与需要帮助的人结成联盟，以实现他们的想法。我们开始看到一种转变，工业经济中高度受限的雇员和消费者，转变为更灵活的、自我创造的用户和合作企业中的对等参与者

（至少生活中的某一部分是这样）。网络信息经济提供了一组核心资源作为公共资源，是个人认识世界、形成世界观以及对所有人所处信息环境做出贡献的必备资源，从而使个人观察世界的约束条件多样化，并削弱了用户受制于自身所依赖的核心通信和信息系统所有者的操控程度。新兴的信息生产模式为那些有着不同动机和组织形式的个人和团体的相互交流提供了条件，从而为个人故事提供了完全不同的来源和类型，由此在这些故事基础上书写自己的人生。信息、知识和文化不仅在创造者的数量上显著多于工业信息经济时代，而且创造的主体、主题和风格也突破了以往大众传媒环境中市场化过滤的限制。由此，故事线索和搜索潜在故事的手段激增，有关世界是什么样子、可能会变成什么样子的问题打开了充足的个人空间，从而在编织他们自己的生活图景中发挥了更加重要的作用。

第6章
政治自由（上）：大众媒体的难题

176　　现代民主政体和大众媒体的共同演进贯穿了整个20世纪。最早的现代民族共和国——早期美利坚共和国、从大革命到恐怖统治时期的法兰西共和国、荷兰共和国，以及早期英国议会君主制——都先于大众媒体而存在，为我们提供了一个"没有大众媒体的共和国"的公共领域模型，也即哈贝马斯所说的资产阶级公共领域。然而，在复杂的现代社会中，民主政体的扩张在很大程度上是自19世纪末、20世纪初开始发生的，特别是在第二次世界大战之后。在这一时期，公共领域的平台控制在印刷、广播、电视等大众媒体手中。专制政体中，这些大众传播手段由国家控制。民主政体中，它们的运行要么为国家所有（但在不同程度上独立于现任政府），要么因财务依赖广告市场而为私人所有。因此，并无例证表明复杂的现代民主政体的公共领域，

177　是建立在一个广泛分布的平台上，且独立于政府控制和市场需求。互联网技术，以及作为信息、文化生产的一种组织和社会模式的网络信息经济，为公共领域的出现提供了一个实质性的替代平台。正如当前发展所体现的，网络化的公共领域将不会有明显的控制点或影响力施加点——无论是通过行政命令，还是通过市场购买。它似乎颠倒了大众媒体的模式，因为大众媒体的主要驱动力是高质量用户群体所表现的强烈兴趣和意愿，而不是他们中大部分人的平均趣味。它还承诺为参与其中的公民提供一个合作、观察和表达意见的平台，并成为一个基于同侪生产模式的社会监督者。

互联网民主化的说法并不新鲜。1990年代以来,互联网一向标榜"人人能写小册子"(everyone a pamphleteer)。这一口号如今遭遇了重创。因此,在本章和下一章中,我不会对基本情况进行重述,而是要详尽分析互联网和新兴的网络信息经济如何超越大众媒体,显著推进公共领域结构的发展。针对网络环境所持续关注的民主和互联网关系问题(如信息过载、话语碎片化、媒体监督功能削弱等),我还将解释和讨论网络环境自身提供的那些解决方案。

对政治自由的忧虑限制了"公共领域"的定义。公共领域是指,社会成员用来就他们认为是公众关注的、可能需要集体行动或认可的事项进行交流的一套惯例。此外,并不是所有关于公众关注事项的交流,都可以成为公共领域的一部分。发生在自包含(self-contained)关系中的交流,如果其边界独立于集体行动的政治进程,且纯粹发生在内部,那么这种交流就是"私人的"。餐桌上的谈话、桥牌俱乐部里的牢骚、私人信件都具有这一特征,只要它们发生在这样一个背景下,即不会越过社交的边界,传播给那些不是家庭成员或桥牌俱乐部成员的人。这些谈话是否属于公共领域取决于特定社会中实际的交流实践。同样的实践也可以成为在公共领域产生公共意见的初始步骤,如果它们是通信网络中跨越联系边界的节点。如果社会网络和个人的流动性足以允许在独立的结社环境中所表达的意见可以在社会面上传播得非常广泛,并且这些意见带有政治色彩,那么在专制政权控制了全部通信设施的条件下,拥有一个活跃的公共领域对这些参与讨论的人来说就意义重大。因此,公共领域是一个描述性的社会学概念,用来表示特定社会条件下,人们如何在自己参与形成的关系中相互谈论自身状况,以及作为一个政治单元,应该做什么,不应该做什么。这是一个针对性的狭义概念,意在聚焦网络环境对传统意义的共和政治参与所产生的影响。公共领域还存在更宽泛的概念,谁来决定意义的政治性质,在一个社会中如何创造和协商对生活条件的文化解释和向全社会开放的选择,这些问题我将在第8章予以讨论。

文化、组织、制度、经济和技术交流基础设施的相互作用构成了用来划定公共领域的实践活动。油墨和粗纸的手工操作台、手摇印刷机、邮政服务的理念在18世纪末、19世纪初的美国、英国和法国别无二致。然而，识字程度、读报的社会习惯、相对于精英主义的社会平等主义、政治抵制或声援的实践、邮政系统的覆盖范围，促使美国形成了小规模的地方集群网络，这才带来了一个更平等、更开放的公共领域，与英国、法国那种严格管制的、精英主义的、以国家和大都市为中心的公共领域恰成对照。在1930年代的苏联和纳粹德国、英国和美国，大众发行的印刷品和广播平台也无甚差别。然而，苏、德截然不同的政治和法律结构创造出一个威权主义的公共领域，英、美的公共领域虽都是自由主义的，但在商业组织和经济生产模式上存在很大差异，法律框架和听、读的文化实践导致英国保持了精英主义取向，美国则更具平民主义色彩。

　　大众媒体构成了20世纪所有现代发达社会的公共领域。它们结合了特殊的技术结构、特殊的经济成本结构、有限的组织形式、两三项主要的制度模式以及一套以媒体产品消费为代表的文化习俗。大众媒体的结构催生出一个相对受控制的公共领域，尽管受控程度因制度模式是自由的还是专制的而有很大不同，那些控制大众传播手段的主体更容易影响公共领域辩论。这类技术架构是一种单向的、中心式的结构，通信只能由中心向外围扩散。极少数的生产设施制造生产了同一内容或通信信息的大量副本，然后以相同规模高效地发送给海量接收者。在大众媒体架构内，并不存在反馈回路以相同的信道和与通信过程相类似的显著性将观察结果或意见从架构的外围发送回中心，也不存在可供端点之间就进行交换内容的通信手段。人与人之间的终端交流被分流到允许终端交流的其他媒体上，如个人通信或电话。然而，这些外围媒体要么是本地的，要么是一对一的。相比大众媒体，它们的社会覆盖面及潜在的政治效能不可同日而语。

　　这种经济结构的典型特征是高成本中心，配之以廉价的、泛在的、只能接收的外围系统。这导致了可用于生产的组织模式非常有限：只有那些能筹集足够资金建立枢纽的模式。其中包括：多数国家的国有中心；由广告资助的地方商业中心（倾向自由派的地区，特别是美国）；以及，特别是在广播电视方面，英国广播公司（BBC）模式或加拿大广播公司（CBC）混合模式。在20世纪最后二三十年中，混合模式的、纯商业的广告资助型媒体在世界范围内（除美国）的作用显著增加。20世纪还出现了公民团体或慈善组织支持的中心，如欧洲的政党报刊、《消费者报告》（*Consumer Reports*）等非营利出版物（美国后来也有），以及更重要的公共广播电视。单向的技术架构和大众——受众的组织模式保障了媒体消费相对被动的文化模式的发展。在这些系统的终端，消费者（或专制体制下的臣民）将把充斥公共领域的通信视为成品。它们不应被视为对话交流，而应是一套完整陈述，接收者身在其中只能是被动的读者、听众和观众。

互联网对公共领域的影响在不同的社会表现也不同，取决于其是否扰乱了现有公共领域较为突出的结构性成分。在极权体制下，互联网缺乏单个的或可管理的控制点，因此给政权控制公共领域的能力带来了极大压力，控制民众行为的难题反而简化了。在自由体制下，互联网的影响是通过对经济成本和组织形式的影响来实现的。然而，在这两种情况下，互联网通信所产生的最根本影响、长期的潜在影响都发生在公共通信的文化实践层面。互联网使个人抛弃了这样一种观念，即公共领域主要由一小群被理解为"媒体"（无论国有还是商业）的、并与社会相脱节的行动者所发表的完整陈述所构成的，进而转向将个人视为辩论参与者的一系列社会实践。如今，公共领域的言论可以被视为对话的邀请，而非成品。个人可以终身努力工作，收集观察结果并形成自己的观点，他们认为这些结果和观点实际上能够在更广泛的公共对话中产生影响，而不仅仅是私人思考的素材。

为自由公共论坛/空间所设计的交流平台的特征

个人如何对集体的、正式的、公共的行动形成观点？个人观点如何以某种形式和方式传达给他人，从而转化为公共的、政治的意见，并通过正式的社会治理结构转化为值得政治关注的立场？最终，这样的政治和公共意见又如何转化为正式的国家行动？在复杂的当代社会中，人们彼此疏离，每个人所拥有的物质、知识、社会和正式关系和能力禀赋非常不同，在此条件下如何成为同一民主政体的公民，而非仅仅对政府治理做出条件反射的臣民呢？要回答最后这个问题，就得先回答前述问题。在理想化的古代雅典集市或新英格兰市政厅中，答案很简单，但也极具地方性。所有公民聚集在一起，用大家都能听到的方式说话，互相辩论，最终组成了投票机构，并将产生的意见转化为政治权威的合法行为。当然，即使在那些小型的、有地方限制的政治体制中，事情也不会如此简单。然而，理想化的版本至少为公共领域提供了一组功能特征：在这里，我们可以表达和听取议程规划的地方，这些规划是我们作为政体成员应该关心的且可能成为集体行动的对象；在这里，我们可以就世界的现状和其他行动方案发表和汇聚事实陈述的地方；在这里，我们可以听到大家如何评价这些事实和各种行动方案的相对质效；在这里，我们可以提出自己关切的问题，并让他人加以讨论。

就此而言，公共领域描述了一种社会传播过程。哈贝马斯将公共领域定义为"传播信息和观点（即表达肯定或否定态度的观点）的网络"；在传播过程中，公共领域对信息和观点进行了过滤与合成，"使它们在特定主题下结合成一束公共观点"。[1] 从描述性的角度来看，公共领域并不涉及某种具有规范吸引力的特定公共话语形式。它定义了一套特定的社会实践，任何一个复杂社会系统，想要管理人群，就必须拥有这套实践。即便是专制体制下的公共领域，交流完全受政府管控，为了实现政治承认和动员支持，也不能仅靠武力来镇压异议和反对声音。自由政制下的公共领域形式多种多样，各自由民主国家在政治和传播系统的构成方面也存在很大不同。例如，英国和战后西欧民主国家的公共领域由 BBC 或国有电视台构成，而在美国占主导地位的是商业化大众媒体。在 1975 年之后，依赖广告资助的大众媒体主导的地域进一步扩大了，美国在这方面的长期经验为全球提供了有益借鉴。

在对公共领域的各种平台进行优缺点比较之前，需要先梳理清楚平台所能满足的最低需求清单。这并不是要为公共领域提供一套理想化的约束或条件，以确保其合法性或迎合某种民主观念。相反，这是一个有关"设计"的问题：一个传播系统和实践需要哪些基本特征才堪称满足最基本的、最广泛的民主观念？回答了这个问题，我们才可以在商业化大众媒体和新兴数字网络环境中的选择之间做出比较。

普遍采纳。任何政府系统都应坚持这样一种理念：系统治理对象的需求在原则上应被视为政治行动必须予以解决的问题，并且所有治理对象都可以讨论政府应当做什么，从而需要一个能够收集所有选民意见的公共领域，至少包括他们对自己所认知的世界状况的观察，以及相对于其他人的观点，采取其他行动方案是否可取的观点。重要的是不要将"普遍采纳"与其他兼容性更强的思想混淆起来，例如主张现实政治辩论必须听到所有声音，或所有问题都值得辩论和回答。普遍采纳并不能迎合这些宽泛的要求。事实上，过滤和认证的作用正是要削减普遍采纳功能所带来的后果，使之成为一套可管理的政治议题和干预措施。然而，公共领域的基本要求是，任何人只要认为自身状况需要得到政治考虑和集体行动，他所提出的议题在原则上就必须给予理解和对待。个人对政治话语应当关注什么会有自己的判断，而群体作为整体在公共领域中要去考虑哪些议题，二者在多大程度上相一致，正是过滤和认证功能所发挥的一项具体作用。

过滤潜在的政治相关性。 某些人认为集体行动应当关注的议题，未必符合政治辩论中大多数参与者的观点。一个公共领域即便成功地获得了普遍采纳，也需要一个过滤器，遴选出那些真正属于有组织政治行动的议题。决定政治议题进入讨论范围的因素，具有空间上的偶然性，也会随着时间变化而变化，并且其本身就是一个有争议的政治议题，典型例子是"个人即政治"的女权主义智识运动。它将"我想吃糖，爸爸不给买"排除在政治领域之外，但坚持将"丈夫打我"视为与政治辩论密切相关的议题。一个过于严格的过滤系统可能会使公共领域变得贫瘠，使其丧失形成正当公共意见的能力。它往往会排除那些事实上得到了足够支持的观点和关注；或者以足够显著的方式影响人们在历史语境中形成的观点和关注，这些观点和关注会对政治体系造成压力，而政治体系既不予以考虑，也不提供合理回应（遑论解决方案）。体系过于松散就很容易遭受失败，因为它不能有效缩小关注范围，从而无法持续关注某一议题，并集中精力思考、形成一系列公众观点。

对认证的筛选。 认证不同于相关性，需要不同的判断，具体的判断方式和相关性筛选不同。"总统向火星人泄露了太空政策"这样的言论与"我想吃糖，爸爸不给买"是不同的，但与"总统向石油公司泄露了能源政策"的潜在相关性是一样的。前者之所以是娱乐的主题，而非政治争论主题，是因为它缺乏可信度。新闻专业规范的核心功能是建立和维护专业媒体的信誉，使其成为公众的认证来源。参与各方为通过相关性和认证过滤提供了主要工具。学术界为其成员的可信度提供了来源，其影响力（理想情况下）随他们的言论在多大程度上来自并符合他们在学科约束下作为知识创造者的核心角色而有所不同。较为专业的系统中的公务服务者可以成为认证的来源。大公司已经开始扮演这样的角色，尽管形象模糊。新兴非政府组织（Nongovernment Organizations，NGOs）的角色恰恰是将那些不容易通过公共领域相关性和认证过滤的意见预先组织起来，为它们提供一种声音，并使它们将来能够发出自己的声音。需要注意的是，虽然同样是对交流行动做出认证，但这在政治讨论中和在学术讨论中非常不同，因为不同系统的目标也是不同的。在学术讨论中持有特定观点（如"上帝七日创世"），并不意味着这些观点可信到足以保证学术讨论的严肃性。在政治讨论中，例如关于公立学校课程安排的讨论，如果很多人持有相同观点，并希望马上开始授课，就意味着这一观点具有显著的相关性，而且非常"可信"。换言之，这有可能成为一种政治观点，成为公共讨论的一部分，并有可能导致公共行动。相关性过滤和认证过滤，二者共同为政治辩论提供了一个关键控制点，因而是最为重要的设计要素。

"公共意见"的合成。为公共领域提供平台的通信系统还必须能够形成足够致密的、清晰的个人观点，比某些人所持有的私人观点表达得更加丰富。做到这点有些困难，怎样才能算作"公共意见"在不同民主理论中也有所区别。审议民主会对话语形式提出要求；公民共和主义主张，公开讨论的参与者首先应自认为是公共利益的代言人；哈贝马斯强调讨论绝不能存在强迫；而布鲁斯·阿克曼（Bruce Ackerman）则认为，讨论必须在各种利益观当中保持中立。在多元主义看来，例如约翰·罗尔斯（John Rawls）的《政治自由主义》（*Political Liberalism*），不必追求最终达成共识，毋宁在我们作为一个政制整体如何行动的问题上，厘清各种相互竞争的立场，这就意味着形成一个立场，持有该立场的人在认识上具有足够的重叠，他们愿意签署一种特定形式的声明，以便形成一个立场一致的利益集团获得相当规模的议价利益。随后，这一立场就会出现在投票箱里和谈判桌上，成为一个需要被考虑、被反驳或是被说服的立场。无论如何，平台必须提供一定的能力，将个人实际持有的各种信仰和立场整合起来，形成明确的立场，以便在正式的政治领域和政府体系中得到考虑和采纳，并在各种潜在意见的混合体中凸显出来，为集体行动形成一个凝聚点。

不受政府控制的独立性。政治公共领域的核心作用是提供平台，将个人的观察、直觉和意见转化为公共意见,从而影响政治体制,决定集体行动。这些沟通的核心作用之一是向政府的行政部门发出指示。由于平台依赖政府部门,由此带来了这样一对基本矛盾:一方是公共辩论向行政部门发出指示的作用,另一方是行政部门保留自己立场及议程并获得公众批准的利益。这并不意味着沟通系统必须排斥政府对自身立场的沟通、解释和宣传。然而,只要进入公共领域,进入形成、凝聚民意的中心,政府部门就必须扮演起自己的角色,参与明确的对话,而不是一个使平台向其倾斜的控制者。

商业化大众媒体在公共领域中的兴起

整个20世纪,大众媒体在自由民主国家构建公共领域的过程中起到了基础性作用。在这一时期,先是在美国,然后扩展到全世界,商业化的、由广告资助的大众媒体形式在印刷和电子媒体中都占据了主导地位。有时,这些媒体还扮演被尊称为"第四等级"的角色。媒体被视为政府行为的重要监督者,也是将社会动员转化为显著的、最终可付诸行动的政治声明的主要平台。然而,同样是媒体,因为它们已经掌握的和尚未掌握的权力,以及在向广告商兜售眼球的日常业务时所促成的那种肤浅的公共沟通,也为自己招致了铺天盖地的嘲笑。电视批评最能说明这一点,因为电视在美国公共文化和公共领域中扮演了非常重要的角色。当代辩论带有三大电视网的烙印,20世纪80年代早期,三大电视网占有了92%的电视观众,一个典型的美国家庭每天都要看几个小时电视节目。这些启发了尼尔·波兹曼(Neil Postman)的《娱乐至死》(Amusing Ourselves to Death)和罗伯特·帕特南(Robert Putnam)的《独自打保龄》(Bonling Alone),电视似乎是美国公民生活衰落的可识别的、独立的主要原因。然而,无论其影响是积极的还是消极的,大众媒体传播模式的变种在整个20世纪占据了主导地位,在印刷媒体和电子媒体中都是如此。大众媒体模式一直是民主国家和它们的独裁对手的主要交流模式，在民主制度萌芽时期反对君主制，此后反对法西斯主义等。大众媒体占主导地位，并不是说只有远程传播的技术系统才构成了公共领域的平台。正如泰达·斯考切波（Theda Skocpol）和帕特南分别在美国和意大利的政治背景下所指出的，公民个人参与的组织和协会构成了公共参与的重要平台。但是，正如两位的观察，这些平台一直在衰落。因此，"主导"不等于"唯一"，而是意味着在公共领域构造过程中发挥了至为重要的作用。网络公共领域正在挑战大众媒体的这种主导地位，而不是它的存在本身。

当代大众媒体产业结构的根源预示了我们今日所见的媒体具有怎样的吸引力，又在哪些方面令人乏味。荷兰印刷商在17世纪开创了商业出版社，不需要依赖政府拨款和印刷合同，也不需要教会资助，催生出非主流文学和政治辩论。[2] 然而，商业出版社总是对市场条件——成本、受众和竞争——非常敏感。在17世纪的英国，书籍出版经销同业公会（Stationers' Monopoly）为内部人士提供了足够的市场保护，以打压竞争对手，成员们也非常乐意奉献一个顺从的媒体，以此换取垄断地位。直到这种垄断消亡之后，才真正出现了一家政治性媒体，却遭遇诽谤诉讼、高额印花税以及政府的公然贿赂和收购等一系列麻烦。[3] 大革命前，法国新闻界的审查和赞助更为典型、更为直接，与此相同，报纸和地方公报（gazette）相对顺从，也主要面向有限的精英读者。在以市场为基础的商业模式中，政治异议并不是其中稳定和独立的元素。正如保罗·斯塔尔所指出的，美国在殖民地时期是不同的。17世纪的报纸数量很少，而且大多是"权威发布"的公报，但在18世纪竞争开始加剧。特别是在新英格兰地区，识字率高得出奇，人口相对富裕，宗主国所适用的监管约束（包括1712年印花税）在殖民地并不适用。随着波士顿、费城和纽约等城市出现第二份、第三份报纸，并且不再受制于殖民地政府的邮政专营权，公共领域就逐渐出现了不同的声音。由此，这个公共领域中的各种声音完全是自我支持的，和富兰克林的《宾夕法尼亚公报》（*Pennsylvania Gazette*）没什么两样。革命时期,媒体被动员起来,并被普遍认为在组织美国公众的过程中发挥了重要作用,也使得商业媒体在革命后能够继续扮演一个独立的、批判性的角色,这是法国媒体在大革命后的短暂繁荣所无法比拟的。由于识字率高,政府宽容度高,再加上邮政补贴,新生的美国报纸在数量和种类上可谓独树一帜。到1840年,拥有1700万人口的美国,每周报纸发行量比当时拥有2.33亿人口的欧洲还要高。1830年,托克维尔访问美国,在城镇,在偏远的农场,看到了人们无时无处不在读报,报纸成为政治联系的主要组织机制。[4]

这种发行量小、地方性、竞争性的商业报纸的广泛发展,刊载的新闻和观点具有高度政治性和社会联合的意向,它们的压力并不来自政府,而是来自机器印刷、电报和不断扩大的政治和经济团体所带来的规模经济。哈罗德·伊尼斯在半个多世纪前就指出,机器印刷成本增加,加上由此所带来的巨大发行量,以及通过电报从世界各地获得的大量讯息,使报纸转变为追求发行量、受广告影响较低的媒体。正如阿尔弗雷德·钱德勒(Alfred Chandler)和詹姆斯·贝尼格(James Beniger)所展示的,这些内部经济与工业产品的快速增长相交汇,反过来对管理机制又提出了新的要求,需要更加复杂的广告来制造和引导消费需求。1830年代,《太阳报》和《先驱报》在纽约大量发行,价格降至每份1便士,主要内容也从政治和商业新闻转变为新式报道:治安法庭上的轻微犯罪、有人情味的故事,以及纯为消闲的街谈巷议。[5]如图6.1所示,创办这类大发行量报纸的成本在19世纪第二季度迅速增加。1835年,詹姆士·戈登·贝内特(James Gordon Bennett)创办《先驱报》,投资500美元,相当于2005年10 400美元。到1840年,所需投资增加了10~20倍,达到5000~10 000美元,按2005年货币计算为106 000~212 000美元。1850年,这一数字又增加了10倍,达到10万美元,可换算为2005年的238万美元。[6]创办一家报纸的成本原本很多人都出得起,可以在各种不同的动机下,采用各种不同的组织形式,但仅仅过了15年,它所需要的投资就必须依靠一种工商业模式才能收回成本。新增加的成本包括因报纸出版模式专业化带来的组织成本，以及高性能、高成本的设备，如1839年的电子印刷机，1846年的锄头式双缸轮转印刷机［将每小时印量从早期蒸汽印刷机的500~1000张（手工印刷机250张）提高到12 000张］，1865年威廉·布洛克（William Bullock）的滚筒式轮转印刷机（每小时生产12 000份报纸）。电报的引入和通讯社的出现——特别是美联社（Associated Press，AP）和英国路透社——完成了商业印刷媒体的基本结构。相对较高的成本、专业性、广告资助、依赖较少的通讯社（例如美联社，直到20世纪中期的反托拉斯案之前，一直都被其成员用来获得反竞争优势），都是印刷媒体的典型特点。随着广播电视展开竞争，这些效应带来了进一步的集中，大多数报纸无法面临竞争，越来越多的报纸归少数新闻出版机构所有。

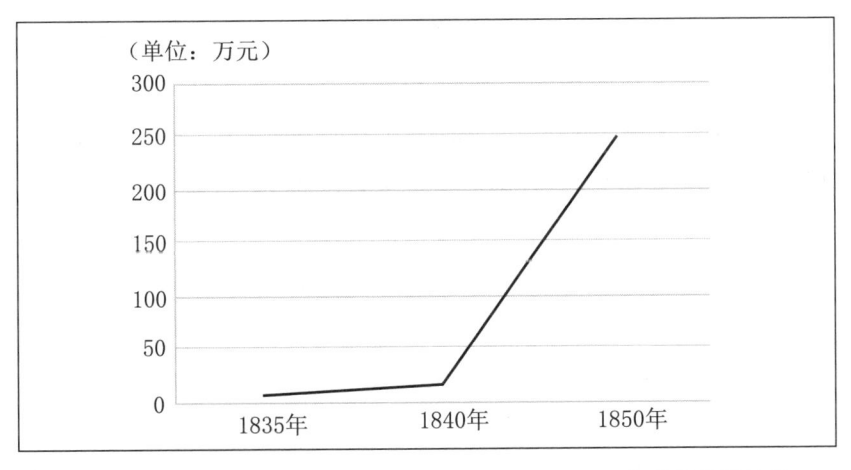

图 6.1　创办一份日报的成本，1835—1850 年（以 2005 年美元价格计算）

因特网出现之前，广播是又一个、也是最后一个关键转折点。此时，部分公共领域可能已经脱离了广告资助大众媒体的模式。欧洲的大部分广播都遵循国家控制媒体的模式，享受到的自由因时因地而异。英国产生了BBC，这是一个由政府财税资助的公共组织，但被授予了足够的经营自由,以提供真正的公共领域平台,而非反映政府的声音和日程。这一模式成功地发展出广播新闻的黄金标准,但也在20世纪的大部分时间里成长为一个精英机构。以国家资助为基础,拥有真正的编辑自主权,这一模式成为许多前殖民地国家的基本广播模式:加拿大和澳大利亚在20世纪30年代采用了一种混合模式,包括一个资金雄厚的公共广播公司,但不推行对其有利的垄断,从而允许商业广播公司同时发展。战后独立的前殖民地民主国家,如印度和以色列,采用了垄断的、以征税为基础的资助和具备一定编辑自治权的模式。目前最引人注目的半岛电视台(Al Jazeera),是一家阿拉伯卫星电视台,部分由卡塔尔埃米尔资助,但它显然可以自由制定自己的编辑方案,它的报道与该地区的国营广播公司形成了鲜明对比。在所有这些类似BBC的地方,广播都没有脱离大众媒体的集权传播模式,却走上了一条与商业大众媒体截然不同的道路。广播,以及后来的电视,都是比印刷媒体控制得更严格的媒介;对公共话语的吸收、过滤和融合更少面对来自市场(以美国模式为典型)和政治(以国有广播公司为典型)的压力,但是却受控于管理层和记者的专业判断,并且既要体现出与这两个维度上的自由伴随而来的高度职业精神,也要体现出对这种组织模式中代表媒体控制者的阶级和专业精英进行了过滤。美国走上了一条不同的道路,对起源于印刷媒体、由广告资助的大众媒体模式,进行了复制、扩展、加强。这一模式为三类组织提供了发展模板:与之类似的广播公司,大部分国家所采用的国有和独立的BBC式频道,使用有线和卫星电台等新传播技术的节目制作。广播作为美国公共领域平台,诞生于1920年的"选举之夜"。[6] 两家电台以选举结果为跳板,跃向一种全新的媒体,用无线广播俘获了广大听众。一个是底特律业余新闻电台8MK,它被认为是技术同好的内部交流,许多在第一次世界大战中接受过无线电通信训练的业余爱好者,形成了一个实体化的、具有参与性的技术团体。另一个是匹兹堡广播电台KDKA,由西屋电气公司发起,目的是要推广在战争期间大量生产的一种无线电接收器。随后的四五年里，人们还无法看清这两种传播模式中谁才能真正胜出。直到1926年，工业结构决定了无线电的发展方向——商业化、由广告资助、聚焦广大受众、依赖政府许可，并专门影响其自身的管理监督过程。然而，到1926年，导致广播走上商业化、广告资助、集中化的大众媒体之路的产业结构已经形成，这种结构依赖政府许可，并以专业方式对自己进行管理监督。

这一发展根源于20世纪最初20年的创新和商业活动所形成的广播产业结构。尽管如此，它在很大程度上还是受到了1920年代政治化监管选择的影响。世纪之交，广播被完全视为一种无线电报手段，主要解决船对岸、船对船的通信问题。尽管一些业余爱好者尝试过语音节目，但广播仍旧是一种点对点的通信模式；直到1920年代，娱乐才成为它的首要功能。广播在进入美国的头15年里见证了快速的创新和竞争，随之而来的是一系列旨在巩固技术控制的专利诉讼。到1916年，制造一台理想播报机所需要的技术必须得到马可尼（Marconi）、美国电话电报公司（AT&T）、通用电气（GE）和某些人的许可。事实上又没人去申请许可。行业由此陷入僵局。然而，美国加入二战后，海军迅速采取行动打破了这一僵局，为满足战争需求有效地建立起了强制性交叉许可制度，让比肩通用电气的另一家电子管制造商——西屋电气——进入行业。战争结束后的两年里，美国政府再次进行了干预，使广播摆脱英国马可尼公司的控制，原因在于海军方面担忧技术控制将带来战略风险，毕竟英国在二战开始时就对德国使用了这种类型的攻击——切断所有的跨洋电报通信。1919年，美国海军促成了一项交易，由此成立了一个新公司即美国无线电公司（RCA），让它买下了马可尼在美国的全部业务。到1920年初，RCA、GE和AT&T进入了一种专利交叉许可模式，各自针对不同的市场进行生产：RCA控制越洋无线电报业务，而GE和AT&T的西部电气子公司制造无线电发射机并挂牌RCA销售。此举为西屋电气公司留下了基于战争需求而建设的生产设施，但其却因为专利联营而被排除在此后的设备市场之外。

启动匹兹堡广播电台 KDKA 便是西屋电气做出的一个回应：创造对小型接收机的需求，它无需专利池持有的专利授权就可以制造。而战略的另一部分也包括在几个月内获得专利，使西屋电气挤入专利池，重新划分市场，由此获得了 40% 接收设备的市场份额。西屋电气通过广播来刺激接收机需求的战略是非常成功的，从长远来看甚至更为重要。两年之内，10%的美国家庭都有了接收机。在整个 1920 年代，设备销售是一门大生意。

然而，在最初几年里，广播电台的市场并没有被设备制造商或任何其他人主宰。虽然设备制造商确实建造了强大的电台，如匹兹堡 KDKA、纽瓦克 WJZ、芝加哥 KYW（西屋电气）和斯克内克塔迪 WGY（通用电气），但它们都不出售广告，而是靠销售设备营利。从任何意义上讲，这些电台都没有像广播电视网那样主宰广播领域。1921 年 11 月，美国商务部以"新闻、讲座、娱乐等"的新"广播"类别颁发了首批 5 张许可证，不出 8 个月又颁发了 453 张许可证。许多流向了大学、教会、工会，也有当地商店希望通过广播招揽生意。大学将广播视为扩大其影响力的载体，开始播放讲座和教育节目。到 1922 年底，全美共有 74 所高等学校开设了电台。内布拉斯加大学（University of Nebraska）开设了 2 个学分的课程，授课内容通过无线电传送。教会、报纸和百货公司都进入了这一新领域，就像我们在 1990 年代中期看到每个组织都有自己的网站一样。成千上万的业余爱好者尝试着技术和形式的创新。虽然发报机比接收机贵得多，但组装、出售仅供本地区通信使用的机器还是会便宜些的，价格低到足以让成千上万的业余爱好者接受。此时，广播还不能按大众媒体的模式发展，只有一小部分资金雄厚的演讲者和一大群被动的听众。然而，没过多久，技术、商业惯例和管理决定就相互结合起来，确定了这种在少量广告资助下组成全国性网络的模式，在 20 世纪剩余的大部分时间里成为美国广播系统的典型，也成为电视的样板。

在这一进程中，时任商务部长的赫伯特·胡佛（Herbert Hoover）

起到了关键作用。在战后头几年中，胡佛将自己定位为一个倡导者，要使无线电管理成为私人市场事务，他与商业无线电利益集团和业余无线电爱好者结盟，反对试图以某种形式将无线电收归国有的海军和邮政部门。这种情况在世界其他地方或多或少都会发生。1922年，胡佛代表无线电制造商、广播商以及一些工程师和业余爱好者，召集了第一次年度无线电会议（共举办过四次会议）。这一论坛成为胡佛的主要舞台。随后四年里，他利用这个年会为监管行动提供政策建议、合法性论证和合作机制，所有这些都脱离了1912年《无线电法》（Radio Act）的授权。胡佛高度依赖公益修辞和业余爱好者的支持来证明由商务部协调私人广播系统的合理性。然而，从1922年起，他开始允许这套模式总体有利于大型商业广播公司而非小公司；有利于商业广播公司而非教育和宗教广播公司；有利于一对多的广播而非业余者所发展的点对点的、小规模的无线电话和电报。1922年1月后，业余者申请执照被附加了一条限制，将"天气预报、市场报告、音乐、音乐会、演讲、新闻或类似信息"的广播排除在报道范围之外。这条规定，再加上商业部命令所有业余广播以360米为限（即规定广播波段），有效地限制了业余者在这组频率上进行短波无线电话和电报，尽管当时被认为在商业上无关紧要。到该年夏天，商业部除了在360米以外，又在400米处划定了另一个波段。这一B类许可证是为功率在500~1000瓦的发射机保留的，且这些发射机不使用留声机唱片。这些对B类许可证的限制使得这个新创建的频道成了大型广播公司的盘中餐，它们能够负担得起昂贵得多的大功率发射机，并且能够安排实况转播而不仅仅是播放留声机唱片。新频率的创设并未取得立竿见影的效果，因为许多接收器不能同时调谐这两个频率以收听其他电台。胡佛未能推动国会修改无线电法以赋予管理广播所需的权力，而是将1923年第二次无线电会议上公众对新机制的支持当作依据，继续在缺乏立法授权的情况下行事。他宣布广播频段将被分成三个部分：为大区域服务的大功率（500~1000瓦）电台，这些区域内不会产生干扰，并且不会共用频率。它们将在300~545米的频率上发射。中等功率的电台为较小区域服务，不会产生干扰，在222~300米的指定信道上工作。余下的低功率电台不会如大公司所愿而被取消，保持在360米的高度，只在有限的时间和地理覆盖范围内工作。在这些低功率电台中，许多属于教育和宗教机构，它们认为胡佛的拨款偏向大公司联盟。尽管反对商业广播（"如果总统演讲被做成三明治，夹在两个药品广告里，广播将不复存在"），胡佛仍然坚持为商业广播保留清晰的频道，并颁发大功率许可证。最后一次基于无线电会议的政策行动发生于1925年，商务部此后停止了颁发许可证。许可证此后形成二级市场，一些宗教和教育电台被商业公司买下。这些购买行为进一步吸引了无线电向商业所有权转移。1927年《无线电法》颁布之后，颁发许可证继续偏向那些能够负担大功率发射机、长时间工作和遵守高技术限制的电台。最终导致联邦无线电委员会所颁发的24张透明信道许可证当中，有21张被分配给了新创建的网络附属站。

在这一时期，专利联盟内部也开始出现紧张关系。接收机销售的现象级成功将AT&A西部电气子公司引入这个市场。与此同时，AT&T几乎是因为失误，开始在广播领域挑战GE、西屋电气和RCA，这是它试图创造广播公共运输设施的一个结果。尽管广播和接收机销售取得了成功，但在1922—1923年间，如何支付建立和维护电台的费用还不清楚。英国对收音机征税，以此资助BBC。美国没有考虑过类似的提议，但《无线电广播》（*Radio Broadcast*）的编辑提议设立一个国家捐赠基金，就像资助公共图书馆和博物馆的基金一样。1924年，一个由纽约商人组成的委员会请求公众捐款以资助广播公司（应者寥寥，最终资金被退回捐赠者）。AT&T是解决方案的唯一提供者。以电话服务经验为基础，它向公众提供有偿的无线电话服务。真正的无线电话，甚至是移动电话，自无线电发展的第二个十年以来一直是实验室中的主角，但这并不是AT&T要提供的东西。1922年2月，AT&T在纽约建立了WEAF，这个广播电台的节目不是AT&T提供的，而是让公众或节目提供商按次付费。AT&T将这种服务作为无线电话的一种形式，因此根据1920年的专利联盟协议，它将由AT&T独家控制。RCA、西屋电气和GE无法在这一领域与之竞争。"收费广播"本身也并不成功，与公众的交流需求不足，从而无法形成一个完整的时间表，使听众有理由坚持收听电台节目。因此，AT&T开始自己制作节目。为了增加潜在受众，同时利用自己在有线设施方面的优势，AT&T尝试了远程传输，例如体育赛事的现场报道，并通过电缆连接纽约其他电台对它的广播进行同步传输。在推广"收费广播"的努力中，AT&T在1923年中期发现自己拥有了第一个可用的、由广告资助的广播网络前身。

联盟成员之间开始互相威胁：AT&T威胁要进入接收机制造和广播行业，而拥有强大电台的RCA威胁要采用"收费广播"，或广告资助的无线电广播。专利同盟将争端提交给仲裁者，由它解释在无线电报时代所达成的1920年协议，旨在瓜分广播界1924年的战利品。1924年末，仲裁者在所有问题上为RCA—GE—西屋电气作出了裁决。但是，利用RCA与反托拉斯部门和国会听证会无法为接收机市场上的激进垄断行为举行听证会的困难，AT&T反驳道，如果1920年协议确如仲裁者所解释的，那么它们就共同构成了一种贸易限制，AT&T是不会遵守的。两位昔日的盟友以合同和反托拉斯行动相互威胁，在此阴影下不断讨价还价，最终达成了一个解决方案，构造了未来无线电广播的基础。AT&T退出广播；RCA、GE和西屋电气将共同设立一家新公司，买下AT&T的电台，并签订一份长期合同，为AT&T提供建立广播网络所必需的长途通信，而这一网络被大卫·沙诺夫（David Sarnoff）视为广播的未来。1926年，这一新的实体转变为国家广播公司（NBC）。AT&T的WEAF电台自然成了NBC两大电视网之一的中心，而这一分化也为此后美国广播系统打下了基础。

因此，到1926年中期，形成美国广播系统的制度和组织要素已基本就绪。在英国、欧洲及其前殖民地占统治地位的政府垄断广播的思想被永久地抛弃了。商业广播公司曾倡导频谱领域的私有财产制度，以刺激对广播领域的投资，但在其他有关保护联邦资源的争论中，这一想法被否决了。法院以缺乏法律基础为由宣布了胡佛的整个监管体系无效，几个月之后，国会以创纪录的速度通过了1927年《无线电法》，并将这一框架确立为美国广播的基本结构。一些较小的商业广播公司和设备制造商在广播发展中起到了领导作用。政府监管机构以"公共利益"为标准，分配频率、时间和功率，以减少干扰、解决纠纷。总的来说，公共利益与商业广播公司及其听众的需求是相互关联的。此后，广播网络取代了专利联盟，成为联邦无线电委员会关注的主要力量。1930年代早期，人们还在争论这些网络在不受监管的情况下究竟有多大的自由去追求自身商业利益［参考罗伯特·麦克切斯尼（Robert McChesney）的著作］。[8] 不过，到了这一步，广播公司的力量已经强大到不存在任何严重的挑战了。像业余爱好者这样的利益群体，他们的浪漫开拓精神在这个过程中仍然具有很强感染力，教育机构和宗教组织继续在频谱的分配和管理上施加着一定影响。然而，它们都在广播平台的外围活动，这使得公共领域在很大程度上受少数商业实体调整，这些商业实体运营着一个受控制的、由广告资助的大众媒体平台。给出了这套围绕广播展开的解决方案之后，大众媒体的结构中再也没有出现真正的转折点。电视紧随广播之后，并且集中化程度更高。有线电视网和卫星电视网在某种程度上发生了变化，但仍然保留了基本的广告资助模式，以吸引尽可能多的受众观看为节目付费的广告。

大众媒体的基本批判

大众媒体模式的这套做法，非常有利于专制国家进行社会控制。中心式技术架构和单向端点接收模式使得控制变得轻而易举，国家只需掌控位居中心的国有电视、广播和报纸。提供高流通的言论需要支付高额的成本，这意味着很难制作出煽动性的出版物，并远距离传播给大量潜在的支持者。各种形式和渠道的地下出版物在大多数专制社会中都存在，但与公共传播相比处于极大的劣势。读者、听众和观众的被动性与威权主义公共领域的功能相榫接：舆论管制可以带来尽可能广泛的自愿服从，至少是静态服从，从而就不必动辄诉诸武力。

在自由民主国家，同样的技术和经济成本特征却带来了非常不同的传播实践模式。然而，这些实践依赖并利用了一些非常类似的基本架构和成本特征。商业大众媒体在自由民主国家的实践，已经成为学术研究中的老生常谈，无论是批评它们的失败，还是赞扬它们作为自由公共领域核心平台的优点。批评主要有三条：第一，信息采集量过少。由于大众媒体远离专业记者的核心关注，或是无力支付那些能够吸引公众注意的传播方式，信息采集点太少就会使太多观点无法得到挖掘和表达。美国在地方主义和广播电台电视台所有权的多样性问题上进行了一系列辩论，便是这种批评最明确的政策焦点。它的展开基于如下假设：广播电台在社会中广泛分布，因此广播电台所有权的地方化和社会多元化可以更好地展现社会关注的问题。第二，高度集中的大众媒体赋予了广播电台所有者过大的权力，后者可以选择自己经营，也可以选择将电台出售给出价最高的竞标者。第三，广告支撑的媒体为了吸引眼球，引导节目从政治意义、政治挑战和政治参与转向刺激或抚慰。这一批评强调商业利益和新闻道德之间的紧张关系，并声称市场需求和不断下探的底线带来了拙劣的、畏缩的新闻报道；为了最大限度地吸引受众而附和多数人的口味和立场；即使报道政治议题，也是哗众取宠，并不就实质问题展开对话；强调娱乐甚于新闻和分析。

大众媒体的优势也有三条：第一，它们不受政府、政党或上层社会的影响，特别是在威权主义政治的媒体国有化背景下，考虑到生产和传播的高成本，商业性大众媒体被认为是在政府之外建立公共领域的必要手段。第二，商业大众媒体撑起专业的大型新闻编辑室，使其在复杂社会中履行监督职能。由于靠市场收入运营，它们就可以采用经过深度调研的观察，以此取代过于宽泛的意见采集，而这些观察是普通公民在日常情况下无法做到的，并且对民主的良好运转至关重要。第三，它们近乎普遍的可见性和独立性，使它们能够识别出那些渗透在社会深处的重要议题。它们可以提供一个平台，将这些议题提上公共议程。它们可以对这些议题的相关陈述加以表达、过滤、认证，从而使之具有更加明确的主题性，成为公共辩论的适当对象。也就是说，所有人参与讨论的议题是有限的，在媒体上发言的"机会"也是有限的，二者共同为公众舆论所需要的综合意见提供了基础，并将公众关注的议题提高到可能采取集体行动的程度。本章的余下部分将更详细地阐释对商业性大众媒体的批评。第7章将讨论互联网——特别是网络信息经济中非市场和合作性个体生产的兴起——在实现民主国家中大众媒体重要作用的同时，如何解决或缓解这些难题。

大众媒体作为公共领域平台

作为一种传播方式，大众媒体的结构将一系列基本特征强加给它所促成的公众谈话类型。首先，它总是少数人与比它大几个数量级的受众进行交流，这些人被组织成更少的几个不同的渠道，如果不考虑媒体自身的生产能力，受众数量在理论上是无限的，而所谓媒体生产能力，在印刷媒体中意味着拷贝数量，在广播、传统电视、有线电视中，则意味着由它们使用的技术和商业组织所强加的所有物理限制（如果有的话）。在庞大而复杂的现代社会中，没人能够知道所有事情。公共领域平台的最初功能是采集信息，将尽可能多的社会成员的意见和观点纳入系统，作为公众关注和思考的潜在对象。大众媒体的采集点数量与人类在庞大复杂的社会中的生存范围和多样性之间存在根本差异，这导致采集阶段就损失很多信息。其次，发言者与受众的巨大数量差异，加之大众媒体产品的成品风格，会严重制约这些传媒接收反馈的程度，也就是限制了应答式交流的程度，而应答式交流是与会话双方的多次互动联系在一起的。再次，大众媒体庞大而松散的受众群体，影响了它作为公共领域平台的过滤和整合功能。观察18世纪末到19世纪中期的报纸内容，我们可以发现，随着发行量的增加，报纸发生了转变，最初以政党为导向，将兴趣和实践相对集中的群体作为预期读者，最终转变为以事实和感觉为导向，并且在内容上降低了对用户的要求，以获取更广泛的、边界更加模糊的读者群。最后，由于组织这些媒体的成本很高，信息获取、相关性排序、认证和整合的功能，统统集中在同一家媒体运营商手中，最初选择这些运营商是因为它们有能力汇集必要的资金，以便向广泛的受众传播信息。尽管所有这些功能都是公共领域得以运转的必要条件，但集中资金的能力与提供最佳过滤和整合的能力之间并不必然相关。除了"大众媒体"的传播特征所带来的基本结构限制，还有一些批评更具体地针对商业大众媒体在20世纪大部分时间里所特有的商业模式。媒体市场的集中化程度更高，并且最常见的商业模式就是将大量受众的注意力兜售给广告商。

媒体关注：来自占有和金钱的力量

辛克莱广播集团（Sinclair Broadcast Group）拥有全美国最大的电视广播电台。该集团2003年年报的标题自豪地写道："我们的公司·您的信息·2600万家庭"，这大约是四分之一的美国家庭。辛克莱集团在美国拥有、经营或提供节目的电视台有62家之多，包括NBC、ABC、CBS、Fox的多个地方电视台。2004年4月，ABC新闻节目《夜线》（Nightline）播放了一期特别节目，宣读在伊拉克战争中阵亡的美国军人名单。集团管理层决定，下属的7家美国广播公司不会播放该节目，并为这一决定进行辩护，因为该节目"似乎受到了一种政治目的驱使，想要破坏美国在伊拉克所付出的努力"[9]。与此同时，美军在伊拉克伤亡人数的上升已经成为2004年总统竞选的一个主要议题，无论是ABC决定播出，还是集团拒绝播出，都可以被视为媒体干预政治议程和公众辩论的一个范例。我们很难衡量一个商业组织具有怎样的政治倾向，但通过政治捐款可略见一斑。以辛克莱集团为例，在2004年的选举周期中，95%与该公司有关联的个人捐款流向了共和党，只有5%流向民主党。[10] 而ABC电视网的所有者迪士尼公司的捐款大约有73%付给了民主党。我们也很难分析出这种政治倾向在多大程度上来自对节目具有决策权的高管和专业雇员的个人行为，在多大程度上又源于组织化的自我利益（有赖不同政党对行业经营状况的不同立场）。某些情况下，这些动机明显具有政治性。例如迪士尼电影部门的捐款百分之百地支持民主党。这在很大程度上或许反映了韦恩斯坦（Weinstein）兄弟的巨额捐款，他们经营着半独立的米拉麦克斯制片厂（Miramax），在2004年发行了迈克尔·摩尔（Michael Moore）对布什政府爆炸性的政治批评《华氏9/11》（*Fahrenheit 9/11*）。辛克莱集团则与国家广播协会（National Association of Broadcasters）政治行动委员会在捐款上保持一致，尽管比后者的态度更明显（61%捐给共和党）。其动机可能源自共和党对联邦通信委员会（FCC）监管议程的支持，允许广播公司更多地作为企业（而非公共受托人）去更加肆意地兼并、经营。

当然，关键并不在于掌握节目决策反映了什么政治倾向，而是当大众媒体主导公共话语从而影响公众观点和公共辩论时，大众媒体的管理者具有怎样的权力。这一权力可以贯穿平台的各个组成部分，从新闻采编（观察到有关世界的事实）到过滤、整合（选择、介绍素材，选择由谁来对素材进行分析以及进行何种分析）。形成公众认知的议程，设计对话，设定对话中所要认知和接受的意见范围，并由此最终编排可认知的共识和可允许的辩论范围，所有这些都将围绕平台功能展开。你可以把这看作"贝卢斯科尼效应"（the Berlusconi effect）。以个人管理风格著称的一个人，将控制媒体的权力转化为竞选政府首脑的权力，很好地体现出这种集中化，但这当然也非问题的全部，比起为个人所有，大众媒体的集中化更广泛也更微妙，这些人将完全控制这些媒体，并将其控制转化为直接的政治权力，制造和塑造一个公共领域的外观，而不是提供一个平台。

商业大众媒体的权力取决于大众媒体市场的集中化程度。上百万个收视率均等的频道不会有什么权力。集中化是一个常用词，用来描述媒体在通信渠道稀缺的条件下对权力的使用，同时也是一个棘手的词，因为它意味着两种截然不同的现象。第一方面是缺乏市场竞争，竞争程度不足以让一家公司行使定价权。这是反垄断的应有之义。第二方面则截然不同，可称之为"思维分享"（mindshare），在一个具有特定政治性质的社会单元中，如果绝大多数读者、观众、听众的信息渠道受到了少数媒体公司的巨大影响，此时媒体就被"集中"了。

如果你认为从事市场经营的商业公司永远会"给受众它想要的东西"，而受众想要的是一个截面，可以充分代表所有与公共讨论相关的观察和观点，那么反垄断的意义就是唯一重要的问题了。市场竞争将迫使任何市场参与者只需反映公众实际持有观点的可用范围。然而，即使采用这种方法，在如何定义相关市场、衡量什么对象的问题上，仍然会出现争论。越是想要在全国范围内去容纳所有的潜在信息来源，如报纸、杂志、卫星电视、广播、卫星、有线电视等，市场的集中化程度似乎就越低。然而，正如艾里·诺姆（Eli Noam）近来对地方媒体集中化的研究所指出的，把长岛上的一个小电视台等同于纽约的WCBS严重低估了大众媒体对其受众的影响。诺姆对1984—2001年、2002年人们实际居住地，即媒体实际可在本地使用的集中化模式进行了最全面的分析。由于纸质报纸全国发行成本高昂，广播电视全国发行也受制于技术障碍和法规限制，大多数媒体都选择了本地消费。诺姆统计了30个本地市场的两项市场集中度指标：赫芬达尔－赫希曼指数（Herhndahl-Hirschman Index，HHI），这是司法部为反垄断用来衡量市场集中度的标准方法；以及所谓的C4指数，即某一市场中前四家公司的市场份额，其中C1即该市场中排名第一的公司所占市场份额。他发现，基于HHI指数，所有地方媒体市场都是高度集中的。在标准度量中，指数小于1000的市场是低度集中的，指数在1000~1800之间的市场是适度集中的，而指数高于 1800 的市场则是高度集中的。诺姆观察到，1984—1992 年间指数低于 1000 的地方电台在随后几年中大幅上升。1990 年代的监管限制有所放松，结果在 1990 年代末，大城市的 HHI 指数达到 2400，而中小型城市市场的 HHI 指数更高。与本地多频道电视（有线电视和卫星电视）相比，广播的集中度较低，后者的 HHI 为 6300，本地杂志的 HHI 为 6859，本地报纸的 HHI 为 7621。唯一下降到高度集中（HHI 1714）以下的媒体形式是地方电视，因为新电视网的兴起和地方电视台在有线电视上的活跃使我们告别了 1984 年三大电视网的世界。但是，在大多数市场上，前四大电视台仍然把控着 73%的观众，在大型市场上占据了 62%的观众。在地方市场上最集中的媒体是报纸，除了少数几个最大的市场以外，报纸都以"一城一报"的模式运作。在此领域，C1 的集中程度已经上升到主要报纸读者群的 83%，HHI 为 7621。

媒体市场的高度集中支持了这样一种观点：媒体所有者可以对它们所提供的节目或所写的东西行使权力，也可以将它们对节目的权力出售给那些想要影响大众观点的人。即使有人因此盲目乐观地认为，在市场竞争，以市场为基础的媒体会受到竞争的约束，而不会像所说的那样，在这种高度集中的市场中，也没有理由这样想。就如艾德文·贝克尔所言，即使人们因此持有盲目乐观的观点，认为在竞争激烈的市场中，以市场为基础的媒体会受到竞争的限制，从而满足公民的需求，但在如此高度集中的市场中这种想法也是没有根据的。事实上，学界早就提出：即使没有形成反托拉斯意义上如此高度的集中，广告资助的媒体市场也很难提供一套良好的机制，确保媒体内容可以充分反映公民作为政体成员需要知道的信息，以及什么样的观点可以引领公众的意见和观点，对那些公众所认知、所讨论的问题有什么样的解决方案。[11] 首先，我们很早就知道，就纯粹的市场机制而言，广告资助型媒体多多少少都遭遇了挫折，无法代表受众偏好的实际分布。正如我将在下一节中详细描述的，供应商在任何市场结构中（从垄断到充分竞争）是否为受众的最佳偏好提供服务，都取决于最佳偏好和次佳偏好的实际分布，以及"信道"的数量。其次，界定消费者的信息需求是一个系统分析的难题。完美的信息流通是有效市场的前提，而非结果。为了使消费者充分重视信息或意见，必须让他们了解这些信息，并将其纳入自己的观念和理解。然而，媒体市场要解决的基本问题恰恰是选择人们在有了实际了解之后会注重哪些信息，因此，不可能在信息单元被产出之前就对其价值做出评估，因此也不可能以现有的实际用户偏好为基础做出生产决策。由此，即使媒体市场是完全竞争性的，自由裁量权和影响力很大程度上仍然掌握在商业媒体所有者手中。

大众媒体生产和消费的实际文化实践，比"有效媒体市场"的观点或反对媒体集中和商业主义的一般情形都要复杂得多。许多与媒体相关的公司都是上市公司，至少要对大机构股东负责，并且其管理层的政治立场未必是铁板一块，也不一定要判断是否会获得政治利益（而不是市场份额）。除非有像威廉·伦道夫·赫斯特（William Randolph Hearst）或鲁伯特·默多克（Rupert Murdoch）那样的经济或魅力领袖，否则机构在结构上通常都很复杂，地方编辑、记者、中层管理人员对节目结构的操纵度各不相同。不同的媒体公司也有不同的商业模式，并针对不同的细分市场。《纽约时报》《华尔街日报》《华盛顿邮报》针对的读者群与美国大多数地方日报的读者群并不相同。它们所针对的精英阶层希望购买到令人信服地宣称能够呈现高度专业新闻报道的报纸。这就需要将社论与商业决策分离开，至少在报纸中吸引这些读者的重要部分。个人或有意识地予以引导的政治权力通过塑造公共领域而获得全面发展，由此产生的贝卢斯科尼效应在多大程度上适用于所有的大众媒体，这未必是先验的理论框架所能回答的问题。相反，它是一种关注、一种趋势，在任何特定的公共领域或公司中，它的现实显著性都是历史偶然性的产物，在不同国家、不同时期各不相同。这取决于特定公司的战略和它们在社会中思维分享的相对份额。

然而，大众媒体的一个明确且具有结构性的特点是，一个社会如果依赖相对少数几个行动者（通常是公司）来提供其公共领域的大部分平台，以塑造公共领域，那么它至少为某种形式的精英话语铺平了道路。换句话说，与社会中的其他个人或团体相比，那些媒体内部人士将能对议程、对话形式以及公共对话的结果施加更大的影响。此外，对商业组织来说，这种权力可以被出售。并且，作为一种商业模式，人们应该期望它可以被出售。出售影响力的最直接方式是公开的政治广告，但正如我们将"植入式广告"视为电影中的一种广告形式，我们也会看到广告商对编辑材料内容产生影响。这一部分影响是相当实质性和政治性的。另一部分就是对商业大众媒体进行二次批判的源头。

商业主义、新闻报道和政治惰性

对商业大众媒体的另一忧虑在于，商业主义在多大程度上破坏了大众媒体为公共政治话语提供平台的意愿和能力。从这个意义上说，这与对过度权力的关注是相反的。与其说担心集中化的大众媒体会利用手中的权力，将舆论偏向媒体所有者的利益，不如说担心这些媒体的商业利益会导致它们将内容完全抽离于真正的政治问题。最好的例证来自1915年本·巴迪基安（Ben Bagdikian）引用《堪萨斯城明星报》（Kansas City Star）发行人尼尔森（W. R. Nelson）的一句话："报纸是在早餐和晚餐的餐桌上阅读的。上帝赐予人类的最好礼物就是胃口。不要在纸上写任何会毁掉它的东西。"[12] 这样的例子不胜枚举，所要表达的主张分析起来往往由三部分构成。首先，广告支撑型媒体需要争取尽可能多的受众，而不是最积极参与或最满意的受众。这导致媒体将重点放在具有广泛的次优吸引力和最小共同点的节目和素材上，而不是试图根据有着明确界线的受众群体的最优偏好来调整节目。其次，公众真正关注的问题和政治的潜在竞争被淡化，并被结构化为大型意见实体的标志性代表之间的一场表演，以免疏远太多的受众。这就是哈贝马斯在《公共领域的结构转型》（*The Transformation of the*

Public Sphere）中指出的情景再现。"最小公分母"的节目编排趋势体现在政治领域，就是关注那些明确的、标志性的观点，避免有争议的内容，因为冒犯比不够有趣更容易失去受众。150年来，媒体逐渐形成了这样一种模式：政治辩论只有具备表演性才会得到传播。某人代表一个党派或一个广为人知的观点，并与同样代表其他广为人知的观点的人并列出现。这些公众观点的化身随后上演了一场意见冲突，对之加以精心编排，目的是让媒体在观众眼中保持中立，不因支持攻击性的党派观点而受到指责。最后，这种商业逻辑常常与新闻伦理相悖。虽然高端新闻和强势观点存在利基市场，但是服务市场的媒体都是专业的。那些服务更广阔市场的媒体得让新闻伦理服从商业需求，突出名人或本地犯罪，而非遥远的饥荒或对经济政策的细致分析。

在广告资助型大众媒体中，节目选择的基本驱动以"节目多样性"和竞争为背景进行开发。它依赖彼得·斯坦纳（Peter Steiner）1952年提出的一种分析。这个模型认为，广告资助型媒体只对观众数量敏感，而对观众满意度不敏感。这就造成了一个奇怪的局面，竞争者倾向于瓜分最大的市场部分，余下的小部分听众就无法得到服务，而垄断者会按规模大小来服务每个市场部分，直到用尽它的频道。因为垄断者缺乏动力去将两个或更多的电视台分配给所有想看情景喜剧的观众，只会在一个频道播出情景喜剧，在下个频道播出第二位受观众欢迎的节目。另一方面，即便将喜欢情景喜剧的观众一分为二，仍能产生比播放第二受欢迎节目更大的观众规模，此时相互竞争的两个对手就都有可能播出情景喜剧。我们可以假设一个极端的情景来说明这种效应。假设电视市场拥有1000万观众。偏好分布如下：100万人想看情景喜剧，75万人想看体育节目，50万人想看本地新闻，25万人想看动作片，9990人想看外国电影，9980人想看园艺节目。动作片、外国片和园艺作品之间的悬殊差距反映出这样一个事实：不属于前四类的750万潜在观众分布在数百个小类中，每个小类的观众都不超过1万人。检验这一极端假设是否正确之前，先来看看如果它是正确的会发生什么。表6.1根据存在竞争关系的频道数量和观众的偏好分布情况，列出了代表频道的节目选择。它反映出这样一种假设，即每个节目制作者都希望自己频道的观众数量最大化，并且在两个频道都提供同类节目时，观众选择另一个频道的概率相等。节目选择旁边括号中的数字代表节目编排者希望吸引的观众数量，不考虑偏好前四类节目的750万观众中也有一部分人也会收看的情况。可见，你需要一个拥有250多个频道的系统，才能看到情景喜剧、体育、本地新闻和动作片之外的内容。但是，为什么这样的分布是可行的，甚至是合理的？这一假设并不代表人们最爱节目的实际分布情况。相反，它反映出许多人都有最优偏好、备选偏好和可容忍的选择。第一位的最佳偏好反映了他们真正想看的节目，而人们在这一维度上是高度多样化的。备选的和可容忍的选择反映了他们在没有其他节目可看的情况下愿意看的节目，而不是离开沙发去咖啡馆或是看书。在以情景喜剧、体育节目这类节目为代表的情况下，备选项得到了更广泛的共享，即使在最优偏好差异很大的人当中也是如此，因为它们代表了换台之前能够容忍的内容，而这一要求远没有人们真正想要的那么严格。这一假设遵循了杰克·毕比（Jack Beebe）对斯坦纳模型的改进。毕比认为，媒体垄断者只会播放同一标准的节目，而广播公司间的竞争只有在频道数量足够多的情况下才会为较小的偏好群体提供服务。这一模式解释了布鲁斯·斯普林斯汀（Bruce Springsteen）的歌词"57个电视频道（没一个能看的）"所具有的广泛文化含义，也解释了为什么只有当有线电视显著扩大频道容量时，我们才能看到黑人娱乐频道、优视（Univision，美国的西班牙语频道）、历史频道，也解释了为什么直播卫星和新近的数字有线电视节目会有全天24小时的烹饪频道和小语种频道。[13]

虽然这项研究旨在分析媒体多样性，但对于包括新闻在内的所有广告支撑型大众媒体在与其作为公共领域平台的相关领域中的节目选择问题，它却提供了一个分析基础。它提供了一个理解框架，对于大

表 6.1 频道分布假设

频道数	可选节目（1000 名观众中）
1	情景喜剧（1000）
2	情景喜剧（1000），体育（750）
3	情景喜剧（1000 或 500），体育（750），在情景喜剧和本地新闻中随机选择（500）
4	情景喜剧（500），体育（750），情景喜剧（500），本地新闻（500）
5	情景喜剧（Soo），体育（375），情景喜剧（500），本地新闻（500），体育（375）
6	情景喜剧（333），体育（375），情景喜剧（333），本地新闻（500），体育（375），情景喜剧（333）
7	情景喜剧（333），体育（375），情景喜剧（333），本地新闻（500），体育（375），情景喜剧（333），动作片（250）
8	情景喜剧（333），体育（375），情景喜剧（333），本地新闻（250），体育（375），情景喜剧（333），动作片（250），本地新闻（250）
9	情景喜剧（250），体育（375），情景喜剧（250），本地新闻（250），体育（375），情景喜剧（250），动作片（250），本地新闻（250），情景喜剧（250）
……	……
250	100 个情景喜剧频道（10）；75 个体育频道（10）；50 个本地新闻频道（10）；25 个动作片频道（10）
251	100 个情景喜剧频道（10）；75 个体育频道（10）；50 个本地新闻频道（10）；25 个动作片频道（10）；1 个外国电影频道（9.99）
252	100 个情景喜剧频道（10）；75 个体育频道（10）；50 个本地新闻频道（10）；25 个动作片频道（10）；1 个外国电影频道（9.99）；1 个园艺频道（9.98）

众媒体不会在报纸上刊登任何可能破坏读者胃口的内容这一观点的适用性，进行了验证同时也施加了限制。比起娱乐性趣味性的故事、稳定输出的基础犯罪、法庭剧以及地方电视和报纸上的类似内容，有争议的观点和令人不安的图像、描述或争论，更有可能让读者、听众、观众反感。另一方面，如果频道数量够，对于"政治狂热分子"或参与政治的精英分子来说，就会有明显的细分市场，从而可以支持面向

这一群体的少量频道。印刷媒体如《纽约时报》《华尔街日报》，电视节目如《夜线》和《会见新闻界》（*Meet the Press*），或许还有电视频道中的 CNN 和福克斯新闻，都说明了见之于娱乐导向的、无争议的、政治惰性的商业大众媒体，这一例外是否可能以及局限何在。然而，即使在以新闻和精英为导向的媒体内部，节目编排追求最小公分母的机制也可以自我复制。即使是在新闻迷中间，大型新闻媒体也必须迎合它的主流目标受众。过于尖锐的立场或过于深度的新闻调查可能会将销售市场切得太薄。这将导致左翼和右翼的共同批评，左翼说它太"保守"，右翼说它太"自由"。相比之下，杂志的商业模式可以支持较低的发行量，相比以政治读者为导向、发行量更大的大众媒体，它们表现出更强烈的意愿，去参与政治、分析政治。但是，迎合这些利基市场的媒体只能服务于一小部分政治群体。美国的福克斯新闻似乎是这一趋势的有力反证。原因很难解释。这一频道或许代表了一种整合效应：掺杂了贝卢斯科尼效应、高容量有线电视系统所带来的市场高度分化、共和党占有大量市场份额，以及 1990 年代以降美国政治文化的两极分化。

大众媒体模式作为一个整体，对利基市场的警示也是同样的，不利于深入的讨论和对话。在少数生产者向多个数量级的受众进行传播的模式中，媒体在基本结构方面会出现问题，高度的专业性某种程度上可予弥补。这一问题发生在传播的吸纳整合阶段。无论多么勤奋，职业记者由于仅是社会、经济和政治精英中的一小部分，从而只能形成一套相对发育不良的信息吸纳机制。如果有人试图广泛收集个人的观察、经验和观点，并将之作为对公共领域的基本输入，那么在进行过滤之前，大众媒体的集中化模式提供了获取这些见解的有限手段。在公共话语传播的后端，媒体集中化必然会将辩论中的多数"参与者"构造成已经制成的信息和图像的被动接受者。这就是大众媒体的核心特征：内容在传播前，是由少数中心生产出来的，然后再传播给大众，并被他们消费。这就为专业新闻的角色定位奠定了基础，将它与那些消费其产品的非专业观察区分开来。媒体产品的这一基本结构带来的结果是：人们讨论、分析共同关心的问题，只是对讨论的一种象征化表现，只是对公众辩论做出了精心编排的一场表演。选择出这些参与者，是因为他们代表了在大众当中普遍存在的、广为人知的一个立场，选择图像和故事来表现问题，而实际促进的公开辩论（也就是公开辩论中各种意见的整合）事实上是一场已经预先整合过的争论，发生在记者和辩论参与者所认识到的多数意见的形象化符号之间。在美国，这可以翻译成相当标准的格式，即"左边是 X，右边是 Y"，或者"共和党立场"对"民主党立场"。它转化为一个想法、一个政策立场或一个事态得以公开表达的"留影"时刻——无论是总统登上航空母舰，代表国家安全和一场有争议的战争成功落幕，还是候选人和伙伴们一起打猎，代表他在枪支管制问题上的立场。重要的是要认识到，描述这些特征，并不意在指出媒体组织在想象、思考或专业精神方面的不足。这些都是公共领域以大众媒体为平台所体现出来的特征；鉴于大众传媒特别是商业大众传媒的生产销售过程的特点，这些传播方式提供了阻力最小的途径。当然也有部分例外，比如内容的多样性或对娱乐价值的强调，但并不能反映大多数公民读到、看到或听到的内容。访谈电台和听众来电直播节目代表了一种非常不同的形式，但肯定不会更具反思性。它们代表了政治话语中的低俗和暴力，旨在娱乐我们，让我们有机会发泄被压抑的欲望，并窥探我们会变成什么样子，假如我们允许自己有更多的回旋余地而不再做一个足够社会化的成年人。

  对商业大众媒体的两项基本批评都集中在新闻伦理和商业主义必要性之间的冲突上。如果职业记者想要履行强有力的监督职能，向读者和观众提供信息，激发并进行更深入的探索，那么权力和最小公分母吸引力之间的相互作用就会将它向后推。不同组织会有不同水平的管理控制、编辑独立性、内部组织文化、免受竞争压力的自由、目标市场，将以不同的方式解决这些紧张关系。对媒体研究者的结论以及有关媒体的常见争论进行快速浏览之后，会倾向于将"媒体"视为一个单一的实体，并带有单一的一系列失败。事实上，毫不奇怪，这些文献都表明了组织和媒体之间存在着实质性的差异。就政治惰性而言，电视的情况似乎最为糟糕。印刷媒体包括杂志和报纸则非常不同于这些失败的普遍模型。

当我们转而思考因特网通信的优点时，我们将看到这种新的模式何以能够弥补大众媒体并优化其最大弱点。这样的讨论将特别集中于网络信息经济的兴起，同时它使非市场行为者和极其分散的信息和文化生产可能发挥出更大作用。要想在新兴的公共交流方式作为公共领域平台所能做的事情中发现真正的进步，并不需要将商业大众媒体视为某种程度上邪恶的、滥用权力的、受控于资本的怪兽，也不需要将互联网视为杰斐逊式的理想共和政体（Jeffersonian repulic）。更广泛地使用直接的个人沟通手段、协作性的言论平台和非市场生产者，可以补充商业大众媒体，并有助于公共领域的显著改善。

第7章
政治自由（下）：网络公共领域的兴起

网络信息经济与大众传媒之间的根本区别要素在于：网络体系结构以及成为发言者的成本。前一个要素要求从大众传媒中单向连接终端的中心辐射式体系结构，转变为网络信息环境中所有节点多向连接的分布式体系结构。后一个要素则切实消除了阻碍人们跨越社群界限进行交互的沟通成本。二者共同从根本上改变了个人的能力：可以单独行动，也可以与人合作，成为公共领域中的积极参与者，而非被动的读者、听众、观众。对威权国家来说，这意味着既要网络化，又要保持对公共领域的控制，难度更大，成本更高，尽管并非完全不可能。因此，至少在一些威权国家中，控制将会变得更宽松。在自由民主体制下，无处不在的个人化信息制造能力，创造出一种近乎普遍的信息接收的可能性，由此预示了公共领域结构会在商业大众传媒的条件下发生重大变化（尽管并非不可避免）。这些变化对过滤机制提出了挑战。它们对互联网民主效应的一些主张构成了批评，这一章后半部分将予探讨。然而，从根本上说，它们是可能发生变化的根源。从向朋友或对特定主题感兴趣的人发电邮的成本开始，到建立网站或博客的成本，再到通过 Slashdot 等网站与大量用户保持互动对话的可能性，在大众传播环境中发言的成本要比在地区、国家乃至国际政治对话中发言的成本要高几个数量级。这反过来又导致在对话以及最终在公共领域中的发言者和参与者数量呈指数级增长。

这种变化既是量变，也是质变。质变的表现是个人成为潜在发言者,不再只做听众和投票者。它关系到个人在社会中的自我认知及其可行的参与文化。在公共领域进行有效沟通的可能性,让个人重新自我定位,从被动的读者和听众变成潜在的发言者和对话参与者。我们倾听的方式因此改变;或许最根本的是,我们在日常生活中观察和处理事件的方式也会改变。我们不再需要把这些仅仅作为私人观察,而是作为公共交流的潜在主题。这一变化影响了媒体的相对权力,影响了采纳观察和观点的结构,影响了问题和观察在讨论中的呈现,影响了问题的过滤机制——为了谁以及由谁来过滤。最后,它影响立场的形成与整合机制,有时仍然需要被放大之后输入大众媒体,进而转化为政治立场,但偶尔也通过对意见和行动进行直接组织,以此达到可以直接推动政治议程所需要的显著性。

美国最高法院在雷诺诉美国公民自由联盟案(Reno v. ACLU)中阐述了自1990年代中期以来互联网民主化效应的基本观点:

> 因此,站在读者角度,互联网有如一座巨大的图书馆,收藏了数以百万计的出版物以供随时取用或索引,也有如一个提供商品和服务的巨大商场。站在出版商角度,互联网则是一个宽阔的平台。在这个平台上,全世界数以百万计的读者、观众、研究人员和购买者都可以发表或听取意见。无论是政府组织、教育机构,还是商业实体、游说团体、个人,任何可以连接到互联网的人或组织都可以"发布"信息……
>
> 通过使用聊天室,只要拥有一条电话线,就可以成为街头公告员,他们的声音比站在任何"肥皂箱"上更能引发共鸣。通过使用网页、电子邮箱、新闻推送组,他们就可以展开政治宣传。正如地方法院所发现的,"互联网上的内容就像人类思想一样丰富多样。"[1]

这段引述已经观察到新媒体与20世纪主流媒体的差异及其特性。当中存在两种截然不同的效果。第一种，正如法院"站在读者角度"所指出的，任何人在任何地点都可以获得丰富多样的人类表达，这在大众媒体环境中是不可能实现的。第二种，也是更为基本的，任何人都可以成为出版者，包括个人、教育机构和非政府组织（NGO），以及大众媒体环境中的传统发言者——政府和商业实体。

1990年代末以来，对互联网民主化效应这一早期概念的批评不绝于耳。批评之一包括巴别塔异议的变体：担心信息过载导致话语碎片化、极化和政治共同体的丧失。另外一种批评则出现自相矛盾的陈述，认为互联网实际上趋于集中化：基础设施和注意力模式在分散程度上比我们想象的要小得多，因而互联网和大众媒体的分离程度比1990年代所认为的要小得多，也比我们所希望的要小得多。

本章起首便提供了一份核心技术和使用模式的清单。可以说，在21世纪的最初几年，这些技术代表了基于互联网的民主话语的核心技术。然后，我用两个案例研究来描述社会和经济实践，表明上述工具如何被用来构建公共领域，以及这些实践如何与大众媒体模式截然不同。在这些故事的背景下，我们就能够思考那些针对互联网民主化的主张所提出的批评了。仔细考察网络信息经济在公共领域生产中的应用，可以看到新兴的网络公共领域比商业大众媒体主导的公共领域有了显著改进。在整个讨论过程中，重要的是要记住，进行相关比较的背景是我们在整个20世纪实际上所拥有的公共领域，即由大众媒体主导的公共领域，这是比较的基准线，而不是"人人能写小册子"的乌托邦形象，它激发了20世纪90年代互联网民主的希望。毕竟，背离天真的乌托邦幻想并不意味着互联网没有民主化。它们只是表明媒介及其分析正在走向成熟。

网络通信的基础工具

通过给当前流行的传播工具分类,来分析网络信息环境对公共话语的影响,多少有些弄巧成拙。这些工具无疑将被新的工具所取代。另一方面,如果我们不了解这些工具是什么或如何使用它们,就不可能对这种影响进行分析。这就使我们有必要对它们进行分类,同时试图从正在使用的工具中建构出信息和通信的关系,并从这些关系中演化出一套网络信息经济理论,将之作为公共领域的新平台。

电子邮件是最受欢迎的网络应用程序,它既便宜,使用起来又简单。但是,目前使用的基本电子邮件并非公共通信的理想选择。虽然它提供了一种廉价而有效的手段,与大量未按基本社会团体进行划分的个人进行沟通,但大量商业垃圾邮件的存在,以及邮箱中不断涌入的电子邮件,使得缺乏区分的电子邮件分发成为一种相对低劣的聆听(being heard)机制。然而,向较小的群体发送电子邮件,发由发件人预先选择出对某个主题感兴趣或与发送者有关系的人,确实提供了一种基本机制,在特定的基础上向一个核心圈子交流自己的观察、想法和意见。邮件列表更稳定,更能体现自我选择,因此作为网络公共领域的基本工具也就更有意义。有些邮件列表是由一个或少数几个编辑主持或编辑。其他的则没有任何明显的编辑方式。邮件列表与大多数基于网络的应用的不同之处在于,它们将信息推送到订阅者的邮箱里。由于注意力的限制,个人会限制自己的订阅量,所以在邮件列表上发布的信息往往由那些自我选择具有高度共同兴趣的人完成,或是为了他们而完成。因此,邮件列表提高了一个人能够被那些已经对某个话题感兴趣的人听到的程度。它不是一对多或少对多的沟通模式,像广播那样面向开放的、不确定的听众群体。相反,它允许一个或几个人,甚至一个大而有限的大群体,向另一个大而有限的群体进行传播,其中的限制来自受众自己,由受众自己决定是否对某个主题感兴趣,甚至愿意沉浸其中。

万维网是个人用来在网络公共领域中进行交流的另一个主流工具平台。它的应用范围很广，从基本的静态网页，到晚近的博客和各种社交软件（即第3章所描述的大规模对话的中介平台，例如Slashdot）。静态网页是个人的基本"广播"媒介；它们允许任何个人或组织展示与其立场相关的文本、声音和图像；它们允许小型非政府组织在世界范围内存在并具有知名度；它们允许个人提供想法和评论；它们允许为各种各样的信息、观察和观点创建一个巨大的、可搜索的数据库，为所有人提供低成本的读写。但这并不意味着所有这些言论都可以被其所针对的相关人士听到。这个问题已经获得了大量研究，但首先我们需要对工具和信息流结构进行分类整理。

一种基于网络的工具和围绕它的新兴文化实践，扩展了网络站点作为政治公共领域媒体的基本特征，这就是网络日志或博客。博客是一种使用网络的工具和方法，它在两个方面扩展了网页的使用。从技术上讲，博客是使网络变得"可写"的更广泛的一种创新方式。也就是说，它们使得网页能够通过一个简单界面进行轻松的修改。只要计算机联网，就可以在任何地方修改页面，并且写到页面上的结果可以立即呈现给博客的所有访客。这种技术变化给1990年代以来的网站文化实践带来了两点不同。首先，它们允许开发出一种日志式的网页。在这种网页中，个人将其文章，以或长或短的时间间隔发布到博客网站上。随着过去几年的实践发展，这些文章通常被按时间顺序归档。对许多用户来说，这意味着博客成为一种个人日志，每天更新，供自己使用，也可能供一个较小的朋友圈子使用。其次，从公共领域建构的角度来看，博客的这一特征的重要意义在于，使个人能够在新闻时间内，即每小时、每天、每周，在他们的网页上写作，而此前的网页文化往往是缓慢的：与其说它是报告文学，不如说是散文。今天，人们当然会发现一些人使用博客软件来维护本质上是静态的网页，他们不时地在其中添加文章或内容，也有一些网站并不使用博客软件，但也每天进行更新。公共领域的功能是基于内容和节奏的——也就是说，基于使用实践——而非基于技术平台。

可写网络（特别是博客）的第二个重要创新是，除了所有者之外，读者/用户也可以在博客上发表评论。博客软件允许运营者许可部分或全部读者在博客上发表评论，及其保留（或不保留）编辑、审核继续发表帖子的权力。因此，不仅有更多的人参与了文章创作，并且进行了广泛的传播，而且最终成型的文章是经过权衡的对话，而非固定不变的成品。之所以说是对话，是因为允许和发布评论以及对这些评论的评论是最为常见的做法。博客作者——博主——可以在评论区发布自己的回应，也可以在个人主页发表评论。基于博客的对话是经过权衡的，因为博客的文化和技术内涵使博客所有者在决定谁可以发布或评论，以及谁可以决定这些问题时拥有更大的权重。不同的博客以不同的方式行使这些编辑权限；有些选择更广泛的吸收和讨论，有些选择更严格的编辑。然而，在所有这些情况下，博客所促进的交流模式或信息流结构是一个经过权衡的对话，其形式是一个或一组主要的贡献者/作者，加上一些人数更多的、往往是许多次要的贡献者，与人数无限的读者进行交流。

218　　可写网络还包括另一组不同的实践，研究者通常将之与博客并列。这是在第 3 章中描述的网络上各种更大规模的、协作性的内容生产系统。Slashdot 或维基百科具有两个有别于博客的基本特征。第一，它们是为非常大的群体设计并由其使用的，而不是为了促进以一个或少数主要发言人的对话为中心的对话。与博客不同，它们不是具有对话功能的个人或小群体表达的媒体，它们在本质上是群体交流媒体。因此，为避免混乱的恶果，它们采用了社交软件的解决方案——同行评议、结构化的发布权限、声誉系统等。第二，在 Wiki 的例子中，对话平台由一个共同的文本来支撑。从促进各式立场和各种意见相互综合的角度来看，文本合作者的存在为对话提供了额外的粘性，因此，观点必须相互"粘"在一起，必须争夺空间，并相互包容。在这一过程中，与对话形式更自由地交换相互竞争的观点相比，最终产品更容易被识别为一种集体产出并立场鲜明的意见或看法。

所有这些基于网络的工具——静态的和动态的，个人的和合作的——的共同点是链接、引用和表达。这是超文本标记语言（HTML）的核心，即更加轻松地引用。这也是分布式网络的核心，允许任何想要归档的人归档、任何想要引用的人访问。围绕着这些简易功能，出现了一种文化实践，即通过链接来引用，以方便地从你自己的页面或帖子跳转到你所引用的页面——不管是作为灵感来源，还是作为反对异议。这种文化与大众媒体文化有着本质区别。向数百万用户发送一份500页的报告是一件困难且昂贵的事，因此在大众媒体中，不允许读者在阅读报告的同时阅读评论，而是需要在一种信任评论者的文化背景下，提供专业评论。在网络上，链接到原始资料和参考文献被认为是传播的核心特征。这种文化是以"自己看"为导向的。理由来自以下几个方面：发言者的声誉随着时间的推移而显现出来，阅读自认为有能力评估的基础资料，以及知道对于任何给定的引用声明或资料，都有一群与评论者或发言者无关的人，能够接触到这些资料，并有办法让别人知道他们不同意发言者的观点。与典型的大众媒体相比，链接和"自己看"代表了一种完全不同的、更具参与性的认证模式。

在美国不如在欧洲和东亚发展得好的另一个层面是流动性，或者说观察和评论我们所居住的世界的基本工具在空间和时间上的普遍性。丹·吉尔莫（Dan Gilmore）在《我们媒体》（*We the Media*）一书中纳入了这些基本特征，在他所描述的新闻业转型的核心工具、短信服务（SMS）和移动连接的相机中，加入了邮件列表、网络日志、Wikis和其他工具。美国仍然主要是基于个人电脑的网络系统，而在欧洲和亚洲，手持设备（主要是移动电话）得到了更好的发展。在这些领域，短信——移动电话的"电子邮件"——和照相手机已经成为重要的实时信息来源。在一些贫穷的国家，手机通话时间对许多用户来说仍然非常昂贵（甚至令人望而却步），而且可能根本不存在固定电话，故短信正在成为一种主流的、无处不在的通信工具。这给我们的启示是，随着两个系统的能力的融合，我们可以随时随地、随心所欲地以文本、音频和视频的形式记录和交流观察结果，这可以视为一种过渡。德拉赞·潘蒂克（Drazen Pantic）讲述了，在米洛舍维奇政权关闭了基于互联网的B92电台之后，贝尔格莱德的听众如何报道他们社区发生的事件。霍华德·莱因戈尔德（Howard Rheingold）在《聪明的暴徒》（Smart Mobs）一书中描述了菲律宾公民如何使用短信，组织实时运动和行动，推翻他们的政府。在复杂的现代社会中，重要的事情可能发生在任何地点、任何时间，人们有能力记录、呈现和交流他们所观察到的结果，从而改变了他们与周围事件的关系。人们的所见所闻都可以作为公共辩论的内容，如果捕捉、呈现和交流只是少数组织和数千名雇员的工具，这就不可能实现。

网络信息经济与公共领域的结合

网络化的公共领域不是由工具构成的，而是由这些工具所促成的社会生产实践构成的。在一个自由社会中，互联网对公共领域的主要影响依赖于新兴的非市场行为者的信息和文化生产活动：单独工作或与他人合作的个人，相对更加正式一些的协会（如非政府组织），以及他们对主流媒体本身的反馈作用。这使网络化的公共领域能够缓和商业大众媒体作为公共领域平台的两个主要问题：①它赋予了占有者过多的权力；②当拥有者并不将他们的媒体用于行使权力时，它会产生一种惰性的政制。更根本的是，信息和话语的社会实践使许多行为者将自己视为公共话语的潜在贡献者和政治舞台上的潜在行动者，而不是偶尔可以投票表达个人偏好的媒介信息的被动接受者。在本节中，我将提供两个故事，来突出网络信息经济对公共领域建设不同方面所产生的影响。第一个的重点是网络公共领域如何允许个人监督、破坏大众媒体所使用的权力，并且组织起来以开展政治行动。第二个着重强调了网络化的公共领域如何允许积极参与政治的个人和团体进行报道和评论,并在普遍发挥了传统上属于新闻界的作用,即观察、分析和创造公共利益问题的政治显著性。两个案例研究提供了一个背景,让我们看到网络公共领域如何回应商业、大众媒体所主导的公共领域的核心缺陷,并思考对互联网作为自由公共领域平台的批评。

第一个故事有关辛克莱广播公司和 2004 年美国总统选举。它强调了大众媒体所有者对公共领域施加权力的机会,媒体本身在如何使用这种权力方面的可操作性,以及最重要的是,网络信息环境的潜在纠正作用。它在根本上表明,为个人和团体提供完全分散的媒体渠道,可以制约媒体所有者在工业信息经济中所能行使的过度权力。

辛克莱公司在 2004 年大选中竞争最激烈、最重要的几个州(如俄亥俄州、佛罗里达州、威斯康星州和艾奥瓦州)拥有主要的电视台。该公司通知员工和电视台,计划于选举前一周半,在其 62 家电视台的正常节目中,以新闻节目的形式抢先播出一部纪录片,名为《被偷走的荣誉:永不愈合的伤口》(*Stolen Honor*:*The Wounds That Never Heal*)。[2] 据报道,这部纪录片尖锐地抨击了民主党候选人约翰·克里(John Kerry)的越战经历。辛克莱华盛顿分社的一名记者反对播放该节目,将之描述为"赤裸裸的政治宣传",随即遭到解雇。[3] 辛克莱公司拥有的电视台覆盖了四分之一的美国家庭,它利用电视台所有权,抢占了各地的广播时间表,并解雇了一名反对其决定的记者,这使之成为"贝卢斯科尼效应"的典型事件,同时也是反对媒体集中化和任何单一所有者拥有多家媒体的典型案例。《洛杉矶时报》于 2004 年 10 月 9 日(星期六)曝光了辛克莱公司的计划。周末,民主党内便开始进行"官方"回应。克里竞选团队质疑该计划是否违反了选举法,因为它对布什竞选团队来说,构成了一种未予公开的"实物捐助"。到了 10 月 12 日(星期二),民主党全国委员会宣布它正在向联邦选举委员会(Federal Elections Commission, FEC)提出申诉,同时亦有 17 名民主党参议员致信联邦通信委员会(FCC)主席,要求调查辛克莱公司是否滥用了公众对广播的信任。然而，在整个事件中，无论是FEC还是FCC都没有采取任何行动或干预。

　　除了商业大众媒体、媒体监管机构以及政党等传统公共领域的标准回应渠道之外，网络上的博客圈子也在酝酿一种非常不同的回应。2004年10月9日星期六早上，《洛杉矶时报》的报道在多个政治博客上发表，其中包括talkingpointsmemo.com网站的乔西·马歇尔（Josh Marshall）、MyDD.com网站的克里斯·鲍尔（Chris Bower）、dailyKos.com网站的马克斯·莫利萨斯（Markos Moulitsas）。10月9日星期六中午，两篇旨在组织反对辛克莱公司的文章在dailyKos和MyDD上发布出来。有人建立了一个名为"抵制辛克莱"的网站，并且得到了上述那些博客的链接。MyDD的鲍尔提供了一份完整的辛克莱电视台名单，并敦促人们给这些电视台打电话，威胁要进行抗议和抵制。10月10日星期天，dailyKos贴出了一份与辛克莱电视台有关的全国性广告商名单，并敦促读者给他们打电话。10月11日星期一，MyDD链接了这份名单，另一个博客网站theleftcoaster.com则发布了一系列行动议程，从警告辛克莱的分公司到建议读者反对辛克莱的许可证续期，并且提供了一个解释基本续期程序的FCC官方网站的链接，列出了可以合作的公益组织。同一天，尼克·戴维斯（Nick Davis）创办了一个网站BoycottSBG.com，呼吁联合抵制当地的广告商，而另一个网站stopsinclair.org则开始推动一项请愿活动。与此同时，TalkingPoints发表了一封FCC前主席里德·亨特（Reed Hundt）写给辛克莱的信，并继续寻找关于《被偷走的荣誉》及其制作人的花边新闻。晚些时候，TalkingPoints贴出了一封读者来信，信中建议辛克莱的股东可以提起衍生诉讼。然而到了10月12日星期二凌晨5点，TalkingPoints开始将矛头指向了戴维斯在BoycottSBG网站上的数据库。上午10点，马歇尔在TalkingPoints上发布了一封匿名信，开头写道："我在媒体行业工作了30年，我向你保证，这些地方电视台不在乎许可证的续期，也不理会铺天盖地的公愤。他们只关心销量，所以只有当地的广告商才能影响他们的决定。"这位读者随后给出了一个计划,教给网友如何观察和列出当地所有的广告商,之后写信给当地电视台的销售经理(而不是总经理),告诉他们你要联系哪些广告商,然后再给这些广告商打电话。到下午1点,马歇尔贴出了一份经验攻略。他用戴维斯的数据库来确定俄亥俄州分公司的当地广告商。他试着给电视台的销售经理打电话,但无法接通,然后他给广告商打了电话。这个帖子是一个"如何做"的指导手册,包括告诫大家要记住,广告商对此一无所知,因此必须给予充分解释,并且要避免使用指责的语气,等等。然后,马歇尔开始张贴读者来信,说明他们已经和谁谈过话——比如某个销售经理——之后被转到公司总部。他继续强调广告商才是正确的收信人。到了星期二下午5点,马歇尔贴出了更多读者来信,讲述他们的经历,并继续引导读者访问某些网站,帮助他们确定当地分公司的销售经理和他们的广告商。[4] 到10月13日星期三早上为止,抵制活动的数据库已经包括了800个广告商,并提供了信件样本供用户发送。当天晚些时候,BoycottSBG报道称,一些抵制活动的参与者收到了回复邮件,告知他们未经请求的邮件构成了非法垃圾邮件。戴维斯解释说,《反垃圾邮件法》(CAN-SPAM Act)是联邦立法,只适用于商业垃圾邮件,并向用户指出一个提供《反垃圾邮件法》概述的法律公司网站。到10月14日,抵制行动明显取得了成效。戴维斯发帖说,辛克莱的分公司威胁要对那些取消广告的广告商采取法律措施,并号召志愿律师来帮助他们。在很短的时间内,他召集到十多个志愿者来帮助广告商。当天晚些时候,grassrootsnation.com的另一位博主创建了一个工具,允许用户向BoycottSBG数据库中的所有广告商发送电子邮件。到10月15日星期五早上,戴维斯发帖说有五十多家广告商撤下了广告,还有三四家主流媒体关注了抵制事件并进行了报道。当天,雷曼兄弟(Lehman Brothers)的一位分析师发布了一份研究报告,下调了辛克莱公司股价12个月前景的预期,理由是广告收入的损失和更严格监管的风险。在周末和接下来的一周,主流新闻系统地将该报告与当地广告商从辛克莱公司撤下广告联系在一起。10月18日星期一，该公司股价下跌8%（而同期标准普尔500指数上涨了0.5%）。第二天早上又下跌了6%，之后开始回升，因为辛克莱公司宣布不再放映整部《被偷走的荣誉》，但是会提供一个内容较为平衡的节目，只播放该纪录片的部分内容，并且会包含另一方的抗辩。那一天，该公司的股价跌到了三年来的最低点。在宣布改变节目安排的第二天，股价反弹到了10月15日的水平。股价下跌的原因显然是多方面的，在这些事件发生之前，辛克莱公司的股票已经连续数月下跌。然而，如图7.1所示，对10月12日当周早些时候民主党当局宣布的监管和政治行动，市场的反应相当迟钝。相比之下，围绕涉及广告损失的市场预测却出现了急剧的下跌和大幅的反弹。虽然并不能证明网络组织、博客推动的抵制是决定性因素，但较之对正式监管措施的忧虑，这一时间点有力地表明，抵制发挥了非常重要的作用。

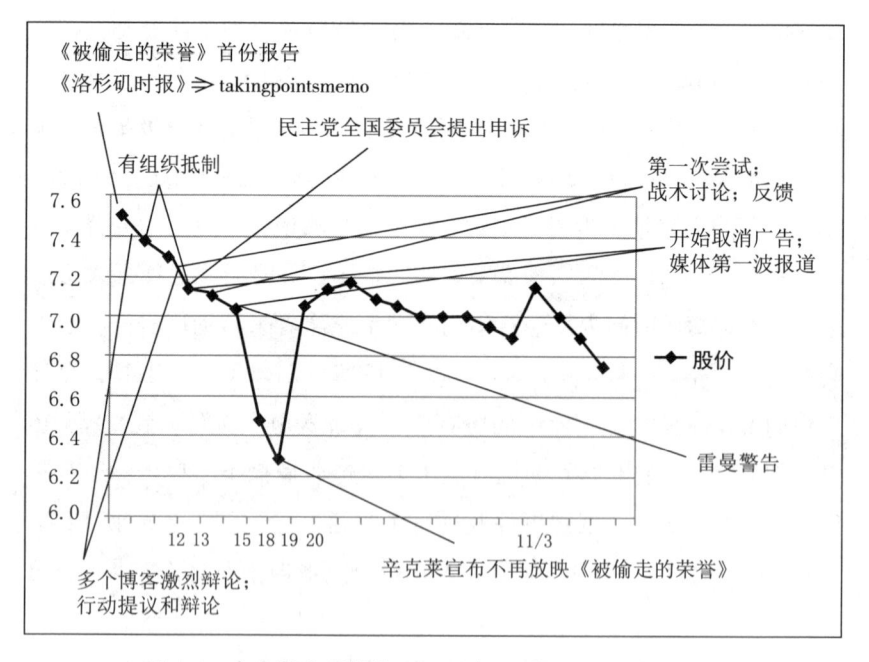

图7.1 辛克莱公司股价，2004年10月8日—11月5日

辛克莱事件的第一个教训有关商业大众媒体本身。媒体所有者可能会行使过度的权力，这种担忧并非没有凭据。这是一家上市公司，其管理者支持一个政党，计划利用自己覆盖了美国四分之一家庭（其中许多在摇摆州）的电视台控制权，将明显的政治信息传递给这些数量庞大的观众。我们看到，在没有垄断的情况下，这类计划并不能决定每个人的所见所闻，其他大众媒体也会互相批评。但是，仅凭这种批评并不能阻止一个坚定的媒体所有者试图影响公共领域，如果像辛克莱公司那样，在具有重大政治影响力的情境，这种干预可能会产生实质性的影响。第二个教训，我们也看到，基于网络的新媒体能够发挥重要的反制作用。它们为观察和评论提供了一个全新的、开放得多的空间。个人能够迅速建立网站，表达自己的立场，收集和提供与公众关注的特定问题有关的信息，并为其他人提供一个平台，就适当的政治战略和策略交换意见，这与大众传媒的经济和组织结构所能做到的完全不同。第三个教训有关网络公共领域的内部动力。筛选和综合是在讨论、试验和纠错的过程中进行的。行动建议有很多，而链接的做法使大多数感兴趣的人都能连接到某个网络节点，跟踪访问引文和参考资料，从而了解到广泛的建议。不同的人可以联合起来采取不同的行动方式——150 000 人在 Stopsinclair.org 上签署了请愿书，而其他人则着手抵制。建立这种机制在技术和成本上都是微不足道的——这是一个坚定的个人就可以做的事情。指引和采纳提供了过滤机制，对有效性的反馈也通过一个交叉引用的系统来传播的，从而能够对行动的过程进行测试和评价。高知名度的网站（如 talkingpointsmemo 以及 dailyKos.com）成为传播中心，传播各种行动的相关信息，并为整个利益团体的战术讨论提供平台。这些分散的公共辩论场所，在多人程度上仍需借助大众媒体曝光才能收获广泛的政治关注，这一点并不明确。BoycottSBG.com 在运营的第一周就有超过 30 万的独立访客、超过 100 万的页面浏览量。它成功地组织了一场运动，对大量地理上分散的媒体市场的广告商产生了实际影响。至少在这次事件中，主流媒体对这些行动的报道寥寥无几,效果最直接的"传播机制"来自雷曼的分析师报告,而非来自主流媒体。要判断主流媒体的那几篇报道在多大程度上影响了分析师对抵制行动的判断,是比较困难的。主流媒体在提高抵制行动的显著性方面发挥了作用,但这并不影响这些新机制所发挥的基础性作用,即把信息和经验带到广泛的公众对话中去,并在许多不同地点和社会背景下组织政治行动。

第二个故事关注的不是网络公共领域的反应能力,而是它的创造能力。在这种能力中,个人的角色从潜在的调查者和评论者,转变为公共领域中设定议程和辩论行动的积极参与者。这个故事有关迪堡选举系统公司(Diebold Election Systems,电子投票机的主要制造商之一,也是世界上最大的自动取款机制造商之一的子公司,年收入超过20亿美元),以及公众对投票机的质疑是如何发展起来的。它提供了一系列关于网络信息经济运作方式的观察,以及如何让大量的人参与新闻收集、分析和传播的同侪生产企业,并将其应用于一系列相当令人不安的主张。虽然这个故事的背景是关于电子投票的辩论,但它与民主并无关系。这场辩论可能针对任何一家企业或一个政府的行为,这些行为具有非常令人不安的影响,难以得到查证和分析,而且基本上被主流媒体所忽视。关键是,网络公共领域确实参与其中,并成功地将原本不需要认真对待的问题变成了引起公共行动的公共讨论。

在2002年11月的选举中,电子投票机首次在美国得到了广泛的应用。在这次选举之前和刚结束之后,大众媒体对电子投票机的报道寥寥无几。报道的重点主要是电子投票机的新颖性、偶尔的失误以及是否有技术支持人员在投票站提供帮助。《亚特兰大宪法报》(*Atlanta Journal-Constitution*)刊发了一篇题为《佐治亚州信任电子投票,批评者担心缺少书面记录》("Georgia Puts Trust in Electronic Voting, Critics Fret about Absence of Paper Trails")的文章,代表了当时的主流观点,即报道了计算机工程师的批评,总体上却又传达了一些安抚人心的信息,包括机器的效率如何之高,以及官员和公司为确保一切顺利进行所做的种种努力。[5]《纽约时报》对佐治亚州努力的报道甚至没有提及任何质疑。[6]《华盛顿邮报》报道了人们对新机器出现故障的担忧，但强调了制造商迪堡公司在培训选举官员方面所做的大量努力，并配备了数百名技术人员以应对故障。[7] 选举结束后，《亚特兰大宪法报》报道说，触摸屏机器大受欢迎，但文中没有提及机器误报的候选人和投票站前的长队，而《华盛顿邮报》提到马里兰州的某个县排起了长队，但其他地方运行顺畅。后来，《华盛顿邮报》刊载了马里兰大学（University of Maryland）的一项研究，该研究对用户进行了调查，指出相当多的人需要选举官员的帮助，从而损害了选民的隐私。[8] 考虑到投票机制对民主的重要性，对待投票违规行为决定了 2000 年总统选举的深切担忧，以及认为投票机可以解决"挂票"问题（在那次选举中，被打孔的纸质选票成为佛罗里达州大选闹剧的标志），大众媒体的报道明显缺乏对投票机安全性和准确性的认真调查，却夹杂着来自购买投票机的选举官员和销售投票机的制造商高管的甜言蜜语。没有一家大众媒体试图深入了解制造商对其机器的声明，调查其安全性或其计票和传输机制的真实性，以防投票被篡改。毫无疑问，这样做是很困难的。这些系统作为商业机密受到保护。负责对这些系统进行认证的州政府，必须将它们所能接触到的系统内部运作视为机密。分析这些系统需要高深的计算机安全专业知识。绕过这一系列障碍非常困难。不过，事实证明，对在网络上不同环境和背景下的志愿者集体来说，这却是可行的。

  2003 年 1 月下旬，关注电子投票机的活动家贝夫·哈里斯（Bev Harris）正在研究迪堡公司，该公司在美国投放了超过 75 000 台投票机，并生产了许多用于巴西纯电子投票系统的机器。哈里斯还建立了一个揭发网站，作为她当时运营的网站 blackboxvoting.com 的一部分。哈里斯显然是根据线索发现了一个公开网站，在那里迪堡公司存储了超过四万份关于系统工作原理的文件，包括迪堡公司投票机和计票系统的规格和实际代码。2003 年 2 月初，哈里斯在新西兰的一个在线期刊网站Scoop.com上发布了两篇初步的新闻报道。(Scoop.com的商业模式包括为希望将其作为发布材料的平台的评论员提供一个未经编辑的平台。)她还在自己的网站上建立了一个论坛，让了解技术的用户对她检索到的文件发表评论。7月初，她在自己的网站上发表了一份对讨论结果的分析报告，指出进入迪堡公司公开网站可能被用来影响2002年佐治亚州的选举结果（该州参议院曾经历过一场激烈的选战）。Scoop.com的编辑在一篇题为《比"水门"水更深》("Bigger than Watergate")的社论中称，哈里斯所发现的不只是一个控制美国选举过程的机制。然后，他们插入了几句话，直指网络信息经济如何利用同侪生产来发挥民主监督作用的核心要旨：

> 我们现在可以首次披露原始数据集的完整在线副本的位置。由于我们预计有人会阻止这一信息的传播，我们鼓励民主的支持者复制这些文件，并将其公布在网站和文件共享网络上：http://users.actrix.co.nz/dolly/。由于许多文件是加密的压缩文件，您可能需要一些帮助才能打开，我们发现以下网址提供的程序工具很有用：http://www.lostpassword.com。即便有些压缩文件存在部分损坏问题，但是也可以使用http://www.zip-repair.com中的工具来读取。在这个调查阶段，我们并不认为已经深入这些数据的方方面面；也就是说，没有理由相信到目前为止发现的安全漏洞是唯一的安全漏洞。因此，我们希望有更多的发现。我们希望这项事业得到在线计算机专家社区的帮助，我们鼓励你在此论坛提交你的发现（提供到论坛的链接）。

如果是在大众媒体的环境中，这一号召的许多特点是不可能实现的。它们代表了关于如何生产和分析新闻以及如何规避审查和权力的一种截然不同的思维。首先，存储和通信能力的泛在化意味着公共话语可以依赖于"自己看"而不是"相信我"。那么，第一步，就是让所有人都能看到这些原始材料。其次，编辑们预料到公司会试图压制这些信息。他们的反应不是利用大型媒体公司的经济和公共力量来保护材料的使用。取而代之的是对信息进行广泛的传播：在哪里可以找到这些文件；在哪里可以找到破解密码和修复损坏文件的工具；同时呼吁人们采取行动，获取这些文件，复制它们，并将它们存储在更多地方，这样就躲避了内容管制。再次，编辑们并没有依靠来自大型媒体机构的大笔资金雇佣专家和实习生来搜寻文件。相反，他们向所有感兴趣的人提出了一个挑战——有更多的独家新闻等着我们去发现，这对民主很重要，祝你好运！最后，他们在自己的论坛上提供了一个整合意见的平台。这段话简练地概括了迪堡公司文件的分布式存储、分发、分析和报告机制。

在接下来的几个月中，这一由同行组成的调查、报告、分析和交流的基本模式确实发挥了作用。这导致了迪堡公司在加州部署的一些系统被取消，并促使一些州要求投票机在重新计票时提供书面记录。约翰斯·霍普金斯大学（Johns Hopkins University）信息安全研究所的一组计算机科学家根据哈里斯最初发现的文件，对迪堡系统进行了第一次分析，并于2003年7月底发表了一篇工作论文。《霍普金斯报告》［Hopkins Report，或称《鲁宾报告》（Rubin Report），以作者之一阿维尔·鲁宾（Aviel Rubin）的名字命名］对迪堡系统及其诸多缺陷提出了尖锐质疑。报告作者的学术可信度迫使迪堡公司对各项质疑进行逐条回应。其他计算机科学家也加入了辩论。他们指出了《霍普金斯报告》的优缺点，也指出迪堡公司的回应是否充分，以及是否含蓄地承认了《霍普金斯报告》所发现的一些漏洞。这份报告及其评论也促使马里兰州分别于2003年秋和2004年1月进行了两次调查，以其调查结果作为是否继续采用电子投票机的重要参考依据。这两份报告都发现，它们所审查的系统存在普遍缺陷，需要进行修改（见图7.2）。

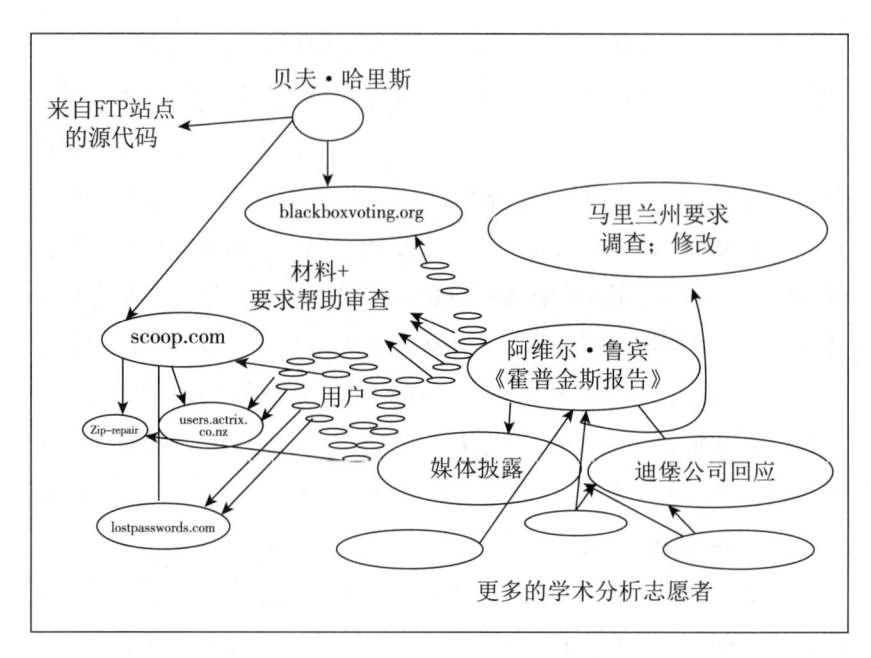

图 7.2 迪堡公司源代码分析

与此同时，迪堡公司的麻烦也在其他地方爆发。2003 年 8 月初，有人向《连线》（*Wired*）杂志提供了一个超大型缓存文件，内含数千封迪堡公司内部电子邮件。《连线》称这些邮件是由一名黑客获取的，并强调这是迪堡公司安全措施松懈的又一例证。不过，该杂志既没有提供对这些邮件的分析，也没有提供访问权限。贝夫·哈里斯，也就是最初发现迪堡公司资料的维权人士，收到了同样的邮件，并将这些邮件和备忘录发布在了自己的网站上。迪堡公司回应以诉讼威胁，声称对这些邮件拥有版权，并要求哈里斯、她的网络服务提供商以及其他一些发布这些材料的网站删除这些邮件。这些网站上的电子邮件都被删除了；然而，遍布四处的数据复制及其存储在许多不同的拓扑结构和组织环境中的策略，使得迪堡公司最终徒劳无功。自此，主角变成了大学生。先是宾夕法尼亚州斯沃斯莫尔学院（Swarthmore College in Pennsylvania）的两名学生，以及其他一些大学生，开始储存这些电子邮件，并从中搜寻不正当行为的证据。2003年10月，迪堡公司开始写信给这些学生所在的大学，援引《数字千禧年版权法》的规定，要求网络托管公司在版权所有者通知网站一旦发现侵权材料必须加以删除。大学同意了，并要求学生将侵权材料从学校网站上移除。但学生们并未就此罢休。10月21日，他们发起了一场多管齐下的运动，称之为"电子公民不服从"。首先，他们不断将文件从一个学生转移到另一个学生的机器上，鼓励全国各地的学生抵制消除这些材料的努力。其次，他们将这些材料输入了一个反种族主义的点对点出版网络FreeNet，以及其他点对点文件共享系统，如eDonkey和BitTorrent。最后，在电子前沿基金会（Electronic Frontier Foundation，关注互联网自由的主要民权组织之一）的支持下，学生们对迪堡公司提起了诉讼，要求法院宣布他们有权发布这些材料。最终，他们赢得了起义和正式战役的胜利。实际上，这些材料在此时期一直是公开的。作为一个法律问题，这场诉讼对迪堡公司来说非常糟糕，以至于发表了一封公开信，承诺不会起诉学生。尽管如此，法院还是判决迪堡公司向学生支付损害赔偿和律师费，因为它判定迪堡公司在给互联网服务提供商的信中存在"故意和实质性的歪曲"，谎称公布电子邮件档案的是侵犯版权的行为。[9]

然而，从理解网络公共领域动力机制的角度来看，最重要的并不是法院判决——该案是在一年之后，在大多数重要事件都已曝光后才解决的——而是学生们不顾企业的威胁和大学的命令，坚持不懈地公布相关材料所带来的效果。到处复制档案的策略使得这些材料不可能不为公众所知。公众的目光反过来也在认真审视。用户阅读这些文件时发现了一些内部邮件，这些邮件确认了投票系统的问题，以及哈里斯最初获得投票系统规格的FTP网站的安全问题。还有一些邮件表明，在加州部署的机器在获得认证后被"打补丁"或是更新了。也就是说，在加州实际部署的机器至少与该州测试和认证的机器有些不同。这被证明是一个关键的发现。

加州在州务卿办公室内专设了一个投票系统小组，负责审查和认证投票机。2003年11月3日，也就是在学生发起"电子公民不服从"运动两周后，该小组的会议议程就是讨论对迪堡投票系统的修改建议。然而，有一位小组成员并没有讨论这一议程项目，而是提出动议，主张在州务卿进行调查之前暂时搁置这一计划，因为，"我们注意到，有关这一项目存在一些非常令人不安的信息。我们获悉，迪堡公司可能在获得认证之前，至少在一个国家安装了未经认证的软件。"[10] 会议记录并未披露信息来源。《连线》后来的一篇报道引述州务卿办公室一个不具名的消息来源，称是公司内部的人提供了这些信息。但是，从时间和背景来看，是网上对电子邮件备份的披露和讨论起到了作用。有两名公众人士在发言中提到了来自公司内部的信息。其中一位特别指出是从公司电子邮件中收集到的材料。在2003年12月16日的又一次会议上，一名出席会议的公众人士特别提到互联网上的电子邮件，其中1月份的一封中提到了认证系统的升级改造。在12月的会议上，州务卿的独立调查发现，实际安装的系统与国家测试和认证的系统之间存在系统性差异。在接下来的几个月里，我们看到了更多的研究、回答和辩论，并最终取消了许多迪堡公司安装在加州的机器（见图7.3a和图7.3b）。

这个故事所展示的公共调查、辩论和集体行动的结构，与20世纪大众媒体主导的公共领域有着根本差异。最初的调查和分析都是由一位执着的积极分子完成的，预算很低，也没有来自媒体公司的资助。初步的调查结果并不是由公共辩论的主要参与者做出的权威分析，而是可用于启动对话的原始材料的获取和初步观察。然后，分析产生于由许多不同类型和能力的互联网用户所进行的广泛分布的过程当中。在这个例子中，它包括了研究电子投票系统的学者、活动家、计算机从业人员，以及动员起来的学生。当来自资金雄厚的公司逐渐增加压力时，保护信息完整性和公众监督的不是《华盛顿邮报》或《纽约时报》的声望和金钱，而是学生和点对点网络用户在互联网上广泛的分布式合作。这些努力反过来又与其他合作生产的社区相结合，例如免费软件社区在斯沃斯莫尔学院从学校网站上删除电子邮件后，开发了一些用来传播电子邮件的应用程序。没有单一的策划力量，无论是政党还是专业的商业媒体机构。取而代之的，是一系列不经策划却彼此加强的行动，由不同环境和背景下的个人，在不同的组织限制和能力下运作，以揭露、分析和传播批评和证据。这里，网络公共领域并不依赖于广告或吸引大量受众来集中力量。对公共议程来说，突出的是什么，并形成了公共讨论，是什么强烈地吸引了积极的参与者，而不是什么保持了大量被动观众的适度关注。与商业大众媒体典型的最低限度的关注不同，每个人和团体都可以——事实上，很可能会——精确地关注对其参与者来说最有趣的东西。我们看到的是一种"自己看"的文化，而不是建立在有限的广播时段或报纸版面上的标志性表达。获得基本的材料和陈述，以及直接表达他人的意见，成为媒体的核心。

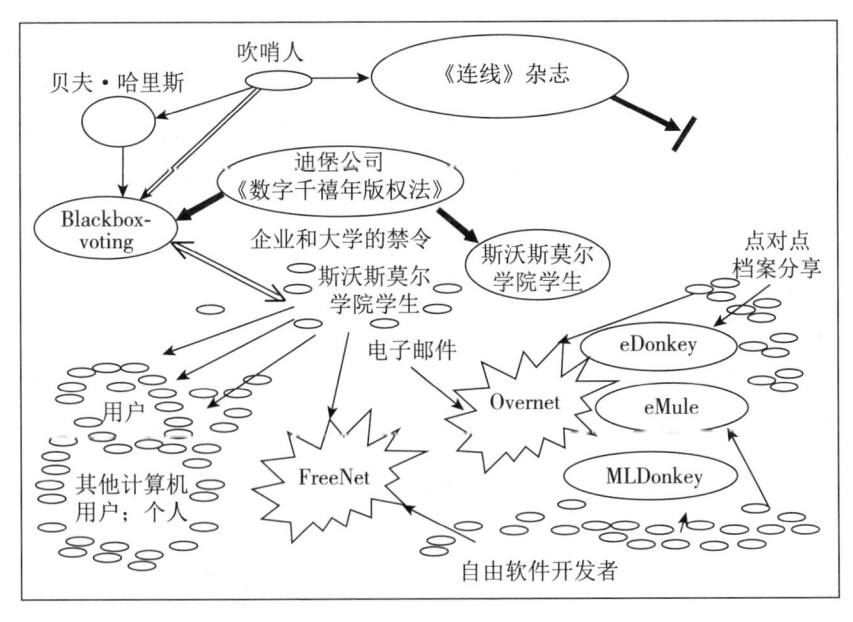

图 7.3a　迪堡公司电子邮件的网络发现与分布

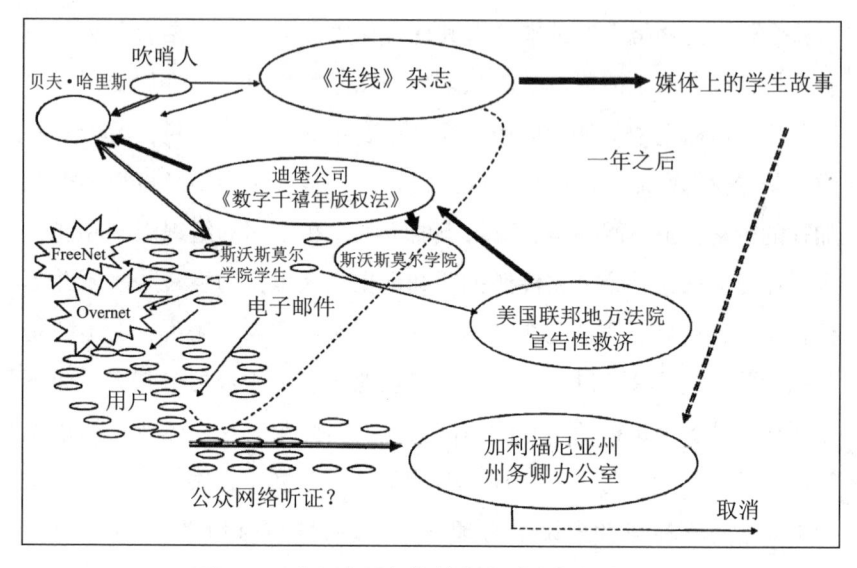

图 7.3b　内部电子邮件转化为政治与司法行动

对互联网民主作用的批评

今天，人们普遍认为1990年代——正如最高法院在雷诺诉ACLU案中提出的意见——对互联网持有天真乐观的态度，在政治乐观主义中表达了推动股市泡沫的热情，具有同样程度的合理性。事实上，一个理想的自由主义公共领域并不会从互联网中迸发出来，像是雅典娜从宙斯的脑袋里跳出来那样。对互联网民主作用的早期主张的详细批评，可以看成是五种基本主张的变体。

1. 信息过载。 每个人都可以发言，会导致发言过多或信息过多的基本问题。太多的意见和观点使筛选这些意见的问题变得极其困难，导致无法控制的混乱。这一总体关注，作为巴别塔异议的变体，构成了三个更具体的论点的基础：无论如何，金钱终将占据主导地位；注意力和话语碎片化；以及注意力和话语碎片化导致的极化。

·无论如何，金钱终将占据主导地位。 艾里·诺姆最初提出的一个观点是，在这个爆炸式增长的宇宙中，获得关注将和在大众媒体环境中传播你的原始信息一样困难，甚至更困难。同样地，在大众媒体环境中主导说话能力的手段——金钱——将主导在互联网上被听到的能力，即使它不再控制说话的能力。

· **注意力和话语碎片化。**卡斯·桑斯坦（Cass Sunstein）在《网络共和国》（Republic.com）中提出了一个最为鲜明的观点，即信息的无处不在和大众媒体作为凝结点的缺失将使公共话语变得支离破碎，从而变得贫乏。公共领域将不复存在。个人将通过数以百万计的私人定制窗口来观看世界，这些窗口将不会为政治对话或行动提供共同基础，只能让高度相似的个人群体反复看到同样的东西。

· **极化。**还有一种观点认为——与桑斯坦描述相近但结论不同——碎片化会导致极化。当信息和意见只在观点相似的参与者群体中分享时，人们往往会加强彼此的看法和信仰，而不参与其他观点的讨论或注意其他人的关注和批评。这会使得每种观点都在自己的方向上愈趋极端，并不断拉大与对立阵营所持立场之间的距离。

2. 互联网的集中化。对互联网民主作用的第二代批评是：事实证明，它并不像 1990 年代所暗示的那样是平等的或分散的。首先，通信渠道和基本通信工具是集中的。其次，对政策来说更棘手的是，即使在一个开放的网络中，注意力也高度集中在少数几个顶流网站上——极少数的网站被绝大多数读者阅读，而大多数网站无人问津。在这种情况下，互联网正在复制大众媒体的模式，也许增加了一些渠道，但所有结构性的东西并没有得到实质性的改变。

请注意，对信息过载的担忧与第二代担忧是直接冲突的。假如对互联网集中的担忧是正确的话，那就表明信息过载并不是一个真问题。可悲的是，从民主的角度来看，事实证明，由于关注的集中化，大多数人都会听到少数几个发言者的声音，这和大众传媒环境中的情况并无差别。这虽然意味着网络公共领域的所谓好处是虚幻的，但也意味着如果不存在大多数人所倾听的中心发言者，解决信息过载问题的方式就是将信息置于公众的遗忘之中。这与大众媒体模式处理大型社会中信息、观点和观察的事实多样性的方式大同小异。因此，对这两类问题的回应需要综合考虑一系列问题：集中的主张在多大程度上是正确的？它们是如何解决信息过载问题的？我们所观察到的集中在多大程度上复制了大众媒体的中心化模式？

3. 商业大众媒体在"第四等级"功能中的核心地位。 媒体对政治进程的重要性并不是什么新鲜事。它为媒体所赢得的"第四等级"绰号（指法国大革命前议会由神职人员、贵族和市民这三个等级组成）已经沿用了至少150年。在美国的言论自由理论中，媒体通常被描述为履行"监督职能"。这源于如下观念：来自公众的代表必须受到监督，以确保他们忠实地为公众服务。在互联网的背景下，尼尔·内塔内尔（Neil Netanel）最清晰地表达了这一关切，即在我们所生活的现代复杂社会中，商业大众媒体对于保持媒体的监督职能至关重要。庞大、老练、资金充裕的政府和企业作为市场行动者拥有可供支配的海量资源，可以随心所欲地行事，避免受到监督和民主的控制。只有同样体量、强势、资金独立的媒体组织，在市场中充当起观察和批评其他大型组织的角色，才能与这些精英组织相匹敌。个人和志愿者团体或许可以进行良好的沟通，但它们不能真正取代资金雄厚、经济和政治实力强大的媒体。

4. 权威国家可以利用过滤和监控来压制互联网的使用。 在互联网对权威国家的影响问题上，存在一系列不同的主张与批评。批评是针对部分网络自由主义者所持有的一项基本信念：只要有足够的机会使用互联网工具，自由就会在任何地方迸发出来。

5. 数字鸿沟。 虽然互联网扩大了公共领域参与者的圈子，但获取工具的渠道却向那些在财富、种族和技能方面已经取得优势的人倾斜。本章不会对这种批评做出回应。首先，在美国，今天的情况不像1990年代末那么明显。公共图书馆和学校里的电脑和互联网连接变得越来越便宜，也越来越普及。随着它们成为生活的中心，似乎也达到了更高的普及率，但在代表性不足的群体中的增长率高于代表性较强的群体。发达经济体内部基本网络接入方面的数字鸿沟只要持续存在，就很重要，但这似乎只是一个过渡性问题。此外，重要的是不要忘记，互联网的民主作用必须与大众媒体背景下的民主相比较，而不是与理想化的乌托邦背景下的民主相比较。计算机知识和技能虽然远未普及，但比大众媒体生产的技能和工具分布更广。其次，我在第 9 章专门讨论了非市场生产的出现如何以及为什么提供了新途径，使人们能够平等地获得市场分配不均的各种需求（无论是在发达经济体内部还是在全球范围内，这种分配不均的情况要严重得多）。因此，对数字鸿沟的批判或许会抑制我们对网络信息经济所代表的激进民主变革的热情，但网络信息经济本身就是缓解分配不均的一条途径。

本章余下的部分将致力于回应这些批评，为互联网可以促进一个更具吸引力的自由公共领域的主张提供辩护。通过处理这些反对意见，我们可以更好地理解网络信息经济如何回应或克服大众媒体作为公共领域平台的系统性失败。在整个分析过程中，最重要的是将网络公共领域与作为起点的大众媒体公共领域相比较，而不是与那个不存在的理想公共领域或"人人能写小册子"的乌托邦相比较，这对我们评估其民主前景才是最为重要的。

互联网太混乱了，还是太集中了，抑或二者皆非？

对互联网民主化主张的第一代批评主要集中在信息过载或巴别塔异议的三种变体上。激发联邦最高法院判决雷诺诉 ACLU 案的基本描述性主张或多或少地在描述性上是精确的：每个人都可以在网络上平等地发表意见。然而，在这一基本观点之后，还有一个描述性或规范性的解释，说明为什么这一发展对民主构成了威胁，或者至少不是什么好事。这一批评路线所诊断的基本问题针对注意力。当每个人都能说话时，成败的关键取决于被倾听的能力——谁听谁的，以及这个问题是如何决定的。在一个没有人会以任何可能性被合理地听到的媒体中发言，可能会带来心理上的满足感，但这并不是一个政治对话中的行为。因此，诺姆预测了注意力的再次中心化：在这种环境下，金钱将会重新成为被倾听能力的主要决定因素，其决定性不会比大众传媒环境中更低，甚至反而更高。[11] 桑斯坦的理论则不同。他接受了尼格拉斯·尼葛洛庞帝（Nicholas Negroponte）的预言：人们会阅读"每一天的我"，也就是说，我们每个人都会在信息环境中创建高度定制化的窗口，这些窗口将根据我们独特的兴趣组合进行非常有限的调整。从这个关于人们如何获得信息的假设出发，桑斯坦提出了两个不同但相关的批评。首先，话语将会碎片化。如果没有六点钟的新闻来告诉我们公共议程是什么，就不会有公共议程，只会有碎片化的多种私人议程，而且这些议程永远不会整合成一个政治讨论的平台。其次，在碎片化的话语中，个体会聚集成自我强化、自我参照的讨论组。依据一些社会科学的证据，他认为这类群体往往会使其成员的观点更加极端，更不容易接受跨越政治分歧的对话，而后者是实现理性民主决策所必需的。

在过去的五到八年中，学界对互联网实际使用模式进行了大量的实证和理论研究，这引发了对互联网民主化主张的第二代批判。根据这一类批判，人们对互联网的关注比我们几年前想象的要集中得多：只有极少数的网站被高度链接，绝大多数的"发言者"并没有被听到，互联网的民主潜力已经丧失。这些论断如果是正确的，那么表明互联网使用模式解决了桑斯坦所担心的话语碎片化问题。与其说每个用户都在阅读一份定制的、完全不同的"报纸"，不如说绝大多数用户最终看到的是相同的网站。在一个只有少量高度可见的、几乎每个人都阅读的网络中，话语碎片化问题得到了解决。因为被大多数人看到，极化问题也得到了解决——高度可见的网站并非小群体的同质观点的互动。这种模式解决了桑斯坦的担忧，同时也实现了诺姆的预言，只有花钱才能获得知名度，有效复制了大众传媒的模式。集中化可以解决巴别塔异议，其代价却是严重丧失了网络民主的承诺。

因此，我们现在转向这样一个问题：互联网是太混乱，还是太集中，从而无法产生比大众媒体更有吸引力的民主话语？我认为两者都不是。冒着将金发女孩和潘格洛斯捏合一个奇美拉怪物（a Chimera of Goldilocks and Pangloss）的风险，我认为，网络的使用表现出一种不太集中也不太混乱的秩序，即使不是"恰到好处"，至少也构造了一个比大众传媒主导的公共领域更具吸引力的网络公共领域。

关于互联网集中化，存在两种截然不同的说法。第一种也是较早的说法，是我们熟悉的媒体集中化，具有人们所熟悉的媒体集中的特点。它是两种说法中较简单的一种，而且容易被政策所左右。第二种说法，是关于在一个开放的网络上出现的注意力和链接模式，更难解释，并且难以被政策所左右。不过，我认为，它实际上稳定和构建了民主话语，相比大众媒体以及所有要去规范公众关注事务的注意力的努力，它为信息过载的担忧提供了一个更好的答案。

媒体集中化一直也是关于开放宽带平台必要性的核心议题，在过去几年中，劳伦斯·莱斯格的观点最为有力，他认为互联网通信的基本工具受制于市场的集中化。基本接入的市场集中化潜在促成了接入所带来的话语权的集中。诺姆最近的工作提供了目前关于媒体市场集中程度的最全面研究，它描绘了一幅黯淡的图景。[12] 诺姆研究了互联网的基础设施组件市场：互联网骨干网、互联网服务提供商（Internet Service Provider，ISP）、宽带提供商、门户网站、搜索引擎、浏览器软件、媒体播放器软件和网络电话。通过将所有这些行业的情况汇总起来，他发现：根据传统的反垄断措施，在1984—2002年的大部分时间内，这些组成部分所界定的互联网行业处于集中状态；在1992—1998年间，根据司法部门为反垄断制定的市场集中度的标准加以衡量，互联网行业处于"高度集中"状态。此外，在这个市场中，排名前十位的公司的实力，以及在多个市场中占有较大市场份额的公司的实力，表明数量越来越少的公司攫取了互联网行业收入的25%左右。美国联邦通信委员会（FCC）的调查显示，96%的家庭和小型企业的宽带接入要么来自现有的有线电视运营商处，要么来自现有的本地电话运营商。[13] 关键是要认识到，这些发现暗示了网络信息经济的潜在故障点。它们并不是对网络公共领域的民主潜力的批判，而是展示了我们如何因遵循错误的政策而无法发展它。

宽带接入服务集中化的风险在于，少数公司——规模虽小却足以具备反垄断意义上的经济实力——将控制互联网通信的基础设施市场。然而，回想一下，计算机的低成本和互联网协议本身的开放体系结构，是使我们能够从大众媒体模式过渡到网络信息模式的核心因素。只要这些基本工具在用途上是开放和中立的，并且相对便宜，第一部分所描述的非市场生产的基本经济学就不应改变。在竞争条件下，技术使计算和通信变得更便宜，一个运转良好的市场应该确保这一结果。但是，在寡头垄断条件下，存在着一种威胁，即网络将变得过于昂贵，以至于无法在市场和非市场生产中保持中立。如果基本的上游网络连接、服务器空间和最新的读写工具变得如此昂贵，使得人们不得不采用商业模式来加以维持，那么网络信息经济的基本经济特征——非专利、非市场生产的相对较大的作用——就会发生逆转。然而，风险并不仅仅集中在或甚至主要集中在显性定价上。在网络环境中，一个主要的稀缺资源是用户的时间和注意力。正如第 5 章所解释的，通信设施的拥有者可以用比提高价格更微妙的方式从用户那里榨取价值。特别是，他们可以使一些网站和声明更容易访问和看到，即在屏幕上显示得更明显、加载更快，并将这种相对的便利出售给那些愿意付费的人。[14] 在这种环境下，无论内容质量如何，非市场网站都将处于系统性的不利地位。

因此，对这种形式的集中批评并不能削弱这样的主张，即如果允许网络信息经济蓬勃发展，将会改善民主的公共领域。它强调了基础设施的过度垄断将对网络公共领域的可持续性造成威胁。对市场集中化的观察和对网络公共领域之于民主社会的重要性的理解相结合，表明政策干预是可能的且可取的。第11章解释了为什么相关的干预措施是允许用户生产、提供关键的公共基础设施的重要部分，即无线或光纤的基本物理传输层以及运行通信的软件和标准，并作为公共物品进行管理。

幂律分布、网络拓扑结构与被倾听

网络信息经济推进公共领域民主化，对此论断有一个更为棘手的挑战，来自对互联网、万维网、博客圈乃至大多数仍在成长的网络所特有的一系列现象的观察。为了从互联网所提供的海量陈述和交流中提取信息，用户自由地采用了新实践将会带来新的权力结构。用户们并没有向"信息过载"屈服，而是聚集在少数几个网站解决了这个问题。这一结论来自对网页被其他网页链接的概率研究。概率分布被证明是高度倾斜的，也就是说，任意给定网站被大量链接的概率很小，而只有一个其他网站（甚至一个都没有）链接到给定网站的概率则非常大。这个事实在物理学、生物学、社会科学以及通信网络中所描述的大量非常不同的网络中普遍存在。如果网络使用的这种纯粹形式是真实的，那么对于认为"各种网络交流有意义地传播了民主话语"的观点来说，这种现象就在理论和经验上提出了严峻挑战。这不是一个政策上可以解决的问题。实际上，我们不能强迫人们阅读那些不同于他们自己所选择的东西；我们也不应该希望如此。如果用户通过关注开放网络中的少数几个网站来避免信息过载，从而允许他们或多或少地阅读他们想读的东西和其他任何人写的东西，那么，从自由民主理论的角度来看，旨在强制推行不同模式的政策干预将很难被证明是正当的。

对互联网和万维网上链接分布的持续研究较为晚近，只有几年历史。在图论或网络拓扑学的数学领域中，对网络中的幂律分布、非纯幂律的倾斜分布以及与数学相关的网络中的小世界现象则有着大量研究。基本的直觉是,如果确实有极少数网站获得了大量链接,而绝大多数网站只获得了很少的链接或根本没有链接,那么除非在一个高度可见的网站上,否则你将很难被看到。注意力模式使得开放网络复制了大众媒体。接下来,在解释这些研究的同时,我将表明目前正在形成的东西与大众媒体主导的公共领域非常不同,而且更有吸引力。

尽管互联网、万维网和博客圈确实比随心所欲、"人人能写小册子"的理想模式显得更有秩序,但这种结构并没有复制大众媒体的模式。我们看到的是一个新的信息环境,在这个环境中,确实是少数人被多数人阅读,但一些保持了适度阅读量的网站为更多的发言者提供了平台,其数量远远超过了大众媒体的环境。过滤、认证、合成和突出是通过由信息亲和群体(基于主题或兴趣)所进行的同行评议系统产生的。这些群体对来自广泛人群的观察和意见进行过滤,并将那些通过本地同行评议的意见传递给更广泛的群体,最终传递给更广泛的政治机制,而不需要求助于以市场为基础对信息流加以控制的节点。能够吸引人们的注意力,并因而更加引人瞩目的,是基于共同兴趣的小群体的强烈兴趣和参与,而非彼此疏远的广大群体的最低共同利益。与大众媒体相比,新兴的网络公共领域对广大民众的强烈关切做出了更加积极的反应,并创造了一个更能抵御金钱腐败的传播过程。

首先,注意力是以什么方式集中在网络上的?我们习惯于看到描述社会现象的概率分布遵循高斯分布规律:平均值和中位数是相同的,当我们描述的事件越远离中位数,概率也会相称地下降。这就是著名的钟形曲线。然而,在帕累托(Pareto)关于收入分配的研究中,以及齐夫(Zipf)关于英语单词在文本和城市人口中使用概率的研究中,某些现象也呈现出完全不同的概率分布。这些分布具有很长的"尾巴"。也就是说,它们的特征在于数量非常少但出现概率非常高的事件(如在随机选择的句子中非常高概率出现的单词,如"the"或"to")和数量非常多但出现概率非常低的事件(如单词"probability"或"blogosphere"在随机选择的句子中出现的概率)。为了直观地理解这种分布有多不直观,我们可以想一想电台幽默大师加里森·基勒(Garrison Keillor)虚构的沃比贡湖(Lake Wobegon),那里"所有孩子的智力都高于平均水平"。这句话很有趣,因为它假设了智力是正态分布的。如果智力服从幂律分布,那么沃比贡湖的大部分孩子实际上都低于平均水平。在幂律分布中,中位数远低于平均值(见图 7.4)。赫伯特·西蒙(Herbert Simon)和德里克·德索拉·普赖斯(Derek de Solla Price)在 1950 年代对学术引文的累积优势所做的研究[15],预示了 1990 年代末对度分布的幂律特征的强烈兴趣,或者说,对各类网络中任意点与其他点的连接数量的强烈兴趣,无论是神经元网络、轴突网络,还是社会网络、通信和信息网络。

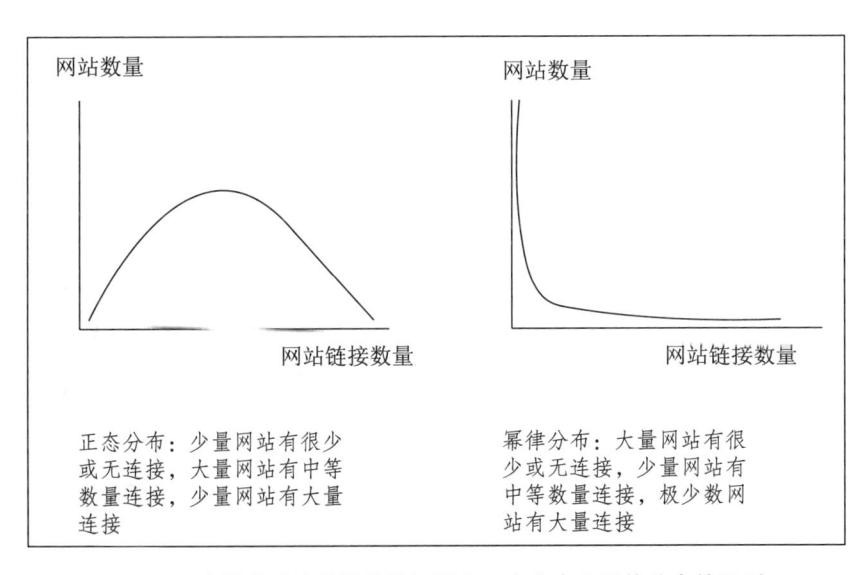

图 7.4 在描述网站外链数量问题上正态分布和幂律分布的区别

互联网和万维网提供了一个测试环境。在这个环境中,大规模调查可以通过研究链接结构自动完成(链接到谁,通过谁,由谁给出链接,由谁接受链接,这些如何相互关联起来,等等),更容易将那些好的想法以实际应用的方式表达出来(比如设计得更好的搜索引擎)。

1999年，阿尔伯特-拉斯洛·巴拉巴西（Albert-László Barabási）和雷卡·阿尔伯特（Reka Albert）在《科学》杂志上发表了一篇论文，指出各种网络现象都有一个可预测的拓扑结构：进出网络节点的链接遵循幂律分布。网络中的任一顶点或节点与其他节点高度相连的概率非常低，而大量节点之间的连接非常松散，无连接的概率也非常之高。直观地说，许多网站都链接到雅虎上的信息，而很少有网站会链接任一随机选择的个人网站。两位作者认为这种分布是演化得来的，可称之为"优先关联"（preferential attachment）。也就是说，新节点更愿意链接到已经具备良好关联的节点上。所有通过增加新节点而获得增长的网络，只要想要自己的节点优先关联到已有良好关联的节点上，最终都将表现出这种分布。[16] 简而言之，富者愈富。与此同时，两位计算机科学家拉达·阿达梅克（Lada Adamic）和博纳度·胡伯曼（Bernardo Huberman）在《自然》杂志上公布了一项研究，认为在给定站点的网页数量中也存在着幂律分布。他们并没有假设新节点优先关联于旧节点，而是假设每个网站都有一个内在的不同的生长速率，并且新节点以指数速率形成。内在的不同增长率可以被解释为质量、兴趣，或是对网站开发和营销的资金投入。他们表明，在这些假设下，将会出现幂律分布。[17] 自这些文章发表以来，对图论或网络结构及增长（特别是万维网的链接结构）的理论研究和经验研究呈现出爆炸式的增长。这些研究表明，进出站点的链接数量遵循幂律，外链的指数大约是 2.7，内链的指数大约是 2.1（这个指数描述了链接最多、次多、第三多的站点之间的下降速度及其程度）。

假设大多数人的阅读方式要么通过链接，要么使用搜索引擎（如谷歌），而搜索引擎严重依赖于计算内链来对结果进行排序，那么，网页的访问者数量，以及最近的博客读者数量，很可能也会遵循类似的高度倾斜分布。由此不难看到互联网对民主的影响呈现出一幅令人沮丧的画面。然而，正如最高法院满怀热情所指出的，每个人在互联网上都可以是小宣传册子作者，或拥有自己的街角发言"肥皂箱"，但事实上，互联网让人们发表看法的方式，并不比站在城市广场的发言"肥皂箱"上更有效。许多网页和博客都不会被人读到，也不会为一个更具参与性的政治体制做出贡献。巴拉巴西清楚地表达了这一观点："我们研究网络绘图所得出的最有趣结果是，网络上完全没有民主、公平和平等的价值观。我们认识到，网络的拓扑结构使我们无法看到全貌，只能看到数十亿文档中的一小部分。"[18]

在这一章和整本书中所提供的故事呈现了一个难题，即如何才能将网络链接的幂律分布解释媒体的再中心化。尼克·戴维斯的网站BoycottSBG.com 的成功是一种侥幸，星期一建立，星期五就拥有了30万独立访客，并且组织了一场成功的营销活动。这种情形概率小到可以忽略不计。另外一个网站 StopSinclair.org，与 BoyscootSBG.com 同天建站，同样有着隐蔽的网络起源，并成功吸引了大量读者的注意，用一份抗议辛克莱公司的请愿书收集到 15 万个签名，如果只是沉浸在大量自己发表的愤慨评论中，那么被人发现的可能性就微乎其微。然而，建立新的信息交流和协调节点因为网络而变得异常简单，也使得人们随时随地相互沟通。因此，在同块政治地图上被动员起来并在公共领域共享政治目标的一群人相互通知，并聚集起来参加一场政治示威，这从直觉上看似乎不足为奇。戴维斯创设网站来推动抵制的技术在 TalkingPoints（一个接近幂律分布顶端的政治博客）上得到了讨论，但作者是一个声称知道辛克莱当地分公司如何采取应对行动的匿名人士，而不是博主乔西·马歇尔。马歇尔为戴维斯的抵制行动煽风点火之后，很快就退缩了，戴维斯的网站成了报道、战术对话和动员的集结点。戴维斯不仅能被人看到，而且没有被 TalkingPoints 这个高频发射器湮没，也有赖于他和这个高曝光率网站的关系。当然，这个故事本身并不能"反驳"网络链接的幂律分布，它也不是作为一种驳斥的理由而讲述的。不过，它确实提供了一个背景，让我们更仔细地审视对网络拓扑结构的新理解，及其与对互联网集中化的恐惧、信息过载、话语碎片化以及金钱将在多大程度上主宰这个非结构化的、广泛开放的环境等问题之间的关系。它暗示了一个比"富人更富"和"你可以说，但没人听"更复杂的故事。在这种情形中，网络拓扑结构允许迅速出现一种立场，它的过滤与合成，以及显著的上升。网络拓扑结构促进了公共领域的所有这些组成部分，而不是破坏它们。我们可以回到数学和计算机科学文献中寻找原因。

在巴拉巴西和阿尔伯特的论文见刊两个月后，阿达梅克和胡伯曼发表了一封信，认为巴拉巴西和阿尔伯特关于优先关联的观点如果是正确的，那么较老的网站应该系统性地位于分布的高端，而新网站将在默默无闻中沉沦。老网站已经被关联了，所以新网站将优先关联于老网站。反过来，这又会使新一批网站出现并不得不决定链接到哪些网站时更具吸引力。然而，事实上，网站之间并不存在这种经验性的关联。而他们发现的机制——即节点具有不同的内在增长率——能够更好地描述数据。巴拉巴西和阿尔伯特对此回应道，在他们的数据集当中，较老的节点更多以遵循幂律的方式连接，但只是平均而言。也就是说，某类较老节点的平均连接数与某类较新节点的平均连接数相关，这是遵循幂律分布的。这就是说，他们的基本模型是可靠的，但需要修改一下方程式，包括一些类似于阿达梅克和胡伯曼提出的因素——每个节点的内在增长因子，以及新节点到已有节点的优先连接。[19] 这一修改很重要，因为它意味着并非每个新节点相对旧节点而言都一定不会被阅读，只是平均来说，它们被阅读的可能性会小很多。它为快速增长的新节点腾出了空间，但没有从理论上解释增速由什么决定。例如，金钱有可能决定增速，为了被看到，新网站或新帖子不得不花钱来购买知名度和显著性。正如BoycottSBG和迪堡公司的故事所表明的那样，本章后面要讲的洛特（Lott）的故事也是如此，还有其他方法来获得直接的流量。在BoycottSBG的案例中，它提供的解决办法与许多人的政治信仰产生了共鸣，促进了他们的发声与行动。此外，优先连接现象的持续存在表明，由于引入时间早（如电子前沿基金会），或者由于对大型社区的内部吸引力（如Slashdot），或者由于对用户直接利益的突出（如 BoycottSBG），从而已经获得高度连接的非商业性网站，即使面对商业网站的大量资金注入，仍将具有持久的可见度。

网络拓扑理论的发展及其与实际互联网结构之间的关系提供了一幅网络信息环境的图景，这幅图景确实与"人人能写小册子"的浪漫憧憬大相径庭。在这些发现的政治意义只能得到有限解释的情况下，它们无疑是令人失望的。现实世界当然不会符合任何乌托邦的标准。然而，这是错误的基准线。没有哪个复杂、庞大的现代民主国家让每个人都可以发言，且都可以被听到。正确的基准线是商业大众媒体的单向结构。与规范相关的描述性问题是，网络公共领域是否提供了更广泛的吸收、参与式的过滤，以及相对廉价的平台，从而创造公众的关注。网络拓扑结构的四个特征，将网站和博客圈构造成一种有序的但仍有意义的参与形式。首先，在微观层面上，站点集群——特别是与主题和兴趣相关的站点之间的链接——要比其他站点之间的链接多得多。其次，在宏观层面上，网络和博客圈拥有巨大的、强连接的核心。其中 20%~30% 的网站是高度冗余互联的"区域"；是数千万或数亿个网站，而不是 10 个、50 个、500 个电视台。这种模式在更小的子集中也会重复出现。再次，当集群变得足够小的时候，参与集群的站点的隐蔽性就会降低，而超级网站的能见度仍然很高。这就形成了一个通用摄取（intake）和局部筛选的过滤和传输主干。最后，网络呈现出"小世界"现象，使得大多数站点都可以通过浅层路径从其他网站到达。我将在后文解释这些现象，以及它们如何相互作用，从而形成一个合理的、有吸引力的网络公共领域。

第一，链接在整个网络中的分布并不均匀。站点聚集成密集连接的"区域"或利益共同体。计算机科学家从描述这些相对高密度互联的节点区域的主题或其他相关特征的角度来研究集群。从网络用户的直观角度来看，这也许是完全可以预测的，但是在我们试图理解网络信息流的结构时，这一点很重要。网站分为主题类和社会/组织类。IBM 阿尔马登研究中心（IBM Almaden Research Center）早期在如何将链接结构用作搜索技术方面所做的工作表明,在不查看内容的情况下,通过映射密集的关联站点,人们可以找到自己感兴趣的社区,识别出高细粒度的主题联系,如澳大利亚消防队或美国的土耳其留学生。[20] NEC研究所后来的一项研究更正式地确定了"区域"的互联,即集群内节点之间的连接要比集群外节点之间的连接更紧密。该项研究还表明,局部连接的站点也符合这一定义。例如,与分子生物学相关的网站相互聚合——从某种意义上来说,彼此之间的联系要比与非主题网站的联系更紧密——与物理学和黑洞相关的网站也是如此。[21] 阿达梅克和娜塔莉·格兰希(Natalie Glance)最近指出,自由派政治博客和保守派政治博客之间存在密集的相互链接,大部分都指向各自的政治阵营,但在超级网站上发布的链接当中约有15%跨越了政治分歧。[22] 物理学家认为聚类(clustering)显示了网络的传递性:如果节点A连接到节点B,节点B连接到节点C,则节点A也将连接到节点C,形成一个三角形的概率增加。纽曼(Newman)已经证明,网络的聚类系数(clustering coefficient)表现为连接或程度的幂律分布(即群集的趋势),这与分布的指数有关。在低于2.333的低指数处,聚类系数会变得很高。这从分析上解释了网络高水平聚类的经验观察结果,其内链指数已在经验上证明为2.1。[23]

第二,在宏观层面和更小的子集群中,幂律分布并不意味着每个人都以大众媒体的模式与少数几个"骨干"的网站相连。早在1999年,布罗德(Broder)等人就证明了大量网站占据了一个所谓巨大的、强连接的核心。[24]也就是说,在这个核心内的节点都有很强的关联性和互联性,相互之间有着多条冗余路径。根据经验研究,截至2001年,这个结构由大约28%的节点组成。同时,大约22%的节点链接到了核心,但没有得到来自核心的链接(这些节点可能是新站点,或兴趣相对较低的站点)。同样约有22%的站点,得到了来自核心的链接,却没有反链回去(这些站点可能是文件的最终储存库,也可能是内部组织的站点)。最后,大致相同比例的站点,占据着无法得到核心链接，也没有链接核心的"触须"或"管道"。触须可以从链接到强链接核心的站点群中获得，也可以从核心链接到可链接的站点群中获得。管道连接内链点和外链点，而不穿过核心。大约10%的站点是完全孤立的。这种结构被称为"领结"——有一个大的核心和大小相等的进出核心（见图7.5）。

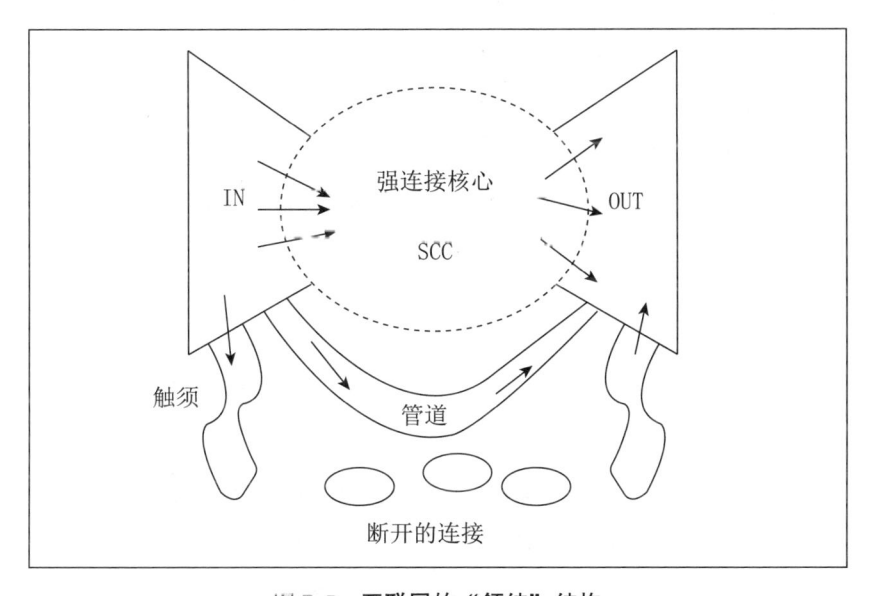

```
                    强连接核心
         IN                        OUT
                      SCC

         触须         管道

                断开的连接
```

图 7.5　互联网的"领结"结构

有人认为这种结构是反民主的，因为这意味着有一半网络站点不能访问另一半网站，"IN""触须"和断开的部分无法从 SCC 和 OUT 中的任何站点到达。站在"人人能写小册子"的角度上，这确实令人失望。另一方面，可以说一半的网页，即 SCC 和 OUT 的部分，可以从 IN 和 SCC 中到达。也就是说，数以亿计的网页可以从数以亿计的潜在入口访问。这代表了一种非常不同的摄取功能和发声的自由，与拥有 500 个频道的大众媒体模式相比，这是一种具有巨大潜力的访问方式。更重要的是，迪尔（Dill）等人表明，领结结构不仅出现整个网络层面，而且在集群中也反复出现。也就是说，网络在一定程度上表现出了自相似性（self-similarity）的特征——集群内的链接也遵循幂律分布和集群，并且具有与整网络相似的领结结构。迪尔及其合作者把集群和强连接核心的存在这两点联系在一起，证明了他们所谓的"主题统一集群"，比如地理或内容相关的站点群，本身就展示了这些强连接的核心，它们为网络提供了一个主题明确的导航主干。这并不是说所有主题相关的站点都与1~2个主要站点相连；相反，在整体网络的层面上，大约有25%~30%的站点是高度互联的，另外25%可以从强连接的核心中到达。[25] 此外，当数据被缩减到只将主页而不是将单个站点中的每个网页视为一个不同的"节点"时（也就是说，将www.foo.com下的所有内容都视为一个节点，而不按照通常的方式，将www.foo.com、www.foo.com/nonsuch 和 www.foo.com/somethingelse 分别视为一个独立的节点），有82%的节点位于强连接的核心中，另外13%可以从作为OUT组的SCC到达。

第三，网络拓扑学的另一个发现以及对巴拉巴西和阿尔伯特的基本模型的重要调整是：当主题或组织上相关的集群变得足够小时（大约几百到几千个网页），它们就不再遵循纯粹的幂律分布了。相反，它们的分布仍然有一个很长的尾巴。这些较小的集群仍然有一些真正的"超级明星"，但是分布的主体在很大程度上更加适度：除了少数超级明星，链接分布的形状看起来更像是一个正态分布。许多站点没有继续呈指数下降，而是表现出了适度的连通性（connectivity）。图7.6表明了此类假设分布与图7.4所示正态分布和幂律分布的区别。大卫·彭诺克（David Pennock）等人在描述这些经验发现的论文中，假设在巴拉巴西和阿尔伯特的原始模型中加入了一个均匀分量（a uniform component）。这个分量可能是随机的（正如他们所模拟的那样），但也可能代表材料的质量，或较小集群中参与者对站点的兴趣程度。在大量节点中，指数支配着均匀分量，这说明了当我们把网络看作一个整体，甚或看作广泛定义的主题时，它就会呈现出纯粹的幂律分布。然而，在较小的站点集群中，均匀分量开始对分布施加更强的拉力。指数完整地保持了长尾，但均匀分量呈现得更为适度。许多站点会有几十个，甚至上百个链接。彭诺克的论文只研究了特定组织（大学或上市公司的网站），就发现了网站数量的减少。查克拉巴蒂（Chakrabarti）等人后来也证实了这个发现。也就是说，当他们观察主题相关网站的小集群时，链接的分布对于每个主题中的少数高连接度的网站来说仍然具有长尾，但是分布的主体却偏离了幂律分布，并且代表了相当比例的网站是适度连接的。[26]更具体地说，正如丹尼尔·德雷兹内（Daniel Drezner）和亨利·法雷尔（Henry Farrell）所言，彭诺克的模型可以更好地描述政治博客的链接分布情况。[27]

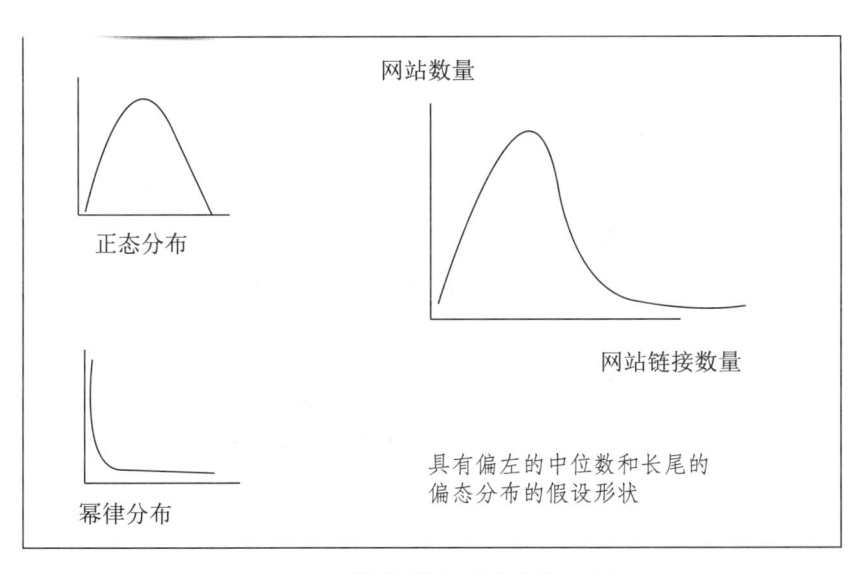

图 7.6　不遵循幂律的偏态分布示意图

这些发现对了解解释链接的分布至关重要，因为它与人类的注意力和交流有关。在无人关注处于分布低端的网站，因为每个人都只关注超级明星，这是一种情况。处在分布低端的几十个或几百个网站不仅关注超级明星，而且也在关注彼此，这是另外一种情况。这两种情况有着很大区别：前者会让几乎所有人因为缺乏关注而备感煎熬（仅有极少数人例外）；后者则提供了一种机制，使主题相关的和基于兴趣的集群形成一个同行评议的过滤、认证和显著性生成系统（下文将予详述）。分布低端的长尾因为它而获得了一定权重（以及相当大的"摇摆"）。

将网络描绘为公共领域平台的第四个也是最后一个例子被称为"小世界效应"。基于斯坦利·米尔格拉姆（Stanley Milgram）的社会学实验以及后来由邓肯·瓦茨（Duncan Watts）和斯蒂文·斯特罗加茨（Steven Strogatz）提出的数学模型，我们可以在理论和实证研究上证明，从网络中的任意一点到其他任意一点，必须经过的链接数量相对较少。[28] 较为表层的"浏览"——也就是点击3~4层链接——就可以让用户覆盖网络的大部分内容。

整个网络的这一情况原本也适用于博客圈，甚至适用于特定的政治博客圈。2003年初，博客界中出现了越来越多关于"A-list"的对话，"A-list"是指一些高度引人关注的博客，它们开始看起来更像是大众媒体而不是博客。克莱·舍基和贾森·科特克（Jason Kottke）在两项以博客为基础的研究中，发表了广为流传的解释，说明博客界如何简单地表现出在网络上常见的幂律特征。[29] 事实证明，2003年博客界中出现的这类讨论并不令人讶异。在2003年发表的一项时效性很强的研究中，库玛尔（Kumar）等人对博客圈的网络拓扑结构进行了分析。他们发现，无论是在宏观层面还是微观层面，网络拓扑结构都与整个网络非常相似。有趣的是，他们发现强连接核心只有在节点总数达到某个阈值后才会发展，它在2001年才开始广泛发展，在2002年达到所有博客的20%，并持续快速增长。他们还展示了所谓的"社区"结构，也就是群组内的集群或相互指向的程度很高，比具有类似幂律指数的随机图形产生的数量级还要高。此外，集群的活跃程度和高度连接的程度，都会随着时间而变化。除了对时间不敏感的超级明星，网站的连通性也会随着它们感兴趣的社区的活跃程度和相关性而改变。后者的观察结果与我们在BoycottSBG.com上看到的情况一致。

库玛尔和他的合作者解释了这些现象，提出了一个并不太令人惊讶的观点，即博客之间的链接是基于话题性，也就是对材料的质量和相关性的判断，而不仅仅取决于是否具备很好的连通性。[30]

这些网络拓扑学研究为互联网、万维网和博客圈的秩序形成提供了一个解释模型。网络公共领域允许数以亿计的人们随时随地发表任何他们喜欢的东西，而不会像第一代批评家所说的那样裂解成一种无用的喧嚣，而且它在进行过滤和集中的同时，并没有重复第二代批评家所关注的高度集中化的大众媒体模型。我们现在知道，网络的各个层面都遵循着一定程度的秩序，有些站点比多数站点更加明显。然而，这种秩序又足够松散，并且从大量站点到另一大量站点，呈现出足够多的冗余路径，其效果与少数商业专业编辑的大众传媒相比有着根本不同的效果。

个人和个体组织围绕着主题、组织或其他共同特征而聚集。当集群的精细度足够高时，相当比例的集群站点都可以形成适度连接，因此每个站点都可以成为一个接收点，在该主题或兴趣群集的用户内部及之间有效地传递看法或意见。因为即使是在小集群中，链接的分布仍然有一个长尾，这些小集群仍然包括高可见度的节点，可以充当连接到较大集群的转换点，以及集群之间传输信息的注意力中枢。一个大类中的子集群——例如自由派和保守派博客集群中的政治博客集群——也是相互链接的，尽管没有集群内的连接那么密集。更高级别或更大的集群也表现出类似特征，其中更高可见性的节点可以作为集群间和跨网络的交换点和连接点。这些节点都在一个巨大的、强连接的核心中通过冗余链接实现高度连接。在任意给定级别的集群中，核心都包含超过四分之一的节点。小世界现象意味着单个用户从集群中相似的起点出发，通过少量的、不同的链接，就能覆盖网络的大部分内容，并且可以找到不同的网站。然后，通过在他们自己的站点上链接到这些网站，或者通过电子邮件、博客文章将这些网站提供给其他人，就可以为许多用户提供通往网络上大多数语句的多个冗余路径。

高可见节点放大并关注给定的语句，在这方面，它们在自己所处的信息环境中具有更大的力量。然而，通过高可见节点的路径存在足够冗余，因此没有任何单个节点或小型节点集合能够控制核心和网络周围的信息流。无论是在集群级别还是在整个网络层面都是如此。

由此产生了一种有序的摄取、过滤和综合的系统。这种系统理论上可以在网络中普遍出现，而现实中也已经在网络上出现。它不依赖于单一的控制点。避免了一种无法听到任何声音的喧嚣，就像对分裂的担忧所预测的那样。而且，尽管金钱可能有助于实现可见性，但网络的结构意味着金钱既不需要也不足以吸引注意力，因为网络信息经济不像工业信息经济，不提供简单的传播点和控制点来购买有保证的注意力。因此，网络拓扑学研究允许我们做的是，提供一个更丰富、更详细、更具经验支持的图景，说明网络如何能够成为一个在结构上根本区别于大众媒体模型的公共领域平台。这个问题是通过一种自组织原理来解决的，首先是小规模的兴趣社区，相互指向的做法，以及这样一个事实：在自由选择查看内容和链接对象的情况下，在个体选择链接对象存在某种相互依赖性时，即使在小规模上也会出现高度连接的点，并随着集群的增长继续以越来越大的能见度进行复制。在没有形成或不需要正式层级结构也不创建单个控制点的情况下，每个集群生成一组提供初始过滤点的站点，其方式仍然与高度连接的小集群中参与者的判断一致。这一过程在更大、更普遍的集群中被复制，直到"本地"和"区域"合成的位置可以达到全网范围的可见性和显著性。事实证明，我们并不会集体失智。我们并没有利用网络带来的自由陷入胡言乱语的无序深渊。相反，通过合作过滤的迭代过程和高可见度节点的"传输"功能，低端的细尾变成了同侪生产的过滤器和传输媒介，其数量远远超出了大众媒体模式的想象。

网络拓扑结构的影响通过链接、电子邮件列表和可写网络的文化形式得到了加强。网络拓扑学研究将每个页面或站点视为一个节点。然而，可写网络的出现允许每个节点本身成为用户和发帖者组成的集群，他们共同获得了作为一个节点的显著性。Slashdot 是网络整体中的"一个节点"，一个高度链接、高度可见的节点。然而，Slashdot 本身却是一个高度分布式的系统，是用于对那些关心信息技术和通信的人应该关心的问题进行观察和发表意见的同侪生产。一些最引人注目的博客，如 dailyKos，是有着许多作者的合作博客。更重要的是，博客通过帖子或电子邮件来接收用户的意见。让我们回想一下，关于抵制辛克莱公司的最初讨论将集中于本地广告商，这个情况是通过一位读者的电子邮件传达到 TalkingPoints 的。Talkingpoints 经常征求并采纳用户的意见和研究。在高曝光率的博客上写作要比给编辑写信容易得多，对发布内容的限制也要宽松得多，这使得节点本身成为表达、过滤和综合各种观察和观点的平台。此外，正如德雷兹内和法雷尔所表明的，博客已经形成了一种相互引用的文化惯习。当一个博主通过阅读另一个博主发现了一个信息来源时，就会依惯习提供原始博客的链接，而不仅仅是直接链接信息来源。杰克·巴尔金认为，更普遍的链接文化和"自己看"的文化也极大地抑制了话语的碎片化，因为用户会链接到他们评论的材料，即便他们并不对之表示赞同。

因此，我们对网络信息环境的新兴结构的理解，为回应互联网民主化主张的第一代批评提供了基础。回顾这些立足于信息过载问题或巴别塔异议的批评，基本围绕三项主张展开。第一项主张是，互联网将导致公共话语的碎片化。政治导向型网站等主题相关网站和兴趣社区的聚集，多数网站链接的高知名度网站的出现，以及相互链接的做法，在数量上和质量上都显示了互联网用户可能直观体验到的内容。虽然因特网上存在着巨大的多样性，但也有一些机制和做法产生了一系列共同的主题、关注点和公共知识，围绕这些就可以形成一个公共领域。任意给定的网站即便点击量很小，都有可能从很多其他网站看到它，这些网站形成了共同的材料、观察和关注的主干。所有关于链接的幂律分布、集群、强连接核心的存在，以及链接文化和"自己看"的结论，都与碎片化的预言背道而驰。用户通过自我组织来过滤在网络中产生的海量信息。这种自我组织包括许多高度突出的站点,它们为社会的和文化的经验、知识凝聚出一个共同核心,从而为一个共同的公共领域提供了基础,而不是一个支离破碎的领地。

第二项主张是碎片化将导致极化。因为志同道合者彼此交谈,他们会倾向于放大分歧,采取更加极端的立场。证据表明,在缺乏共同话语的意义上,并不存在碎片化的问题,因此,将极化归咎于互联网,将是令人惊讶的。此外,正如巴尔金所指出的,互联网允许分散在各处的持极端观点者找到彼此并进行交谈,这并非自由公共领域的失败,尽管它可能给自由国家在限制极端行为方面带来新挑战。只有整个社会的话语极化才能被恰当地视为对网络公共领域吸引力的挑战。然而,链接、"自己看"或引用所批评的立场,以及审查和批评对话者的假设和论断,这些做法实际上都指向了另一个方向,起到了阻碍极化的作用。然而,近来对政治博客圈的研究提出了一个潜在的反驳观点。阿达梅克和格兰希认为,在任何随机选择的政治博客中,只有大约10%的链接指向跨越意识形态的网站。在"A-list"政治博客中,这一数字有所增加,大约占到15%。这一情况在自由派和保守派的对话领域中相当明显,派别内部链接非常密集,而两派的互链则相对稀疏。那么,在某种意义上来说,尽管有关注度较高的站点为谈话提供了共同主题,但实际的对话却发生在不同的、孤立的领域,正是桑斯坦认为会导致极化的那种环境。然而,该研究的两个发现却带来一种不同的解释。首先,还是有相当数量的跨越分歧的链接。在双方的顶流网站中,每隔六七个链接中就会有一个链接到对方,比例大致相等(虽然保守派的链接总体略多,无论是内部链接还是跨对立链接)。其次,为了弄清联系更紧密的保守派网站是否因此在"信息"上表现出更大的趋同性,阿达梅克和格兰希发现,更多的相互链接与外部(博客圈以外的)参照点的多样性并不存在相关关系。[31]

这些发现共同表明了另外一种解释。倾向于互相阅读和引用的博客群或多或少有些相似,而不是相互对立。这与其说是一个回音室,不如说是一个论坛，在志同道合的人之间，进行内部的观察和解释。许多言论或调查因为社区认为它们无趣或没有实质结果而消失不见。有些则获得了更大的影响力，并通过高能见度的网站传播到了整个兴趣社区。以这种形式达到政治显著性的问题，成为跨越分歧的话题和评论。这当然与BoycottSBG和迪堡事件相一致，我们看到在批评达到真正的政治显著性之前，就已经有了大量的战略部署和意见。反对者没有必要去关联和批评社区内部的早期观点，比如反对辛克莱电视台的更新申请。只有在几天后，当抵制行动变得明确时，反对者才有理由指出抵制的努力并进行讨论。这一解释也很好地描述了后文特伦特·洛特（Trent Lott）的故事，其最初在博客圈的自由派中传播，随后又转移到中右翼。

第三项主张认为，由于很难在网络上获得关注，金钱将重新成为政治捐客的主要资源。从描述上看，它与第二代主张有着同样的预测：互联网将使话语集中化。不同之处则在于集中化的机制：它并不来自大规模网络的新兴属性，而是来自古老的、经过实践检验可以控制政治的方法——金钱。但过滤和对话的同侪生产模式表明，网络公共领域将大大减少被金钱腐蚀的可能性。在我所提出的解释中，对整体网络的过滤是作为一种嵌入式的同侪审查决定来进行的，从发言者最接近的信息群体开始。与我们在维基百科、Slashdot或免费软件等更加结构化的同侪生产项目中所看到的相一致，兴趣社区使用集群和相互指涉来共同生产公共领域所需要的基本过滤机制，从而有效地避免湮没于喧嚣之中。网络的嵌入式结构，即子集群形成相对密集的高级集群，然后再组合成更高级的集群，并且在每一种情况下，都会出现一些高流量的网站，这使得通过这些过滤器的发言在相关公共领域中获得全网可见度。这一结构将网络上分析性和实证性的工作当作一个整体来描述，非常好地刻画出我们在仔细研究抵制辛克莱以及调查和挑战迪堡投票机的成功运动时所看到的动力机制。

注意力结构机制的同侪生产表明，在网络公共领域中，金钱既非吸引注意力的必要条件，也非充分条件（尽管没有迹象表明，但有鉴于大众媒体的持续重要性，金钱已经与政治注意力无关）。这使得霍华德·迪恩（Howard Dean）在2003年民主党总统初选中的强势竞选活动以及MoveOn.org自1990年代后期以来更稳定的成功变得不那么令人惊讶了。这些都表明，网络关注度更多与调动大量小规模捐助者的判断、联系和合作有关，而不是与使用大笔资金有关。显著性无法通过买下某个广播电台来实现。当然，有一些流量较高的网站，确实提供了一种将个人信息传递给大量用户的机制。然而，读者的参与程度、相互链接和聚集的程度表明，事实上，在一个或少数几个可见度较高的地方接触到某种信息，只占"阅读"范围的很小一部分。更重要的是，它表明阅读——相对于对话——只是人们在网络环境中所做的一部分事情。在网络公共领域中，接受信息或发布完成的信息只是民主话语的一部分，而且不一定是最重要的部分。根植于互联网的政治运动的核心诉求是能够吸引用户参与，使之成为对话和行动的有效参与者；这与他们切身利益相关，也与更大的、全社会的辩论相关。这种参与不是轻易就能买到的，也在概念上超过了受过良好教育之公众的内涵，因为他们获得了成为知情公民所需要的所有信息。相反，恰恰是参与小型、中型和大型对话的不同模式，以及不同但持续的有效程度，使得网络环境中的公共领域与基于大众媒体的公共领域不同，而且更有吸引力。

网络公共领域不仅更能抵抗金钱的控制，而且也更不容易受到因追求金钱而常常导致大众媒体采取最低公分母取向的影响。在同侪生产的媒体中，传播始于内在的动机——书写或评论自己关心的事情——它的出发点恰恰与最低公分母相反。在政治领域中，这正接近于艾瑞克·雷蒙德所说的，每一个免费或开放源码的软件项目都始于程序员的心痒，与他们的生活和需求直接相关的心痒。网络信息经济使个人有可能独自或与他人合作搜索与政治相关的事件，指出它们，并加以评论和争论，也遵循着类似的逻辑。这就是为什么一位左派倾向的自由撰稿人拉斯·奇克能够维持一个名为"记忆洞"的网站，该网站的文件都是他通过提交《信息自由法案》申请获得的。2004 年 4 月，奇克首先获得了伊拉克阵亡者灵柩被空运回国的美国军方照片。没有任何一家主流新闻机构这样做，但在奇克获得之后，很多人几乎第一时间就发布了这些照片。就像免费软件一样，就像戴维斯和参与辛克莱抵制辩论的博主们一样，或者是发表迪堡电子邮件的学生们一样，发表什么的决定并不来自管理者或编辑的判断，即什么内容对许多人来说是相关的、有趣的，同时又不会给太多人造成过分的困扰。它始于这样一个问题：我现在最关心的是什么？

最后，我们考虑网络公共领域的吸引力，不是站在 1990 年代中期的乌托邦主义角度，而是从它与主导了现代民主国家公共领域的媒体相比较的角度。在以市场为基础的大众媒体之外，网络公共领域为吸收、过滤和综合提供了有效的非市场化选择。这种非市场化选择可以削弱对公共领域的影响，而这种影响可以通过控制或购买对大众媒体的控制权来实现。它提供了一个更大的"捕获盆"（capture basin），用于吸收任何在政治机制中有利害关系的人所产生的观察和意见。它似乎已经形成了一种结构，使这个巨大的"捕获盆"被过滤、综合，并成为政治机制总体话语的一部分。兴趣社区集群的这种嵌入式结构，以稳定增加的超级节点的可见度为特征，允许过滤和突显在集群的层级结构中向上攀升，但也提供了足够的冗余路径和相互关联，去抑制那些可以直接行使或购买权力的一小部分控制点的产生。

这个故事中有很大的偶然性和特殊性。也就是说，我主张网络信息经济作为公共领域平台的主张并不是基于人性、自由言论的意义、与环境无关的效率或我们在 20 世纪末偶然发现的"科技向善"这类一般性主张，而是基于并依赖于对计算机和网络连接所制造的经济性的描述，以及对连接节点的网络中的链接动力机制的描述。因此，我的主张并不是说互联网天生具备解放潜质，也不是说基于信息、知识和文化生产的公共物品会以某种不可抗拒的进步力量而胜出。这就是为什么网络环境下信息、知识和文化的政治经济学研究与政策直接相关。网络拓扑学研究表明，只要存在广泛分布的能力来发布、链接和建议他人阅读什么、链接什么，网络就能够实现允许信息进行实质性排序的内在过程。与大众媒体模式相比，这样的网络信息流动模式更能抵抗控制或影响，但事情也可能发生变化。谷歌可以在桌面、电子邮件工具和网络上变得如此强大，以至于有效地成为一个超级节点，这确实会提高大众媒体模式复兴的可能。然后，正如卢卡斯·因特罗纳（Lucas Introna）和海伦·尼森鲍姆（Helen Nissenbaum）所言，搜索引擎的政治将走上舞台中央。限制影音文件点对点共享的热情，可能会导致计算机设备和网络的重大变革，从而使用户更难交换他们自己制作的信息。如果这些变化的确扭曲了网络的拓扑结构，我们将因此失去什么，以及由此产生出什么样的网络公共领域的基本结构，理解这一机理正是本书的全部目的。不过，网络信息经济发展到今天，已经有能力吸收、过滤和综合来自比被大众媒体捕获的高出几个数量级的观察和意见。它做到了这一点，却没有重新创造出可识别的、可靠的操控点，而这些操控点会复制大众媒体公共领域模式的核心局限——容易受到监管者、拥有者或付费者的控制。

谁来扮演监督者？

对网络公共领域作为民主政治平台的一个独特批评是对谁来充当监督者的担忧。尼尔·内塔内尔清晰阐释了这一观点。他认为，所有人都拥有言论自由或许是一件好事，甚至可以克服信息泛滥的问题，但我们生活的这个复杂世界中，存在着一些强势行动者。政府和公司的力量是巨大的，而个人不管拥有多好的工具，都不可能真正取代资金充裕的独立媒体。这些媒体可以支付调查记者的费用，提起诉讼或者辩护，并且可以像《纽约时报》和《华盛顿邮报》那样，不顾尼克松政府的反对，公开五角大楼的机密文件，为反对越战提供了最为有力的证据。内塔内尔指出，媒体一方面需要吸引大量受众和销售广告，另一方面要扮演监督者的角色，二者之间存在着紧张关系。但他强调，网络公共领域不能像大众传媒那样进行深入调查或吸引公众关注。这些局限性使得商业大众传媒对一个自由的公共领域来说仍是必要的。

对网络公共领域潜力的这一论断低估了它的生产能力。迪堡事件以叙事的形式对每个关注点都做出了详细回应。投票机议题具备了一个重要而又困难的主题的所有特征；它激起了人们对民主被操纵的深深恐惧，并因此引发了极大不安；它涉及关于投票机功能一系列困难的技术判断；它要求公开披露并分析迪堡公司的所有材料，以对抗诉讼的威胁和对批评声音的压制。在这一过程的所有关键环节上，批评的参与者都会反复求助于同侪生产和彻底分布式的调查、分析、发布以及对抗压制的方法：爆料者或黑客的最初观察；以"自己看"和"分析并分享你的见解"的模式提供的材料；学生发布的材料；以及服务器被关闭后在网络上进行复制传播的后手。每个阶段都会插入一个同侪生产的解决方案，这取代了资金充裕的高端大众媒体渠道申请资金以期望传播副本的传统思路。只有网络公共领域先行提出分析和辩论之后，大众媒体才给予（小心翼翼的）关注。

迪堡事件并不是一个特例，反而是一类普遍现象的、详实的案例研究，这种现象在丹·吉尔莫的《我们媒体》一书中得到了最全面的描述。代表网络信息经济的基本生产模式如今正在被应用于生产政治信息的问题上。2005年，无论是在同侪生产的维度上，还是基于更广泛的通过结合各种非专有生产模式，将网络信息经济应用到媒体监督的最显著例证是政治博客圈。开创博客圈新闻力量的神话的，是当时参议院多数派领袖特伦特·洛特。2002年，在共和党参议员斯特罗姆·瑟蒙德（Strom Thurmond）的百岁生日派对上，洛特轻率地说，如果瑟蒙德在总统选举中赢得了南方民主党人的支持，"我们这些年就不会有这么多问题了"。瑟蒙德曾参加种族隔离运动，由于美国在二战后开始取消正式的、合法的种族隔离制度，为了反对哈利·杜鲁门的早期民权运动而与民主党决裂。在21世纪初美国的国家公共语境中，没有什么立场比正式的、由国家实施的种族歧视更能引人嫌恶了。在洛特发表争议言论后的头几天，几乎没有关于此事的任何报道。ABC新闻和《华盛顿邮报》只字不提，多数媒体也只是对这位年龄最大、任职时间最长的参议院议员表达了亲切致敬和告别庆祝。但博客圈里的情况就不一样了。起初是自由派博客，三天之后又加入了保守派博客，开始挖掘洛特过去的种族主义言论，并大张旗鼓地要求谴责或罢免他的参议院领袖职务。

大约一周内，这一事件出现在主流媒体上，成为一场尴尬闹剧，并导致洛特在一周后辞去参议院多数派领袖的职务。对该事件进行仔细研究，我们并不清楚主流媒体最初忽视的真正原因。[32] 依赖华盛顿特区当权者们的记者和编辑，可能不大愿意挑战洛特。也许他们认为强调这一不检点的行为是粗鲁的，也许会让大家想到那些令人齿冷的想法竟离公众如此之近而寝食不安。派对结束后的第二天，马歇尔就在TalkingPoints上进行了讨论，另一位自由派博主"Atrios"也是如此。后者显然是从Slate的"闲谈专栏"（Chatterbox）上的一篇文章获得的这一信息，而这篇文章又是从ABC电视新闻网的一则新闻摘要中得到的信息。虽然大众媒体基本忽略了这一事件（两三个主流记者尝试加以报道，也没能引起什么关注），但博主们却在收集更多关于洛特的行为倾向于支持种族主义的先前事例。例如，马歇尔发现洛特在1981年提交了一份法庭之友摘要，以支持鲍勃·琼斯大学（Bob Jones University）为保持其免税资格所做的努力。美国政府取消了鲍勃·琼斯大学的免税资格，因为该大学存在种族歧视行为，例如禁止不同种族间的约会。到了下周一，也就是事发后的第四天，Instapundit上的格伦·雷诺兹（Glenn Reynolds）、安德鲁·苏利文（Andrew Sullivan）等保守派博主纷纷要求洛特辞职。如果没有博客圈，这件事当然也有可能被曝光出来。当时有两名主流媒体记者仍在调查这件事，杰西·杰克逊（Jesse Jackson）也站出来说洛特应该辞去多数党领袖职务。后来，大众媒体介入，开始占据舆论的主导地位，记者也挖出了一些猛料，加速了洛特的辞职进程。不过，由于新闻周期太短，媒体关注度也不高，从事发到媒体介入，中间又隔了很长一段时间，所以，如果没有博客圈的介入，这件事很可能不了了之。相反，政治博客的集群——从左翼开始，然后跨越了左右鸿沟——接手了这个问题，调查、撰写观点、收集链接和公众兴趣，最终吸引了足够多的关注，使之成为一个公众重视的问题。由于不需要表现得中立，不惮冒犯读者，也不需要与新闻对象保持密切的工作关系，博主们能够发现让他们感到不适的问题，参与讨论，深入挖掘，并最终对公共领域产生实质性的影响。这种影响仍然必须通过大众媒体，因为我们仍然生活在一个严重依赖媒体的交流环境中。然而，洞察力、辩论和有效的公众意见在网络信息环境中获得了新的来源。

我并不是要用一连串的轶事来回应这场争论，重点在于我们所熟知的关于商业媒体扮演监督者的争论。这也是关于软件和超级计算机、百科全书和沉浸式娱乐脚本的争论。答案也是我们所熟知的。正如互联网可以为产生权威的年鉴提供平台，免费软件可以产生优秀的软件，同侪生产可以产生一本优秀的百科全书，同侪生产也可以产生公共监督功能。在这一过程中，松散的互联网用户群体显然缺少大众媒体的一些基本工具：专职记者；与依赖媒体发声、因而不能总是回避问题的政客的联系；以及支持其言论的公众知名度和可信度。然而，基于网络的同侪生产也避免了调查性报道与行业底线之间的内在冲突——成本、诉讼风险、被疏远的企业撤回广告的风险以及疏远读者的风险。在发达经济体中，基于知识、时间、可获得性、洞察力和经验的巨大差异和多样性，以及几乎每个人都拥有的大量的通信和信息资源，我们看到，网络信息经济也在同侪生产中发挥着监督作用。

请注意，虽然本章的重点是公共话语的组织，但辛克莱和迪堡的案例也呈现出分布式政治行动的特征。我们看到，集体行动来自独立的个体行动的聚合，没有政党或有组织竞选那样的等级控制。可能会有一些像 BoycottSBG.com 或 blackboxvoting.org 这样的协调和聚合点。就像同侪生产系统中的其他整合平台一样，这些凝聚点提供了一个关键功能。但是，它们并不控制整个过程。政治行动的分布式协调的一个表现就是霍华德·莱因戈尔德所说的"智能暴民"——能够通过广泛分布的信息和通信技术来协调现实世界行动的个体的大集合。他讲述了 2001 年发生在马尼拉的"人民力量二号"（People Power II）革命，通过大量的短信自发组织了推翻当时总统埃斯特拉达的示威活动。[33] 在 21 世纪初，很少有图像能比 2003 年 2 月 15 日发生在世界各地的示威活动更生动地展现这一现象。据报道，大约有 600 万到 1000 万的抗议者走上了大约 60 个国家的主要城市的街头，反对美国领导的伊拉克战争。尽管后来有很多媒体对此表示关注，但在示威游行之前并没有进行大规模的媒体宣传。这里没有组织委员会。取而代之的是一个高度一致的行动网络，没有谁来进行控制，所有人都在松散地讨论应该做什么和什么时候做。例如，美国网站 MoveOn.org 所提供的政治动员活动网络的协作平台，以电子邮件和网络媒体为基础，将政治行动的机会传达给可能愿意并能够采取政治行动的人。政治动员的极端分布式、以网络为基础的解决方案依赖于与更广泛的网络信息生产相同的特征：广泛的通信带来了协调与合作的行为模式，而不需要层级制度或资金支持。

利用网络通信绕过威权控制

互联网和网络公共领域作为对抗权威国家的平台，提供了不同的潜在利益，也面临着不同的威胁。国家控制的大众媒体模式非常有利于专制控制。因为它们通常依赖于少量技术化和组织化的控制点，大众媒体为政府提供了相对容易捕获和控制的目标。成功地控制这种普遍可见的媒体，就会成为操纵信息的重要手段，反过来又缓解了控制群体的问题。毫不奇怪，夺取国家电视台和广播电台总是政变和革命的早期目标。互联网的高度分布式网络结构，使得以这种方式控制通信变得更加困难。

南斯拉夫的 B92 电台就是一个例子。B92 电台成立于 1989 年，是一家独立电台，在 1990 年代发展出一个重要的独立新闻编辑室，并通过 30 个附属的独立电台进行联合广播。北约轰炸贝尔格莱德之后，B92 电台两次被禁，这是米洛舍维奇政权为了控制有关战争的信息。然而，在每一次事件中，该电台都继续制作节目，并通过设在阿姆斯特丹的服务器在互联网上发布。做到这点很简单。关闭一家广播电台很容易，只要警察能够找到并控制住一部发射机和一根天线。但想要关闭所有记者与服务器的全部连接，阻挠服务器传回国内任何有电脑的地方，这就难太多了。

这并不是说互联网必然导致所有权威政权的崩溃，这些政权完全可以选择禁止使用互联网。2003 年，缅甸 4200 多万人口中只有 28 000 名互联网用户，占全国总人口的 1/1500，而其邻国泰国 6500 万人口中拥有 600 万名互联网用户，即 1/11。不过，多数国家并不会为了控制互联网而舍弃互联网的好处。伊朗 6900 万人口中有 430 万网民，其网民密度约为 1/16。[34] 缅甸的互联网普及率可以忽略不计，这是较低的人均 GDP 和政府政策共同作用的结果。一些 GDP 水平与缅甸相当的国家，互联网用户占总人口的比例仍然比缅甸高出两个数量级，例如喀麦隆（1/27）、摩尔多瓦（1/30）和蒙古国（1/55）。即使是较大的最不发达国家，上网人数也比缅甸多几倍：如巴基斯坦（1/100）、毛里塔尼亚（1/300）和孟加拉国（1/580）。劳伦斯·索洛姆（Lawrence Solum）和春明（Minn Chung）描述了缅甸实现高度控制和低使用率的手段。[35] 缅甸只有一个互联网服务提供商（ISP），归政府所有。任何想要使用互联网或创建网页的人都需要得到政府授权。一些获得许可的企业（如外国企业）也仅仅可以发送电子邮件，只有安全监督官员才可以使用网络。通过这样的严厉监管，缅甸可以完全避免互联网的解放作用，但也失去所有相关的经济利益。很少有政权愿意付出这样的代价。

然而，将互联网通信引入社会并不意味着立即自动出现一个开放、自由的公共领域。从技术上讲，互联网比大众媒体更难控制。它增加了信息控制的成本，降低了信息控制的效率。然而，如果有政权愿意并且能够花费足够的资金和工程力量，并且充分限制民众对互联网的访问，就能够在控制该国的信息流方面取得巨大成功。

对于一个在政治稳定和控制下进行经贸发展谈判的政府来说，这种程度的审查确实足够有效。然而，它表明，即使是一个高度敬业的政府，控制互联网通信的能力也是有限的，坚定的用户可以绕过审查机制，更容易地找到他们关心的信息，并传播给其他人。伊朗的互联网渗透水平强调了维持互联网出版控制的难度。[37] 伊朗的网络自1993年从大学系统中兴起，很快得到了商业互联网服务提供商的补充。由于互联网的部署和先于政府监管的使用，其架构并不容易受到集中过滤和控制。通过大学账户和网吧上网的人数似乎很多，而且在最近三四年里，互联网的运行还没有受到像对反对派印刷出版物和记者那样的打击和监禁。自2000年12月被监禁的阿亚图拉·蒙塔泽里（Ayatollah Montazeri）在互联网上发表对伊斯兰国家基础的批评以来，伊朗政权的保守派似乎对压制互联网通信产生了更大的兴趣。虽然最初的网址montazeri.com似乎已被删除，但该网站仍以montazeri.ws的西萨摩亚域名存在，其他一些出版物也是如此。现在有几十个聊天室、博客和网站，包括电子邮件，在反对派的教育和组织方面发挥着越来越大的作用。尽管伊朗保守派一直在实施打压，一些博主和网站经营者也发现自己受到了与记者相同的不公对待，但这些压制反对声音的努力似乎效果有限，而且并不均衡。

对于伊朗来说，静态网站之外的其他媒体造成的状况要棘手得多。在通信信息可以采用各种简单易得的工具进行加密的条件下，要想扫描数以百万计的用户的电子邮件信息文本，就成了一个非常复杂的问题。像聊天室和可写网络工具这样的即时媒体允许互联网通信或网站内容被轻易和动态地改变，封锁网站因而变得更加困难，而协调移动到新网站以绕开封锁则更加容易。在更深层的复杂性上，网络的分布式架构也允许用户通过汇集自己的资源来建立抵抗审查的网络。这种方法以 FreeNet 为先驱，最初是由伊安·克拉克（Ian Clarke）在 1999—2000 年间开发的，他是一位刚从爱丁堡大学计算机科学和人工智能专业毕业的爱尔兰程序员。FreeNet 现在是一个更主流的免费软件项目，是一种专门为抵抗审查而设计的点对点应用程序。与当时更著名的点对点网络 Napster 不同，FreeNet 不是为了让用户把音乐文件存储在硬盘上。相反，它存储的是出版物的碎片，然后使用复杂的算法将文件以加密形式发送给任何想要的人。这种设计牺牲了便捷的可用性，来换取一系列安全措施，甚至可以阻止数据所在硬盘的所有者或者搜索他们电脑的政府官员知道硬盘上有什么，或如何控制它。作为一个实际问题，在一个禁止某些内容但允许互联网连接的国家，如果有人想要安全地发布内容，例如一个网站或博客，他们就可以将其嵌入到 FreeNet。这些内容将被加密，并被分成很小的部分，存储在网络参与者的许多不同的硬盘中。没有任何一台计算机会存储全部信息，并且关闭任何一台计算机也不会影响这些信息的使用。只要运行 FreeNet 客户端，就可以继续访问这些信息。重点不在于 FreeNet 的具体内容，而在于构建基于用户的、抵制审查的存储和检索系统是可行的，这对国家审查系统来说，几乎不可能识别和阻止具有破坏性的内容。

　　总而言之，在威权国家，互联网通信的引入使得政府控制公共领域变得更加困难和昂贵。如果这些政府愿意放弃互联网连接的好处，就可以避免这个问题；如果不这样做，就会发现自己对公共领域的控制力下降。显然，还有其他更直接的镇压手段。但是，对大众媒体的控制，在 20 世纪的大部分时间里，是权威政府的核心工具。它使政府能够操纵大众的所知与所信，从而将政府需要实际镇压的人口限制在一小部分，而且往往是地理上的局部群体。由于互联网和网络信息经济的出现，这些镇压手段的效力被削弱了。低成本的通信，分布式的技术和组织结构，以及无处不在的动态创作工具，使得对公共领域的控制变得困难重重，而且实际上永远都不可能完美。

迈向网络公共领域

互联网民主化的第一代观点在方向上是正确的，但还不够精确。互联网确实以某种方式重组了公共话语，使个人在治理中拥有了比大众媒体中更大的发言权。互联网确实提供了绕过旧媒体瓶颈的对话渠道，无论这些媒体是由独裁政府还是由媒体所有者掌握。但是，这种变化的机制比过去所阐明的机制更加复杂。它回应了人们对互联网增强民主的观念所提出的基本批评。

互联网所带来的变化一定程度上有赖于技术基础设施。网络通信不会像大众媒体那样轻而易举地成为单点控制的对象。尽管权威政权或许想要控制互联网的喉舌，但与大众媒体主导的系统相比，成本更高，效率更低。虽然这并不意味着互联网的引入会自动引发全球民主化，但它确实使权威政权的工作更加困难。在自由民主国家，互联网的主要影响在于网络信息经济的出现。我们看到非市场的、个人的和合作的同侪生产正在出现，对世界状况以及应该做什么产生了普遍的观察和意见，其重要性大大增加。我们看到，作为网络行为的一部分，过滤、认证和综合机制的出现。这些都有赖于兴趣社区的聚合以及某些站点的关联和突显，但为表达和认证提供了巨大的冗余路径。这些做法不会给话语留下任何失败点：没有任何单一的观察点可以受到压制，也没有任何单一的注意力可以通过固定的方式——命令或金钱——受到操纵。由于这些新系统的出现，网络信息经济正在解决信息过载和话语碎片化的问题，不会重新陷入扭曲的大众媒体模式。同侪生产既有长期的、有组织的（如Slashdot），也有临时的、动态形成的（如辛克莱和迪堡事件中的博客群），都在提供媒体的一些最重要的功能。这些努力形成了一个监督者，一个对公众关注问题发表重要意见的来源，以及一个讨论政治体制替代方案的平台。

在网络信息环境中，每个人都可以自由地观察、报告、质疑和辩论，不仅在原则上如此，在实际能力上也是如此。人们可以做到这一点，如果不是通过自己广泛阅读的博客，就是通过邮件列表的循环、Slashdot等基于集体网络媒体、博客评论，甚至只需朋友的电子邮件，而这些朋友反过来又可以在小型站点或列表集群中提高可见度。我们正在见证个人如何与民主互动、如何体验作为公民角色的根本变化。理想公民不需要被认为单纯试图让自己知道他人的发现，从而能够明智地投票。他们不需要局限于阅读舆论制造者的观点，并在私人对话中对之予以评判。他们不再被限制在读者、观众和听众的角色上。相反，他们可以成为对话的参与者。开始利用这些新能力的实践，将内容创造的中心从搜寻并观察社会问题的少数专业记者那里转移到了社会成员身上。他们开始将公共议程设置从管理者的判断中解放出来，而管理者的工作就是确保在注意力市场上能够卖给最大数量的读者、观众和听众。因此，社会议程可以植根于社会个体参与者的生活和经历，植根于他们的观察、经历和眷注。网络允许所有公民改变他们与公共领域的关系。他们不再是消费者和被动的旁观者，他们可以成为创造者和主要参与者。正是在这个意义上，互联网实现了民主化。

第 8 章
文化自由：文化的可塑性与重要性

乱世佳人

很久很久以前，有个地方叫作老南方。那里曾是一片属于骑士和棉花田的大地。在这个美丽的世界里，勇士们最后一次鞠躬。在这里，最后一次能觅得奴隶主骑士与他们贵夫人的踪迹。如今，它只能在书中被寻觅，因为它不过是一个被忆起的梦。一段文明，随风而去。

——根据玛格丽特·米切尔（Margaret Mitchell）小说改编拍摄的电影

奇异的果实

南方的树，结出奇怪的果实，
从树叶到树根，都淌着血，
在南方的微风下，黑色的果实左右晃荡，
奇怪的果实，就结在白杨树上。
这是南方乡间的田园风景，
突出的眼睛，扭曲的嘴脸，
木兰花香，清甜芬芳；焚尸气味，突然袭来。

这颗果实，乌鸦采撷；这颗果实，风侵雨蚀。

这颗果实，日晒凋落；这颗奇怪而又苦涩的果实。

——比利·霍利德
（Billie Holiday）1939 年演唱
阿贝尔·米若珀尔
（Abel Meeropol）1937 年作词

1939 年，《乱世佳人》（Gone with the Wind）斩获七项奥斯卡奖。尽管哥伦比亚唱片公司拒绝发行比利·霍利德演奏的主题曲（他只好在曼哈顿一家地下小公司录制这首单曲），但该曲仍在单曲排行榜上表现不俗，获得全美第 16 名的佳绩。为美国种族平等法律大变迁的 20 年（即从 20 世纪 40 年代末军队取消种族隔离开始，到 1964—1968 年各项民权法案通过为止）带来巨大影响的，是第二次重建时期（Second Reconstruction Era）之前夕。当时，支持取消种族隔离和支持奴隶制的辩论双方，都在寻求新口号，并通过这些口号表达他们对南方奴隶制以及其具体运作机制的根本立场。随后 30 年，南方被迫逐渐改变生活方式。与之相伴的文化讨论，依然聚焦于美国种族关系和奴隶制历史的意涵。在这一时期，对歧视的实际规制、种族隔离和后期平权行动的开展以及愈演愈烈的劳工方面的地方政治，都被美国种族关系中的重要口号式重述所打断——从电影《猜猜谁来吃晚餐?》（*Guess Who's Coming to Dinner?*）到小说《根》（*Roots*）。不过，本章的核心议题并非种族关系，而是从政治理论的角度理解文化和文化生产。无论是《乱世佳人》，还是《奇异的果实》（*Strange Fruit*），或是《猜猜谁来吃晚餐?》，都为我们提供了浅显易懂的实例，展现了人性认识和社会关系更为广泛、更为深刻的特质。我们通过文化、共享意义和符号，在个人、政治和社会的各个领域，塑造自己的人生观。因此，理解文化的生成，是构建自由和正义如何被感知、想象和追求的基本要素。在 20 世纪，好莱坞和唱片业在这一领域发挥了举足轻重的作用。现今，网络信息经济似乎有望削弱这一作用，转而推动更具参与性、更加透明的文化生产体系。

  网络信息经济的出现，让我们得以重塑 20 世纪以来的文化生产主体和生产方式。它为原先中心化的、市场化的生产体系增加了一个全新框架。这个框架由彻底去中心化的个体与合作的而非市场化的生产组成。因此，它不仅影响了个人和组织参与创造有关人类认知和对话的文化工具和框架，也影响了我们作为个体、社会和政治团体成员与文化的交流，以及通过文化而与彼此的交流。它使文化对于身处其中的人们变得更加透明，激发了更多人主动参与创作的热情。在这个意义上，网络信息经济让文化生产过程变得更具参与性。从中可以看到一个全新流行文化诞生的可能。这一新兴文化植根于民间文化模式，并且正被纳入积极的（而非消极的）大众消费当中。基于透明性和参与性这两个孪生特征，网络信息经济还为文化生产资料和生产工具的批判性评价创造了更广阔的空间。生产文化的实践，使我们变成更成熟的读者、观众和听众，也让我们变成更积极的参与者。

在整个20世纪，创作流行的图像和符号，是一种经由好莱坞和唱片业筛选出来的集中式实践。然而，制作视频、图像、音频和文本的成本急剧下降，使得文化上的批评和广泛参与的意义设定，比过去更加容易实现。任何拥有个人电脑的人，都可以剪切和拼接，都可以定制自己的文件，并将其传播给全球各地的观众。这并不是说以往不存在文化上的杂糅、戏谑和批评。人们仍然可以在前卫运动、非裔巴西文化或瓜达卢佩圣母相关内容中，找到它们的踪迹。即便对于广播电视，这种形式上最被动的电子媒体，约翰·菲斯克也指出，在"符号民主"这一标题下，观众在观看电视节目的过程中，也参与了创造性表演和意义设定。然而，数字信息技术的技术特征、网络信息生产的经济机理，以及网络话语的社会实践，都在本质上改变了个体在文化生产中的地位。

现今，个人和业余表演者已经具备了使用和操控文化制品的实际能力。无论这种能力是带着戏谑，还是带着批判，它都远远超越了电视、电影和音乐的创作能力，因为后者依旧沿袭着20世纪的传统创作方式。基于这些新机遇所带来的文化转变和表达的多样性，大大增强了人们对文化要素的接触范围。因此，我们通过创造、积极选择和关注，驾驭并吸纳文化环境的能力已有实质变化。在法学文献中，尼瓦·埃尔金·科伦很早就关注到"意义设定过程"的潜在民主化机制，威廉·费舍尔探讨"符号民主"，杰克·巴尔金论述"民主文化"，莱斯格则关注文化创作自由的创生性能力，以及它给创造力带来的贡献。这些思考都围绕着如下理念：从"民主"作为自由价值这一角度出发,存在与大家息息相关的某种东西,它在规范上很具吸引力,它利用随处可见的设备,它能从现有的文化元素中或多或少地获取、剪辑、粘贴、混合和自创——它既能致敬现有作品,又能诋毁现有作品;它既能吸纳现有形象,又能拒斥现有形象。

在上述这些论著的基础上,本章试图阐明如下三点:第一,我认为,文化生产和交流的方式,是在宽泛的自由政治理论范围内,进行规范性评价的一个贴切主题。文化是人类生存的社会心理认知的实际情况。如果我们像基于权利和功利主义的那部分自由主义观念那般忽视这一点,那么,这将会使政治理论无法触及一个社会及其制度框架的核心特征。如果我们分析任何一个政治制度体系的吸引力,而不考虑它如何影响文化生产,以及通过它产生个人和集体自决功能的基本意义框架,那么,这种分析就会存在很大纰漏。自由主义政治理论需在规范意义上富有粘性。同时,它还需要一套文化和代理的理论,以提供足够空间得以让其核心(个人和政体)独立起作用,而不仅仅关注文化的表达或延伸。第二,我认为,网络信息经济模式的文化生产,提升了个人参与文化生产的地位,并使这种文化对身处其中的人们更透明。本章大部分篇幅都用来阐述这一描述性论点。第三,针对上述两个描述性论点,我做出相对直接的结论。从自由主义政治理论的角度来看,在网络环境中出现的富于开放性、参与性、透明度的民间文化,比起好莱坞和唱片业典型的工业文化生产体系,在规范意义上更具吸引力。

一个9岁女孩用谷歌搜索芭比娃娃,很容易就能找到AdiosBarbie.com、芭比解放组织(BLO)以及其他同类的网站。这些网站在那些推销、把玩芭比娃娃的人当中广为流传。芭比娃娃作为一个争议话题,已从女权主义研讨会和本科生课堂中被解放出来,随处可见。这个简单的网络搜索案例,代表了网络信息经济的两个核心贡献。首先,从那位搜索芭比娃娃的女孩角度来看,它代表了一种全新文化符号的透明度。其次,从AdiosBarbie.com和芭比解放组织的网站用户角度来看,那位女孩通过自己对这些网站的使用,参与了芭比娃娃文化意义的生产。网络信息环境为反对意见提供了表达渠道，也为撼动我们所接受的文化基本假设提供了渠道。它所具有的完全分散的生产模式，为有效地参与时代文化符号的设定，提供了更大的自由。从个人言论自由，以及参与性的、自我意识的政治话语两个层面而言，这些特征使得网络环境具有吸引力。

然而，我们不能想当然地将参与文化交互、混合和自创的技术能力，直接等同于参与文化交互、混合和自创的自由。文化和反文化创作的实践，是数字环境制度生态斗争的核心。对互联网而言，这种张力既不是全新的，也不是独特的，但现如今它越发突出。20世纪70年代的漫画《空中海盗》（*Air Pirates*）的创作者们已发现，当他们以各种妥协的反文化姿态，描绘米奇、米妮、唐老鸭和黛西时，他们的漫画仍被禁止。现如今，一方面，著作权法和相关监管机制的范围和领域不断扩张；另一方面，个人和集体的非市场创造力的范围和领域，也在不断扩张。这两者加剧了文化自由与工业文化生产体系所依赖的监管框架之间的冲突。正如莱斯格、杰西卡·利特曼和西瓦·瓦伊迪雅纳坦（Siva Vaidhyanathan）各自阐述的那样，版权工业在许多方面，都已说服了国会和法院，通过立法和司法来禁止利用工业信息经济的文化产品进行个人的、非市场化的创作。然而，现如今，与文化环境交互的自由，仍然在法律的利齿下得以保留。原因有两方面：一方面，是执法成本过高；另一方面，是从事创造性文化破坏的手段普遍存在且成本低廉。这些社会的、体制的和技术的条件，仍然给我们留下了很多自由创作的机会。然而，这些条件是偶然的、脆弱的。在第11章，我将详细介绍建构文化生产监管机制这一长期趋势，尤其是在20世纪70年代萌芽、在20世纪90年代中期蓬勃发展的封锁运动。一系列看似松散的监管措施，给新兴的网络民间文化带来威胁。从对版权法的司法解释，到对网络环境的硬件和软件实施监管，我们看到了一系列限制免费使用20世纪文化素材的努力。之所以这么做，是为了维护好莱坞和唱片业的商业模式。这些监管措施威胁着人们参与21世纪文化生产的自由,因为当前的创造需要吸收和混合20世纪的文化素材,正是这些素材,使文化嵌入我们的生活。然而,在这里,我重点解释了文化参与在自由主义政治理论中的位置,以及为什么在该规范框架内,新兴文化实践更具吸引力。在本书第三部分,我将讨论具体的政策意涵。

自由主义政治理论中的文化自由

功利主义理论和基于权利的自由主义政治理论,一向对"文化"概念嗤之以鼻。这两种主流的自由主义理论对于它们所关切的对象——自主的个人——有着一系列的假设。它们假定人们都是理性的和有见识的,至少对于那些有利于他们的事物。它们认为,与别人交往之前,人们拥有理性判断的能力以及一系列偏好。于是,政治理论开始关注匹配这种特征的个人自治的政治结构。在政治领域,这种对个人的理解经常在多元论中看到,这是由于多元论要求集体决策机构确认那些被视为个人或群体的固有偏好。

文化,是这类自由主义政治理论的一片盲区。它是如何以一种容易接受的、与个人有关的概念来运作的,这很难具体说清。在自由主义政治理论中,个人的理性和对自身利益的偏好,被视为先验存在,且独立于社会之外。文化这一概念要求人与人之间分享一些对事物的理解。即使是最简单的关于文化可能意味着什么的直观概念,也会将这一共同的意义框架视为先验的社会进程的结果,并在某种程度上建构了每个人在社会活动或政治活动中,与他人讨价还价的筹码。栖息于某一种文化,是理解个人之间的任何交流中的利害关系的先决条件。如果一种集体决策模型专注于为具有政治意愿的独立参与者设计一个讨论平台,那么,作为一种文化存在的部分潜意识、长期动态的社会过程,就很难融入这样一种集体决策模型中。如果我们认定个人意志是独立的、稳定的、纯粹自发产生的,那么,我们就更容易建立尊重个人意志的决策模型。当我们认定一个人会像在某种程度上已定型的其他人交换个人的价值和偏好时，那么，要提出一个决策模型就变得更困难了。

当然，作为批判自由主义的核心，文化这一概念已经被纳入了政治理论。自马克思第一次提出"宗教……是人民的鸦片"和"呼吁他们抛弃关于自己处境的幻想，也就是呼吁他们抛弃那需要幻想的处境"以来，文化的政治斗争一直是批判理论的主要内容。[1] 20世纪涌现了一系列的批判理论，从文化马克思主义到后结构主义、后现代主义。然而，许多主流自由主义政治理论选择置之不理，而不是去回应或解构这些批评。例如，在《政治自由主义》一书中，罗尔斯承认合理多元主义的"事实"，认为这些团体坚持并合理地持有相互竞争的综合理论。同时，罗尔斯将政治多元主义作为管理不可调和差异的一种方式。这形成了完整的理论和信仰体系。在这些体系内部，文化被认为是自由主义理论中"合理的"黑匣子。这可能是在最广泛的抽象层次上分析正式政治制度结构的合理策略。然而，这也使自由主义政治理论无力回应在黑匣子内部产生的、更为精细的政策问题。

作为一个实践问题，把文化视为一个黑匣子，使政治理论成为一种根据社会自身政治价值来评价社会现实生活状况的机制。与之完全相同的是，一个自治的正式概念使那些具备这一品质的人无法评价现实生活中的自治条件。试想一下，我们得到了一个启示，那就是安东尼奥·葛兰西（Antonio Gramsci）的霸权理论，作为一个描述性社会学的问题是准确无误的。事实上，统治阶级确实有意识地、成功地操纵了文化，以使被统治阶级服从其统治。那么，我们将很难继续证明政治制度或自治所持有的立场是正当的，因为政治制度或自治通常将文化甚至是合理的复杂教义（如宗教）视为一个黑匣子。如果中立方能够辨别出在个人之外且影响到个人的社会过程作为产生个人意志的原因，那么，我们就很难像捍卫个人意志一般捍卫自主选择。如果这些信念和偏好本身，是某些群体被其他人操纵的结果，那么，我们就很难将一个人的政治设想要旨,集中在允许人们表达自己的信仰和偏好,争论这些信仰和偏好,并最终落实到投票上的公共过程之中。

当然,问题不在于葛兰西的描述是否准确,也不在于任何一种文化批判理论是否准确。真正的问题在于,忽视文化的自由主义理论无法回应现实世界出现的一些问题,而这些问题会对个人和政体带来实际影响。有一系列社会学、心理学或语言学的讨论,可以根据自由主义对个体和集体自决的关注,把一个社会的文化勾勒出来。这类文化描述性理论可以帮助我们理解文化的定位,并据此从政治理论的角度,来评价一个文化生产体系的吸引力。它并不要求自由主义理论完全抛弃个人作为政治道德主张的承载者;它也不要求自由政治理论重新关注文化,而不是聚焦于正式政治制度。然而,它确实要求自由主义理论至少能够从自由主义政治理论的角度,来判断一个社会实际文化生活中的不同条件,到底具有多大吸引力。

主张民主商议的自由主义理论尝试阐释文化这一概念,这为该套理论提供了最直接的素材。这些政治理论致力于发展一种文化概念,并强调其与自由主义的关系。它们之所以这么做,恰恰是因为这类理论以人与人之间的相互理解为前提,而假如没有文化这一概念,就无法充分解释。在哈贝马斯的著作中,文化是人与人相互理解的基础。作为"人际可理解性"的基础,我们看到文化在布鲁斯·阿克曼的作品中扮演着这样的角色——他认为文化养育(acculturation)是自由对话的必要条件。在阿克曼看来,"文化一致性"是让儿童成为自由公民的先决条件;它让他们得以"交谈",并捍卫自己的主张,没有它,自由主义式的交流便无从谈起。[2] 米歇尔·沃泽尔(Michael Walzer)认为,"在道德问题上,争论只是对共同意义的诉求。"[3] 威尔·金利卡(Will Kymlicka)则主张,对于个人自治,"自由牵扯到在各种选项中做出选择,我们的社会文化不仅提供了这些选项,而且赋予了它们意义。"反过来,社会文化是"传统和习俗的共享词汇",它"体现在社会生活中,并渗透到各种制度上(比如学校、传媒、经济和政府）"[4]。所有这些研究框架所提供的共同含义，都不仅仅是指对于他人语词的简单理解。文化提供了一个共同的基准，它本身不是对话或讨论的主题，而是对话和讨论发生的背景。例如，哈贝马斯将生活世界定义为"背景知识"，就清晰展现了文化的这一角色：

> 生活世界以一种直接的确定性将我们包围起来，基于这种确定性，我们紧密地生活和交谈。交流行为的背景，被贯穿始终而又隐晦不明地呈现出来。这可以被描述为一种更为激烈而又有所欠缺的知识和能力。首先，我们不由自主地运用这种知识，而并未反思我们确实带着它在思考。赋予这种背景知识以绝对的确定性，甚至从主观上赋予其认知属性的，恰恰使它失去了建构知识意义的特征：我们在没有意识到这种知识**可能**是错误的情况下，运用了这种知识。所有知识都可能是错误的，就此而言，背景知识根本并不能代表最严格的意义上的知识。作为背景知识，它缺乏被挑战的机会，也就没有渠道能被提升到可供批判的有效主张这一层次，除非将其转换为讨论的一个主题。然而，一旦背景知识变成讨论主题，它也就不再是生活世界的背景，它的背景样态也就**分崩离析**了。[5]

换句话说，在很大程度上，我们所理解的意义——我们是怎样的、其他人是怎样的、事物究竟应当如何——是我们与他人分享的未经省察的假设，我们利用这些假设来与他人进行交流。这并不意味着文化是一种错误理念，也不意味着背景知识不能被理性认识，或以其他方式破坏自由主义个人或政治的可能性或连贯性。然而，这确实意味着，在任何给定的时间、在任何给定的情境中，都会有一些历史上偶然的信念、态度以及各种社会条件和心理条件，它们通常未被察觉，并形成人与人交流的基础。文化可以通过批判性的认识来修正，此时它不再是"共同知识"（common knowledge），而是成为一个有争议的假设。

然而，对于我们来说，一些未被察觉的共识是必要的，它可以促成人与人的相互交流，而不是不断地绕圈子，挑战一个又一个交流的前提假设。

在这个框架中，文化不是命运。它不会预先决定我们是谁，或者我们能成为什么人物、能做什么事情，它也不是一个一成不变的器具，它源于在创造文化的人之间不断互动的动态过程。在文化这一框架内，我们不可避免地相互影响与交谈，并在条款、约束和供给上进行协商。撇开文化，做其他事情也没有意义。有一个古老的意第绪语民间故事，讲的是一位天真的拉比，他把一张 10 卢布的钞票放在《妥拉》戒律的那一页上，上面写着"不可偷盗"。一天晚上，一个小偷溜进这位拉比的家，拿走了那张 10 卢布的钞票，并在戒律那一页上留下了一张 5 卢布的钞票，上面写着"像爱你自己一样爱你的邻人"。故事里的拉比和小偷有一个共同的文化框架（就像跨越文化鸿沟的人们一样），通过这个文化框架，他们的各种行为可以被彼此理解；事实上，如果没有宗教传统这一文化框架，他们的行为将被彼此看成是莫名其妙的。这个故事提供了一种文化、权力和自由的叙事，它比批判理论更符合自由主义政治理论，但同时也提供了一种文化在人际关系中的理念。基于这样的理念，文化提供了足够的交锋或粘性，使文化中的意义创造，在自由主义政治理论的焦点中发挥了作用。这两人的行动部分是策略性的，部分是交流性的。换句话说，在某种程度上，他们试图让对方参与对话，以达到一个双方都能接受的结果。拉比把这张 10 卢布的钞票放在《妥拉》里，目的是给企图行窃的小偷留下经书上的深刻教诲：他理应把钱留在原处。由于这位拉比自己没有保险箱，他不能通过把钱锁在保险箱里来阻止盗窃。相反，他诉诸社会中的共同理念和权威，来试图说服小偷。与此相应的是，小偷本可以不换钞票，而直接拿走那张 10 卢布的钞票，但他没有这么做。他和拉比采取了相同的对话方式。在某种程度上，小偷为自己拿走 5 卢布辩护。小偷对拉比的挑战，并不是通过否认拉比是解释经书戒律的权威，而是通过经书戒律来据理力争。不过，参与对话是有代价的。小偷必须留下一张5卢布的钞票，他才能拿走那张10卢布的钞票。

在这个故事中，文化可以被解释，也可以被操纵，但这也有一定限制。有些行为可能在文化框架内是有效的，并会改变它；而另一些行为则不会。另外，文化的实际影响力并不是一股蛮力，它不能强行推动一个结果，但它能切实地推动人们深思熟虑的一些行为，无论这些行为是出自个体还是出自整体。讲故事的人依赖于听众对言语禁忌或交流方式的文化理解。这个故事本身，充分利用了文化的开放性和听众的共同文化理念，即偷窃是一种攻击性行为，而不是正义的主张；小偷不会认为自己从事合法的防御性行为。我们可以说那位拉比很天真，但小偷的辩护与拉比和我们对偷窃行为本质的认识不一致。小偷、拉比和讲故事的人，一起创造和改变《妥拉》戒律的意义。

文化，是通过个人在文化情境中的行为而改变的。信念、主张和交流行为，在最初就存在一个意义，当同一文化情境中的参与者开始行动之后，原初的意义可能就会开始转变。一个人不需要掌握精深的文化理论——如理查德·道金斯（Richard Dawkins）的文化理论，或巴尔金的政治调适作为一种意识形态理论——就可以理解如下观念：文化是通过人类之间的交流而被创造出来的；它对人们可以彼此谈话以及如何理解这些谈话的影响；文化作为一个平台的各类参数，随着人与人之间的不断交流而改变。文化的演变是如何形成的，由谁主导，以及以何种程度的完美复制或微妙（而不是如此微妙）的改变，成为决定文化演变进度和方向的重要因素。随着时间的推移，这些文化的演变改造了人们生活所必需的交流平台，使他们了解自己所处的世界，使对话参与者能够在相互之间，就他们所共享的世界以及它可以去和应该去的地方，开展可被彼此理解的交流。因此，文化被理解成是某个历史背景下特定人类群体的社会事实。作为一个社会事实，它限制和促进了对信念和地位的发展、表达和质疑。例如，公立学校是否应当教授达尔文主义以及如何教授，这在美国广大地区都是一个现实的政治问题，并被作为关于进化是否"仅仅是一个理论"的辩论而展开。校园是否也该采取种族隔离，已不再是一个可行的甚至可以想象的政治议程。达尔文主义和种族隔离思想都不受欢迎，它们之间的区别并不在于，一个在科学上是正确的，另一个则不是。它们的区别在于，前者不是社会绝大多数人"共识"的一部分；而后者则是社会的"共识"——在某种程度上，不再需要利用最高法院在布朗诉教育委员会案（*Brown v. Board of Education*）中所援引的详细的社会学和心理学研究来证明，校园种族隔离在本质上就是不平等。

如果文化确实影响了我们如何形成未被察觉的共识，那么，它对于世界状态的意义设定、选择的可行性和可取性以及话语的组织这些方面，都发挥着重要作用。文化是如何被界定的（并通过它，意义和基本会话发展），这个问题就与自由主义政治理论密切相关了。在完全固化的文化（有着控制其发展和阐释的等级化、集中化的权力）和完全开放的文化（没有固化，一切都是飘忽变化的，没有指向特定的意义和理解）之间，围绕着文化的生产和运用，普遍存在着实际的社会和经济安排。当我们从自由主义理论的角度，来评估各种社会和经济安排时，我们将得出一个我们早已熟悉的折衷方案和一个我们早已熟悉的答案。就自主和政治话语而言，从自由主义对个人自由和民主参与的理念这一角度来看，个人更大程度上地参与创造其所处世界的文化意义，是具有吸引力的。正如我们已讨论过的两个案例一样，这里出现了一个巴别塔异议：人们拥有太多的自由去挑战和改造我们自己的文化情境，将导致人们彼此之间共识的缺失。然而，正如在这两个案例中所呈现的，对人们太过活跃地创造文化意义的担忧，可能被夸大了。从自由主义政治理念的角度来看，放松好莱坞和电视在当代文化中的主导地位，可能代表着一种渐进式的进步。它将给文化带来更大的透明度，从而也将带来更强的批判性反思能力，并将为人们提供更多参与文化创造的机会。于是，人们便可以在文化上加入个人元素，在共同的文化主题上带来变化，并与他人分享。

网络文化的透明度

分别在谷歌、序曲和雅虎上搜索"Barbie"一词，你将得到完全不同的搜索结果。表8.1按每个搜索引擎上的显示顺序，罗列了这些搜索结果。人们通常预期序曲搜索到的，是其出租给商业网站的兜售广告位。因此，这个搜索引擎依据竞价排名，哪个网站出钱多，哪个网站就排在前，这样的话，搜索引擎的用户就更可能访问它。在这个列表中，前10个结果中无一例外，都是销售芭比娃娃的商业网站。直到第25个结果，才出现了非销售产品的网站，这很可能是由于所有付过费的网站已被穷尽。众所周知，谷歌使用一种彻底分散的机制来分配搜索结果与关键词的相关性。它计算网站上有多少个站点链接到了包含搜索词的某一特定站点，并通过将拥有较多关联链接的站点，排在拥有较少关联链接的站点之前，以此来对搜索结果进行排序。这在事实上造成了这么一个效果，每一个网站都通过关联链接来"投票"，用以确定某一特定网站的相关性。而谷歌将整合这些投票，并将它们依据高低次序呈现在搜索结果页面上。在谷歌上搜索芭比娃娃的小女孩，将看到芭比娃娃是一位在文化上颇有争议的人物。同一个女孩，如果在序曲上搜索，则将看到芭比娃娃仅仅是一个玩具商品。在每一种搜索场景下，芭比娃娃的生产商美泰公司都没有做任何改变。不同的是，在一个以非市场行为衡量相关性的情境中，把一个网站链接关联到另一个网站上，因为人们认为两个网站所呈现的内容相关，以相关度来排名，而不是以美元，这使得芭比娃娃成为一个更为透明的文化对象。小女孩更容易看到，芭比娃娃不仅仅是一个玩具，不仅仅是美丽和魅力的象征，而且是一个社会设定的女性审美标准并用以压迫妇女的标志。这种透明度并不强迫小女孩选择芭比娃娃的这个意义，或是那个意义。然而，它确实展示了芭比娃娃可以有多种意义，对一些生活在这种文化的人来说，选择哪种意义是一个政治问题。雅虎的算法居于前二者之间,在前 10 个搜索结果中,它确实链接到了 2 个谷歌所呈现的网站,并且,在前 20 个搜索结果中,它也出现了谷歌前 10 个搜索结果中与销售或广告无关的多数网站。

表 8.1 谷歌、序曲和雅虎的 "Barbie" 搜索结果

谷歌	序曲	雅虎
Barbie.com 芭比娃娃官方网站	芭比娃娃的亚马逊网店	Barbie.com 芭比娃娃官方网站
Barbie Collector 芭比娃娃爱好者和收藏家的官方网站	有关芭比娃娃的 QVC 玩具销售网页	*Barbie Bazaar* Magazine 芭比娃娃收藏信息网站
AdiosBarbie.com 女权主义抨击芭比娃娃造型的网站	有关芭比娃娃的 KBToys 销售网页	Barbie Collector 芭比娃娃爱好者和收藏家的官方网站
Barbie Bazaar Magazine 芭比娃娃收藏信息网站	有关芭比娃娃的 Target 销售网页	MyScene.com
"如果你是芭比娃娃,你将会选择哪套打扮?" 主题网页	Bizrate 网站中芭比娃娃的最优惠价格	EverythingGirl.com
"芭比娃娃可视化计划" 网站	NetDoll 网站中全新和二手芭比娃娃的销售网页	芭比娃娃的历史(粉丝整理,主要是各类芭比娃娃的发布时间)
"芭比娃娃:我们共同的印象"(一篇研究芭比娃娃文化的文献)	芭比娃娃比价网站	芭比娃娃生产商美泰公司的官方网站
Andigraph.free.fr(有关芭比娃娃性别的卡通片网站)	芭比娃娃玩具网站	Spatula Jackson's Barbies 网站
自杀炸弹造型的芭比娃娃	与芭比娃娃有关的聚会用品	Barbie!(芭比娃娃爱好者网站)
"芭比娃娃的反文化形象" 网页	芭比娃娃和周边产品网站	The Distorted Barbie 网站

在百科全书定义芭比的情境下,类似的现象重复出现。截至本书撰写之时,网络上有 6 个流行百科全书网站。它们有如下特征:可以较轻易地被主流搜索引擎、育儿网站、相关技术网站查找到。维基百科,是唯一基于公共领域同侪生产的百科全书网站,其余 5 个百科全

书网站是商业网站。在5个商业百科全书网站中，仅有哥伦比亚百科全书是免费的，它由两部分组成，一个是 encyclopedia.com，另一个是 Bartleby.com。[6] 其他4个商业百科全书网站——大英百科全书、微软电子百科全书、世界图书百科全书（World Book）、格罗里埃网络百科全书——都收取大约50~60美金的年费。哥伦比亚百科全书并没有收录"芭比娃娃"这一词条。世界图书百科全书也没有收录"芭比娃娃"这一词条，不过，在"玩偶"这一词条中，提到了芭比娃娃。这里面仅有的信息是，芭比娃娃是1959年推出的；她有一个大衣橱；黑皮肤的芭比娃娃是在20世纪80年代推出的。文章的结尾，是大约三百字的收集玩偶指南。微软电子百科全书的"玩偶"词条，也提到了芭比娃娃，但也仅仅是一个简单的、孤立的定义，它和世界图书百科全书在形式上稍有不同，但内容上却大同小异：1959年、大衣橱、黑皮肤的芭比娃娃。文中附上了一张棕皮肤、黑头发的芭比娃娃照片。格罗里埃网络百科全书的科普子网站——Americana——同样没有"芭比娃娃"这一词条。但该网站也在有关"玩偶"的文章中，提到了芭比娃娃。在其中，芭比娃娃被描述为一种具有革命性的新玩偶，作为玩偶现实主义趋势的一部分，芭比娃娃被形容成一位少年时尚模特。不过，格罗里埃网络百科全书的专业子网站——American Studies——却有一篇专门介绍芭比娃娃的文章。那篇文章着重强调了芭比娃娃的销售数量和收藏价值，提供了一些芭比娃娃的历史综述，并概述式地提及芭比娃娃的体型及其消费主义导向。虽然格罗里埃网络百科全书提到了对芭比娃娃批判性作品的参考书目，但无论是有关芭比娃娃的文化批判，还是芭比娃娃所引发的文化讨论，都是非常粗浅且偏颇的。

只有两部百科全书明确关注芭比娃娃的文化意义：大英百科全书和维基百科。大英百科全书的"芭比娃娃"词条，是由 M. G. 罗德（M. G. Lord）撰写的。罗德是一位专业记者，他写过一本书，题为《永远的芭比娃娃：一个真实玩偶的外传》（*Forever Barbie: The Unauthorized Biography of a Real Doll*），其中着力批判芭比娃娃，无论是针对身体造型，还是针对它与女孩身体形象的关系，甚至是针对过度消费主义。然而，作者也清楚地阐明，芭比娃娃是历史上第一次在女孩们面前出现的特殊角色，她不是注重养育和家庭的传统女性角色，而是独立的、专业的成年人角色——扮演飞机驾驶员、宇航员或总统候选人等。此外，尽管芭比娃娃作为美国文化符号进行营销，而且芭比娃娃制造商早期采取了面向儿童直销方式，但由于芭比娃娃的制造不在美国本土，因此，该书还简要介绍了芭比娃娃在全球市场经济中的作用。维基百科几乎提供了大英百科全书词条里的所有信息，包括对罗德著述的引用。除此之外，维基百科还从芭比娃娃的背景知识和玩偶历史的脉络中，引证了大量材料。它强调了体型的争议，同时强调了芭比娃娃鼓励女孩把注意力放在对时尚配饰消费上的批评，也强调了芭比娃娃对于大多数把它当玩具的女孩来说，代表了一种他人难以企及的生活方式。2003年1月3日，维基百科出现的"芭比娃娃"第一版定义中，只简单提到了父母和厌食症团体有关芭比娃娃腰围的一次变化对女孩们营养配给的影响。直至2003年12月15日之前，这一直是评价芭比娃娃的唯一参考。当天，一位未登录的用户编写了一段相当粗略的文字，强调了芭比娃娃的体型和消费主义问题。同一天，一些长期编辑（即有登录名和个人交流页面的用户）增加了新的内容，改进和疏通了文本，但也保持了基本概念的完整性。三周后，也就是2004年1月5日，另一位长期编辑重新组织了段落，把消费主义的批评与对芭比娃娃体型的强调分开讨论，同时，该部分也解释了芭比娃娃独立的职业化装扮对女孩们的未来生活规划有着积极影响。这位长期编辑还点明，"芭比娃娃"一词通常用于指代较肤浅的女性。在那之后，三个星期后，芭比娃娃的词条又被修改了，从"盎格鲁－撒克逊白种人（可能是新教徒）"到"明显带有欧洲血统的白种人"，随后，这一定义趋于稳定。为了使表述更为确切，维基百科让词条的编辑历程完全透明。维基百科允许任何读者查看某一词条的先前版本，比较各个版本，并查阅"讨论"页面——参与编辑者讨论其改动及其初衷的页面。

一面是谷歌和维基百科,另一面是序曲、雅虎和商业百科全书,两相比较,象征着市场和社会交流在文化上的根本区别。如果我们把着眼点放在文化作为"共识"或背景知识的效果上,那么,至少对理论经济学家来说,它与市场的关系是外在的。它可以被视为一种"品位"。在现实商业环境中,文化的确是品位和需求的源泉,但它并不被视为是外在的。由于文化、象征和意义统统与市场化的商品紧密联系,所以它们成为广告投放和需求管理的重点。在过去的几十年中,任何一位接触过可口可乐、耐克或苹果电脑的广告宣传,以及其他各种大规模广告宣传的人,都不能忽视一个事实,即这些广告宣传主要不是涉及可口可乐、耐克或苹果电脑销售的产品或服务的物理特征或质量,这些广告宣传是关乎文化意义的。这些宣传活动试图诱导消费者购买他们的产品或服务。为此,他们培养、操控文化意义,并试图将文化意义推广到他们所做广告的社会实践,这正是为了塑造品位。他们提供了一个寻租的机会,因为消费者必须购买这家公司的鞋而不是那家公司的鞋,因为这一特殊设计的鞋,将会使买家成为特别的人,而不是普通人,成为酷劲十足的人,而不是俗气人。无论是理论经济学家,还是营销主管,都没有兴趣将文化变得更透明、更具参与度。无论是将文化视为外在的,还是将其视为控制特定产品需求的手段,他们都没有动力使消费者更容易认清文化符号,讨论其意义,或帮助他们创造自己的文化符号。假如文化对商业有用的话,那便是:企业试图塑造一个物件或实践的文化意义,用以控制消费者对商品的需求,并且企业需要尽力隐藏文化内涵,并确保控制文化符号的设计。事实上,1995 年,美国国会颁布了一项新商标法案,即《联邦反商标淡化法》(Federal Antidilution Act),这是美国首次将商标保护与防止消费者混淆联系起来。1995 年的《联邦反商标淡化法》规定,他人不得通过使用,来淡化任何著名商标的所有人(仅限著名商标所有人)所拥有的、带有商标含义的商标。对于消费者来说,这就再明白不过了——

即便某一特定用途并非来自商标所有人，但商标所有人仍然有权阻止这类使用。虽然有一些来自宪法言论自由保护方面的批评，但我们更应该关注的是，对于商标法理解的根本性转变——从旨在确保消费者可以依靠某种标记辨别商品的消费者保护法，到控制企业成功培植的符号含义并使其在实质上成为著名商标的财产权。这一法律变革，标志着法律在市场参与者创造的文化意义的控制所发挥的作用，发生了重大转变。

不同于文化的市场化生产，意义创造作为一种社会性的、非市场化的实践，并没有类似市场那样的系统性理由来促使人们接受意义。当然，有些社会关系确实如此。当女孩们玩玩偶、收集玩偶或显摆玩偶时，她们很少去思考玩偶背后的意义。这就像众多斯嘉丽的粉丝们一样，她们花大量精力模仿和运用《乱世佳人》里的浪漫主题，但却并不会花同样的精力去评论《乱世佳人》这部作品。然而，很明显，我们之间的一些交流是关于我们是谁，我们如何成为我们自己，以及这些问题的答案是不是具有吸引力。换句话说，一些社会交流确实给文化留有审视和驻足的空间，我们可以考虑它是什么样的背景知识，而不是把它作为既定的输入，或者把它作为市场媒介来控制意义设定和商品需求。通常，人们进行对话的目的，恰恰在于理解自己在这个世界上与他人的关系，以及是什么使他们与其他人相似或不同。这种自我和群体认同的形成的一个主要场域，是采纳或拒绝特定的文化符号和意义源头，以及对这些文化符号和意义源头的探究。这些文化符号和意义将使一个群体凝聚或分裂；这将使人们彼此相近或相殊。

在此，我有意夸大了基于市场的交流模式与非基于市场的交流模式之间的区别。这么做，是为了澄清这两种交流模式之间的结构差异，以及与之相应的文化的透明度。即便是互联网上如何定义芭比娃娃这个小例子，也足以证明：在实践中，这两类交流模式通常没那么泾渭分明。正如第 6 章论述的精英报纸在政治报道方面的作用一样，一些基于市场的努力确实也带来了一定的透明度；事实上，它们的市场基本逻辑推动它们进行系统性努力，来提升透明度。从一开始，谷歌的策略就是事先假定用户感兴趣的链接，就是对类似话题感兴趣且沉浸其中的其他用户所感兴趣的链接。公司的商业模式，正是基于那些公开此类偏好信息的用户和组织的这种透明度。偶尔，谷歌不得不与"搜索引擎优化器"（search engine optimizers）交锋，后者帮助其他公司，利用谷歌搜索引擎算法，来获取高位排名。谷歌曾与这些搜索引擎优化器作过斗争，有时会直接阻止它们访问搜索引擎。在这些情况下，我们看到了公司之间的技术竞争——优化器的目标是基于客户要求来吸引注意力；而谷歌的战略选择则是尽量忠实地还原网络上的相关性布局。在那里，市场激励确实推动了谷歌走向透明。然而，如果这点要成立，那么市场决策就必须是战略性的，而不是战术性的。例如，对诉讼的恐惧，曾促使谷歌在搜索结果中隐去了存在法律风险的链接。其中，最突出的案例便是在山达基教会威胁要起诉谷歌，因为谷歌的搜索结果提供了一个专门抨击山达基教会的网站（www.xenu.net）链接。刚开始，谷歌删除了链接，然而，随之网民们对谷歌的决定进行了潮水般的批评。此时，公司战略利益得到重视，公司也因此做出了让步。搜索"山达基教会"，我们会发现各种各样的网站，其中有许多都是批评山达基教会的，而其中www.xenu.net网站就是第二个链接。搜索"山达基+谷歌"，我们会在顶部搜索结果里发现许多评论，即不是很偏向谷歌，也不是很偏向山达基教会。我们在百科全书的案例中，看到了类似的多样性。和维基百科一样，大英百科全书也向我们揭示了关于芭比娃娃的争议。大英百科全书的声誉和商业模式建立在传播高度专业的权威知识和意见，并将这种观点传递给那些购买百科全书的人，他们就可以获得这种知识基础、判断和正式保证。在这两种情况下，公司的长期商业模式都要求体现那些本身不在市场中的中介的观点和见解——无论它们是大英百科全书的撰稿人，还是在互联网上写文章的为数众多和类型多样的博主。在这两种情况下，与好莱坞或纽约麦迪逊大道的产品相比，这些商业模式带来了更加透明的文化表达。正如并非所有基于市场的组织都在压制文化一样，并非所有基于非市场或社会关系的交流，都旨在探索和揭示文化假设。社会交流确实是最尊重文化假设的交流方式之一。与基于市场的交流相比，它能更有效、更全面地压制批评。无论是在固化宗教信仰的社区，还是那些奉行严格的平等主义政治正确的社区，我们通常都会看到，在传统和当代社会中，面对挑战社会对话中背后文化假设的巨大社会压力。例如，我们总是在城市中进行更多的文化实验和化学反应，在城市中，社会联系更为松散，社区对提问和讨论的社会控制手段更少。无所不在的互联网通信扩展了城市公园和街道的自由，同时也扩展了咖啡馆和酒吧（商业社交场所）的自由，因此，它无处不在。

和本书其他章节类似一样，我在这里并不是说非市场生产实际上会替代市场生产，或者说这种替代对于提高文化生产的参与程度和易读性是必要的。我的主张是：现如今出现了一种实质性的非市场文化交流替代方式，它增加了个人和团体参与文化生产和交流的自由度，从而提高了文化对居民的透明度。这是一个与我们的网络通信环境的特定技术时刻及其特定发生地点有关的主张。这一主张基于如下事实：它正在取代 20 世纪信息和文化生产的特定工业方式，并侧重于大众市场的消费。在这一背景下，出现了非市场生产和同侪生产的实质性部门，或出现了作为积极参与创造共享文化含义话语的主要新来源的个人，这使文化在实质上更加透明，且可用于反思，并因此而被进一步修正。

维基百科的例子，清晰地说明了另外两个维度：一是自我意识的程度，这是可行的，并且有着开放的、基于对话加强自身透明度的文化定义。二是文化的可改写程度，个人为了他们自己或者为了其他人，在现有文化符号之上混合、匹配和表达自己的程度。例如，费舍尔用"符号民主"这个词，来描述互联网文化对用户参与开放性所展现的潜力。这个词来源于菲斯克的《电视文化》（*Television Culture*）一书，它反驳了"电视实际上是一种纯粹的单向媒体、只向观众传播文化"

这一说法。相反，菲斯克认为，观众抵制这些含义，把它们放在自己的语境中，以各种方式使用它们，并颠覆它们来创造自身意义。然而，这种抵制大多是心照不宣的，有些甚至是无意识的。观众确有接受和解释的行为，或在不同生活环境中使用与电视节目中不同的情境和句子的行为；但这些行为是本地化的，只在小规模的本地文化中实践，并不是文化受众之间对于其限制、其含义和其颠覆的主动选择。我们开始在互联网上观察到的现象之一，就是如下这一新兴文化：关于文化的对话，它既具有自主性，又通过关联或引用特定的观点来建立理解。维基百科对芭比娃娃定义的发展、历史，以及讨论芭比娃娃定义的网页的存在，是关于文化的自主讨论的极端版本。互联网所带来的特殊功能——剪切、粘贴、渲染、注释和评论，使对文化符号和文化制品的积极利用和有意识的讨论更易于创建、维护和阅读。

　　文化制品（附着文化意义的物品）的灵活性，可以被不同的上下文和讨论加以呈现、保存和包围，这使得任何人在任何地方都可以轻易对文化做出自主陈述。它们使巴尔金所说的"粘附"成为可能——将共同的文化表现形式转化为文化对话中的自我行动。[7] 低存储成本以及链接到任何存储空间的便利性，使任何此类陈述持续存在并向他人开放。评论、链接和书写到各处的便利性，反过来又增加了回应和反馈的可能性。然后，其他人可以找到这些对话——即便这些人没有创作，至少他们也还可以阅读。换言之，和其他目的明确的、诸如维基百科的同侪生产项目一样，广义的互联网或者狭义的万维网的基本特征是，使任何人、在任何地方、出于任何原因，都能开展针对文化对象、文化趋势、文化特征的交流。这些交流可以不受时空限制；在很多地方，许多人既可以主动参与，也可以被动阅读。正如我们已经看到的，其结果是带来由共享当代文化意义的人们所进行的、广泛可及的自主对话。这种"可写性"（writability）既是维基百科词条创建过程中非常显著的第二特征，也是数字环境下网络信息经济带来的第二个重大变化。

互联网文化的可塑性：
高生产价值的民间文化的未来

我已经描述了博客、个人创作的电影（如《绝地传奇》）和《第二人生》游戏的这几个现象。在《第二人生》游戏中，用户创造了所有故事线和所有物件，而商业游戏公司则制造了一系列道具，并为他们创作集体故事提供了平台。我们看到了大量商业模式涌现，其目的正是为用户提供写作、创作、拍摄和混合剪辑现有材料的工具，以及出版、播放、渲染和传播用户制作的内容。例如，Blogger网站为用户在线发布文字作品提供便利。苹果电脑内置一款名为GarageBand的应用，用户可用它来创作和播放自己的音乐。它包含一个预先录制的大音乐库（包括不同的乐器伴奏、即兴演奏、旋律循环）和一个允许用户混合、匹配、录制、添加自己音乐，并完成制作和播放的平台。视频编辑工具辅之以数字视频的扩展功能，使人们能够拍摄记录自己生活的电影，或者拍摄像《绝地传奇》一样的科幻电影。

新兴的Machinima现象（亦即利用游戏平台制作短片）凸显了数字平台如何以一种出人意料的方式成为创作工具。创作者利用现有游戏的3D渲染能力，使用游戏背景作为电影场景或视频演示背景，并在播放过程中进行录制。然后，他们将其作为一个独立短片在互联网上传播。虽然这类视频有许多地方仍显粗糙，但它们给制片模式带来的一系列基本可能性十分重要。毋庸置疑，不是每个人都是莫扎特，甚至不是每个人都有足够的天赋成为音乐家、创作者或制片人。许多可以做的和正在做的网络创作，都谈不上什么创造性，其中大部分是采取巴尔金提到的"粘附"形式，亦即用户利用现有的流行文化或专业文化，在其之上进行表演。用户有时努力使自己的作品忠实于原作，但往往也带入他们自己的变通，直接使其成为自己的作品。然而，正如学习如何阅读音乐和演奏乐器可以使一个人成为更优秀的听众一样，大规模创作各种形式的文化艺术品，也使社会中的个人能够成为更好的读者、听众和专业文化的观众，以及在这一集体文化的混合中贡献自己的声音。

人们一直在创造自己的文化。流行音乐并不是从猫王才开始的。一直以来，民间文化（音乐、故事和戏剧）都普遍存在。20世纪，在发达经济体中表现得非常明显，但在全球范围内表现得相对隐晦的一个变化，就是民间文化被商业化的流行文化所取代。个人和社区之于文化产品的角色发生了变化，从共同生产者和复述者，变成了被动消费者。以前，长辈们可以讲讲故事，孩子们可以为大人表演节目，或者聚在一起唱歌；而现在，他们被来自广播、留声机和电视的背景音乐所占据。我们开始假定某种程度的"生产价值"——声音和图像的质量、渲染和舞台的质量——是我们简陋的手段和业余的声音或乐器所无法企及的。不仅是创作的时间被取代，而且对什么是引人入胜的美好事物的认识也被取代。什么才是引人入胜的、令人愉悦的文化表达方式？在1937年的一篇经典之作《机械复制时代的艺术作品》（"The Work of Art in the Age of Mechanical Reproduction"）中，瓦尔特·本雅明（Walter Benjamin）对20世纪流行文化的出现持乐观态度，认为这是一个潜在的解放性转变。本雅明的核心主张是：随着艺术的机械复制，打消了过去附着在单个艺术作品上的"光晕"（aura）。本雅明认为这种独特的艺术作品的光晕，加深了大众和文化代表之间的鸿沟，放大了大众的认知弱点，使他们更加远离真正伟大事物。他在机械复制中，看到了将复制品带入现实的可能性，带入大众的手中，并扭转大众文化的距离感和相对弱点的可能性。本雅明还没有看到的是，机械复制会在许多分散的个人和创造文化的能力之间置入另一类障碍，这是由生产成本、生产价值以及伴生的明星体系所带来的障碍，用新的但同样高的参与制造文化的障碍取代了独特艺术作品的标志性作用。正是由于这些障碍，数字媒体所提供的能力开始被削弱。用户对现有的文化材料进行剪切、粘贴和"粘附",通过媒体实现他们的直觉、品位和表达,已经变得可行了。正是这些障碍,数字媒体所提供的能力开始被削弱。对用户来说,对现有文化材料进行剪切、粘贴和"粘附",通过媒体来展现他们的直觉、品位和表达,并以现行可接受的技术质量程度,将它们呈现出来,并在远近人群之间传播,都是可行的。随着好莱坞开始使用更多的计算机特效(甚至贯穿整部电影,比如仅2004年就有《怪物史莱克2》《超人总动员》和《极地特快》等特效电影上映),随着日益普及的图像生成软件和硬件质量的提高,个人用户或用户群体与商业—专业工作室之间的生产价值差距将逐渐缩小。当本书在2005年初完成时,没有什么比《怪物史莱克2》和《超人总动员》更清楚地说明了通过当代对主流文化的诙谐批评来重述原有故事的价值,同样,也没有什么比《极地特快》的枯燥无味更暴露了纯技术、以电影明星为中心的创作质量的局限。随着像《第二人生》这样的网络游戏为用户提供了新的工具和平台,来讲述和重述他们自己的故事,或者他们自己版本的老故事,随着数字多媒体工具为协同创作故事平台之外的个人提供同样的功能服务,我们可以开始看到民间故事和歌曲作为广泛的文化实践重新出现。而随着网络连接变得无处不在,搜索引擎和过滤器的改进,我们可以开始看到民间文化的出现,在我们的文化环境的生产中发挥更大作用。

一种参与的文化:政策面向

文化是一个过于宽泛的概念,并不能提出一个以抽象的技术或是以具体的互联网为中心的普遍理论。因此,我的关注点要窄得多,它将沿袭两个维度:首先,我关注的是思考文化对人与人之间交互所起的作用。从自由主义基本政治承诺来理解,也就是说,我关注个人在形成和追求生活规划方面的自由程度,以及他们在辩论和决定集体行动中的参与度。其次,我的主张集中在20世纪文化生产的工业模式和

21世纪初浮现的网络模式的相对吸引力上,而不是集中在后者与某种理论上的理想文化的联系上。

自由主义的政治理论不能寄希望文化在人类生活建构中的作用自行消失。我们从事广泛的创造和交换符号的社会实践,这些实践关乎我们的生活是什么样的,可能是什么样的,还关乎哪些道路对我们个人而言是有价值的,哪些是没有价值的,以及我们作为一个集体社区——从地方到全球——要追求什么样的目标。这种非结构化的、无处不在的对话,主要关注自由主义政治体系所触及的议题,但它并不适合任何使其后果"合法"的制度化的进程。文化作为一套背景假设和常识来运作,它构建了我们对世界的理解,以及对我们个人和集体可能采取的行动和结果的范围。它限制了向我们开放的对话范围,以影响我们思考正在做什么,以及我们如何以不同的方式行事。在这些方面,它是批判理论意义上的权力来源——一个真正限制我们可以做什么,以及我们可以如何行事的源头。作为权力的来源,它不是一种独立于人类事业之外的自然力量,因此,它也便成了一种本身不适合政治评价的事实。正如我们在家长、教师、广告公司和宣传部门的行动中所看到的那样,文化是可被操纵、可被管理,而且是一个有意行动的直接着力点,其目的正是利用其力量控制寓居其中的人们的生活。然而,文化不是枪杆子,也不是地牢里的锁链。文化对寓居其中的人们的实际控制是有限的,很大程度上取决于看透文化、与他人讨论文化以及看到其他替代方案或其他可能和理想的方式的难易程度。

然而,即使在自由主义框架之内,对文化是一个政治问题的理解,并没有转化为对作为合法政治决策延伸的文化领域的干预议程。在体系上,文化话语并不适合由政治系统实施正式的规范、管理或指导。第一,参与文化话语与个人自我表达密切相关,因此对它的监管需要侵扰个人自主权,这将消解掉参与性政治体系的任何好处。第二,与政治议程和辩论相比,文化在日常生活的结构中更为错综复杂。它是一种语言,我们可以理解任何东西的基本框架,而且我们在任何地方都需要通过它来理解。规范文化就是规范我们对自身所处世界的理解。第三，文化在广泛的意识层面上注入了我们的思想。调整文化，或者干预它的创造和方向，将需要在潜意识或弱意识层面，采取自我意识的行动才能影响公民。第四，在文化之外没有阿基米德支点，我们可以站在上面做决定——让我们多灌输一点这种或那种形象，如此一来，我们就能获得一个更符合我们公正观念和合法形成政治合议的意识。

避免直接干预文化交流的整体承诺，并不意味着我们对文化以及与之相关的法律政策无能为力。我们所拥有的是观察文化生产和交流系统的能力和需要，并保证它尽可能不受约束和操纵。我们必须判断：是什么使一种文化对寓居其中的人们来说更透明或更模糊；是什么使其对依赖它的对话采取严格约束的责任更大或更小；是什么使针对许多不同来源和形式的文化干预更可行或更不可行。在此背景下，我认为从自由主义政治理论的角度出发，互联网文化的出现是一个令人瞩目的变革。这既是由于数字对象和计算机网络通信的技术特点，也是由于网络信息经济的新兴产业结构——表现为普遍意义上的非市场生产与特殊意义上的个人生产（单独创作或协同创作）。数字网络的开放性使任何人在任何地方，都能观察任何特定文化符号的各类观点。观点的交锋，使我们很容易看清芭比娃娃是一个有争议的文化符号，这使我们有可能更普遍地观察到每个人千差万别的文化形式与观点。认清这种背景未明的假设和共识的透明度，是自我反省的开始，也是突破既定模式的能力。更大的透明度也是合作行动的必要因素和结果，这是因为不同的参与者或者明确地，或者通过协调他们隐含的分歧，来更清楚地说明他们的假设，从而使这些假设从背景转移到前台，从而变得更容易被检验和修止。反过来，数字对象的可塑性提高了个人生产新民间文化的能力。这种民间文化已建立在20世纪的文化之上，后者对于民间复述和再创造来说，是遥不可及的。这种可塑性，以及书写自身文化的做法，随后反馈到透明度中，这是因为制作原创音乐、电影或文章的做法，使人更自觉地使用他人的文化艺术品，也因为在重新讲述既有故事时，我们再次看到原作的内容，以及它们如何符合或不符合我们自己对事物的认知。目前正涌现出一种在实践中学习的普遍做法，这使整个社会成为自身文化更有效的读者和作者。

与工业信息化经济高度系统化的文化生产系统相比，新的民间文化的出现，以及个人积极参与讲述和重述原有文化主题和新兴热点，这些都为自由拓展了新疆域。它使文化更具参与性，并使其更具可读性。当然，文化的基本结构性力量并未被消解。与文化脱节的漂浮原子只是假象。事实上，这种想法是错误的。然而，文化为我们提供的框架，使我们有可能在沉浸生活的日常社会对话中，发表言论并纳入他人对话，这是一个更适合于我们自我改造的框架。我们成为这个框架更复杂的使用者，对它有更多的自我意识，并且更能认识、挑战和改变我们看到的反面观念，以及阐释、交流和坚持我们看到的正面观念。然而，正如第11章所述，在21世纪产生的新民间文化在多大程度上可以建立在20世纪工业模式之上的这一问题上，文化生产的工业模式和网络信息经济之间的张力最为突出。这一张力，事关重大。我们不能凭空制造新文化。我们今天作为寓居某一文化的人群，占据着一套共同的符号和故事，这些符号和故事在很大程度上是基于那个工业模式的产出。如果我们要使这种文化成为我们自己的文化，使其清晰可辨，并使其成为满足我们今天需求和对话的新平台，我们必须找到一种方法来切割、粘贴和重新混合现有文化。而恰恰是这种自由最直接地挑战了为20世纪的技术、经济和文化实践所量身定制的法律。

第 9 章
正义和发展

网络信息经济中出现了大量非市场化的、基于公共物品的生产方式,这将如何影响分配和人类福祉呢?一个悲观的答案是:影响微乎其微。即使信息化生产系统变得更加分散、更公有化,饥饿、疾病以及根深蒂固的种族、民族、阶级分层等问题,也无法被根除。如果净水资源短缺、民众不识字、政府办事不力、人人平等的基本权利无法践行,那么,神奇的互联网也不会给数十亿贫苦民众带来什么影响。无论是在发达国家,还是在情势更危急的中低收入国家,情况都是如此。这个悲观的答案足以使得如下信念显得苍白无力,亦即向网络信息经济转型,将会给正义和人类发展带来深远影响。

需要审慎评判网络信息经济在解决公平正义问题上的实际作用。然而,重要的是认识到:信息、知识和文化是人类福祉的核心;农业知识和生物创新是粮食安全的关键;医学创新及享受其成果的传播对健康长寿具有重大影响;识字能力和教育对个人成长、民主自治和经济能力来说意义深远;经济增长本身也严重依赖于创新和信息。因此,对于发展政策和社会如何获取、分配人类福利和福祉的问题,信息政策已成为核心要素。获取知识的渠道,对于人类发展至关重要。相较于工业信息经济所取得的成果,网络信息经济的出现为正义在规范领域的改进以及自由的发展提供了实质性的机遇。

我们可以在两种截然不同的框架内,分析网络信息经济的出现对正义或平等的影响。第一种是自由主义式的,主要关注某种形式的机会平等。第二种是社会民主式的，或是以发展为导向的，侧重于广泛提供有关人类福祉的一系列实质性要素。从非市场来源中获取的信息，以及非独占生产环境中可采取行动的机会，都在这两个框架中改善了分配问题；但是，它们起作用的方式却有所不同。尽管存在诸多差异，但在这两种框架内，影响都可以具体化为某种权限——获取自身行动机会的权限，以及获得信息经济的产出和投入的权限。传统工业经济在这两种框架中，都设置了成本壁垒和交易制度壁垒。而网络信息经济可以降低这两种壁垒，或创造规避这些壁垒的替代方案。因此，在某种程度上，网络信息经济平衡了作为经济行为体参与的机会与分享日益信息化的全球经济红利的实际能力。

然而，网络信息经济所提供的这些机会，往往与欧美在国际贸易和知识产权制度中所采取的核心政策相冲突。美国和欧盟这两股力量系统性地强化所有权保护，它们更加依赖专利权、著作权以及与之类似的所有权，将保障这些权利作为促进发展的核心信息产业政策。本书第 2 章从纯粹的经济视角，并带入鼓励创新的视角，阐释了为什么这一政策并不可靠。然而，一套制度若过分依赖所有权手段来进行信息生产，那么它不仅是低效的，而且是不公平的。所有权旨在激发人们的支付意愿和能力。存在极端分配差距的情况下（比如全球经济分配差距的现有格局），比较公众福利方面，市场就是一个相对糟糕的衡量标准。一套制度若能表现出哪些创新是最可取的，并且根据支付能力和支付意愿来分配创新机会，那么，这套制度就会过度增加富人的福祉，并过度剥削穷人的福祉。两万美国青少年可以承担并且愿意支付痤疮药物的费用，远远高于每年死于疟疾的百万非洲民众能付得起的疫苗费用。一套制度若过分依赖所有权模式来管理信息生产和交换，那么，这套制度就是不公平的，因为该制度旨在服务于一部分可为福利增量支付高价的人，从而给这部分人的福利带来少量增长，而不是服务于另一部分支付不起生活必需品的人，尽管这一部分人存在更高的潜在福利增长。

自由主义正义理论与网络信息经济

自由主义正义理论可分为不同类别,主要根据如何在机运、责任、结构等方面来界定人类不平等的起源。这里所说的机运,是指个体资源匮乏的理由,这些理由不受个体控制,并且成为个体生活中不受其选择或行为影响的一部分。这里所说的责任,是指个体资源匮乏的原因,这些原因是由其行为或选择导致的。这里所说的结构,是指个体不平等的原因,这些原因不受个体控制,但来自构成社会组织框架的众多机构、经济组织或社会关系,这些机构、经济组织或社会关系限制了个体行为,或破坏其自助努力。

约翰·罗尔斯的《正义论》(*Theory of Justice*)是建立在如下观念之上:最穷的人之所以最穷,皆为机运使然。罗尔斯提出以系统化的方式捍卫、限制再分配,即"差别原则"。社会应努力进行再分配,从而使最穷的人尽可能地富起来。"应得理论"是指,由于任何人在原则上都可能成为机运的受害者,我们都会同意,如果没有人知道噩运在何处,那么就该降低自己暴露在真正可怕处境的风险。其实际意涵是,尽管我们可能会为了实现再分配而必然牺牲一些生产力,但我们不能牺牲太多。如果我们这样做,我们很可能伤害——而不是帮助——最羸弱和最贫困的人。另一方面,以罗伯特·诺齐克(Robert Nozick)的权利理论为代表的自由主义正义理论,往往忽视了厄运或贫困的结构性问题。它们只关注某一特定人在任何特定时刻,是否不义地获得特定的私有财产。若非如此,他们的私有财产就不应当被剥夺。显然,这些理论忽视了穷人。作为一个实际问题且稍加延展,他们将责任视为富人成功的源泉,并认为排斥责任将导致穷人的苦难,因此他们高度抵触财富的再分配。

就像我们在其他自由主义者的著述中所看到的那样,"一个人的经济状况由自己的行为所决定"这一基本观点,并不一定完全排斥再分配。罗纳德·德沃金（Ronald Dworkin）关于不平等的著作对罗尔斯提出了批评，他试图在承认机运起作用的同时，加入责任的成分。在德沃金的框架下，如果资源得到公平分配，且初始投入中的厄运通过某种保险计划得到补偿；那么，由错误选择而不是厄运导致的贫困，就不应当通过再分配获取帮助。虽然罗尔斯的理论忽略了个人责任（在这方面，从尊重个人自治的自由主义理论出发，罗尔斯的理论没那么吸引人），但它的优势在于：为一个公正的制度提供了更为明确的衡量标准。在市场经济中，人们可以根据不同的再分配规则来衡量最贫困者的福利。这样一来，人们就可以看到，再分配的力度什么时候做过头了，使得福利陷入如下境地：最贫困的人在这一处境中，实际上比他们在一个不那么平等的制度下的处境更糟。如果比较苏联、西德和美国在20世纪60年代末、70年代初的境遇，就不难得出这些结论。德沃金的保险制度设计，要求有很强的能力来衡量市场经济中各种低补助门槛的预期失能效应——从财富，到智力，再到健康，并调整财富补助门槛使之均衡，为制定政策提供准绳。然而，对于社会的再分配努力的评判标准来说，它确实有一个优点，亦即区分一位因家庭投资不善而陷入贫困的儿童和一位出身贫寒且身患重疾的病人。布鲁斯·阿克曼的《社会正义与自由国家》（*Social Justice and the Liberal State*）也提供了一种区分应得与不应得的机制，但通过在结构上纳入机运和责任，增加了政策的可操作性。除了你出生时父母有多富有，你天生就有遗传禀赋这类纯机运之外，还有你成长过程中所处的教育体系，以及你所生活其中的交易制度，它提供了什么样的机会、切断了什么样的机会、带来了什么样的负担。因此，他的建议：只要这些失灵是现实中可以补救的，那就应当力求为这些失灵提供基本的补救办法。其中一个建议是由安妮·阿尔斯托特（Anne Alstott）和阿克曼提出的。他们认为，政府在公民出生时对其补助的想法，配以自由支配补助，以及福利的相应减少。[1] 其还强调一个更加开放和平等的交易制度，它允许任何人都有机会与他人交易，而不是依赖于其他条件（例如，以不平等的社会关联作为生产行为的先决条件)。

从上述每一种正义理论的角度来看,网络信息经济改善了正义。我们尽可想象那些可以改善用户福利的商品,比如软件、百科全书或产品评论。我们也可想象一种政策选择可能会使以非市场、同侪生产方式生产该商品的成本过高导致其夭折,或者让投入该商品生产的所有者轻易排除基于市场和社会生产的竞争对手。例如,政府可能会决定:承认软件接口的专利,因此购买让该软件与其他软件协同工作的权利将变得非常昂贵;对编辑学生阅读的百科词条的作者,施加最低的正规教育要求,或对外部信息施加非常严格的版权审查(而不是仅禁止复制其文字),并对轻微侵权课以高额罚款;或者给予被审查主体更强的反抗商品审查的特权,例如通过扩大商标权保护范围,或者禁止审查人员未经许可拆卸产品。细节无关紧要。我把它们一一罗列,只是为了让人们了解政府可以做出的常见选择,真正的现实问题是:这些选择会给非市场生产者带来不同的负担,无论是非营利组织还是非正式的同侪生产合作。

让我们将更容易获取现有信息的规则集,称为"规则集 A";将获取信息成本更高的规则集,称为"规则集 B"。如第 2 章所述,采用规则集 B 很可能会抑制信息生产和创新——即使其旨在通过强化版权和专利的方式增加信息生产。这是因为,对于那些以获取版权或专利收益为生产目的的生产者,必须有额外激励来平衡其成本。这包括(a)即使是那些生产者的成本也较高,以及(b)所有根本不依赖排他性权利的生产者的成本都较高,而使用非独占市场模式(如服务)或非市场模式(如非营利组织和个人作者),并且不会从增加的收益中获利。然而,让我们另一个假设:排除规则的增加不会影响总体生产。让我们再假设,依赖专利的生产商将有足够的产量增长,以抵消非专利部门的生产损失。

从罗尔斯或阿克曼等理论的角度,很容易看出为什么从 A 到 B 的政策转变会是开倒车。根据规则集 A,我们假设在这种状态下,即 A

状态，有五部网络百科全书。其中一部是通过同侪生产创作而成的，任何人都可以免费使用。这可以通过规则集 B 检验。在 B 状态下，仍然有五部百科全书。然而，维护免费百科全书的成本变高了，而经营商业百科全书则更有利可图。一部新的商业百科全书进入市场，与 A 状态下存在的四部商业百科全书竞争，而免费百科全书就倒闭了。从差别原则出发，我们可以假设这一变化导致了卡尔多-希克斯（Kaldor-Hicks）意义上的整体福利稳定。（也就是说，整体福利的增加足以实现如下情形：即使有些人的境遇可能更糟，那些境遇被改善的人的情况也足够好，原则上后者可以补偿每一位境遇更糟的人，足以使每个人的境遇比以前更好或不更差。）现在假设，我们仍有五部百科全书，但它们都要收费。即使我们假设社会福利总额保持不变，社会中最贫困成员的境遇也会变差。在 A 状态下，他们至少可以免费获得一部百科全书。他们可以使用这些信息（或者软件的功能），而不必放弃任何其他的福利来源。在 B 状态下，他们必须做出如下选择：要么保持与之前相同的百科全书使用机会，并减少其他福利；要么保持相同的其他福利并失去百科全书的使用机会。与创新经济学文献中的理论和经验证据相反，如果我们假设向 B 状态的转变系统性地、稳定地改善了商业生产者的激励和投资，那么从差别原则出发，这本身仍然不足以证明政策转变的合理性。我们必须引出一个更严格的观点：百科全书质量的边际改善，以及商业生产者在与免费的、同侪生产的版本竞争时未曾察觉的、因增加的市场竞争而导致的价格下降，仍然会使最贫困成员过得更好；尽管在这种情况下，他们必须付费使用百科全书，而不是面对有四部商业百科全书和一部免费百科全书的处境。

从阿克曼的正义理论来看，网络信息经济的优势更加明显。阿克曼将参与市场经济的一些基本先决条件描述为获得交易框架、基本信息和充足的教育投入。在某种程度上，参与网络信息经济所需的任何基本公用设施都可以免费获取，其形式基本上与最初的财富投入的偶然性隔离开来。至少从这个意义上说，网络信息经济的发展，克服了个体持续贫困的一些结构性因素,亦即缺乏获取有关生产和廉价消费的市场机会、商品质量的信息,或缺乏与具备生产能力的人或地方沟通的能力。虽然德沃金的理论并未提供一个类似框架来阐述网络信息经济对正义的影响,但从这个角度来看,在非市场基础上发挥更多的信息经济功能是有益的,也没有损失。只要人们认识到机运不佳是贫困的部分原因,那么免费使用信息资源就可以抵消财富投入中机运不佳所造成的影响,并且由于这些影响转化为缺乏信息资源访问权限因而降低了补偿这些影响的需要。这一增加的访问权限源于生产者的自愿交流,以及对交流其免费生产内容的尊重。尽管利益流向个体——无论他们的现状是由于机运还是自身不负责任,但这并不涉及从负责任的个体到不负责任的个体的强制再分配。

那么,就自由主义正义理论而言,网络信息经济的出现是一个不附带任何附加条件的进步。除非在有悖于流行的创新和信息生产的经济学理论和经验的限制性假设之下,否则,大量基于社会交易框架(而不是基于排他性商业模式)的信息生产和交换部门的出现,改善了社会的分配。无论行动是基于市场动机,还是非市场动机,其产出都可以免费提供给任何人。网络信息经济所带来的基础设施,改善了所有联网用户的前景,无论这些人在联网之时是消费者,还是生产者。它淡化了资源分配不均所带来的一些影响,它为市场化的企业和非市场化的企业提供了更平等的机会。本章的下一部分将详细探讨这一点,但在此必须强调,面对不平等的禀赋,机会平等是所有自由主义正义理论的核心。作为一个现实问题,网络信息经济的这些特点,使互联网的广泛普及成为再分配的一个更为重要的政策目标。这使得政策辩论也变成自由主义正义的关切——在当今政治运作中,这些辩论大多是从创新和发展的角度来讨论,偶尔也会从自由的角度来讨论。

基于公共物品的政策与人类福祉和发展

长期以来，社会民主理论传统不注重自由社会中平等的理论条件，而注重人类在社会生活中的实际福祉。这种正义观与自由主义理论一样，认为市场经济是自由社会的基本组成部分。然而，它强调的不是机会平等，也不是鼓励懒人躺平的社会福利，而是强调确保社会中每一个人的基本福利。特别是欧洲的社会民主国家，它们雄心勃勃地要将基本福利水平提升到相当高的程度；即便是美国社会保障体系，也存在这个特点。关于全球贫困和解决贫困的文献，最初是与上述讨论相分离的。但随着全球通信和整体意识的提升，加之大量发达经济体中的人民生活条件改善，对国内生活条件的关注和对全球贫困的关注，它们之间的界限变模糊了。我们发现，这些关注越来越多地合并为对各地人类基本福祉的关切。这一点突出体现在阿玛蒂亚·森（Amartya Sen）的著述中，他不仅关注各地发展对正义的定义，甚至对自由的定义的核心影响。

全球发展作为分配正义的核心议题，其日益突出的地位主要是由于世界大部分人口所面临问题的严重性。[2] 在世界最大的民主国家印度，80%的人口——略多于美国和扩张后的欧盟人口的总和——每天仅靠不到2美元维持生活，39%的成年人是文盲，47%的五岁以下儿童体重过轻。在非洲最发达的民主国家南非，新生儿有45%的概率活不过40岁。印度和南非尚且不是最贫困的国家。全球贫困的规模，对任何有关正义的讨论，都带来了道德影响。表面上，这些问题似乎太过普遍，从而不受来自网络信息经济的影响。维基百科与刚果49%的人口无法获得稳定水源，二者能有什么关系呢？的确，我们不应过分夸大信息和通信政策在全球人类发展背景下的重要性。但同样重要的是，我们不能忽视信息在我们大多数福利和发展中的重要战略中心地位。要认识到这一点，我们可以先考察人类发展指数（Human Development

Index，HDI）的各个要素。

1990年，《人类发展报告》（Human Development Report）项目正式启动，它旨在衡量使其宜居并具有吸引力的各种要素。它与以经济为中心的指标（如GDP或经济增长）形成对比，以提供一个更精细的观察，即一个国家的经济和社会的哪些因素使其更宜居。它通过更精细的方式，来改善各地生活条件。正如阿玛蒂亚·森所指出的，中国、印度的喀拉拉邦和斯里兰卡的人民比其他人均收入更高的国家（如巴西或南非），活得更长寿、也更健康。[3]《人类发展报告》考察了大量的日常活动和特征指标，它统计的主要综合指数是人类发展指数（HDI）。人类发展指数试图反映人们能健康长寿生活、能变得有教养、拥有体面生活的充足物质资源的能力。为了实现这一目的，它综合考察三个要素：出生时的预期寿命、成年人识字率和学校入学率、人均GDP。如图9.1所示，在全球信息经济中，这些衡量标准中的每一项都是重要的（尽管不是唯一的）获得信息、知识与嵌入信息的相关产品和服务的功能。预期寿命受到充足的营养和药品供应的影响。农业方面的生物技术创新，以及栽培技术方面的农艺创新和其他技术含量较低的创新模式，在提高人类社会自我供给能力和营养食品供应方面，起到很大作用。医学取决于医学研究以及药物获取途径，而保健则取决于研究和出版保健知识信息的拓展和传播。当然，教育也在很大程度上依赖于教学材料和教学设施，这包括获取基础教科书、图书馆、计算和通信系统，以及建立本地教育中心。最后，半个多世纪以来，经济增长一直被理解成是由创新集中驱动的。这对后来者来说尤其如此，他们可以通过采用其他地方开发的最佳实践和先进技术，然后顺应当地条件，并根据以这种方式实现的新技术平台为基础量身定制，从而迅速改善自身状况。因此，所有这三个组成部分都受到获取和使用信息与知识的实质影响。如果要认定网络信息经济的出现可以为人类发展带来巨大好处，那就需要满足这一基本前提：我们生产新信息的方式——同样重要的是，我们用来管理世界各地现有信息和知识存量的制度框架——可以对人类发展带来重大影响。

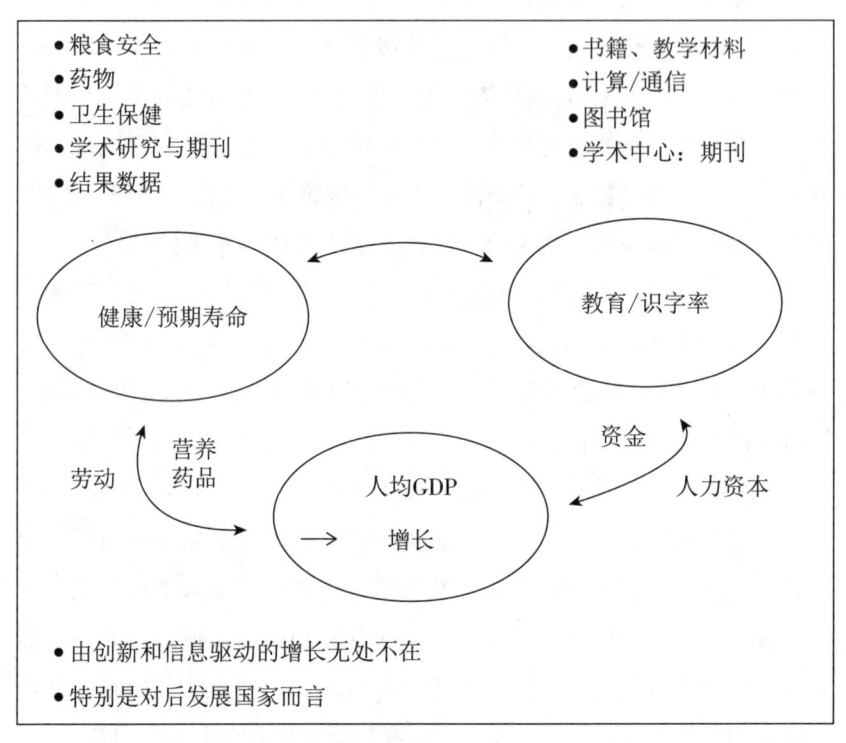

```
• 粮食安全                    • 书籍、教学材料
• 药物                        • 计算/通信
• 卫生保健                    • 图书馆
• 学术研究与期刊              • 学术中心：期刊
• 结果数据

         健康/预期寿命  ←→  教育/识字率

    劳动  营养                资金
         药品                      人力资本
              人均GDP
              → 增长

• 由创新和信息驱动的增长无处不在
• 特别是对后发展国家而言
```

图 9.1　HDI 与信息

信息嵌入型商品和工具，信息，以及知识

如果我们的目标是改善发展中国家和欠发达国家的条件和创新机会，那么我们可以总结发达国家所拥有的三种信息方面的优势，并将这些优势提供给发展中国家和欠发达国家。这些优势包括信息嵌入型物质资源（包括商品和生产工具），信息，以及知识。

信息嵌入型商品。 这些商品本身并不是信息，但它们之所以更好、更多或更廉价，是由于其中蕴含的或与其生产相关的技术演进。最典型的例子，是健康领域的药品和食品安全领域的农产品。尽管在这些领域获得创新产品还存在其他制约因素——监管和政治层面的，但长期存在的障碍依然是成本。降低成本的一项长期竞争障碍是独占权，它常常以专利的形式呈现，但也以国际公认的育种者权利和监管数据独占权的形式呈现。在计算机和通信领域，硬件和软件是主要焦点。在硬件方面，人们一直致力于开发更廉价的设备，如简易型电脑和Jhai计算机。然而，由于这些系统的大部分组件都处于相对商品化的状态，边际成本而非独占权一直是其普及的主要障碍。解决之道（如果存在的话）是集中需求：为一个村庄（而不是单个个人）提供联网计算机。在软件方面，最初的解决之道是盗版。最近，我们看到越来越多的用户使用免费软件。前者不能被称为"解决之道"，而且正在被贸易政策逐步清扫；后者则以免费软件来获取最先进的软件服务，构成了我所提出的以公有为基础的发展解决方案的样本。在本章中，我将集中讨论后者。

信息嵌入型工具。 创新本身所必需的工具，比提高福利所需的实际商品具有更深层的意涵。在农业生物技术领域和医药领域，这些工具包括用于科学研究的使能技术（enabling technology），以及用于实验的材料和现有化合物。获得这些技术的渠道，也许是发达国家专利制度中最普遍的问题，对发展中国家也是如此——这表现在迈克尔·海勒（Michael Heller）提出的"反公共"（anti-common）和卡尔·夏皮罗（Carl Shapiro）提出的"专利丛林"（patent thicket）这两个精妙的概念之中。本书第2章阐释了这种分析基础：如果创新的基本工具是独占的，产权制度赋予这些工具的所有者控制依赖这些工具展开创新的独占权，而且任何一项创新都需要征得许多此类所有者的许可并向其付费，那么创新就会受阻。这一问题并非发展中国家所独有。然而，由于治疗仅影响贫困国家疾病的药物或为这些国家优化的农作物品种的市场价值相对较小，成本障碍对公共或非营利机构为实现贫困和中等收入国家的粮食安全和健康所做的努力，带来了更大压力。那些纯粹针对这两个领域所关注的疾病和作物的非市场性研究工作，并不是为了从独占权中获得收益，而只是承担其下游创新的成本。

信息。信息与知识二者间的区别，是一个棘手的问题。在此，"信息"指原始数据、利用科学发现的科学报告、新闻和事实报道。"知识"指在信息交流中将信息处理成新陈述所需的一系列文化实践和能力，或者对书讨论更重要的是，它指以适当方式实际使用信息，以产生更理想的行动或行动结果。对于发展而言，有三类信息显然非常重要，即科学出版物、科研和经济数据、新闻报道。科学出版物的成本急剧上升，即使是最发达国家的大学图书馆也已达到了难以支付的程度。据统计，在20世纪90年代，科学出版物的价格上涨了260%，图书馆不得不在订阅期刊和购买专著之间做出选择。[4] 为了应对这一危机，依赖于可以降低出版成本的互联网发表机会，以诺贝尔奖获得者、时任美国国立卫生研究院（NIH）院长哈罗德·瓦尔穆斯（Harold Varmus）为首的一些科学家，开始呼吁建立一个以科学家为班底的出版系统。[5] 这一领域的激烈争锋，一直存在并将持续。然而，目前我们开始看到科学家运营和驱动的出版系统的出现，这些系统在线免费发布他们的论文，或者在传统的同行评议系统内，如公共科学图书馆（Public Library of Science, PLoS），或者在紧密结合的学科内（比如理论物理），仅在出版后进行同行评议和修订，如洛斯·阿拉莫斯档案馆或ArXiv.org。PLoS和ArXiv.org模式，与互联网上的免费软件和同侪生产模式一起，为我们提供了对一类基于公有、非独占的生产解决方案基本形态的洞见，它们解决了摆脱知识产权桎梏的信息生产和交流问题。

科研和经济数据提出了类似的概念问题，但法律环境则不同。在这两类数据中，大部分都是由政府机构提供的。然而，在美国，原始数据属于公共领域，尽管初次获取可能需要支付成本，但将数据作为信息生产和创新的工具进行再加工，以及由初次获取数据的主体进行再传播，则被认为是属于公共领域的活动。在欧洲，自1996年《数据库指令》（Database Directive）颁布以来，情况并非如此。为了提高欧洲数据库生产商的地位,该指令规定了原始数据的类似财产权。在美国,自20世纪90年代中期以来,几乎每届国会都在努力尝试通过类似立法,但都停滞不前。在那些大型私营数据库所有者的游说下,这些法律草案仍在继续出台——尽管近十年来,欧洲的数据库产业在存在独占权的情况下步履维艰,而美国的数据库产业却在没有独占权的情况下蓬勃发展。

新闻、市场报告和其他事实报道似乎没有遇到获取障碍的问题。这里最有可能的原因是,此处的价值创造模式根本不依赖于独占权。市场数据是市场功能本身的副产品。哪怕是极小的时间延迟,也足以催生出一个付费用户群,而价格趋势则很有必要,比如当农民决定在当地市场以何种价格出售谷物之时。[6] 正如本书第2章所述,以广告为支撑的报刊从来不依赖版权,而是依靠即时新闻来吸引流量,然后将流量与广告绑定在一起。这一点没有改变,但更新速度加快了,更重要的是,传播已经全球化。因此,现在任何人只要能联网,就能轻而易举地获得大量信息。虽然这仍会带来通信硬件配备和使用的相关问题,但这些问题可以通过公共或私人形式的需求汇总来解决。一旦提供了网络连接,这类信息本身似乎并不难获取。

知识。在这种情况下,我将指出两类担忧。第一类是传播隐含知识(implicit knowledge)的可能性,这类知识无法被编纂成"信息",例如培训手册。传播这类知识的主要机制是边做边学,除非有机会去实践,否则这种形式的知识传播是不可能发生的。这里关注的是第二类知识传播:教育制度下的正规教学(与自学成才的传播相对应)。在这里,网络信息经济在改善知识获取方面的能力受到了真正的限制。单独的面对面教学无法跨越参与者、时间和距离的限制。然而,随着非市场和彻底分散化生产流程的增加,各级教育的某些组成部分仍可能得到改善。麻省理工学院的开放课件计划(Open Courseware Initiative)就很有启发意义,发达经济体的大学至少可以尝试向全世界教师免费提供他们的教材和教程,从而让其他地区的教师可以掌握教学方法，为全球范围内的教学提供更多的基础保障。也许更重要的是，教师和教育工作者可以在本地和全球范围内，通过维基百科这类开放平台模式，共同创作学习对象、教学模块，甚至教科书，然后供本地教师大规模使用。

HDI 相关信息产业的产业组织

信息和知识的生产与钢铁或汽车的生产截然不同。本书第2章详细阐释了如下观点：在很大程度上，信息生产一直依赖非市场行为者和非市场、非独占的环境作为核心生产方式。以软件为例，直接依靠独占权的米奇和浪漫的利益最大化生产者在软件开发商基于市场的收入中稳定地占到了36%～37%，而其余的收入则集中在提供软件服务能力的供应方和需求方的改进之上。这个数字实际上夸大了软件出版的重要性，因为它根本没有将免费软件开发计算在内，除非IBM或红帽公司将其货币化。在对人类发展具有重要意义的任何信息生产领域的投资和研究中，很大一部分都发生在我笼统描述为"乔·爱因斯坦"的类别中。这既包括那些被正式指定为追求信息和知识本身的场所（比如大学），也包括那些在社会领域运作、但生产信息和知识或多或少是其存在核心的场所（比如教堂或政党）。此外，作为社会群体之一的个人，在我们的信息生产和交换系统中发挥着核心作用。为了更具体地分析基于公有而非独占的战略如何促进发展，我在此提供了比第2章更详细的分析，特别是软件、科学出版、农业和生物医学创新领域。表9.1对这些领域中市场和非市场部门的主要参与者进行了更细致的描述，我们可以据此开始分析更重要的、基于公有制的生产人类发展必需品的路径和可持续性。

在当前政策辩论中，主要行业中每一类主要参与者在信息和知识生产中都扮演着相应角色，表9.1将其一一罗列。最重要的是，从该表中不仅可以看出每个行业的商业模式和角色的多样性，而且还可以看出行业与行业之间的商业模式和角色的多样性。这种多样性意味着不同类型的参与者，可以扮演不同角色：非营利组织与个人、大学与政府、非专有市场参与者（其商业模式以服务为基础或不依赖于对信息的独占）与非市场参与者相比。以下部分将更具体地探讨这些领域中的每一项，并描述以公共资源为基础的战略已经或可以如何用于改善信息、知识以及信息产品和工具的获取，以促进人类发展。然而，即使只是粗看一下表格，也会发现当前的软件生产格局特别适合发挥基于公共资源的生产的作用。比如，即使在市场上享有独占权的生产商，也仅占软件相关收入的三分之一；其余部分则由各种服务和关系所覆盖，而这些服务和关系与软件本身的非独占性互相匹配。在免费软件开发和标准制定方面，个人和非营利性协会也发挥了巨大作用。当我们审视每一个领域时，就会发现它们的现有产业格局各不相同，这些差异意味着每一个领域可能更适合或不太适合基于公共资源的策略——即使原则上适合，也可能带来或多或少的过渡问题。

表9.1 主要参与部门和角色分布

参与者领域	政府	大学、图书馆等	基于IP的产业	不基于IP的产业	非政府组织/非营利组织	个体
软件	研究经费，国防，采购	基础研究和设计；组件"孵化"	软件出版（年收入的1/3）	软件服务，软件定制（年收入的2/3）	FSF, Apache, W3C, IETF	免费/开源软件
科学出版	研究经费	大学出版社；工资；晋升和任期制	爱思唯尔科学集团；专业协会	生物医药中心	PLoS, ArXiv	工作文件；网络自行发表
农业生物技术	资助和政府实验室；NARS	基础研究；技术转让（占专利活动的24%）	孟山都、杜邦、先正达公司（约74%专利权）	没有明显的等价物	CAMBIA, BIOS, CGIAR	农场主
生物医学/健康	资助和政府实验室	基础研究；技术转让（约占50%?）	大型医药公司；生物技术公司（约占50%?）	非专利品	OneWorld Health	无

基于公共资源的发展策略

最具影响力的知识产权决策机构有美国专利局和美国贸易代表,欧盟委员会,以及世界知识产权组织(WIPO)和与贸易有关的知识产权(TRIPS)体系。它们对知识产权的主流理解是:强保护是好的,更强保护是更好的。在发展和贸易政策中,这意味着一种信念,即全球信息经济中知识转让和发展的主要机制是所有国家(包括发展中国家和发达国家),提高其知识产权法标准,以适应美国和欧洲采用的最强保护制度。作为一个现实政治问题,美国和欧盟在这一领域的一致性,使得这一基本共识体现在世界贸易组织(WTO)及其《与贸易有关的知识产权协议》(TRIPS 协议)的国际贸易体系和通过 WIPO 的国际知识产权条约中。接下来的几个部分将提出另一种观点。知识产权作为一种制度,在其对信息生产的影响方面,要比权利不断扩大的趋势所展现的要模糊得多。完整论述详见第 2 章。

知识产权对那些单纯的知识产权进口国尤其不利。在当前世界贸易体系中,这些国家指的便是中低收入国家。与所有受独占权保护的信息使用者一样,这些国家在购买信息时,必须支付高于边际成本的费用。按照通说,这样做是为了激励生产者创造用户需要的信息。然而,由于这些国家相对贫困,几乎没有一个依赖知识产权的生产商在开发产品时,专门考虑到来自中低收入国家市场的收益。制药业从中低收入国家获得的收入,约占其全球收入的 5%。这也就是为什么我们在治疗专属这些地区疾病的药物上的投资,如此捉襟见肘。这也是为什么大多数关注世界贫困地区农业的研究,都是由公共机构推动的或非营利性的。在这种情况下,这些贫困国家支付的高于边际成本的价格纯粹是累退性再分配(regressive redistribution)。所支付的信息、知识和信息嵌入产品的开发本应仅寄望于发达国家的付出。中低收入国家的付出期待并不影响其发展:既不影响研发速度,也不影响研发方向。它们只是将支付发达国家技术发展的部分租金，转移给了中低收入国家的消费者。这种从全球穷人导向全球富人的再分配伦理问题，在欧洲和美国的公共领域从未被正视或辩论过，它被无视了。当信息产品的获取出现危机时（例如艾滋病药品危机），这些危机很少与发达国家的基本制度选择联系在一起。在发达国家的贸易政策中，美国人和欧洲人力图加强知识产权保护。因此，这使得那些拥有大量可用人类知识的人系统性地受益；这么做，也直接损害了那些依赖获得知识来养活自己和医治疾病的人们的利益。

国际知识产权和贸易制度的实际政治运作，使得不断强化产权保护的趋势很难被扭转。信息独占权的经济收益，高度集中在拥有产权的人手中。而其成本，则广泛分散在发展中国家和发达国家的人口中。经济学基础理念是：产权是好的，产权越多越好，而知识产权一定也是如此。当与这类直观但错误的经济学基础理念相对照，过度产权保护的低效率变得难以理解。其结果是，知识产权出口国（尤其是美国和欧盟）在这一领域面临的压力，主要来自知识产权所有者，他们不断推动强化知识产权保护。假如你能获得垄断，那垄断确实是个好东西。对于数据库或专利公司而言，垄断的租金价值并不亚于俘获一位香蕉共和国独裁者的侄子。[7] 然而，对这些寻求知识产权的主体而言，垄断的价值并不会使它们变得更高效或更具吸引力。

然而，局势正逐渐发生变化。进入21世纪以来，尤其是在非洲艾滋病危机给药品获取问题的讨论带来紧迫感之后，一场关注知识产权贸易制度的公共利益呼吁运动日益壮大。然而，这场运动所面对的是一个可塑性极高的体系。在TRIPS框架内，发展中国家在一轮谈判中取得的胜利，总是会在其他地方留下构建独占权发挥的空间。双边贸易谈判就是一个开始发挥重要作用的领域。在双边贸易谈判中，美国或欧盟可以迫使大米或棉花出口国承诺提供强有力的知识产权保护，以换取其核心出口产品的优惠待遇。然后，知识产权出口国可以诉诸WIPO，在双边协议这一新兴国际惯例的基础上推动缔结新条约。反过

320 来，这种做法又会通过贸易制度得到推广和执行。另一种方法是出口国修改本国法律，然后以"协调"的名义在其他国家推行更高的标准。由于国际贸易和知识产权制度具有很强的可塑性和可操纵性，因此，很难系统性抵制知识产权法的扩张。

本章其余部分探讨的基于公共资源战略的观点是：它们可以在不修改本国法或国际法的前提下得以实施。它们是新兴的网络信息经济为个人、非营利组织和公共部门组织开辟的道路，这些组织希望通过自身行动，帮助改善世界贫困地区的人类发展。正如民主言论的分散化，以及个人在其所处信息环境的合作生产一样，我们也开始看到，在独占系统之外的自助与合作行动，为那些愿意追求它的人提供了机会。在这种情况下，这是一个实现世界资源更公正分配和改善人类发展的机会。其中一些解决方案是"基于公共资源"的，即它们依赖于对公共资源中现有信息的自由获取，并通过公开发布信息、将其作为公共资源而非财产进行管理，来促进对这些信息以及包含信息的商品和工具的进一步使用和发展。有些解决方案专门针对同侪生产。我们在软件中最清楚地看到了这一点，在某种程度上，在更激进的科学出版提案中也是如此。在此，我还将探讨农业和生物医药创新中同侪生产的可行性，尽管在这些领域中，公有制嫁接到传统的公共部门和非营利组织之中，这在目前有着更明确的替代方案。

软　件

软件产业提供了一个典型案例，因为在免费软件中，同侪生产非常普遍。与其他信息密集型产业一样，政府的资助和研究发挥了重要作用，大学研究提供了大量的基础科学。然而，与其他行业相比，个人、非营利组织和非独占市场生产者在软件行业中的作用相对较大。

321 第一，美国软件收入的三分之二来自服务，并不依赖于独占性排他。比如 IBM "Linux 相关服务"类别，该公司 2003 年的营收超过 20 亿美元，这些服务并不依赖于对软件的排他性占有，而是依赖于对服务关系的收费。[8] 第二，软件环境的一些最基本要素，如标准和协议，是由非营利协会开发的，如互联网工程任务组（Internet Engineering Task Force，IETF）或万维网联盟（World Wide Web Consortium，W3C）。第三，从事同侪生产的个人——免费和开源软件开发社区——的作用非常大。这些因素共同构成了一个非常有利于非独占生产的组织生态，其产品可以在全球范围内免费使用。其他领域在某种程度上也有类似的构成，基于公有制的发展战略可以将重点放在填补缺失的组成部分和利用已有的非独占组成部分上。

在发展方面，免费软件有可能发挥两种不同的重要作用。首先是为发展中国家提供低成本的高性能软件。其次，即使不能获得现有软件的独占权，也可以根据人的能力参与软件市场。目前，无论是在发展中国家还是在最发达的经济体中，都出现了免费软件依赖的强化现象。在美国，总统技术咨询委员会（Presidential Technology Advisory Commission）于 2000 年建议总统在关键任务应用中更多地使用免费软件，理由是此类系统具有更高的质量和可靠性。由于某些免费软件产品的质量、可靠性和自我定制的便利性一直较好，因此它们对发展中国家政府的吸引力与对发达国家政府的吸引力是一样的。就发展中国家而言，主要的附加论据包括成本、透明度、不依赖单一的外国来源（如微软），以及当地软件程序员学习程序、掌握技能的潜力，从而很容易通过免费软件的服务和应用进入全球市场。[9] 尽管"免费"一词经常引起混淆，但成本问题并不显著。它在一定程度上取决于本地软件开发人员是否能够熟练掌握免费软件平台。任何企业的软件成本都包括软件维护、升级和出错时修复的程度、成本和效率。免费软件可能需要预付费用，也可能不需要。即使不收费，也并不意味着免费。然而，免费软件使得软件服务市场免费开放，这反过来又逐渐改善和降低了软件服务的成本。更重要的是，由于软件向所有人开放，而且开发者社区通常是跨国的，当地的开发者可以前来学习软件，并成为本国政府相对低成本的软件服务提供商。这反过来又有助于实现低成本的承诺，而无需支付任何许可费。其他支持政府采购免费软件的论点主要集中在用于公共目的的软件的透明度价值上。这些论点的基本要旨是，免费软件使选民有可能监督政府中使用机器的行为，以确保它们的设计是为了完成公开报道的任务。这种情绪在美国最重要的表现是，要求各州使用免费软件的投票机，或至少使用源代码开放供公众检查的软件，这种努力至今尚未成功，但却相当持久。这一点如果成立，也同样适用于发展中国家。在操作系统方面，对独立于单一外国供应商的担忧也并非纯粹是发展中国家的担忧。正如美国要求美国马可尼公司将其资产转让给一家美国公司RCA，从而使其关键基础设施不依赖于外国供应商一样，其他国家也可能对微软公司有类似的担忧。同样，如果这种担忧是合理的，那么富国和穷国都会有这种担忧，但欧盟和日本除外，因为这两个国家可能在一定程度上拥有与微软公司讨价还价的能力，而市场较小的国家则不具备这种能力。

  免费软件的最后一个也是非常明显的潜在好处是，有可能为基于服务的免费软件开发部门创造一个环境和基础。这被认为是巴西大力推动在政府部门和电信中心使用免费软件的主要原因，联邦政府正在建立电信中心，为一些贫困和偏远地区提供互联网服务。软件服务是一个非常庞大的产业。在美国，软件服务业的规模大约是电影和电视产业的两倍。来自低收入和中等收入国家的软件开发人员，单枪匹马就可以参与这一市场。与独占权领域的服务不同，他们不需要购买许可来学习和实践服务。此外，如果巴西、中国、印度、印尼和其他主要发展中国家都高度依赖免费软件，那么发展中世界免费软件相关服务的"内部市场"将变得非常可观。建立公共部门对这些服务的需求将是一个起点。此外，由于免费软件开发是一种全球现象，在发展中世界学习技能的免费软件开发者就能够把这些技能输出到其他地方。就像印度的呼叫中心利用了该国的殖民地历史以及由此产生的广泛的英语使用者一样，巴西这样的国家也可以利用其活跃的免费软件开发社区，为发达国家和发展中国家的免费软件平台提供软件服务。有了免费软件，发展中世界的供应商可以平等竞争。他们不需要获得经营许可。他们之间的关系不需要照搬独占产业中常见的"外包"模式，在这种模式中，对项目工作的许可是对工作能力的控制点。毫无疑问，品牌问题仍将影响发达国家市场的准入。然而，进入市场和努力建立可靠性声誉所需的最低资本将不会受到基本限制。因此，作为一种发展战略，利用免费软件可以实现免费或低成本的信息产品转让。它还传递了有关产品性质及其操作的信息——源代码。最后，它至少潜在地实现了在实践中学习的机会和参与全球市场的机会的转让。这些都取决于对任何人都可以自由学习的免费软件平台的了解，而不是以获得金融资本或知识产权作为有效参与的先决条件。

科学出版

在科学出版领域，非独占模式可以很容易地实施，并且已经在发展中取代独占模式。在这一领域，现有的市场结构非常奇特，很可能导致其不稳定。撰写和同行评审这两项创造价值的核心活动是由科学家完成的，他们在完成这两项任务时都不期望获得版税或报酬。然而，大多数出版物的模式是高度独占的。少数商业机构，如爱思唯尔科学集团（Elsevier Science），控制着大部分出版物。与此同时，科学家专业协会也采用独占模式出版其主要期刊。大学的科学家们需要获得这些论文，但却要为这些出版物承担巨大的成本负担，因为这些出版物是他们开展新工作的基本投入。虽然发达国家的大学能明显感受到这一奇特体系的影响，但每篇论文高达数千美元的订阅费用也使得较贫困经济体的大学和科学家难以获得最新的科学研究成果。这一领域已经开始出现非独占解决方案，它们分为两大类。

第一类更接近于传统的同行评审出版模式。它利用互联网通信来简化编辑和同行评审系统，但仍然依赖于小规模的职业编辑人员。它不依赖于订阅费，而是依赖于其他形式的付费，不需要为产出定价。在纯非营利性的公共科学图书馆（PLoS）中，收入来源包括作者的出版费、慈善资助和大学会员费。以英国营利性的 BioMed Central 为例，其收入来源包括作者付费、大学会员费以及各种定制的衍生产品，如基于订阅的文献综述和定制的电子更新服务。作者付费——作者为发表其作品而必须支付的费用——被计入科研成本，并包含在拨款申请中。换句话说，这些费用是由政府资助的。事实上，2005 年，美国生物医学科学的主要资助机构——国立卫生研究院（NIH）发布一项要求：所有 NIH 资助的研究都必须在发表后 12 个月内在网上免费提供。PLoS 和 BioMed Central 都为无法支付出版费的科学家提供豁免。这两个系统上的文章可立即在互联网上免费获取。这种模式是存在的，该模式在内部有效，并可持续发展。决定这些开放存取期刊在科学出版领域的总体影响力的因素，是大学本身相对保守的性质。像《科学》或《自然》这样的老牌期刊仍然比新期刊享有更高威望。只要情况依然如此，只要聘用和晋升决定依然以科学家发表论文的期刊的声望为基础，新期刊取代传统期刊的能力就会受到限制。然而，一些老牌期刊是由科学家的专业协会运营的。这些协会的利益是确保其收入，而科学家对开放存取出版的兴趣与日俱增，两者之间存在内部矛盾。再加上开放获取期刊在经济上的明显可持续性，似乎其中一些老牌期刊将有可能转向开放获取模式。至少，像 NIH 提出的政策干预措施将迫使传统出版物调整其商业模式，在几个月后实现免费获取。然而，这里的重点并不是预测开放存取期刊可能取得的总体成功，而是将它们与我们在软件领域看到的情况结合起来，作为信息生产系统产业结构重组的另一个例子。科学家个人、政府资助机构、非营利组织和基金会以及非独占的商业模式，都可以创造出同样的成果——科学出版物——但却没有旧模式对获取其成果所设置的成本障碍。这种重新定位，将极大地改善发展中国家的大学和医生获得最先进科学出版物的机会。

第二类科学出版方式与免费软件开发和同侪生产更为相似。ArXiv 和新兴的自我存档或自我出版实践就是典型代表。ArXiv.org 是物理学、数学和计算机科学领域工作论文的在线存储库。ArXiv.org 一开始专注于物理学，并在某些分支学科中成为发表论文的必要条件。除技术格式合规性外，档案馆不进行审查。质量控制是通过出版后的审阅和评论来维持的，也通过托管论文的更新版本以及对修改的解释（由作者提供）来维持。ArXiv.org 在物理学领域如此成功的原因很可能是该学科的规模非常小且高度专业化。潜在读者的范围很小，他们区分好论文和坏论文的能力很强。坏论文对声誉的影响可能是立竿见影的。

虽然 ArXiv 提供了一个单一的资源库，但更广泛的方法是演进中的自我存档。学术界将他们完成的工作发布在自己的网站上，并免费提供。这种机制的主要局限性在于缺乏一个简便、单一的站点来搜索相关主题的论文。然而，我们已经看到标签标准和协议的出现，这些标准和协议允许任何人搜索自我存档的资料。一旦完成，这样的开发过程原则上将使单一参考点的归档变得没有必要。例如，密歇根大学数字图书馆制作服务部（University of Michigan Digital Library Production Service）开发了一个名为"OAIster"的协议［发音与"oyster"（牡蛎）相似，标语为"找到珍珠"］，该协议将开放档案倡议的首字母缩写与"ster"结尾相结合，自 Napster（AIMster、Grokster、Friendster等）以来，"ster"在点对点分发技术中广为流行。开放档案倡议的基本动机是开发一套足够完善的元数据标签，使任何使用符合 OAIster 协议的标签归档其资料的人都能在网络上被方便、快速、准确地搜索到。在这种情况下，一般的网络搜索变成在科学出版物"数据库"中进行针对性的学术搜索。然而，该数据库实际上是一个由符合通用标签和搜索标准的自建小型个人数据库组成的网络。在此我再次重申，我并不是要探讨这些方法中的某一细节。如果科学家和其他学术界人士采用这种自我存档的方式，再配以标准化的界面进行全局性的、有明确限制的搜索，那么因其高昂版税而无法获取学术出版物的问题将不复存在。

其他类型的文件，例如中小学教科书，还处于同侪生产模式发展的初级阶段。首先，我们应该认识到，在世界上较贫困的地区，解决文盲和教育完成率低的问题，主要是由于缺乏教师、教室的物质基础设施、本身是文盲的家长对子女教育的需求，以及缺乏有效执行的义务教育政策。教科书费用只是成本问题的一部分，儿童劳动的机会成本可能是最大的因素。尽管如此，过时的教材和低劣的教学质量经常被认为是限制学生学业的一个因素。书本费、学费、校服费和文具费可能占到家庭收入的20%~30%。[10] 教材造成的这部分问题可以通过创新的教科书和教材编写方法得到缓解。第4章已经讨论了一些教科书计划。南非的"免费高中科学课本"（FHSST）项目是最成功的、基于共享的教科书编写项目，从发展的角度看，这个项目也是最相关的。与Wikibooks或加州的项目相比，FHSST项目的重点更明确，管理更规范，也更成功。尽管如此，在一群热心的志愿者三年的努力下，FHSST的成果是一本高中物理教科书和另外两本科学教科书的初稿。制约合作编写教科书效率的主要因素是，教育部的合规条件往往要求高度的一致性，这就限制了这些教科书编写项目所采用的模块化程度。相对较大的贡献要求限制了贡献者的数量，减缓了进程。因此，这些工作的未来很可能取决于其设计者在多大程度上能够想出办法，在保持中小学教育文本连贯性的情况下制作更精细的模块。中学后教育阶段的课文可能问题不大，因为教师在选择课文时有更大的自由度。这使得麻省理工学院的开放课件计划能够取得成功。该计划提供了1100多门课程的教学大纲、讲义、习题集等。这些材料的基本创建者都是拿工资的学者，他们制作这些材料是为了履行他们的核心职业职责之一：教授大学和研究生水平的课程。这些内容基本上是教学的"副产品"。剩下的工作就是整合、创建简便的界面和搜索功能等。学校通过自身资源和专项拨款，为这些功能提供资金支持。在麻省理工学院的背景下，这些功能是按照传统模式来实现的——一个大型的、资金充足的非营利机构可以通过雇佣全职员工，来实现非财富最大化的目标，从而提供重要的公共产品。这里的关键点在于，麻省理工学院彻底背离了20世纪八九十年代美国学术界的新兴文化。当其他大学在考虑"远程教育"时，考虑的是如何通过出售录制的讲座和资料来增加新的收入，而麻省理工学院考虑的则是在网络环境中增进知识和教育学生。答案就是让任何人在任何地方都能获得世界上最优秀的教学材料。因此，作为对自由知识和信息生态的干预，以及大学间的领导行为，麻省理工学院的倡议是一个重大事件。但作为信息生产领域，特别是教育资源创造领域的组织创新模式，它的意义就不那么重要了。

因此，软件和学术出版提供了两个最先进的例子，说明在一个其产出对发展非常重要的部门中，以改善基本信息、知识和信息嵌入工具的获取方式，采用了基于公共资源的战略。在这些基本案例的基础上，我们可以开始了解如何运用类似的战略来创建大量基于公共资源的解决方案，从而改善与人类发展息息相关的信息的传播。

基于公共资源的食物和药品研究

尽管计算和获取现有科研成果，对任何国家的发展都很重要，但它们仍然远离世界贫困人口最基本需求。从表面上看，网络信息经济的出现如何能够种植大米，为数百万营养不良的儿童提供食物，或为数百万艾滋病患者提供药物，这一点远非显而易见。然而，仔细观察，现代社会种植粮食和开发药物的方式有很大一部分是建立在科学研究和技术创新的基础之上的。我们已经看到大众传媒的功能是如何通过非独占的新闻和评论模式来实现的。我们也看到了免费开放源码软件和开放获取出版物的潜力，它们可以分别取代和弥补独占软件和科学出版物的某些缺陷。这些案例表明，在依赖于排他性权利和商业模式的体系（利用排他性来占有研究成果）与将各种参与者——公共和私人、组织和个人——编织在一个非独占的社会创新网络中的体系之间做出基本选择，对于创新的方向和对其产品的获取具有重要影响。公众的注意力主要集中在非洲的艾滋病毒/艾滋病危机，以及现有药物因价格昂贵而难以获得的问题上。然而，这一危机仅仅是冰山一角。由于该疾病在发达国家的存在及其在美国和欧洲的文化和政治地位，它对许多人来说是最明显的。排他性权利体系是一种不完善的体制机制，无法满足全球最贫困人口的需求。它的弱点遍及粮食安全问题、旨在增加发展中国家营养食品供应的农业研究问题、药品获取问题，特别是治疗发展中国家疾病的药品获取问题。在其中的每一个领域，国家和国际政策都发生如下变化：更加依赖于独占权，尤其是专利权。每个领域也都开始出现基于公有的模式来缓解专利问题的趋势。然而，它们之间仍然存在差异。农业提供了更多直接的改进机会，因为公共研究——国家、国际和学术研究——的作用相对较大，而且农民在种子协会和地方及区域框架中长期进行创新。我将首先对其进行详细探讨，因为它为医学研究的发展道路提供了一个模板。

食品安全：基于公共资源的农业创新

20世纪的农业创新使作物产量大幅提高。自20世纪60年代以来，以提高产量和改善质量为目标的创新一直是保障世界贫困人口粮食供应、避免饥荒和消除长期营养不良的核心工作。这些努力大幅提高了粮食产量，降低了粮食成本，但其效益在世界不同地区却大相径庭。现在，生产力的提高并不是防止饥荒的充分条件。森关于民主国家不会发生饥荒的观点，即良好的政府和问责制将迫使公众努力防止饥荒，如今已被广泛接受。第6章至第8章讨论了网络信息经济对民主参与和透明度的贡献，如果这些章节能够正确描述政治话语的变化，那么它们对民主的影响将有助于减轻人类的贫困。然而，贫困国家的责任制政府，或国际援助组织或非政府组织所能获得的粮食的成本和质量，不仅影响到避免灾难性饥荒的能力，而且影响到避免长期营养不良的能力。农业的进步，使任何解决粮食安全问题的人都有可能比在粮食生产产量较低、营养较差、价格较高的情况下做得更好。然而，尽管农业创新具有潜在益处，它却遭到质疑，这种质疑针对的正是有组织的科学创新和以科学为基础的创新项目。批评将生物—生态问题与社会和经济问题结合起来。在当前欧洲对转基因食品的抵制中，这种批评最为尖锐，在推动政策方面也最为成功。以公共资源为基础的生产模式的出现，可以在一定程度上缓解人们对生物生态的担忧，因为它将大部分创新都放在了地方层面。然而，它的主要益处可能在于为农业和生物创新提供了一条可持续和低成本的道路，而不必像许多批评者所担心的那样，导致少数跨国企业侵占食品生产链。

美国的植物科学改良可追溯到南北战争期间美国农业部、赠地大学以及后来各州农业试验站的建立。当时公共部门的投资在农业研究中占主导地位，随着1900年孟德尔（Mendel）研究成果的重新发现，农业研究开始转向系统的选择性育种。通过农作物改良协会、种子认证项目以及允许任何人培育和销售经认证的新种子的开放政策，农民可以在一个合理、有效、开放的市场上获得公共研究成果。通过这一体系培育出的杂交玉米是现代农业首次取得的重大成功，这大大提高了农业产量。它不仅重新塑造了我们对农业的理解，而且塑造了我们对创新价值的理解。从20世纪30年代中期到50年代中期，美国玉米产量翻了一番，到80年代中期，玉米田的产量是50年前的6倍。从20世纪60年代初开始，在洛克菲勒和福特基金会（Rockefeller and Ford foundations）的资助下，在随后的40年里，旨在增加农业生产供应和降低农业生产成本的农业研究成为国际和国家政策的核心组成部分，其目的是确保世界贫困人口的粮食供应，避免饥荒，并最终消除慢性营养不良。位于菲律宾的国际水稻研究所（International Rice Research Institute，IRRI）是第一个这样的研究所，成立于20世纪60年代，随后是位于墨西哥的国际小麦和玉米改良中心（International Center for Wheat and Maize Improvement，CIMMYT，1966年），以及位于哥伦比亚和尼日利亚的两个热带农业研究所（1967年）。这些机构共同成为国际农业研究磋商组织（Consultative Group for International Agricultural Research，CGIAR）的基础，该组织目前包括16个中心。同一时期，国家农业研究系统（National Agricultural Research Systems，NARS）也在世界各地建立，重点开展针对当地农业生态条件的研究。这些中心的研究工作先于生物技术革命，并利用各种试验育种技术获得高产植物：例如，生长季节更短或更适应密集施肥的植物。这些工作后来引入了能够抵抗当地病虫害和各种恶劣环境条件的品种。

这些以科研为基础的新品种，被称为"绿色革命"，它确实使亚洲和拉丁美洲的产量大幅提高，最初是在水稻和小麦两种农作物上有所体现。"绿色革命"一词通常仅限于描述20世纪60年代和70年代这些地区发生的变化。然而，最近的一项研究表明，在过去的40年中，产量的增长一直在持续，并且在世界各地都有不同程度的增长。[11] 在此期间，400多个公共育种项目已经推出了8000多个现代水稻、小麦、玉米、其他主要谷物以及根茎和蛋白质作物品种。这项研究最有趣的发现之一是，这些现代品种中只有不到1%与发达国家的公共或私营育种项目有杂交，私营部门的贡献总体上仅限于杂交玉米、高粱和小米。换句话说，这些努力几乎完全是公共部门的，而且几乎完全是在发展中国家进行的，国际项目和国家项目则是相辅相成的。1961—2000年，亚洲的产量增长了7倍，拉丁美洲、中东/北非和撒哈拉以南非洲的产量增长了5倍。亚洲和拉丁美洲60%以上的增长发生在20世纪60—80年代，而撒哈拉以南非洲的主要增长始于20世纪80年代。在拉丁美洲，早期产量增长的主要来自种植面积的增加（40%左右），以及种植业的其他变化——化肥、机械化和灌溉使用的增加。早期约15%的增长可归因于现代品种的使用。然而，在后20年中，总产量增长的40%以上归功于新品种的使用。在亚洲，早期约19%的增产来自现代品种，但几乎所有其他增产都来自化肥、机械化和灌溉使用的增加，而不是耕地面积的增加。不难理解为什么这种变化会引起对农业工业化的环境和社会经济批评。同样，在后20年中，46%的产量增长归功于现代品种的使用。在中东和非洲的"绿色革命"中，现代品种所起的作用要小得多，只占产量增长的5%~6%。例如，在撒哈拉以南非洲地区，早期从亚洲和拉丁美洲引进品种的努力以失败告终，直到20世纪80年代才开始采用当地开发的品种。然而，在后20年中，中东和北非的现代品种确实发挥了重要作用——占产量翻番的近40%。在撒哈拉以南非洲地区，产量增加两倍的绝大部分来自种植面积的增加，约16%来自现代品种。因此，在过去40年中，以研究为基础的植物改良在提高发展中国家农业产量方面发挥了更大的作用。然而，在撒哈拉以南非洲地区复杂而艰苦的环境中，这些改良的成功是有限的。大部分成功与当地的独立性有关，而不是更加依赖粮食进口。例如，据伊文森（Evenson）和戈利（Golli）的保守估计，如果没有"绿色革命"，发展中世界较高的价格和对进口的更大依赖将导致发展中世界的热量摄入降低13%~14%，营养不良儿童的比例增加6%~8%。虽然这些数字看起来并不惊人，但对于已经生活在营养边缘的人口来说，它们代表着数百万儿童和成人在生活质量和身心发展方面的巨大滑坡。

"绿色革命"中的大部分农业研究并不涉及生物技术，即通过DNA重组技术对植物品种进行基因操作。相反，它发生在试验育种层面。然而，在发达国家，过去25年来的大部分研究，都集中在利用生物技术取得比育种更有针对性的成果上，这些研究在更大程度上以私营部门的投资为基础，并使私营部门对创新成果拥有更多的所有权。生物技术（特别是转基因技术或转基因食品）的前景是，它们可以显著提高产量，改善健康状况，提高食品质量，改善对环境的影响。抗虫害植物可以减少杀虫剂的使用，从而为农民带来环境效益和健康效益。在不增加耕地面积的情况下提高产量，可限制森林砍伐的压力。植物可被设计成携带特定的营养补充剂，如含有β-胡萝卜素的黄金大米，从而将必要的营养需求引入到自给自足的饮食中。毫无疑问，基因工程已经通过提高除草剂和害虫的耐受性，生产出降低农民生产成本的作物。截至2002年，全球50%以上的大豆种植面积为转基因大豆，20%为转基因棉花。转基因作物种植面积的27%在发展中国家。鉴于巴西在农业中日益重要的作用，巴西已决定允许引进转基因作物，而印度作为世界上最大的棉花生产国,也已批准使用 Bt 棉花(一种可提高对常见害虫抵抗力的转基因棉花),因此这一数字还将大幅增长。因此,在欧洲以外的发达国家和发展中国家,转基因作物的普及至少对农民有很大好处。

平心而论,这种提高产量、抗性和质量的基本良性循环并非没有受到批评。这种批评早于生物技术和转基因品种的开发,其根源在于对美国农业部门实验育种项目和"绿色革命"的批评。然而,这些批评在公众中的知名度和政治上的成功,是打着转基因食品的名号。这种批评汇集了奇怪的知识和政治伙伴,因为它包括四个不同的组成部分:对农业工业化的社会经济批评、对环境和健康影响、消费者对"天然"或手工生产食品的偏好,以及(也许在更有限的程度上)对国内农业部门的保护主义。

社会经济批评也许是这一批评最古老的组成部分。批评的一个方面集中于机械化、化学品使用的增加,以及最终非生产性专利种子的使用,是如何导致农业部门融入资本主义生产方式的。在美国,即使有庞大的"家庭农场"部门,购买性投入也大大超过非购买性投入,生产是高度资本密集型的,大规模生产占据了大部分耕地和大部分农业收入。[12] 2003 年,56%的农场年销售额低于 10 000 美元。约 85%的农场销售额低于 10 万美元。[13] 这些农场仅占耕地的 42%。相比之下,3.4%的农场年销售额超过 50 万美元,占耕地面积的 21%以上。总体而言,7.5%的农场销售额超过 25 万美元,占耕地面积的 37%。在 2002 年,美国所有农场的主要所有者中,42.5%的人报告说他们的主要职业不是农业,许多人报告说他们有 200 天或更多的时间不在农场,甚至根本没有工作日在农场。大规模"农业综合企业"的发展,即机械化、合理化的农产品工业生产,更重要的是农业投入,被视为取代了家庭农场和自给自足的小规模农场,并将农业劳动力带入资本主义生产模式。随着种子和化学应用的科学发展,作为投入品的种子与作为产出品的谷物分离,农民不得不依赖购买工业化生产的种子。这进一步使农活从传统的自给自足和手工生产模式转向工业模式。这一基本动态在对"绿色革命"的批评中再次出现，另外，种子的工业生产商被认为是跨国公司，农业工业化被认为在外围地区造成了对全球经济工业的依赖。

作为一个政治问题，社会经济批评与环境、健康和以消费者为导向的批评纠缠在一起。环境批评的重点是将科学产品描述为单一文化，由于缺乏当地使用品种的遗传多样性，更容易发生灾难性的失败。批评者还担心现有品种受到污染，与害虫的相互作用难以预测，以及对本地物种产生负面影响。对健康影响的担忧最初集中在为提高产量而育种可能会降低营养成分，而在最近的转基因食品辩论中，人们担心转基因食品会对健康产生一些意想不到的不良反应，而这些不良反应在许多年后才会出现。消费者的担忧与质量有关，他们对手工模式的农产品具有审美吸引力，对食用工业产品感到厌恶。这些社会—经济和环境—健康—消费者的关注也往往与保护主义游说相一致，这不仅是出于经济目的，也反映了对农业景观和人类生态的强烈文化依恋，这一点在欧洲尤为明显。

这种将社会经济和后殖民主义批评、环境精神、公共健康关注、消费者主张和针对相对工业化的美国农业部门的农业保护主义结合起来的做法，在1999年欧盟对所有转基因食品销售实施的为期五年的禁令中达到了顶峰。然而，据英国政府科学评审委员会最近研究发现，没有任何证据能够支持对转基因食品在环境或健康方面的批评。[14] 事实上，正如彼得·普林格尔（Peter Pringle）在《食品，公司》（*Food, Inc.*）中巧妙记录的那样，政治辩论的双方都可以被描述为精心打造自己的案例。热衷于科学的成功和潜在利益的人无疑夸大了事实，而贪婪的供应商也夸大了其好处。同样无可争议的是，有关转基因食品的失败和风险的宣传近乎歇斯底里，却几乎没有什么科学依据，辩论已经堕落到无法以理性和证据为基础的地步。然而，在欧洲，人们普遍接受所谓的"预防原则"。一种说法是，没有危害证据并不能证明没有危害，谨慎行事有助于避免采用至少在理论上具有危险性的新事物。欧洲禁令的基础正是这一预防原则，而非危害证据。在与美国和其他主要生产国发生 WTO 贸易争端后，该禁令最近被取消。然而，欧盟保留了严格的标签要求。发达国家之间的这场斗争，即保守的"欧洲堡垒"心态与美国农业对生物技术创新日益增长的依赖之间的斗争，如果不影响对发展中世界人口的生物技术研究的资助和可用性，就不会有什么道德意义。部分由于欧洲对转基因食品的强烈抵制，引领"绿色革命"品种开发的国际农业研究中心将其开发成果免费发布，供任何人销售和使用，不受专利限制。一项关于发展中国家转基因使用情况的研究得出的结论是，几乎所有的转基因耕地都是用从发达国家供应商处获得的成品种子播种的，需要支付溢价或技术许可费。[15] 在这种模式下，种子及其改良品归供应商所有，不以任何形式提供，也没有在当地独立进一步改良的权利。由于农业创新被批评为全球化和工业化进程、环境恶化和消费者剥削的一部分，最有可能支持公共部门投资农业创新的政治力量却反对这种投资。其结果不是农业生物技术创新的迟滞，而是农业生物技术创新的日益私有化：之前主要在美国，现在越来越多地在拉丁美洲，其在全球农业生产中的作用正在增长。

　　私营部门的投资反过来又在专利和其他育种者独占权体系内运作，其一般理论局限性在第 2 章中讨论。在农业领域，这有两个截然不同但又相互制约的影响。首先，尽管私营部门的创新确实为发展中国家提供了大部分转基因作物，但主流私营企业并没有大力开展旨在改善最贫困地区农业生产的研究。一个以预期专利产品销售额为基础的部门，不会把研究重点放在最能增进人类福祉的地方，它将把重点放在最能以货币形式体现人类福祉的地方，这样的体系对穷人的服务严重不足。这种制度的目的是吸引研究投资，使投资者相信研究成果能够满足最愿意和最有能力为其成果付费的人的需求。其次，即使创新产品因其生物特性可以被农民或国家农业研发体系用作当地研发的投入，但国际专利和植物育种者权利执行体系规定,在没有许可证的情况下这样做是非法的。这再次阻碍了贫困国家及其农民和研究机构对改良作物的本地适应性进行研究的能力。

近二十年来,农业生物技术的私有化程度不断提高,由此提出的核心问题是:如何才能采用基于公共资源的战略,为以发展中国家人口的粮食安全为重点的研究奠定基础?是否有办法管理该领域的创新,使其不会严重偏向于支付能力较强的人群,并使其产出能够让农民和国家研究工作得以改善并适应当地多变的农业生态环境?公共部门研究基础设施——包括国际和国家研究中心、大学和致力于粮食安全问题的非政府组织——的持续存在,以及利用个体农民和科学家合作研发农业生物创新的潜力,表明在粮食安全和农业创新领域基于公域的发展模式确实可行。

首先,一些规模最大、发展最迅速但仍存在贫困人口的国家——典型的有中国、印度和巴西——可以通过自己的国家农业再研究系统取得重大进展。反过来,这些国家的研究也可以为较贫困国家系统的项目以及非政府公共和同侪生产努力提供进一步创新和适应的平台。在这方面,中国似乎处于领先地位。第一个测序的水稻基因组是粳稻,显然是孟山都公司(Monsanto)的科学家于 2000 年测序的,但并未公布。第二个独立并已发表的粳稻基因组序列是由先正达公司(Syngenta)的科学家测序的,并于 2002 年 4 月作为第一个已发表的水稻基因组序列发表在《科学》杂志上。为了保护其独占利益,先正达公司与《科学》杂志签订了一项特别协议,允许作者不将基因组信息存入由美国国立卫生研究院(NIH)维护的公共基因库(GenGank)。[16] 将信息存入 GenBank 后,其他科学家就能立刻免费获取并使用这些信息。所有主流科学刊物都要求将这些信息存入并公布作为发表文章的标准条件,但《科学》杂志对先正达公司的粳稻序列却放弃了这一要求。然而,同一期的《科学》却刊登了一篇类似的文章,即籼稻亚种(中国种植最为广泛的亚种)的序列。该序列由中国的一项公共工作完成,其结果立即存入 GenBank。这是由一家大型私营企业和中国公共机构同时发表的水稻基因组测序结果，首次向公众展示了中国公共部门在农业生物技术领域取得的巨大进步，以及其将改善农业作为首要任务的决心。尽管与发达国家的公共和私人部门相比，中国的投资仍要少一个数量级，但据报道，中国的投资占发展中国家所有投资的一半以上。[17] 中国在转基因农业方面经验最丰富的是 1997 年引进的 Bt 棉花。到 2000 年，中国 20% 的棉花种植面积都种植了 Bt 棉花。一项研究表明，一个农场的平均棉花种植面积不到 0.5 公顷，对他们来说最有价值的性状是 Bt 棉花减少了农药需求。采用 Bt 棉花的农户减少了杀虫剂的使用量，减少了病虫害防治的劳动力，降低了每公斤棉花的杀虫剂成本，这使得平均成本节约了 28%。调查数据显示的另一个效果是，未使用 Bt 棉花的农民在施用杀虫剂后出现一定程度毒性接触症状的可能性是采用 Bt 棉花的农民的四倍。[18] 中国的努力提供了一个范例，说明更大的国家研究体系如何为农业研究提供支柱，既为本国人口提供解决方案，又通过公开和免费提供其研究产品，为其他国家的工作提供基础。

除了发展中国家的国家努力之外，还有两条主要的以公有制为基础的农业研发道路，可以为发展中世界提供更广泛的服务。第一条道路是基于现有的研究机构和项目合作，在独占体系之外建立一个共同体系，消除专利和育种者权利的障碍。第二条道路是基于高校科研人员、非政府组织和个人之间的松散联系，我们看到这种联系在免费和开源软件的发展中发挥了重要作用。在前者方面，目前最有希望的努力是美国公共部门大学的农业公共知识产权（Public Intellectual Property for Agriculture，PIPRA）联盟，以及由国际农业研究磋商组织（CGIAR）领导的"新一代挑战计划"（Generation Challenge Program，GCP）（如果能够实现其理论承诺）。后者最有希望的模式，也可能是目前考虑的最雄心勃勃的基于共同利益的生物创新项目，是 BIOS［开放社会的生物创新（Biological Innovation for an Open Society）］。

PIPRA 是美国公立大学和农业研究机构之间的一项合作努力,旨在管理其权利组合,使其自身和其他研究人员能够在专利和其他权利日益泛滥的机构生态中自由开展工作。14 位大学校长在《科学》杂志上共同撰写文章表达了成立 PIPRA 的基本立场和根本任务。[19] 文章强调公共部门、以赠地大学为基础的研究在美国农业中的核心地位,以及在过去 25 年中越来越多地使用知识产权规则来处理农业创新所必需的基础发现和工具的转变。这些战略既被商业公司所采用,也越来越多地被公共部门和大学所采用,作为从科研机构向商业化公司进行技术转让的主要机制。他们看到的问题是,在农业研究中,创新是渐进的。它依赖于对现有种质资源和作物品种的利用,而每一代创新都会带来越来越多的知识产权要求,必须通过许可才能获得进一步创新的许可。这些大学决定利用其在农业生物技术创新中约 24% 的专利所有权,以此为杠杆,解开专利之网,减少研究障碍。主要案例——PIPRA 的"创始神话"——是关于黄金大米的故事。黄金大米是一种可提供膳食维生素 A 的水稻品种。开发黄金大米的初衷是希望它能为那些因缺乏维生素 A 而导致每年约 50 万例失明和 200 多万例死亡的人群补充维生素 A。然而,在将研究成果转化为可交付的植物时,研发人员却遇到了多个国家的 70 多项专利和 6 项材料转让协议的限制,这大大延误了工作进度。PIPRA 的启动是公共部门大学为实现应对此类障碍的两个核心目标而做出的努力——维护在生计作物和其他发展中国家相关作物上的应用权利,以及维护其自身相对于彼此专利组合的运作自由。

PIPRA 的基本观点是:大学不是追求利润的企业,大学科研人员也不是主要受利益驱动的。在一个为具有相似基本技能的人提供学术和商业发展机会的体系中,学术界往往会吸引那些更受非金钱动机驱动的人。虽然自 1980 年《贝-多尔法》(Bayh-Dole Act)允许并鼓励大学为利用公共资金开发的创新成果申请专利以来,大学已经投入了大量的时间和金钱,但专利收入和其他基于独占权的收入并没有成为大学收入计划的重要组成部分。如表 9.2 所示，除了一两个异常值之外，专利收入在大学预算中几乎可以忽略不计。[20] 这一事实使得大学在财政上可以利用其专利组合最大限度地提高其研究的全球社会效益，而不是试图最大限度地提高专利收入。特别是，大学可以致力于在其技术许可协议中纳入旨在实现以下双重目标的条款：（a）以合理的价格向发展中国家提供包含其创新成果的产品；（b）为研究人员和植物育种人员提供经营自由，使其能够研究、开发并最终生产出能够改善发展中国家粮食安全的作物。

表 9.2 部分大学的总收入和专利许可收入（单位：百万美元）

	总收入	许可费和版税		政府拨款和合同收入	
		金额	占比%	金额	占比%
所有大学总计	227 000	1270	0.56	31 430	13.85
哥伦比亚大学	2074	178.4	8.6	532	25.65
		100~120[a]	4.9~5.9		
加州大学	14 166	81.3	0.57	2372	16.74
		55（net）[b]	0.39		
斯坦福大学	3475	43.3	1.25	860	24.75
		36.8[c]	1.06		
佛罗里达州立大学	2646	35.6	1.35	238	8.99
威斯康星大学麦迪逊分校	1696	32	1.89	417.4	24.61
明尼苏达大学	1237	38.7	3.12	323.5	26.15
哈佛大学	2473	47.9	1.94	416	16.82
				548.7[d]	22.19
加州理工学院	531	26.7[e]	5.02	268	50.47
		15.7[f]	2.95		

[资料来源]

总收入：U. S. Dept. of Education, National Center for Education Statistics, *Enrollment in Postsecondary Institutions, Fall 2001, and Financial Statistics, Fiscal Year 2001* (2003),

Table F; Association of University Technology Management, *Annual Survey Summary FY 2002* (AUTM 2003), Table S-12. 各机构数据：各大学和/或其技术转移办公室公开的 2003 财年年度报告。

[注释]

a. 技术转让办公室报告 2003 年底的收入为 1.78 亿美元，但是没有报告支出情况，因此结果较不明确；大学年度报告则报告了许可费收入，并把所有其他教育和研究活动的收入都列为"其他收入"，同时报告这一类别下降了 10%，"反映了预期的特许权使用费和许可费收入下降"，与 2002 年底的 1.33 亿美元对比来看；该表反映出大学收入的净贡献为 1 亿至 1.2 亿美元（特许权使用费与该类别整体成等比例下降）。

b. 在提供费用（包括净法律费用和技术转让直接运营费用）方面，加州大学技术转让办公室年度报告比大多数报告都更加透明，从而可以很好地将技术转让活动的净收入区分出来。

c. 减去直接费用，不包括未经许可的发明的费用。

d. 联邦和非联邦资助的研究。

e. 其中几乎一半来自首次公开募股的一次性收入，因此并不代表许可收入的经常性来源。

f. 技术转让总收入减去 LiquidMetal Technologies 公司首次公开募股的一次性收入。

尽管 PIPRA 为大学之间的公共利益合作提供了一条途径，但这一途径并不特别依赖于信息网络或网络信息经济，也没有从信息网络或网络信息经济中获得很大益处。它继续依赖于传统的公共资助研究模式。新一代挑战计划（GCP）更明确地致力于利用网络信息系统节省成本。考虑到转基因食品在政治上的阻力，GCP 努力将 CGIAR 引入生物技术领域，同时考虑到国际研究中心在这一领域的起步已经相对较晚，GCP 还努力将其快速引入生物技术领域。该计划的重点是建立一个创新架构或研究关系网络，为当代农业研究的基础技术提供低成本技术。该计划有五个主要重点，但基本方向是为发展中国家的农业提高基础基因组科学和育种及农民教育水平。早期重点之一是建立一个通信系统，使参与机构和科学家能够有效地传递信息并利用计算资源开展研究。在世界各地的国际、国家和学术机构的数据库中，有数十万份种质样本，从"陆生"（即当地农业发展的品种）和野生品种到现代品种。一些最先进的研究机构拥有巨大的高容量计算资源，但许多国家和国际项目却没有。GCP 的主要目标之一是开发基于网络的接口,以共享这些数据和计算资源。另一个目标是为参与者提供一个分享新问题和研究方向的平台。反过来,该网络中的工作将依赖于附带独占利益的材料,并将产生可能附带独占利益的产出。与大学一样,GCP 机构(国家、国际和非营利机构)也在寻找一种方法,旨在确保研究材料和工具的开放获取,并为其产品提供人道主义获取途径,特别是用于生计作物的开发和使用。然而,截至本书撰写之时,全球合作方案仍在酝酿,与其说是一种工作模式,不如说是一种愿景。它是否能成功克服 CGIAR 所面临的政治限制,以及国际社会在这一工作领域相对较晚的地位,还有待观察。但是,全球合作计划的内容无疑表明了对基于公域的网络化合作所带来的可能性的理解,以及在此基础上发展并促进其发展的雄心壮志。

在这一领域,为生物创新建立一个基于公共资源的框架的最雄心勃勃的努力是 BIOS。BIOS 是国际农业分子生物学应用中心(Center for the Application of Molecular Biology to International Agriculture,CAMBIA)的一项倡议,CAMBIA 是一家总部设在澳大利亚的非营利性农业研究机构,由植物生物技术领域的先驱理查德·杰弗逊(Richard Jefferson)创立并领导。BIOS 的成立是基于这样一种观点,即当代农业研究在很大程度上依赖于对工具和使能技术的获取,例如识别基因或将基因转移到目标植物中的机制。当这些工具被少数企业所占有,并且只能作为资本密集型生产技术的一部分时,它们就不能作为地方创新或以非独占模式组织研究的基础。推动 BIOS 计划的核心观点之一是认识到,当一个必要工具的子集可以在公共领域获得,而其他关键工具却无法获得时,这些工具的所有者就可以获得公共领域创新的全部好处,而同时又不会改变使用独占技术的基本结构障碍。为了克服这些问题,BIOS 计划包括一个强大的信息学部分和一个相当雄心勃勃的类似于"左版"的模式(类似于第 3 章中描述的 GPL),用于许可 CAMBIA 的基本工具和 BIOS 计划其他成员的基本工具。信息学部分以 CAMBIA 多年来开发的专利数据库为基础,其目标是提供一个尽可能完整的数据集,说明谁拥有哪些工具，所有权的轮廓是什么，以及意味着需要与谁谈判，在哪些研究领域可能会出现尚未被占用的研究路径，因此可能会开放给不受限制的创新。

许可或共享部分更加积极主动，可能是该项目的最重要部分。BIOS 正在建立一种许可和共享安排，由 CAMBIA 自身在工具方面的重大创新"引爆"，以免费模式许可给所有倡议参与者，并附有回赠条款，发挥类似于版权保护的开放性约束功能。[21] 这种模式的一个方面是，它并不假定所有研究都来自学术机构或传统的政府资助、非政府或政府间研究机构。它试图创建一个框架，像开源开发社区一样，将商业和非商业、公共和私人、组织和个人参与者纳入合作研究网络。该合作平台是 BioForge，其风格仿照 SourceForge，后者是主要的免费开源软件开发平台之一。BIOS 将主要的国际商业供应商和当地潜在的商业育种者纳入其中，并将更多的目标锁定为基于公有制的倡议，这充分体现了 BIOS 让众多不同创新者参与其中的承诺。这一举措的核心是相信在农业科学中，基本工具可以与具体应用或产品分开，尽管这可能很难。因此，所有参与者，包括商业参与者，都对开放和高效的工具开发感兴趣，而将竞争和盈利留给应用市场。从另一个角度看，BIOS 将重点放在免费提供工具上，是基于这样的主张：粮食安全的创新不仅仅涉及生物技术。它涉及环境管理、因地制宜的适应性，以及社会和经济采用的形式，这些形式在当地和内部是可持续的，而不是依赖于商品化种子和其他投入的不断流入。因此，参与者的范围比 PIPRA 或 GCP 所设想的要广泛得多。从跨国公司到学术科学家，再到农民和地方协会，他们在一个交流平台和机构模式中共同努力，这与 GNU/Linux 操作系统的开发方式非常相似。截至本书撰写之时，BIOS 项目仍处于早期萌芽阶段，目前尚无法通过其产出进行评估。然而，它的结构提供了一个最清晰的示例：同侪生产模式，以及更广泛的基于公有生产的模式，可以被移植到其他创新领域，而这些领域正是人类发展的核心——自给自足的能力。

PIPRA 和 BIOS 倡议，是为实现粮食安全而制定基于公域的战略最突出的例子和最重要的第一步。它们的生命力和必要性对传统观点提出了挑战，即不断增加知识产权是确保增加研究投资的必要条件，或者采用专利权是良性的。对基本工具和使能技术越来越多的占有为创新者——公共部门、非营利组织和当地农民本身——创造了进入壁垒，而这些创新者关心的是如何为那些无法用他们的钱来表明他们需要帮助的人提供食物。基于公共资源的技术的出现，特别是开放式创新平台的出现，可以通过网络化的合作平台，将世界各地的农民和当地农学家纳入开发和反馈过程中。它所承诺的发展机制不会增加少数专门从事农业生产的商业公司的相对权重和控制。取而代之的是，它将把创新产品释放到一个具有自我约束力的共同体内——该共同体内的制度设计旨在保护自身免受侵占。它承诺建立一个迭代合作平台，能够以免费软件开发项目收集错误报告的方式收集环境和本地反馈——通过用户——创新者之间持续的网络对话过程。与发展中国家政府、发达国家政府以及传统的国际研究中心的公共投资相结合，粮食安全农业研究可能会走上一条发展道路，与专利体系一起构建一个可持续的、基于公域的创新生态。是否沿着这条道路前进，部分取决于参与者自身的参与，部分取决于国际知识产权/贸易体系在多大程度上避免阻碍这些基于公域的努力。

获取药品：基于公共资源的生物医药研究策略

在揭示国际贸易和专利制度给人类发展带来的系统性问题方面，没有什么比获得治疗艾滋病的药物更重要的了。原因有以下几点：第一，艾滋病已经达到了流行病的程度。[22] 第二，艾滋病是一种新疾病，医学界在 25 年前还不了解它，它具有传染性，而且原则上属于传染病的一种，我们认为现代医学有能力解决它。比之许多癌症和心脏病等这些更致命的杀手，后者造成的全球死亡人数是前者的 9 倍。第三，它在发达经济体中占有重要地位。由于它在那里被视为一种主要影响同性恋群体的疾病,因此拥有强大而目标明确的政治游说团体和高度的文化显著性。第四,也是最后一点,在开发艾滋病药物方面确实取得了巨大进步。因此,接受治疗的患者死亡率远低于未接受治疗的患者。这些治疗方法都是新型疗法,正在申请专利,而且非常昂贵。因此,死亡(相对于慢性病)已成为绝大多数贫困的后果。2002年,超过75%的艾滋病死亡病例发生在非洲。艾滋病毒/艾滋病药物是一个生动的例子,说明虽然存在治疗某种疾病的药物,但最贫困的国家却负担不起。然而,这只是以专利为基础的药品开发体系为贫困人口提供药品所带来的限制的一部分,也许是较小的一部分。同样重要的是,针对完全或主要是发展中国家疾病的药物缺乏市场拉力,如治疗热带疾病的药物或仍然难以获得的疟疾疫苗。

美国和欧洲正在建立一个以专利和市场激励机制为主要研究和创新动力的全球创新体系,因此,这些发达民主国家必然会选择忽视那些严重影响穷人的疾病。一家对其股东负责的制药公司决定在它期望获得利润的地方进行投资,这并不是不道德的。一家公司将其研究资金投入到寻找治疗痤疮的药物上,而不是治疗非洲昏睡病的药物上,这并不是不道德的。如果说有不道德的地方,那就是法律和政策体系严重依赖专利制度来引导药物的发现和开发,而没有充分资助和组织生物医学研究,以解决仅靠市场无法解决的问题。然而,公众对药品专利的政治反应在结构上与农业生物技术独占权的政治反应相似。以专利为基础的产业非常强大——比任何其他专利敏感领域都强大得多。强势专利带来的收益是巨大的,理性的垄断者会支付与其收益价值相当的费用来维持和提高其垄断地位。医药领域的主要潜在政治反弹是(农业创新领域不存在这种反弹),在这一体系下开发药物的成本过高,甚至损害了发达国家富裕人群的钱包。美国和整个发达国家围绕药品成本控制展开的政策斗争可能会导致专利限制的放松,从而为发展中国家带来实质的负面影响。然而,这些政策也可能起到相反的作用。发达国家的富裕人群不愿意为药品支付高昂的租金,这阻碍了发展中国家最直接的低价药品之路——在穷国以低于成本价销售药品，并由发达国家以高于成本价进行交叉补贴。

生物医学研究和制药开发的产业结构与农业科学的产业结构不同，因此，基于公域的战略仍有很大的潜在作用。然而，这些战略的组织和调整方式与农业科学不同。首先，虽然政府在资助基础生物医学科学方面发挥着巨大作用，但并不存在真正等同于国家和国际农业研究机构的机构。换句话说，很少有公共部门实验室能够像国际水稻研究所（IRRI）或某个国家农业研究系统那样，真正生产出成品药物并在发展中国家推广。另外，发达国家和发展中国家都有一个蓬勃发展的仿制药产业，一旦研究出药品，该产业随时准备生产。国际知识产权制度是制约该行业为贫困国家生产和提供低成本药物的主要因素。另一个主要区别是，与软件、科学出版或农业领域的农民不同，目前还没有个人参与药物和治疗研发的框架。如果大学机构和科学家选择将自己组织成有效的同侪生产社区，那么非政府机构在生物医学研发方面的努力和思想投资的主要潜在来源就是大学机构和科学家。

大学和科学家有两条相辅相成的道路可供选择，他们可以采取基于公共资源的战略，改善对相对被忽视的贫困疾病的研究，并改善现有药物的可及性，这些药物在发达国家可以买到，但在发展中国家却负担不起。第一种策略是利用大学现有的专利组合——PIPRA 联盟中的大学正在探索这种策略，CAMBIA 也在积极探索这种策略。第二种策略是以一种全新的模式开展工作——构建合作平台，使科学家能够参与同行研发，跨越传统的基金资助实验室，并致力于研究发达经济体的生物医学研究系统不受市场影响的疾病。

利用大学专利。 2001 年 2 月，人道主义组织"无国界医生"请求耶鲁大学允许其在艾滋病治疗试点项目中使用司他夫定的仿制药。当时，由 Bristol-Myers-Squibb（BMS）公司销售的该药物的许可版本每名患者每年需要花费 1600 美元。印度生产的仿制药每名患者每年的价格为 47 美元。当时，39 家药品生产商正在起诉南非政府，要求废除一项允许在健康危机中进口仿制药的法律,还没有一家药品公司在发展中国家的定价上做出让步。在收到"无国界医生"组织的请求后几周内,耶鲁大学与 BMS 公司进行了谈判,以每年 55 美元的价格在南非销售司他夫定。此后几年,耶鲁大学、加州大学伯克利分校和其他大学也就依赖其专利技术的药物在发展中国家的应用或销售达成了类似的特别协议。这些成功案例为更广泛地调整大学如何利用其专利组合来缓解发展中国家的药品获取问题提供了范本。

我们在表 9.2 中已经看到,虽然大学拥有大量的专利,而且数量还在不断增加,但它们在财政上对专利收入的依赖程度并不高,专利收入在整个收入计划中只占很小一部分。因此,大学应重新考虑如何使用其专利,并调整方向,最大限度地发挥专利对公平获取发达经济体开发的药品的有益影响。要利用公共资助的大学研究,建立一个便于全球再分配的信息公域,有必要采取两项不同的措施。第一项是大学本身的内部流程。第二项举措涉及大学与依赖专利和类似依赖独占权的市场参与者之间的联系。

大学在公共目标和市场目标之间存在内部矛盾。自《贝-多尔法》通过以来,各大学都增加了为公共资助的研究产品申请专利的做法。为促进这种做法而设立的技术转让办公室,在许多情况下是以专利申请数量、赠款和为大学带来的资金来衡量的。这种衡量这些办公室成功与否的标准往往使这些办公室的运作方式和对自身角色的理解与依赖于独占权的市场行为者平行,而不是作为公共部门、公共资助和具有公共意识的机构。一位技术转让官员成功地向一家关注发展中国家的非营利组织提供了免版税许可,但她却没有一个明显的指标来记录和报告她所取得的成功(拯救了数百万生命或消除了多种苦难),而她的同事却不一样,其可以很容易地报告从市场导向的许可中获得了数百万美元,甚至仅仅是申请了几十项专利。大学必须更明确地考虑自己在全球信息和知识生产体系中的特殊作用。如果它们重新致力于为改善人类命运服务,而不是最大限度地增加收入,那么它们就应该适当地调整其专利和许可做法。尤其重要的是，在这种重新定位之后，应从挽救生命、提高生活质量或类似反映大学研究使命的实质性措施的角度重新定义技术转让办公室的作用，而不是从依赖专利的市场生产这一截然不同的世界中借用当前的衡量标准。虽然这一内部过程在文化和政治上都很困难，但实际上在分析和技术上并不复杂。长期以来，大学主要致力于通过基础研究、理性探索和教育来促进知识和人类福祉。科学悠久的社会传统始终与市场激励和导向相分离。因此，问题在于唤醒沉睡的文化规范和理解，而不是在长期存在的相反传统中创造新的文化规范和理解。这个问题应该比说服那些传统上从专利授权或专利使用费角度考虑其创新的公司（如一些技术行业的参与者）采用免费软件战略要简单得多。

如果大学确实做出了改变，那么更复杂的问题将依然存在：在大学和制药业之间设计一个机构建制，为发展中世界的药品销售和发展中世界疾病的研究机会提供可持续的重大利益。正如我们在农业方面已经看到的，专利造成了两种不同的障碍：第一种是销售壁垒，因为专利权人拥有垄断定价权。第二种是研究方面的障碍，这些研究需要获得发达国家研究过程中产生的工具、使能技术、数据和材料，而这些工具、使能技术、数据和材料可能对发展中国家的疾病研究有用。大学单枪匹马是无法提供药物的，虽然美国一半以上的基础科学研究由大学完成，但这意味着93%以上的大学研究支出用于基础和应用科学，只有不到7%用于开发——将科学项目转化为可用产品所需的最终研究。[23] 因此，大学不能仅仅发布自己的专利，并期望基于其技术的治疗方法可以被使用。相反，有必要改变许可实践，采取类似于通用公共许可（GPL）、BIOS许可方法和PIPRA的综合方法。

参与合作的大学可以在其许可证中加入一些条款，以确保任何对发展中国家的疾病进行再研究或为在较贫困国家销售而生产的人的经营自由。这种许可制度的体制细节相对复杂和神秘，但事实上，人们正在努力开发这种许可并使其为大学所采用。[24] 作为对大学专利使用权的交换，制药许可人将同意不对那些纯粹为在中低收入国家销售而生产仿制药的仿制药生产商主张其对需要大学许可的药品的任何权利。印度或美国的仿制药生产商可以生产依赖于大学专利的专利药品，并根据这种公平使用许可获得许可，只要它只在贫困国家销售其产品。在南非开展业务的政府或非营利研究机构可以使用获得专利的研究工具，而不必担心这样做会侵犯专利权。然而，这两家机构都不能将其生产或研究的产品进口到发达国家而不侵犯大学和制药公司的专利权。许可证将为药品和研究工具从发达经济体向发展中国家的再分配创造一个机制。这样做不需要像简·兰儒（Jean Lanjouw）等人所主张的那样进行监管改革，他们主张进行政策改革的目的同样是在发展中国家和发达国家实现差别定价。[25] 由于这种再分配可以由大学通过许可而不是通过修改法律来实现，因此它为实现预期结果提供了一条更可行的政治途径。当然，大学的这种行动并不能解决药品获取的所有问题。首先，并非所有与健康相关的产品都基于大学的研究。其次，专利并不能解释贫困国家患者得不到治疗的全部原因，甚至可能解释不了大部分原因。缺乏医疗基础设施、公共卫生监测和护理以及实施疾病控制政策的稳定条件可能是更重要的原因。尽管如此，如果药物成本较低，一些成功且稳定的政府和非营利项目可以治疗数十万或数百万患者，比现在更多。为这些患者提供更多的治疗机会似乎是一个值得追求的目标，尽管这并不是解决所有贫困疾病的灵丹妙药。

非营利性研究。 即使成功地改变了大学的许可做法，使人们能够以低廉的价格获得医药研究产品，也无法解决主要影响穷人的疾病研究问题。这是因为，除非大学自己承担研发过程，否则基于专利的制药公司没有理由这样做。解决这一问题的"简单"办法是由公共部门或基金会为基础研究和开发提供更多资金。这一途径已经取得了一些进展，一些基金会——特别是近年来的盖茨基金会（Gates Foundation）——已经投入了大量资金，用于在非洲和其他发展中国家寻找治疗方法和改善疾病的基本公共卫生条件。自2000年以来，随着"一个世界健康研究所"（Institute for One World Health）的成立，这一非营利性医药机构专门致力于发展中国家疾病的研究与开发，该机构的发展尤其令人瞩目。"一个世界健康"的基本模式首先是接受制药行业认为无利可图的药物线索，这些线索既来自大学也来自制药公司。制药公司没有理由不提供他们的专利，这些专利纯粹用于他们不打算追求的目的。然后，该集团依靠基金会和公共部门的资助，与美国、印度、孟加拉国和泰国的研究中心合作，进行综合论证、临床前和临床试验。当需要生产时，该机构与发展中国家的生产商合作，生产低成本的药物，并与政府和非政府组织的公共医疗机构合作，组织销售。这种模式尚属新生事物，还没有足够的时间成熟并取得可衡量的成功。不过，它前景广阔。

药物研发的同侪生产。 科学家、正在接受培训的科学家以及一定程度上的非科学家可以补充大学的许可实践和正式组织的非营利活动，成为基于公有生产者生态的第三个组成部分。对于同侪生产可用于药物开发这一观点，最初的反应是这一过程过于复杂、昂贵和耗时，无法采用基于公有制的策略。这一点最终可能被证明是正确的。然而，复杂的软件项目或超级计算也曾被认为是如此，直到 SETI@ Home 和 Folding@ Home 等免费软件和分布式计算项目的出现才证明他们错了。基本要点是了解分布式非市场工作是如何组织起来的，并了解科学生产过程是如何被分解以适应同侪生产模式的。

首先，任何可以通过计算机建模或数据分析完成的工作原则上都可以在同侪生产的基础上完成。如今，越来越多的生物医学研究是通过建模、计算机模拟以及对庞大且不断增长的数据库（包括各种遗传、化学和生物信息）进行数据分析来完成的。由于更多的潜在药物发现过程可以通过建模和计算分析完成，因此可以组织更多的同侪生产。这里的相关模式是开放式生物信息学。生物信息学通常是利用数学和信息技术寻求生物问题解决方案的实践。开放生物信息学是生物信息学领域的一项运动，旨在以开源模式开发工具，并在免费和开放的基础上提供对工具和产出的访问。这些项目包括由欧洲生物信息学研究所（European Bioinformatics Institute）和桑格中心（Sanger Centre）运营的 Ensembl 基因组浏览器（Ensembl Genome Browser），或美国国家生物技术信息中心（National Center for Biotechnology Information，NCBI），两者都使用计算机数据库提供数据访问，并对数据中的组合、模式等进行各种搜索。在这两种情况下，访问数据和增值功能都是免费的。软件也是按照免费软件模式开发的。国际 HapMap 项目是一项旨在绘制人类基因组常见变异图的工作，其参与者承诺将其收集的所有数据免费发布到公共领域。这部分药物研究的经济性与软件和计算的经济性非常相似。模型只是软件。一些模型将能够在科学家自己使用的越来越强大的基础机器上运行。然而，任何需要认真计算的东西都可以为分布式计算建模。这将允许项目利用志愿者计算资源，如 Folding@Home、Genome@Home 或 FightAIDS@Home——这些网站已经利用数十万用户的计算能力来解决生物医学科学问题。该过程的这一阶段可以最直接地转化为同侪生产模式，事实上，已经有一些提议出现，例如毛雷尔（Maurer）、萨利（Sali）和拉伊（Rai）提出的热带病倡议。[26]

其次，更复杂的是在同侪生产的基础上建立湿实验室（wet-lab）科学的问题。有些工作必须侧重于基础科学。有些可能处于优化和化学合成阶段。有些甚至更雄心勃勃，将处于临床前动物试验甚至临床试验阶段。湿实验室似乎为同侪生产在生物医学科学中发挥重要作用提供了不可逾越的障碍。然而，在操作系统或超级计算机的开发实现之前，并不清楚这是否比它们更难克服。实验室有两个非常有价值的再资源，可以用于同侪生产，其中最重要的是博士后。这些人与许多免费软件项目中的人是一样的，只不过他们是不同类型的怪才。他们处于相似的人生阶段。他们的生活同样忙碌，同样超负荷工作，但他们同样有能力在其他事情上多工作一个小时，一些有趣的、令人兴奋的或对职业生涯有帮助的事情，比如政府宣布的特别拨款。其他产能过剩的资源可以看作是培养皿，如果这听起来过于古板和老式，也可以看作是聚合酶链反应（PCR）机或电泳设备。问题很简单。目前对实验室的资助都是"筒仓式"的。除了按照分时原则运行的大型设备外，每个实验室通常都能获得其日常工作所需的所有设备。实验室中冗余配置的机器会有停机时间，这种停机时间加上实验室中的博士后研究员，就是一场等待发生的实验。如果一个正在寻求启动一个项目的团体定义了一个共同实验的离散模块，并提供一个通信平台，允许人们下载项目模块、执行这些模块并上传结果，那么就有可能利用实验室中存在的过剩能力。原则上，尽管这是一个更难解决的经验问题，但同样的方法也可以用于其他广泛可用的实验材料，甚至用于临床前试验的动物，其模式是："哥们儿，能匀给我一只小白鼠吗？"印第安纳-普渡大学印第安纳波利斯分校（University of Indiana-Purdue University Indianapolis）的化学教授威廉·斯科特（William Scott）提出了一项引人入胜的建议和早期实验。斯科特建议开发简单、低成本的试剂盒，用于培训化学合成方面的本科生，但这些试剂盒将使用计算生物学确定的靶标和分子作为其产出，这些靶标和分子是发展中国家疾病的潜在治疗方法。如果世界各地的不同教室和机构有足够的冗余，就可以在筛选和合成大量潜在药物的同时验证结果。本科生的教育经历可以为新的实验做出实际贡献，而不是简单地合成任何人都不真正需要的成果。临床试验的复杂性又增加了一个层次，因为向医生和患者提供一致的药物制剂进行试验的问题超出了人们的想象。一种选择是，受相关疾病影响的国家的研究中心可在此时接手工作，创建并开展临床试验。这些临床试验也可以在不同地区和国家的临床医生之间进行协调，从而以更快的速度和更低的成本招募患者并获得足够的信息。与"一个世界健康"的情况一样，从这一阶段开始，生产和监管审批可由仿制药生产商承担。为了防止产出在这一阶段被盗用，流程中的每一个阶段都需要获得具有公共领域约束力的许可，以防止制造商获取产出，并通过对其进行微小改动，为最终药品申请专利。

现阶段，关于医药的这一建议是本书所提出的以公有制为基础的发展战略中最具想象力的。然而，它在分析上与它们是一致的，而且原则上应该是可以实现的。与更传统的公有制方法、大学研究和非营利世界相结合，同侪生产可以为创新生态做出贡献，从而克服纯粹基于专利的系统无法登记及响应世界贫困人口健康需求的问题。

基于公共资源的发展策略：结论

发达国家之外的福利、发展和增长在很大程度上取决于信息嵌入式产品和工具、信息和知识从技术先进经济体向全球发展中和欠发达经济体和社会的转移。这些重要的部分是作为福利的可用成品组成部分。然而，也许更重要的是，它们作为发展中世界的当地参与者——从巴西的免费软件开发者到东南亚的农业科学家和农民——进行创新、研究和发展所必需的工具和平台。在信息出口经济体中，知识产权和贸易的制度框架以及依赖专利的商业模式的政治力量是阻碍这些理想朝着所需的方向发展的主要障碍。这并不是因为信息产品和工具的所有者都是邪恶的。这是因为他们的信托责任是使股东价值最大化，而欠发达国家和发展中经济体没有多少钱。作为拥有合法垄断权的理性最大化者，专利持有者会限制产量并以更高的价格出售。这并不是我们称之为"知识产权"的制度体系的缺陷。这是一个众所周知的特征，它具有众所周知的副作用，即低效率地限制创新产品的获取。然而，在全球贫富差距悬殊的背景下，这一众所周知的特征并不仅仅导致对信息的利用达不到理论上的最佳效果。它导致了可预见的发病率和死亡率的上升以及发展障碍的增加。

网络信息经济的兴起，为思考如何绕过国家间知识产权制度对发展造成的障碍提供了新框架。传统上在发展中扮演重要角色的公共部门和其他非营利机构可以更有效地发挥其作用。此外，同侪生产的出现，为解决信息和知识获取方面的一些问题提供了新模式。在软件和通信方面，这些信息和知识都可以直接获取。在科学信息和一些教育材料方面，我们开始看到这些模式的调整，以支持发展和学习的核心要素。在粮食安全和健康领域，转化过程可能更加困难。在农业领域，我们看到在发展公共部门、学术界、非营利组织和个人创新与学习的组织结构方面，取得了直接进展，从而在基于专利和育种者权利的市场之外追求生物医疗方面的创新。在医学领域，我们仍处于机构实验和制度建议的早期阶段。实施的障碍依然很大。然而，人们越来越意识到单纯依赖专利生产体系所带来的人力成本，以及基于公共资源的模式在解决这些问题方面的潜力。

在理想状况下，也许建立一个更完善的制度来利用创新促进发展的最直接方法，需要借助新的国际发展政治，后者将产生一个设计更完善的国际贸易和创新政策制度。事实上，非政府组织和发展中国家正在开展一场冲击这一目标的全球运动。然而，国际贸易政治有可能被现有的工业信息经济所有者和作为工业政策支持他们的政府扭曲，以至于正式制度改革的政治途径将会穷途末路。当然，TRIPS 的历史以及最近 WIPO 通过扩展性条约的努力都体现了这一点。然而，当考察网络信息经济时，我们得到的一个教训是：政府通过国际条约所做的努力，并不是创新及其跨越资本边界传播的最终决定因素。在网络信息环境中，社会共享作为一种主要生产方式的出现，为个人和非营利实体提供了另一条途径，使其得以独立于正式组织之外，在实现预期成果方面发挥更重要的作用。基于共享和同侪生产的努力可能并非包治百病。然而，正如我们在软件领域所看到的那样，这些努力可以为人类福利和发展的基本条件做出巨大贡献。而这正是自由与正义的契合点。

个人行动与合作的实际自由，不受专有产权的约束，不受正式契约关系或稳定组织的约束，使个人在临时性、非正式合作中成为新的全球行动者。它释放了个人的潜力，使他们能够根据自己的意愿采取行动。因此，它提供了一条新路径，这条新路径与市场和政府在公共福利方面的正式投资并驾齐驱，在全世界范围内可行地、显著地改善人类发展。

第10章
社会纽带：共建网络

增加实质意义上的个体自主权，一直是本书论证的核心。它是网络信息经济中非专有权生产的效率和可持续性的保障，也是我所描述的自由和正义两方面进步的基础。许多人担心这种新的自由会破坏和瓦解现有的社会关系。他们认为，个体获得新自由代表着个体成为孤立于社会的单元、过着自由但单调孤独的生活，以及不被规则所约束——而那些规则往往会帮助我们成为真正踏实的、适应力强的人。大量早期社会学研究支撑着这一观点，它也是20世纪90年代针对互联网对社区或紧密社会关系潜在影响的典型论调之一。同时期，在信息精英中流行的另一典型论调，则与之截然不同。该论调认为，"虚拟社区"将代表一种全新的人类社区存在形式，为建立人类互动的共享体验提供新空间。然而，短短几年内，新的实证研究表明，这两种观点都并不完全正确，其中蕴含的反乌托邦思想尤其荒谬。互联网对社会关系的影响显然是复杂的，现在就对这种新交流方式最终将建立在哪些社会实践上做判断，尚为时过早。但最近的研究表明，互联网对人类社会和亲密的社会关系有相当明确的影响——既非毁灭，也非升华，但与电视电话时代相比，互联网确实给社会关系的规范性带来了多维度改善。

这存在两方面影响：第一个，也是最大的影响，是我们与朋友、家人和邻居之间的关系更紧密了，特别是指在互联网出现前不容易联系上的那部分人。例如，父母现在可以使用即时消息软件随时随地联系上大学里的子女。在拥有电子邮件后，异地的朋友能保持更紧密的联系，因为他们不再需要协调通话时间，也不用为此支付高额长途话费。然而，这种联系的强化，似乎伴随着人际关系中等级观念的淡化，因为个体将自己支持同伴关系的网络与家庭联络网络相融合，而这一融合可能扼杀家庭关系的等级观念。第二个影响，是更多带有明确的目的性、并不牢靠的关系被建立起来。这些关系似乎并非"虚拟社区"的理想模式。当然，它们不符合"社区"作为人的情感背景和情感支持的主要来源的这一固有概念。尽管如此，它们对参与者仍然是起作用的、而且是有意义的。看来，随着数字网络环境开始取代大众媒体和电话，其突出的通信特征为巩固现有社会关系提供了新维度，同时也为更松散、流动性更强但仍有意义的社交网络，提供了新力量。松散关系所带来的积极变化的核心，是技术和组织层面的转变：从一对多模式下商业大众媒体主导的、无法鼓励观众群体之间互动的信息环境，转变为以用户为中心、基于群体的积极合作平台，这一新模式无论在理论上还是实践上，都将成为网络信息经济的典型。这并不意味着互联网必然对所有人、所有社会团体和网络产生相同的影响。在不同的环境和网络中，互联网对不同人群的影响可能会有所不同。我在这里主要回应现存的对个人能力的增强，会导致社会分裂和异化的担忧，现有数据无法证明这是一个普遍的社会现象。

从"虚拟社区"到解体恐慌

对共同体（gemeinschaft）及家庭等有机深层社会关系瓦解的焦虑，并非互联网的产物。至少自19世纪中叶以来，社会学中长期存在的一个思潮是：在某种程度上，城市化、工业化、高速运输、大众通信以及现代工业社会城市的其他要素，将导致家庭或社区的异化和崩溃的恐惧。而这一思潮，往往与"建立在"工业化前的田园记忆或工业化后的乌托邦中或真实的，或想象的，多少带点理想色彩的社区的探寻相差无几。毫无意外，这种恐惧和渴望的对立模式，在互联网中重演——这种新媒介带来的巨大转变，使它成为两种情绪碰撞的新焦点。

就互联网而言，乐观主义者走在悲观主义者的前面。1993年，在如今被奉为经典之作的《虚拟社区》（*The Virtual Community*）中，霍华德·莱因戈尔德写道：

> 在过去十年里，根据我对世界各地网络行为的直接观察，我得出如下结论：只要任何地方的人都能使用计算机通信技术，他们就必然会利用它来建立虚拟社区，就像微生物必然会形成菌落一样。我认为这种现象的一个解释是，随着越来越多非正式的公共空间从我们的现实生活中消失，世界各地的人们对虚拟社区的渴望与日俱增。我猜这些新媒体会吸引大批拥趸，因为计算机通信技术使人们能够以新的方式进行交流，并发展出一系列全新的事物——就像以往的电报、电话和电视那样。

《虚拟社区》是以WELL（Whole Earth 'Lectronic Link）项目为蓝本的。WELL项目是最早发展起来的大规模社交项目之一，人们起初彼此陌生，但后来形成一个社区。它的成员最终发展到线下会面以加强彼此联系，但他们之间的交流，还是继续由计算机为媒介的主要沟通方式。请注意莱因戈尔德在他这段早期文字中是如何阐释他的主张的。人与人之间相互沟通的物理空间不断缩减，不再能满足人们对社区生活的渴望；一种新的媒介应运而生，它可以让人们跨越空间距离进行交流。于是，人们难免自发地将新媒介所带来的机会，也就是**跨空间交流**这一便利，加以充分利用，以满足自己对人际交往的需求。以此为基础，新媒介为人们提供了新的交流方式与新的合作方式，从而使人们能比过去做到更多。另一些人则用多种方式，追随莱因戈尔德在20世纪90年代提出的理念。互联网空间具有为人类交流铸造出一个新领域的潜能，它克服了工业大众媒介社会在传统社区中的局限，这一点作为莱因戈尔德理念的基本架构，为人们不断重复引用。互联网促使新一类人际关系的出现，而这种新关系在参与者的生活中发挥着重要作用，并且在互联网交流中被确定下来，这一现象仍不断出现在我们的生活中。然而，正如下文将讨论的，许多研究表明，新的网络社会关系并不会取代在传统社区与家庭中的鲜活而健康的线下交流，而是在此之外另行发展。

前不久，对于互联网的看法，出现一类截然不同的说法。对于为家庭和社会服务的工业社会来说，互联网并没带来什么好处；反之，用户被互联网所吸引，使得传统人际关系日渐疏远。互联网使人们无法与家人共度时光。它用逼真的人际关系使人们深陷其中，将人们的注意力从现实世界中转移开来。在对社会关系巴别塔异议的阐释中，互联网被视为削弱了共享文化体验的元凶：因为人们由于缺乏共同话题（如情景喜剧或新闻节目等），彼此之间变得越来越疏远。在这类批评声音之中，有一部分人质疑互联网关系本身，是否能替代现实世界人际关系。早期研究虚拟身份的学者中最为重要的一位，雪莉·特克尔（Sherry Turkle），将这种担忧描述为："我们现在正向人们提议，声称复兴社区生活的办法就是让我们独坐在自己的屋子里，在联网的电脑上打字，然后用虚拟世界的朋友们填充自己的生活。但这样真的是对的吗？"[1] 与需要人们全身心投入、冒险将自己暴露在现实中来建立的传统沟通不同，人们在虚拟世界建立的关系通常只出于有限的目的，且投入较低。如果这段关系不成功，人们可以随时登出社交账号，全身而退。

另一种批评则对互联网关系的脆弱性（并不是指贫乏度）关注较少，它将关注点更多地集中在互联网占据人们过多时间上。这些人认为，花在互联网上的时间和精力，是以陪伴家人和朋友的时间为代价的。在这一类论调中，两项早期研究尤为突出，且常被引用。第一项研究名为"互联网悖论"（Internet Paradox），是由罗伯特·克劳特

（Robert Kraut）主持的。[2] 这是学界第一次针对成规模的用户进行纵向研究。参与本项研究中的 169 名用户只有 1~2 年网龄。克劳特和他的合作者们发现，互联网使用的增加与以下三个因素有着轻微的但具有统计学意义的相关性。它们分别为：①家庭交流的减少；②社交圈的缩小，包括近距离和远距离；以及③抑郁和孤独感的增加。研究者们进行了这样一个假设：互联网将人们之间原有的强关系变成了弱关系。他们将人们通过互联网进行的交流，理想化为类似与织毛衣群组的人交流织毛衣技巧，或在旅游信息网上与偶遇的网友开玩笑一类的事。他们认为，这些琐碎的事情，逐渐占据了在断网情况下人们与其亲朋好友一起共度的时光。从传播理论的角度来看，比起被广泛引用的"电脑只是继电视之后又一块从真实人际交往中抢走时间的屏幕"一说，这种因果关系的解释更为复杂。[3] 这一学说认识到了互联网与电视媒体之间本质性的不同。互联网允许用户彼此交流，但电视只是让人们进行被动的"平行接收"。马克·格兰诺维特提出了后来社会资本文献中所频繁引用的强关系和弱关系之间的区别。基于格兰诺维特的理路，这些研究人员认为，建立在互联网交互基础上的人际关系，往往更为脆弱，往往更无意义，所以花在经营互联网关系上的时间，总体上削弱了一个人的社会关系存量。

两年后，第二项更为轰动的研究出炉。2000 年，斯坦福大学社会定量研究所发布了一份关于互联网和社会的"初步报告"，但与其说是一份报告，倒不如说它更像是一份新闻稿。该新闻稿强调了这一现象："人们使用互联网的时间越多，与真人相处的时间就越少。"[4]实际研究结果并没有新闻稿所描述的那么糟糕。针对与家人相处的时间，只有略高于 8% 的用户表示比以往减少了，6% 的用户表示比以往增加了，86% 的用户表示基本不变。与之类似，针对与朋友相处的时间，9% 的用户表示比以往减少了，4% 的用户表示比以往增加了，87% 的用户表示基本不变。[5] 新闻稿也许不应该被解读为"社会孤立因互联网而加剧了"，而应该是"我们还不确定互联网对社会关系的影响，但任何微小的事件都会影响到我们与家人、朋友之间的互动"——后者看上去一点也不像报纸头条。[6] 在这项研究中，支持"社会孤立"理论的最有力证据是，27%的网民表示与家人朋友打电话的时间减少了。研究没有询问他们是否使用电子邮件，而不是电话，来与这些家人朋友保持联系，也没有询问他们最终觉得与家人朋友的联系是变强了还是变弱了。取而代之的是，作者在新闻稿中写道，"电子邮件是保持联系的一种方式，但是你不能通过电子邮件，与某人共饮咖啡或啤酒，也不能通过电子邮件，给他们一个拥抱"（有人可能质疑，难道我们可以通过电话互相拥抱吗）。[7] 正如阿米泰·艾特丘尼（Amitai Etzioni）批评的那样，真正重要的发现，是互联网用户花在电视和购物上的时间更少了。47%的受访者表示他们看的电视比以前少了，其中电视重度使用者占到了65%，轻度使用者占27%。只有3%的受访者，表示他们看电视的时间更多了。19%的所有受访者和25%的每周上网时间超过5小时的受访者，表示他们减少了实体店购物，只有3%的受访者，表示他们去实体店购物更频繁了。这项研究并未深究人们将本来花在看电视和逛实体店的时间花在了哪里，也没有询问受访者是否将互联网带来的富余时间，用在了强化他们的社会和亲属关系上面。[8]

浮现出更积极的景象

这些担忧互联网对社区和家庭影响的早期研究，基本上可以归为两类：第一，或多或少的长期亲密人际关系作为一种心理需求，对人的健康至关重要。互联网使用，会导致更严重的孤独感和抑郁的说法，很好地反映了人们对把人际关系依附在冰冷的电子编码的恐惧，他们觉得互联网根本不能提供作为社会存在所需的人际关系。第二，该类担忧主要出现在"社会资本"的相关文献中，这类文献可以分为两大分支：其一，是跟随着詹姆斯·科尔曼和马克·格兰诺维特的研究进路，关注社会关系的经济功能，以及社会资本较多的人群也在物质上更富足这一层面。其二，则像罗伯特·帕特南的研究一样，重点关注参与型社会的政治层面，以及社会资本较多的社区（即那些建立起地域性的、稳定的、面对面互动的社会关系的区域）如何在政治参与和提供当地公共产品（如教育和社区警务）方面取得更有效的成果。就这类文献来说，社会关系的形态、它们的相对力量，以及谁与谁互相联系，这三个方面在研究中显得尤为突出。

大致来说，对于这些忧虑，人们有两种反应：第一种是经验主义的。如果非要让这些担忧能真正在日益频繁的互联网通信的过程中显现出来，互联网通信（包括其所有的不足之处）就必须完全取代现实世界的人类交互，而不是简单地作为现有沟通方式的补充。除非互联网通信实质上取代了直接的、去中介的、人与人之间的联系，否则没有任何依据可以表明，使用互联网会削弱我们心理需求的有益联系，或者会削弱我们在社会上建立的直接与亲朋好友的有益联系。第二种论点则较为理论化。它挑战了如下论点：融入社会的个体是一个拥有不变需求的固定个体，而这些需求或许可以（或许不可以）通过改变社会条件和关系来实现。

相反，基于实际的社会实践和期待，它认为个体的"本质"随着时间的推移而产生变化。在这种情况下，我们看到了一种转变，即从依赖于根深蒂固的、厚重的、去中介的、给定的、稳定的关系为主的社会关系的个人，转变为更依赖于自身强弱关系组合的互联网化个人。他们穿梭社交网络，跨越边界，编织属于自己的、或多或少带有工具性的、相对流动的关系网络。曼纽尔·卡斯特尔（Manuel Castells）称之为"互联网社会"（networked society）[9]，巴里·威尔曼（Barry Wellman）称之为"互联网个人主义"（networked individualism）。[10] 简而言之，这并不是说人们不再依靠他人和其生活环境，来获得心理和社会上的福利和效能；而是说随着时间的推移，我们所依赖的满足这些基本人类需求的联系发生了改变。将当前的做法与传统社区运作的方法进行比较，以及对社区丧失的恐惧，与其说是对当前社会不适的分析，不如说是一种怀旧的方式。

用户们通过现有关系强化彼此联系

人们对社区衰落及其对心理和社会资本的影响的担忧，基本上都源自经验主义。互联网的出现似乎并没有对人们与其所居住的实体社区、亲朋好友的关系带来实质性负面影响。恰恰相反，互联网甚至给这些关系带来了积极的影响。克劳特和他的合作者们的研究为此提供了实例，而他们继续推进他们的研究，并对研究对象进行了为期三年的随访。他们发现，在实验前两年发现的、互联网所带来的负面影响，随着观察的持续而逐渐消失。[11] 他们的基本假设是，互联网可能加强了弱关系，但这与其他研究的理论成果相一致。基斯·汉普顿（Keith Hampton）和巴里·威尔曼则开展了一项有关高速互联网接入对于社区影响的系统研究，而他们的研究是该领域最早一批的研究之一。[12] 他们的研究是针对多伦多的一个郊区——奈特维尔（Netville），早在北美宽带普及的前些年，这一地区的家庭就已安装了高速网线。该研究最大的发现之一是，比起未联网的用户，联网用户能仅凭姓名认出三倍数量的邻居，并且与邻居之间有两倍的交流频率。然而，另一方面，仅凭知道姓名和互道早安建立的关联确实过于脆弱，而更强的关联是由一个人在社区内居住时间长短决定，并通过实地互访而加强，而不是由一个人是否联网来决定。换言之，即使在实际空间的邻里社区之中，互联网也能加强本来只是知晓姓名或者停下来互相寒暄的弱关系，但对本来已有的强关系却没有任何影响。通过使用本地电子邮件列表和个人电子邮件等应用程序，联网的居民与其余居民交流的频率，要比未联网的居民高得多。此外，联网的居民能认出以自己家为中心更大半径范围内的人名，而未联网的居民往往只认识他们所在街区内的人名，甚至仅局限于街道两侧的几户近邻。然而，如互相拜访、面对面交谈等强关联，往往集中在近邻之间。其他研究也发现互联网加强了邻里之间的弱关系，使人们能联系上比自己所住街道或街区更远的居民。[13] 也许对于一个互联网普及度高的现实社区来说，社会资本最显著的影响可能是发现有些人不再坐在他们的后院里，而是开始坐在他们的门廊上，从而通过每天简短的互相问候，强化彼此之间的社会联系，同时建立了一个更为夯实的社区监督机制。

现在，我们已经有充足的社会科学研究，用以分析实证问题。[14] 无论是否上网，人类都更愿意与相距较近的人交流，而不是相距较远的人。[15] 然而，在并未减少与当地人联系的基础上，互联网增加了人们与远距离用户的交流。虽然人们与当地的家庭成员、朋友、同事和邻居交流，仍占据所有交流中最大份额，但互联网的最大贡献，是在这些本地联系的基础上，为相距较远的人加入新的、更为频繁的交流，从而提高用户与他人交往的能力。其中包括与远方的朋友和亲戚保持更多的联系，也包括在由志趣而形成的社区中建立新的弱关系。有很多最全面和最新的调查结果，支持这一观点，使其可靠性毋庸置疑。那么现在一切就再清楚不过了：人们用本来看电视的时间"购买"了使用互联网的时间，也因此，人们上网时间越长，看电视的时间就越短。互联网用户纷纷表示，他们与更多人建立了联系，但大多数人都承认，这并未影响到他们与家人相处的时间。[16]

互联网这一人们用以互相交流的新渠道似乎并没有取代人们与亲友之间的联系，反而加强了这些联系。皮尤研究机构"互联网与美国生活"（Internet and American Life）项目最近发起了一项关于节假日上网情况的调查，而这一调查的结果，成了互联网加强人际关系的标志。近一半的受访者表示他们使用电子邮件与亲人（48%）和朋友（46%）一起组织节日活动，27%的人表示他们会发送或接收节日问候，而三分之一的人则称自己是为了省钱而在网上购物，51%的人表示他们上网只是为了寻找一份独一无二或极难找到的礼物。换言之，半数受访者选择网上购物，并不只是简单地利用电子商务省时和比价的优势，而是为了使他们的礼物更加个性化。皮尤研究机构的另一项名为"互联网与日常生活"（Internet and Daily Life）的研究，为这一观点提供了进一步佐证。在该项调查中，受访者纷纷表示，因为互联网的存在，他们与亲友的联系更多了，查资料也更为频繁，而这正是互联网的两大主要用途。[17] 79%的互联网用户为了与朋友和家人交流而使用互联网，但只有26%的用户利用互联网来结交新朋友或安排约会。这提供了进一步的证据，证明了互联网的用途是加强和服务现有社会关系，而不是创造新的社会关系。另一个佐证，是即时通信（Instant Message）的使用。即时通信是一种同步通信媒介，它需要用户抽出一定时间做出回应，并为那些想要与另一个不一定在线的人交流的用户提供信息。由于以上的这些限制，如果用户之间在早前已有联系，即时通信会在二者之间的通信上具有优先性。此外，三分之二的即时通信用户表示，他们的即时通信联系人不超过 5 人，而只有十分之一的用户表示，他们的即时通信联系人在 10 人以上。这也印证了即时通信在加强已有关系上的优先性。皮尤研究机构最近对即时通信的一项研究显示，5300 万成年人，即美国 42%的互联网用户都在通过这一媒介联络彼此。40%的人只用即时通信联系同事；三分之一的家庭和 21%的受访者将即时通信同时用于公事和私事上。其中，男女使用者的占比相同，但女性使用即时通信的频率高于男性，平均每月为 433 分钟，而男性为 366 分钟；有孩子的家庭使用即时通信的时长，比没有孩子的家庭要多。

  这些研究只是一些调查和当地案例研究，不能就"我们"——世界各地的每一个人——是如何使用互联网的，提出一个板上钉钉的答案。在引入互联网之前，各地的文化有所不同，而当互联网将同样的技术引入到这些不同文化时，很可能也会带来不同影响。[18] 尽管存在不足，但这些研究确实为我们提供了关于互联网使用模式的最佳材料。从当代社会科学中我们可以看出，互联网的使用增加了人们与家人、朋友和邻里之间的接触，而这些人正是传统"社区"的组成部分。此外，除了那些已有的关系外，作为一个平台，互联网还被用以建立新的关系。本质上，这些关系比友情和亲情更有限。它们脱离了空间限制,甚至脱离时间同步的限制;它们通常维系在相同的志趣,因此,相较于人们与家人或密友之间要求更高的、范围更广的关系,其在生活中发挥的作用更为有限。构成社交网络或社会关系网络的每一个离散的连接或连接集群,在每个参与者的生活中,都扮演着某种角色,但这个角色并不是固定的。研究者们基本达成如下共识:在互联网上,人们更容易建立这类弱关系或有限情感责任的社会关系,而且我们目睹这类关系在互联网上流行起来。主要分歧是在于如何解释,换句话说,我们拥有多重的、重叠的、有限的情感责任关系,总体上是一件好事,还是会破坏我们融入社会?

网络化的个人

有关弱关系增加的规范性价值的阐释,已经受到经验研究的影响,即在互联网上将时间分配给这些有限的关系,并不会严重影响与既有现实世界的关系。就目前的社会学理论来看,规范性的问题并不在于网络关系是否可以合理地取代现实世界的关系;相反,它必须帮助我们理解一个既存联系日益繁密的交流网络与一个关系数量和类型更复杂的网络之间相互作用的影响。社会学研究给出了这样一个框架,它认为互联网化的社会或互联网化的个人意味着大量的社会联系和更有效的注意力部署。对社区衰落的关注,预设了稳定的、培育的、嵌入的关系形式的匮乏,这些关系在个人的一生中大多是固定的,并依赖于稳定群体中长期的、相互依存的关系,而且通常具有等级性。我们现在看到的是各式的依存和丰富的联系,使个人能够获得"共同体"在社会学中所代表的总体需求中相对独立的部分。正如威尔曼所说:"共同体和社会正在网络化,在这种社会中,边界更具有渗透性,与他者互动,在多个网络之间切换关系,科层结构更扁平,更具有递归性……他们的工作和共同体网络是分散的、稀疏的,有着模糊的、重叠的社会和空间边界。"[19] 在这种背景下,网络连接的范围和多样性超越了传统的家庭、朋友、同事和村庄,成为动态稳定性的来源,而不是造成紧张和断裂。

然而,网络化个人的出现并不是一种单纯的叠加,"漂浮"在厚实的既有社会关系之上,除了增加数量之外,并不会触及这种关系本身。新的网络连接的介入,以及个人在组织这些连接时所发挥的作用,使个人能够以更适合自己的方式重新组织他们的社会关系。他们可以利用这些网络连接那些等级森严、令人窒息的社会关系,同时填补他们在现实世界关系中的空白。伊藤美津子(Mizuko Ito)对日本青少年手机使用(主要用于发短信和电子邮件)情况的研究更能说明问题。[20] 与欧美同龄人相比,日本城市青少年的环境更加逼仄,他们生活在等级和仪礼相当严格的社会结构中。这些青少年主要把手机当作短信平台,也就是说,当作电子邮件、即时消息以及图像之间移动交叉的工具,以此放松生活对他们的约束。他们在教室和家中发短信,在城市里见面,并以其他方式与他们的朋友成功地构建了一个时空弯曲的情感联系网络,而没有——这是关键的观察结果——打破他们在其他方面占据的社会模式。他们仍然花时间与家人在一起,仍然在家和学校里表现出遵从,扮演孩子的角色。然而,他们将一个次级的连接网络插入到这些角色和关系中,以满足被压抑的情感需求与社会连接。

这种现象并不局限于年轻人,更普遍地适用于这样一些用户,他们依赖网络连接的能力,以此逃避或缓和其固定的社会关系所带来的限制性影响。有一个标志性的美国案例(主要体现在隐私方面):海军水手蒂莫西·麦克维(Timothy McVeigh,与俄克拉荷马州炸弹袭击者同名)在被上司质问后在"美国在线"(AOL)账户上暴露了自己的同性恋身份,于是被海军开除。该案主要涉及麦克维的电子邮件账户隐私权。案件最终以未披露的金额达成和解,麦克维带着一大笔福利退役。对我们来说,重点不在于该案所依据的"个人权利",而在于它所揭示的实践。这是一位在海军服役18年的老兵,他利用网络通信打破时空的可能性,放松了他所选择的社会等级结构中最具约束性的一种属性——美国海军。这当然不是说海军作为一个紧密联系的群体，没有为其成员（包括麦克维）提供认同感和友情。但与此同时，它也削弱了麦克维建立人类最基本关系——性取向是其中之一——的能力。他利用网络及其匿名性，使其在两种社会结构之间同时存在。

在社会关系谱系的另一端，我们看到新平台正在出现，以产生各种识别"弱关系"的桥梁关系。在社会资本研究中，弱关系意味着人们可以在社会网络中传递有关机会和资源的信息，以及为他人提供有限的担保，例如某人把一位朋友介绍给另外一位朋友。我们在网络上看到的是，越来越多的平台被开发出来，让人们基于兴趣或实践建立起这类弱关系，其中最明显的也许是 Meetup.com。用户可以在这个网站上搜索有共同兴趣的人，并且在线下见面交流。搜索结果向用户显示他们的领域和兴趣范围内正在举行哪些会议。用户可以组成小组，定期开会，报名参加时还可以提供自己的简介和照片，以促进和维持现实世界的小组会议。这个平台的强大之处在于，它并不打算取代现实空间的会议。它的目的是替代社会网络的偶然性，因为社会网络传递的是基于兴趣和实践能否建构起社会关系的信息。另一方面，正如戴娜·博伊德（Dana Boyd）对 Friendster 的民族志研究所表明的，担保功能的功效似乎更加复杂。[21] 它建立在这样一个假设之上：与朋友的朋友的朋友约会，比起在 Match.com 这样的普通约会网站上通过简历认识的某人约会，要更加安全，也更容易成功。换句话说，朋友的身份担保能够提供有价值的信息。然而，正如博伊德所表明的，Friendster 试图清晰地呈现出用户的社会网络并使之透明化，这一努力没能完全成功。该平台只允许用户指定好友/非好友，而无法实现面谈所带来的更细的粒度，即人们在面对面时可以通过各种手段（从语气到神态）回答或预测"你对这个人有多了解"的问题。在 Friendster 上，人们似乎建立了更广泛的网络，由于担心冒犯或疏远他人，他们的"friendster"比实际拥有的"朋友"多得多。不难看出，这是一个弱关系的平台，只能反映一般的人际关系，而非通过社交网络提供真正的担保。尽管如此，它确实提供了至少是最薄弱的弱关系的一种可见呈现，并且加强了它们在这方面的作用。它使非常弱的关系能够发挥现实世界中弱社会关系的某些作用。

互联网作为人类联系的平台

交流是社会关系的组成部分。我们只有通过与他人交流才能建立关系。不同的交流媒介之间存在差异——谁可以和谁说话，可以说什么。这些差异构成了依赖于不同交流方式的社会关系，因此社会关系在很大程度上也各不相同。接受这一点，并不需要技术决定论。有些差异纯粹是技术上的。电脑脚本允许文本和多少有些粗糙的图像远距离传输，却不能传输声音、触感、气味或味道。人类的情感、遵从和行使权威的模式、讽刺、爱和情感以及很容易在面对面交流中（而非在电脑脚本中）编码和传达的信息，在这个范围内，基于电脑脚本的交流就无法完全代替在场。尽管情书和诗歌有着悠久而浪漫的传统，但除了最具天赋的作家之外，这种方式对其他人来说都是单薄的，都不如无需中介所感受到的爱情那样浓厚。不同交流媒介的某些差异不一定是技术上的，而是植根于文化或组织。电视能传送文字，然而，在一个已经拥有大量印刷媒体的社会文化环境中，特别是在电视图像分辨率相对较低的技术背景下，文字传播并不是电视的相对优势。因此，作为一种文化和商业实践，电视从一开始就强调移动的图像和声音，而非文字传播。无线电原本可以作为短程点对点的个人通信系统来部署，从而建立一个步话机的国家。然而，正如第 6 章所描述的，在 1919—1927 年间，如果要达到这个目的，就得建立一套非常不同的监管和商业决策。交流媒介具有特定的社会角色、控制结构和风格重点，将它们的技术能力和局限性与它们被引入并通过它们发展起来的社会文化商业环境结合起来，从而产生了一系列使用性的特征，界定了在特定社会历史背景下如何使用特定媒介。它们使媒体各不相同，为用户提供了截然不同的能力和重点。

作为一个技术和组织问题，互联网所能允许的交流模式比20世纪所有系统都更加多样化。它允许文本、听觉和视觉通信。它允许空间和时间的同步性，如电子邮件或网页，但也允许时间上的同步性，如即时通信、在线游戏或网络电话（VoIP）。它甚至可以用于空间同步背景下的子通道通信，例如在会议中，人们通过电子邮件或即时通信互相传递电子笔记。因为它仍然是高度文本化的，所以比广播需要更多的直接关注，但像印刷品一样，在互联网和其他媒体使用之间，以及互联网使用本身之间，是高度可复用的。与印刷媒体相似，你可以从报纸上抬起头，发表一番看法，然后继续阅读。更为丰富的是，人们可以同时进行网络电话通话和收发电子邮件，或者收发电子邮件的同时阅读新闻。它提供了一对一、一对几、几对几、一对多和多对多的通信能力，在这方面比之前的任何社会通信媒介都更加多样化，甚至在距离、同步性和多对多的能力方面，包括了最丰富的媒介——面对面交流。

由于技术上的灵活性，以及将互联网服务提供商作为主要载体的"商业模式"，互联网可以被用于广泛的社会关系。"技术的本质"没有要求它成为丰富的社会关系的基础，并不会像一些人在1990年代初预测的那样，成为一个"天空点唱机"，向被动的终端大量分发预先定制好的内容。然而，与20世纪主流远程通信技术相反，互联网提供了一些新的、简便的通信方式，促进了社会科学研究似乎正在关注的两种社会通信类型。也就是说，它使我们可以很容易地增加与朋友和家人的交流次数，并增加与地理上相距遥远的或关系更松散的人的交流。印刷品、广播、电视、电影和录音都是以一对多的模式运作，考虑到生产和传输的经济性，它们并没有为处于这些交流媒介边缘的个人提供可用的远程通信手段。电视、电影、录音和印刷工业的成本太高，它们的商业组织过分专注于销售广播模式的通信，无法支持关键的个人通信。盒式磁带问世时，我们可能会看到人们录制一盘磁带，而不是给亲友写一封信。然而，这是相对繁琐、低质量和耗时的。当电话成为个人的主要通信手段之时，它们确实成了个人社会通信的主要媒介形式。然而，电话交谈需要同步性，这意味着只能在双方都有时间的情况下使用。在这一时期，它们也只适用于连续的、一对一的对话。此外，在20世纪的大部分时间里，长途电话对大多数非商业用户来说是非常昂贵的，在美国以外的大多数地方，本地电话的价格对时间也较为敏感。因此，电话是一个合理的媒介，用于与亲友建立社会关系。然而，它们的效用随着通信费用的增加而急剧下降，而通信费用至少与地理距离有关。在所有这些方面，互联网使得与家人和朋友的沟通变得更容易和更便宜，无论距离远近，都可以跨越繁忙的日程安排和不同时区的障碍。此外，由于这些通信的影响相对较小，互联网使人们可以更容易地尝试更松散的关系。换句话说，互联网并没有使我们更加社会化，它只是为我们在设计自己的交流空间时提供了比过去更多的自由。我们本可以利用这种灵活的设计，重新创造大众媒体模式。但要预测它将要以这种方式得到使用，就需要狭隘地看待人类的欲望和关系，更有可能的是，如果我们可以自由地设计自己的通信环境，并随着时间推移，动态地定制自己的个人需求，我们将会创造出一个系统，加强对我们最重要的联系。也许不那么容易预测，但事后看来也不奇怪，这种自由也会被用来探索更加广泛的关系，而不仅仅是消费那些已经制成的媒体产品。

对于采用某种形式的互联网乌托邦主义而落入"崇高电气神话"的陷阱，当代学术研究保持了适当的警惕。[22]然而，重要的是，不要让这种谨慎蒙蔽了我们对互联网使用的事实，以及互联网使之可行的技术、商业和文化能力。当今互联网的计算和通信技术集群的特征实际上是可以在功能上使用不同方法，并且形成了20世纪通信媒介不曾拥有的若干媒介。单一的技术平台最好被理解为使几种不同的"媒体"成为可能——在通信实践的技术—社会—经济意义上，这些媒体的数量正在增加。即时通信比电子邮件晚了很多年，比万维网晚了几年。在LiveJournal上写下自己的日志，让一群密友随时了解自己的生活，这是直到最近用户才可以使用的媒介。互联网仍在为用户提供新的交流方式，这些方式代表了真正广泛的新功能。因此，像我们这样相互联系的社会生物，会利用这些新的功能来建立过去并不可行的联系，这并不奇怪。这不是媒体决定论，这也不是千禧年乌托邦主义，这只是一个简单的观察。人们所做的事情是他们能做到的，而非无法做到的。在单调的日常生活中，个人更倾向于做那些容易做的事，而不是那些需要付出巨大努力的事。当一种新的媒介使人们更容易做新的事情时，他们很可能就会去做。这些新事物在系统上更加以用户为中心，更具对话性，在时间和空间的同步性方面更具灵活性，并且可以重复使用。此时，人们就会以他们前所未有的方式和频次相互交流。

社交软件的出现

互联网本身的设计是不可知论的，就像它所促成的社会结构和关系一样。它的核心技术是致力于将人类通信的所有细节实例推到网络边缘（即用户计算机）加以运行的应用程序。这种技术的不可知论导致了社会的不可知论。大规模的共享和合作实践、中等规模的协作和讨论平台、小规模的一对一通信，种种可能性导致了软件设计和应用的广泛发展，以促进不同类型的通信。万维网最初作为一个全球广播媒体，供任何人、每个人、在任何地方使用。在电子邮件中，我们看到一种可用于一对一、少对少、一对多以及在较小程度上可用于多对多的媒介。过去几年比较有趣的一个现象是"社交软件"的出现。作为一个新的设计空间，它关注的是由克莱·舍基定义的群体，他第一次明确阐述了这个概念，"多于十几人，少于几百人，人们可以真正拥有这些对话形式，当你谈论数万或数百万用户时，至少在一个群体中是无法支持的。"这个术语的定义有点模糊，但其基本概念是，软件的设计特征应将真实的社会现象区别于一对一或一对多的通信。它试图将软件促进社会互动的期望纳入平台设计之中。舍基非常清楚地阐明了设计的必要性，他写道：从软件设计者的角度来看，社交软件的用户是群体，而非个人。[23]

可以举一个简单的例子。以任意一个使用协作式作者工具的站点为例，如 Wiki 作为维基百科和其他许多合作式作者的基础。从个人用户的角度来看，便利性是一个非常重要的特征：无论是在 Wiki 上发表评论，还是从 Wiki 上删除自己的评论，注册和登录程序越少越好。但从群体的角度来看，情况却非如此。群体需要一些"粘性"，使群体成为一个群体，使合作项目成为一个合作项目，避免个人主义和自我指涉的分离力量。因此，那些需要注册才能发布的设计组件，要么根据用户的登录状态，要么根据用户以往合作或不合作的行为记录，在一段时间内给予用户不同的发布和删除评论的权限（这对个人用户来说是一种负担）。然而，这恰恰是它们的重点所在。它们的目的是让那些在共同事业中拥有更大利益的用户在维护群体凝聚力方面拥有较小的（有时是较大的）优势。同样，删除以前的评论对个人来说可能是有用的，例如删除愚蠢或暴力的言论。然而，保留评论对群体是有用的，它可以作为个人经验的来源，或者作为群体对以往错误的集体记忆，这些错误不应该被其他人重复。同样，群体作为一个群体，其需求往往不同于个体参与者。把平台想象成社交软件，就需要设计出具有某种社会科学或群体互动的心理模型的特征，并构建平台的功能支持，以增强群体的生存能力和效率，即使有时会牺牲个人用户的易用性或舒适度。

带有评论区的博客、Wiki，以及以社会规范为中介的 Listservs 或电子邮件中"抄送"行的使用，这些社交软件的出现强调了互联网和社会关系之间非决定性的性质。互联网使各种各样的人类交流成为可能，在它被广泛采用之前，这些交流不具备技术可行性。在这些新的可行的通信模式中，我们看到出现了不同类型的关系：有些是积极的，有些是明显消极的（例如未经请求的商业电子邮件等垃圾邮件）。我们试图预测和诊断日益增长的互联网通信使用和社会关系形态之间的关系，由此看到新出现的建设性社会可能性正在带来新的设计挑战。反过来，这些挑战也在寻找愿意并能够为之进行设计的工程师和爱好者。真正的新能力——以对话、递归的形式在少数人和许多人之间建立起远距离联系——正在制造新的设计问题。这些问题来自这样一个事实：新的社会环境有自己的社会动力，但没有长期有效的调解和建设性的秩序结构。因此，早期Usenet和Listservs的讨论有恶化为破坏性斗争的趋势。随着使用这些媒体的社会习惯逐渐熟成，用户已经知道随意打开列表很有可能会导致一场言辞的激战，并且会扼杀对话。随着设计者理解社会动力机制，既包括那些允许人们形成和维持群体的动力机制，也包括那些以同样强大甚至更强大的力量制造分裂的动力机制，我们看到，为了发挥前者、缓和后者，社会规范和平台设计开始共同演进。这些平台不太可能对维持现有关系（如亲友间的关系）产生重要影响，现有关系的构建是由社会规范主导的。然而，它们确实为新出现的各种社会关系提供了一种新的形式和稳定的环境——在一定距离内，跨越利益和背景——代表了同侪生产和许多纯粹旨在社会再生产的社会互动形式。

在第3章中主要以经济术语描述的同侪生产过程，例如免费软件开发、维基百科或开放目录项目，它们是这种新社会关系形式的重要范例。它们提供了一种非等级化的关系，并以完全分散的模式组织起来。它们的社会价值来自共同创造的共同经验的结合及其效力——它们给用户带来了共同的目的感，以及在实现目标的过程中相互支持的能力。个人选取自己认为值得追求的项目和目的。通过这些项目，他们找到了其他人，他们最初只与这些人有一般的人际联系和共同的实际兴趣，但他们与这些人的互动方式使这种关系随着时间的推移而加深。这个过程在维基百科的社区页面上表现得最清楚不过了。由于该平台使用技术手段约束破坏行为的程度有限，普通企业已经开发出用户对用户通信、多用户调解和用户指定调解等实践来解决争端和分歧。通过它们的参与，用户增加了自身的参与度、对其他参与者的熟悉程度（至少在有限合作者的角色上），以及与其他参与者相互促进的实践。通过这种方式，同侪生产为人与人之间的联系提供了一个新平台，将原本互无联系的个体聚集在一起，将共同的目的感和对目的的共同追求作为人与人之间的连接点，取代了共同的背景或地理上的毗邻。同侪生产社区中相互联系的个体在线下可能也是独自打保龄球，但在线上肯定会一起打。

互联网与人类共同体

本章从一个基本问题开始。虽然网络信息经济可以增强个人的自主性，但它是否会促进社区的崩溃？这里提供的答案部分是经验的，部分是理论的。

从经验上看，互联网似乎让我们既能吃蛋糕，又能拥有蛋糕，显然是通过减少社交领域的"油炸面团"——电视——来保持我们的社交形象。也就是说，我们与有机社区的核心成员（亲友们）交流更多，而不是更少。在某些地方，我们似乎也更多地与邻居交流，更多地与关系生疏的人交流，他们相距遥远，只能分享相对较少的重叠利益，或者只在很短的时间内生活。潜在联系的激增创造了与个人自主背景下的巴别塔异议相类似的社会现象：在所有这些可能的联系中，存在一个有意义的联系吗？答案很有可能是，我们确实在一个明显的维度上对基于互联网的社会联系进行了非常强的过滤：我们继续使用新的可行的交流渠道，主要是为了加深和加强与现有关系的联系（亲友们）。最明显的迹象就是大多数人使用即时通信时所表现出来的吝啬。我们似乎在使用另外一种机制，试图避免淹没在与不断变化的陌生人聊天所发出的噪音中，那就是我们倾向于找到从自己的角度来审视具有一定粘性的关联网络。这种粘性可能是一群人在追求自己关心的目标时产生的效果，就像新兴的同侪生产企业一样。这可能是内部的社会互动将社会规范与平台设计结合起来的方式，为那些与自己拥有共同利益的人提供相对稳定的关系。用户不会以布朗运动的方式进行社交。他们倾向于聚集在新的社会关系中，尽管比传统的社区支柱（pillars of community）更松散，目的也更有限。

从理论上看，"社区"的形象试图模仿遥远的田园村庄，这对于我们作为社会人的互动方式来说是一个错误的形象。我们身处网络社会，网络化的个体在一个松散的、重叠的、扁平的网络中连接起来。这并没有使我们处于一种反常的状态。我们是适应能力强的网络化个体，以那些寻找群体的人所珍视的方式很好地适应了社会，却是一种新的、不同的方式。与20世纪可行的通信渠道的范围大不相同，互联网已经开始为我们提供新的方式，让我们在大大小小的群体中彼此联系。随着我们开始利用这些新功能，我们看到社会规范和软件的共同进化，为建立新的关系提供了新的、更稳定的、更丰富的环境，超越了那些过去在我们社会生活中一直占据焦点的关系。新关系并没有取代旧关系，它们并不标志着人类本性的根本转变，变得无私、富有群体意识。我们仍然是复杂的生物，在根本上是个体的和利己的，同时又与他人关联在一起，他人构成了我们获得意义和生活的环境。然而，我们现在有了与他人互动的新空间。我们有新的机会来建立持续的、有限目的的关系，弱的和中等强度的关系，这些关系在为我们提供环境、确定我们身份的部分来源、提供支持的潜在来源和人类友谊方面发挥着重要作用。这并不意味着这些新关系将取代我们生活中更为直接的关系，占据中心地位。然而，它们将发挥越来越重要的补充作用，因为我们正在寻求新的和多样化的方式将自己嵌入到与他人的关系中，在弱关系中获得效力，并将不同的社会网络相互嵌插在一起，为我们提供稳定的环境和更大程度的自由，使我们摆脱某些等级化和服从性的社会关系。

第三部分

转型期的自由政策

本书第一部分对非市场性的个体和合作的社会行为的兴起提供了描述性、渐进性的阐述，分析了这些模式为什么具有内在的可持续性并能够提高信息经济生产力。第二部分同时使用描述性和规范性分析，提出这些新兴的实践给自主、民主话语、文化创造和正义事业带来了实质性的改进。不过，我也时刻注意着，描述新兴社会实践，分析其潜力，绝不意味着这些变化就一定会发生，或者一定带来我所指出的好处。采用互联网计算机作为信息生产和交换的核心工具，并不一定就会产生这样的结果。技术—经济转变的历史时刻并不一定转化成为历史力量，最终实现开放、多元、自由的均衡。如果我所描述的转变确实是普遍的和稳定的，它可能会导致权力和金钱的重新分配。20世纪信息、文化和通信的工业生产者——如好莱坞、唱片业和一些电信巨头——将会损失惨重。胜利者将是分散在世界各地的个人，以及向这些具备新能力的个体打开网络化信息经济窗口的公司、工具制造者和平台提供者的结合体。昔日的工业巨头们不会对这种威胁无动于衷。技术不会通过不可克服的历史进步冲动来克服它们所遭遇的抵制。生产重组及其在自由和正义方面所能带来的进步，只能作为社会实践和政治行动的结果而出现，这些实践和行动成功地对抗了为最大限度地减少网络信息经济对既得利益者的影响而对它加以遏制的努力。

自20世纪90年代中期以来，围绕制度生态的斗争愈演愈烈，信息生产的工业模式和新兴的网络模式相互竞争。一定程度上，这是一场关于电信基础设施监管的斗争。然而，最重要的是，这意味着一场定义非常宽泛的"知识产权"保卫战。25年来，版权、专利以及类似的专有权制度不断扩张。在此基础上，20世纪的最后5年见证了在多个方面实施排他性控制的体制扩张。版权期延长；软件和商业方法纳入专利权保护；1995年《联邦反商标淡化法》扩大了商标的范围，以涵盖全新的价值，成为早期域名纠纷的归责基础。最重要的是，我们发现了一种趋势，即通过不断创造新的法律，信息提供商可以利用这些法律，以前所未有的程度完全禁止对其材料的访问。DMCA禁止创建和使用允许用户获取权利人加密内容的技术。它甚至禁止用户以权利人无权阻止的方式使用这些材料的技术。如今，人们正在努力扩大类似的技术规制：调节硬件以确保其符合版权产业所制定的设计规范；在通信环境的其他层面，努力扩大软件专利的范围，控制个人计算设备的架构，并在物理基础设施（如电话线、电缆设备或无线频率）中创建更强大的产权。这些立法和司法行动已经形成了许多人所称的"第二次圈地运动"：为了塑造制度生态而做出一致努力，以帮助形成以牺牲非市场、非专有生产为代价的信息生产专有模式。[1] 新圈地运动并不纯粹是由贪婪和寻租驱动的——尽管它确实具有很多这样的成分。它的部分组成因素是以善意的司法和监管为基础的，代表了对创新及其与专有权之关系的一种特定理解。这种理解聚焦于大众媒体类型的内容、电影和音乐，以及医药创新式的（pharmaceutical-style）的创新机制，高度关注那些对文化生产来说最为基本的专有权。它也对网络信息经济中出现的非市场、基于公共资源的生产形式持怀疑态度，认为这些形式是有害的。

自1980年代中期以来，这场新的圈地运动一直是持续而多样的学术批评的主题。[2] 批评的核心在于，过去十几年或更长时间以来的案例和法规已经打破了传统的平衡（特别是在版权方面）：一方是通过授予专有权来寻求激励，一方是通过限制专有权利和设置各种优先使用权来确保获取信息。我不想在这里重复这项工作，也不想全面列出所有扩大数字通信网络专有权范围的监管措施。相反，我想提供这样一种方法，将这些变化定义为在一场关于数字环境制度生态的大规模战斗中所采取的行动。"制度生态"意味着制度对行为的重要性，但其作用方式比经济模型通常所考虑得更加复杂。它们与技术状态、行为的文化观念以及现有的、新兴的社会实践相互作用，不仅可能受到自我最大化行为的激励，还可能受到一系列其他社会和心理动机的激励。在这个复杂的生态系统中，制度——尤其是法律——影响着其他参数，也反过来受到它们的影响。制度与技术、社会和市场行为共同发展。这种共同进化导致较稳定时期和因外部冲击或内部相位变化所造成的不稳定时期相互交替。在这些时刻，各种参数无法相互协调，并对行为模式、技术和行为的制度形式产生连带影响。在牵引和拉扯之后，各种参数将以更加复杂的方式形成协调，我们从而得以期待一个相对稳定和连贯的时期。

第11章概述了塑造数字网络制度生态的一系列离散政策领域，专有的、基于市场的信息生产模式与个人、社会和同侪生产的信息生产模式在其中相互竞争。在任一情况下，发达经济体面临政策选择时，都会选择以更简单的方式来规范信息生产和交换，以损害基于公共和服务的信息生产、交换模式为代价，使其更容易追求专有的、基于排他性的娱乐产品生产模式。无论美国的执政党是谁，也无论欧洲和美国在市场导向方面的文化差异如何，情况都是如此。然而，技术轨迹、社会实践和文化理解往往与监管冲动相互冲突。这些冲突力量的平衡将在很大程度上决定未来几十年信息、知识和文化的生产和使用方式。第12章对全书进行了总结，概述了我们所看到的信息政治经济学，并且指出自由民主国家和发达经济体未来进行政策选择时可能需要重点关注的利害关系。

第11章
数字环境的制度生态斗争

1995—2005年期间，信息和通信领域的立法和政策活动呈现出高度活跃的态势。1995—1998年，美国对其电信法律进行了全面修订，这是60年来的首次更新。此次修订摒弃了已实践数十年的无线电管理法规，对商标法的保护范围和重点进行了重大调整，延长了版权期限，将个人用户侵权升格为刑事犯罪，并为权利所有人创造了新的附属著作权利。这些著作权利的复杂程度之高，以至于作为其载体的1998年《数字千禧年版权法》（DMCA）比整部美国《版权法》还要冗长。类似情况也发生在欧洲电信领域，而且欧洲还在数据库中增加了有关原始事实信息的专属权。美国和欧盟都通过全新的世界知识产权组织（WIPO）条约，甚至将知识产权问题纳入国际贸易体系，以推动其认可的知识产权规范国际化。此后七年的法律诉讼主要围绕这些变革的意义展开，并将其向其他方向努力扩展。它们采取各种监管举措，涉及电信法、版权、域名分配以及非法入侵服务器等方面，以掌控数字环境中创建、编码、传输和接收信息、知识和文化所需的基本资源。认真审视各式各样的法规冲突，就能发现冲突集中于对这些核心资源访问方式的控制。

大部分正式的监管活动，旨在让私人商业团体更好地获得信息生产和交换所必需的核心资源，并更好地掌控这些核心资源的专属权。在物理层向宽带互联网发生转变的过程中，服务提供商面临的竞争压力减轻，同时拥有更大的法律自由度来决定如何利用其网络。尽管在实施控制时，服务提供商拥有较大的法律和市场自由，但来自版权行业的压力却日益增加，原因在于版权行业要求加强对网络中信息流的控制，以便开展版权执法。在逻辑层，反规避条款和抑制P2P共享的举措，对软件和协议施加了制度性压力，要求它们提供控制更加成熟、更为可控的环境。从内容层看，一系列旨在加强专属权的制度性变革已逐步推进并予实施。

然而，在各个层面上都出现了制衡力量。在物理层，联邦通信委员会（FCC）允许开发能够自主配置的无线设备，并鼓励用户拥有终端网络，从而促进网络普及。开放的个人计算机设计标准提供了一个公开的平台。人们试图使计算机能够向用户提供更可靠的版权保护，而迄今为止，由于强烈反对，DMCA的相关措施尚未扩展到硬件设计领域。在逻辑层，开放标准制定过程仍占据核心地位，同时免费软件（作为生产关键软件的主流方式）的出现，极大地阻碍了逻辑层的封闭。在内容层，相关法律可能导致一定程度的封闭，但封闭面临巨大障碍，即构成本书讨论基础的文化运动和技术能力。

长远来看，很难说这些法律斗争到底牵涉多少重大利益。如果希望在新的技术社会环境下复制20世纪的工业信息经济模型，那么就需要进一步完善法律。这不仅要约束计算机网络的基本技术特性，而且要遏制人类共享、合作的某些最为基本动机与行为。对用户而言，通用计算机的价值在于其随时间推移的动态配置能力，因此必须让市场瞄准更易于控制和预测的设备，而非依赖其低廉的价格。无线、存储和计算领域的新兴技术为用户提供了更高效的资源共享方式，因此也需要加以限制。法律必须削弱免费软件的影响力，并且不允许人们在社交对话中讨论技术的普及性，例如，"为什么不要这个呢？说不定您会喜欢呢？"实际上，很难说法律可以促成这些根本变化。但是换个角度，可能就不需要对上述种种进行彻底限制。莱斯格称为牛群原则：少量规则，统一适用，足以控制一群大型动物。在网络信息经济的真正边界内，我们无需确保不同背景下的所有人都继续被动地接受信息。

核心使能技术和文化实践仅局限于特定群体——部分青少年以及某些反主流文化活动家——便已足够。在工业信息经济时期，也曾存在过类似于东村（East Village）或左岸（Left Bank）这样的地方。非市场信息生产、个体自由创造和同伴合作生产的实践，不能仅仅是边缘实践，否则，第二部分中所描述的自主、民主、正义和批判文化的成果将无法实现。这些实践必须成为大部分网络用户生活的一部分。数字网络环境下的制度生态斗争，正是围绕着有多少个人用户会继续参与打造网络信息环境，以及有多少消费者会继续被动接收工业信息生产商的产品而展开的。

制度生态与路径依赖

随着美国法律思潮转向有百年历史的实用主义，大量有关法律与社会和经济关系的文献纷至沓来。它们可分为"左"和"右"两种版本，并有着历史学、经济学、社会学、心理学和批判理论的学科根源。观点五花八门：有些简单，有些复杂；有些易于分析，有些则并非如此。本书无意实质性地参与这场辩论，而是立足于其中的某些张力，阐明这一过程的复杂性，尤其是法律与社会关系之间断断续续的平衡状态——时而稳定，时而动荡，继而又重新适应并趋于稳定，如此循环往复。好在前10章内容已让我们有充分的理由认为当今正值社会经济转型期，这一转型肇始于技术冲击对我们的基本信息、知识和文化生产模式造成的影响。本章的大部分内容详细描述了过去几年中的立法和司法进程，旨在证明我们正处于某种大动荡之中。质言之，在法律和政策领域中，围绕数字计算和通信革命而展开的社会斗争正在走向白热化。

基本主张相对简单：第一，法律从微观动机层和宏观社会组织层，影响着人类行为。经典马克思主义不这么认为，它主张法律是附随性的；日益稀有的简单经济模型也持有不同意见，然而这种模型忽略了交易成本和制度性障碍，且仅仅假设人们会最大限度地提高自己的福利水平，而不管制度性安排如何。第二，法律与人类行为之间的因果关系是复杂的。虽然"如果法律为 X，则行为将是 Y"的形式的、简单的确定性模型可以被用作假设，但其往往被看成是方法论目的的过度简化，因此遭到了广泛批判。法律确实会通过将收益直接转变为受管制的行为，进而影响人类的行为。但是，它们还塑造了行为规范、对各种行为的心理态度、对行为的文化理解以及对行为和实践的政治主张等诸多社会规范。其效果也并非都是线性累加的。有些推翻并废除了某一法律，有些则扩充了法律。具体会发生何种法律变化，并非总是可以预见的。减少人行道"绿灯"信号的时长，以确保行人不会被汽车撞倒，可能反而会使机动车闯红灯的行为更加频繁，从而使得最终结果与预期结果截然相反。因为不同信号时长所涉及的风险，会随着实际预期行为的变化而变化，因此有关闯红灯或用于汽车通行的信号时长的法律条文也会改变，进而影响到驾驶和步行实践。第三，法律影响是造成复杂的因果关系的因素之一，在不同的物质、社会和文化背景下，法律影响会有所不同。同一法律在不同社会或不同时期会产生不同的影响。它可能带来不同的实践，也可能被人摒弃，也可能触发不同的反馈和反作用。之所以会如此，原因在于人类的动机结构和行为、法律或结果的文化含义框架不尽相同。第四，立法过程不是法律对社会关系和人类行为的影响的外生因素。我们看看实证政治理论或翻翻社会运动的历史，就会发现法律形式本身在社会中就有争议，原因在于它（通过其复杂的因果机制）会使某些行为变得不那么有吸引力，不那么有价值或不那么容易被容忍，而对另一些行为的影响却截然相反。"胜利者"和"失败者"相互斗争，根据自身需求调整制度的适用环境。因此，人们普遍接受了制度和社会组织对路径的依赖。也就是说，实际上，人事和法律制度并没有通过马克思主义的决定论或其反面新古典经济学融合在一起，而是"最有效的制度才会最终胜出"。不同的社会在初始条件上会有所不同，并且在历史上可能会因类似的扰动，而采取不同的先决行动，从而出现不同的实践和制度安排。即便这些实践和制度安排效率较低或不够公正，也都会被沿用下去。

"制度生态"就是指这种依赖于语境的、因果复杂的、受反馈困扰的以及与路径有关的过程。第 6 章描述了在通信实践领域中有关这种交互作用的一个例子，即在 20 世纪初无线电广播是如何被引入，并融入不同的法律和经济系统中的。所有国家/地区都通过广播模式做出了一系列组织和制度决定，但是美国广播模式、BBC 模式和国有垄断广播模式却造就了截然不同的新闻风格、消费期望和风格以及资金运作机制。这些差异源于 1920 年代密集做出的一系列决定，且在上述各个系统中持续存在了数十年。保罗·斯塔尔在《媒体的诞生》(*The Creation of the Media*) 一书中指出，基本的制度选择——从邮资定价到新闻出版自由——与文化习俗和政治文化相互影响，因此，在 18 世纪后期以及 19 世纪的大部分时间，美国、英国和欧洲大部分地区的印刷媒体之间存在重大差异。[1] 在美国独立战争时期，基本的制度和文化实践就已确立，到 19 世纪中叶，大众媒体和电报的引入后，又取而代之。伊契尔·德索勒-普尔（Ithiel de Sola-Pool）的《自由的技术》(*Technologies of Freedom*) 一书描述了美国和英国的报纸与电报运营商，在控制电报新闻流方面的斗争。在英国，电报实现了国有化，并持续在伦敦地区和《泰晤士报》上占据主导地位。在美国，它变成了美联社（AP）的汇集模式，该模式基于新闻发布和共享的专用线路（报纸链的原型以及后来的大众媒体网络电视模型）。[2] 生态模型和路径依赖的分析模型的共同特征，便源于广播和印刷媒体的多重稳定平衡。两种模型都依赖于反馈效应，这无疑印证了随着时间的推移，触发反馈的早期动作会在某个时间点造成更大的路径差异，且这些差异会持续较长时间。

路径依赖系统的特征，表现为某些周期波动相对较大，接下来的数个周期则相对稳定。制度和社会实践通过一系列适应活动——从制度系统到社会、文化和心理框架的反馈作用、制度系统的响应以及各种行为模式和信念系统的成败——共同发展，直到一个社会达到相对稳定的环节为止。接下来，当受到外部冲击（例如海军上将佩里抵达日本）或内部压力累积到一定程度时（比如美国的奴隶制），这种稳定性又会被打破。当然，并非所有的冲击都可以如此轻易地被归为外部冲击或内部冲击，比如大萧条和新政时期就不能这么归类。尽管有稳定的时期，但并不是说在这样的时期，一切都是有利的。只是，在这样的时期，政治、社会、经济解决方案对太多的代理人而言太合适了，太易于为他们所接受或默许，而这些代理人有权改变制度变迁的做法，从而对人们实践范围产生重大影响。

在本书的前两部分，我解释了为什么数字计算机和通信网络的引入，会大大改变现代复杂社会中信息生产和交换的基本模型。我重点讲述了新兴的技术、经济和社会模式以及它们与之前的工业信息经济的区别。本章详细阐明了法律和政策是如何随着这些变化作出调整的。数字计算机和通信网络作为一大类，这些法律并不会压制这些技术。然而，确实出现了有关这些技术具体形态的争论，这种争论通常是自觉的，但也并非总是如此。更重要的是，随着人们开始利用这些新技术，社会和经济实践已经发生一系列改变。

描绘一个制度生态框架

两个具体事例阐释法律可以在不同层面上影响信息的使用、生产和交流。第一个例子以第 7 章中的故事为基础，即电子投票机制造商迪堡公司令人尴尬的内部电子邮件是如何通过非市场的、同侪生产的新闻调查而曝光的。斯沃斯莫尔学院的学生发布了这些文件后，迪堡公司根据 DMCA 要求该学院删除这些材料，否则将以共同侵权为由提起诉讼。因此，学生们被迫删除了这些资料。但是，为了保留这些材料，学生们要求其他院校的学生反映这些文件，并将其注入 eDonkey、

BitTorrent 和 FreeNet 文件共享和发布网络。最终，法院裁定，未经授权公布非商用且具有如此高公共价值的文件落入合理使用的范畴。这意味着文件的发布本身并不构成侵权，因此网络服务提供商无需为提供渠道而承担责任。然而，此案于 2004 年 9 月 30 日才作出判决，而此时加州投票设备认证程序早已结束。让这些信息继续供公众查阅的原因根本并不是学生们赢得诉讼，即使在诉讼的威胁下，这些资料仍被保留在公共领域。我们还可以回顾一下，在 2003 年初开始整个过程的活动家所发现的迪堡公司的早期文件中，至少有一部分是压缩的，或是以某种形式加密的。公布最初文件的网站 Scoop，呼吁互联网社区，要求它们查找这些文件并找出系统漏洞，还公布了一些可以找到读取这些文件所需实用程序的链接。

在这一事件中，有四个主要的潜在要素可能阻止迪堡档案的披露。第一，如果服务提供商（本案中的学院）是唯一的提供商，没有替代的物理传输系统，那么它以诉讼相威胁而决定封锁这些材料，就会在整个关键时期内阻止这些材料的发布。第二，由于存在覆盖物理网络并用于传播这些材料的点对点网络，将这些材料从互联网上删除几乎是不可能的。由于没有可以锁定的单一存储点，这使得威胁其他大学的做法变得徒劳无益。第三，原始文件中的非纯文本文件可以通过互联网上免费提供的软件工具进行阅读，Scoop 也向读者提供了这些软件工具。这使得更多的批评者可以阅读这些文件。第四，也是最后一点，根据版权法中的合理使用原则，获取原始材料（即电子邮件）最终被认定为享受豁免，这使得前一时期的所有行为被合法化。

第二个例子不涉及诉讼，但却更突出了更多的法律操作空间。在美国领导的伊拉克战争爆发前几周，一位瑞典视频艺术家制作了戴安娜·罗斯（Diana Ross）和莱昂内尔·里奇（Lionel Richie）的爱情民谣《无尽的爱》（"Endless Love"）的音频版，并与美国总统乔治·布什和英国首相托尼·布莱尔的新闻片段匹配口型。通过细致同步各个新闻片段中的唇部动作，该视频产生了布什"唱"里奇的唱段，布莱尔"唱"罗斯的唱段，彼此用一首永恒的爱情民谣深情对唱的效果。

目前，尚未出现发布这段视频短片的法律诉讼报道。不过，这篇报道增加了迪堡案所不具备的两个特点：首先，它强调了引用视频和音乐需要实际复制数字文件。与文本不同，图像或声音不能简单转录。这意味着获取未加密的比特比文本更为重要。其次，使用未经修改的整首歌是否属于"合理使用"，在版权法上并不明确。虽然瑞典的视频确实不太可能切入原版歌曲的市场，但视频中没有任何内容是对歌曲本身或新闻片段的模仿。该视频使用了"现成素材"，即他人制作的素材，并以一种令人惊讶、富有创造性的方式将它们混合在一起，创造出一种真正新的表达方式。然而，它对歌曲的使用要比在录制音乐中使用数字采样的简约方式完整得多，因为在录制音乐中使用他人歌曲中仅两秒钟、三个音符的旋律已被认定为侵权行为，除非通过协议获得许可。[3]

这两个事例共同表明，我们可以将创意传播所需的资源——无论是市场模式还是非市场模式生产的——绘制成包括若干离散要素的图景。首先是"内容"本身：现有的信息、文化艺术品和传播以及知识结构。这包括两个故事中的歌曲和视频录像或电子邮件文件。其次，还存在这么一组机械设备，它们负责录制、处理、固定和传播由这些输入信息和新信息的创造者的创造力、知识、信息或传播能力混合而成的新的文化传播样态。这包括一些物理设备（学生和摄影艺术家以及他们受众使用的计算机），以及用于将信息或从一处传送到另一处的物理传输机制。在迪堡案中，该公司试图利用 DMCA 的互联网平台责任制度，切断大学为学生提供的存储和通信能力。然而，"机械设备"还包含了一系列逻辑组件，亦即录制、阅读或收听、剪切、粘贴和重制文本或音乐所需的软件；存储、检索、搜索和在互联网上传播信息所需的软件和协议。

这就说明，创作和交流的自由需要借助多种多样的工具和关系，诸如机械设备和协议、信息、文化材料等。正是由于这些组件和关系的多样性，信息生产和交换的制度生态系统才如此复杂。它包括影响不同行业、借鉴各种法律学说和传统的监管和政策要素，并依赖于多元的经济和政治理论和实践。它还涉及不同事物的分享和消费方式，比如网络带宽、电脑和娱乐资料——这些东西的属性可大不相同。为了把这些差异整合为一个单一的问题，多年来我一直在使用一个非常简单的三层模型，来表示人们通过媒介进行交流所涉及的基本功能。这个模型旨在说明，不同的机构部分是如何相互作用的，从而影响到定义通信系统规范特性（包括谁可以说、对谁说、谁决定）等根本问题。[4]

互联网可以分为三层：物理层、内容层和逻辑层。物理层就是让大家互联互通起来的设施，比如电脑、手机、掌上电脑、电线、无线网络等。内容层是人与人之间的实质交流，包括说的言论和用来过滤、支持、解释这些言论的机制，这些机制是基于人类沟通而不是机器处理的。逻辑层代表了算法、标准、将人类含义转化为机器可传输、存储或计算的内容，以及机器将信息加工成人类可理解形式的方式。这些包括标准、协议和软件，既包括操作系统等通用平台，也包括更具体的应用。人际交流必须使用所有三层，因此每一层都代表了信息传输路径中的资源或通道。在每一层中，我们都看到了一种非所有制模式的技术和实践能力开始出现，这种模式可以降低访问成本，减少被任何单个方或团体控制的风险，甚至两者兼顾。在每一层，我们都目睹了激烈的政策斗争，关于是否应促进或允许这些非所有制或开放平台的实践。综合来看，我们看到在所有三层中，一系列斗争正在进行，争论的焦点是用来构建信息环境的基本资源和能力的最小集合是否可以非所有制、非市场方式获得使用权。

政策辩论在各层几乎都局限于具体的术语和案例。我们总是问这样的问题："这项政策是否能优化这些频率的'频谱管理'？"或"这是否会减少光盘的销量？"然而，在所有这些辩论中，我们必须学会去问的最根本的问题是：我们是否留出了足够的空间，能够促成网络信息生产的社会经济实践？网络信息经济需要一套核心能力：既有信息和文化、处理、存储和交流新创作和混合的物理手段，以及将它们相互连接的逻辑系统。非市场生产模式所需要的，是一套所有人都可以使用的核心公共基础设施——无论他们的生产模式是基于市场还是非市场，是专有还是非专有。在几乎所有这些方面，当前科技经济社会的趋势确实正在引领这样一个核心公共基础设施的出现，并且构成网络信息经济的实践正在利用开放资源。无线设备制造商正在生产让用户能够构建自身网络的设备，即使这些设备当下还处于初级环节。程序员和互联网工程社区的开放创新精神产生了免费软件和专有软件，两者都依赖开放标准来提供一个开放的逻辑层。本书大部分讨论中所涉及的自由分享信息、知识和文化的实践正在产生一个不断增长的自由开放内容资源库。这个核心公共基础设施似乎不需要借助监管部门引导就能自行出现。但这种模式是否长期稳定还不得而知。有可能，某种偶然因素会让一两家公司利用一两项关键技术，捕获并控制某处瓶颈，届时或许就需要监管介入。然而，从互联网诞生至今，法律对于它的回应一直都是消极和后发式的，充当着阻碍网络信息经济发展的力量。它被来自传统工业信息经济的既得利益者利用，用来限制新环境带来的潜在威胁。因此，在几乎所有情况下，新兴的网络信息经济所需要的不是来自监管的保护，而是监管的克制。

  本章剩余部分将详细介绍每一层的决策，以及它们如何与绕过专利、市场交易框架的个人或集体的创作自由相互关联。由于涉及如此多的组成部分，并且自 1990 年中期以来发生了如此多的事情，讨论必然篇幅较长，而对每个类别又只能简略阐述。为了克服这个阐述问题，我将各种制度变化整理在表 11.1 中。对于只对本章核心主张感兴趣的读者——即确实存在一场关于制度环境的斗争，许多现有选择相互作用，增加或减少信息生产和交流的基本资源可用性——表 11.1 可能提供了足够的细节。对于那些对法律、技术、社会行为和市场结构之间复杂关系的案例研究感兴趣的人，点对点（P2P）网络尤其值得深入研究。

表 11.1 制度生态概述

	封闭性	开放性
物理传输	・宽带被 FCC 视为信息服务 ・DMCA ISP 的责任 ・各州禁止市政宽带	・开放的无线网络 ・市政宽带倡议
物理设备	・CBDTPA：实施"可信系统"的监管要求；为实现同一目标的个人努力 ・运营商控制的移动电话	・标准化 ・竞争激烈的商品组件市场
逻辑性 传输协议	・私有化的 DNS/ICANN	・TCP/IP ・IETF ・P2P 网络
逻辑性 软件	・DMCA 反规避；专有操作系统；网络浏览器软件专利	・免费软件 ・W3C ・广泛使用 P2P 软件 ・社会对广泛侵犯内容保护行为的接受度
内容	・版权扩展 阅读权利 无最低限度的数字采样 "合理使用"范围缩窄；影响潜在市场对"商业"的广泛定义 刑事化 期限延长 ・封闭性合同：UCITA ・商标淡化 ・数据库保护 ・链接和侵入动产的行为 ・排他性权利最大化制度：国际"协调"和贸易	・与日俱增的共享实践和采用共享许可的实践 ・音乐人对音乐的开放传播 ・知识共享；其他的开放传播模式 ・社会对版权的普遍轻视 ・管辖权套利 ・全球获取知识运动的早期迹象，将发展中国家与自由信息生态学倡导者（包括市场和非市场）结合起来，对知识圈地运动提出挑战

在表 11.1 中，我们会发现开放性的来源丰富多样。其中一些来自法律，但大部分源于技术和社会实践，包括对抗封闭倾向的法律和监管压力。支持开放核心公共基础设施的政策干预的示例，包括 FCC 增加部署开放无线网络的许可，以及各项市政宽带计划。前者是监管干预，但其形式主要是取消过去对无线系统的全方位限制。市政建设开放宽带网络的努力正面临州立法层阻力，一些法案剥夺了城市在其管

辖范围内提供宽带服务的权力。总而言之，推动开放主要依靠个人和自愿合作行动，而非法律。当开放的社会实践应用于标准制定机构，例如互联网工程任务组（IETF）或万维网联盟（W3C）时，会呈现出准规范化的面貌。然而，这些组织都不具备法律效力。当用于自愿模式（例如免费软件许可和知识共享许可）时，法律工具也会支持开放性。然而，在大多数情况下，当法律以监管力量而非契约赋能力量介入时，它几乎完全站在封闭的一边。

这场社会经济制度斗争的另一个特征是大量商业参与者与分享文化之间的结盟。这种结盟表现在多个方面：无线设备制造商向 WiFi 和其他免许可无线设备的用户销售产品；个人电脑制造商通过生产通用性更强、更符合用户灵活需求的设备来争取日益缩小的利润空间，而非迎合好莱坞和唱片业的利益；像 IBM 和惠普这样的服务和设备公司支持开源和免费软件。这种分散用户与企业之间的结盟——企业选择将用户视为用户而非被动消费者来调整商业模式——影响着制度竞争的政治经济环境，有利于开放性。另一方面，美国的安全意识催生了一些努力，推动封闭的专有系统占据优势，似乎是因为它们目前被认为更安全，或者至少更容易受到政府控制。虽然这种安全驱动与其政治根源不同于信息生产领域专有和共享策略之间的挑战，但它确实倾向于封闭，至少在 2005 年撰写本书时是如此。

过去几年，我们见证了互联网的全球化，如何成为一种突破封闭行为的主要力量，特别是当开放依赖于技术和社会实践，而封闭依赖于法律时。[5] 举例来说，Napster 在美国被关闭后，KaZaA 在荷兰浮出水面，之后又转移到澳大利亚。这种力量正在与国际协调的逆向力量相互碰撞，这些协调包括一系列双边和多边努力，旨在"调和"国际排他性权利制度并协调国际执法。目前很难预测哪种力量最终会占上风，但现在就绘制出每种力量的推动力并不为时过早。因此，现在就界定这些制度努力的成功或失败所带来的规范性影响也不为时过早。

物理层

物理层包含用于传输信息和生成信息通信的设备和通道。在广播和电话时代，设备之间存在着巨大差异。消费者只拥有简单的终端设备，而通信服务提供商拥有复杂的网络和设备：发射器、交换机等。因此，消费者只能消费服务提供商认为他们愿意支付的、由提供商以最高效率生产的内容。网络化环境中用户自由度的崛起，核心在于这种消费者和提供商设备差异的逐渐消弭。消费者开始使用多功能计算机，可以根据自己的需要进行操作，取代了只能执行厂商设计功能的专用终端。这些设备最初通过一个传输网络（公共电话系统）连接，该系统受到公共运营商的监管。公共运营商制度要求网络所有者无条件承载所有通信，不得根据类型或内容进行区别对待。网络对通信内容保持中立。而宽带网络的兴起，以及移动电话互联网服务的出现，正威胁到这种中立性，将网络从以用户为中心的端到端模型推向更接近五千个频道广播模式的模型。与此同时，好莱坞和唱片业正在向美国国会施压，要求制定监管政策，规定个人电脑的设计方式，以防止音乐和电影在未经许可的情况下被复制。在此过程中，法律试图将个人电脑从纯粹的通用计算设备变成具有预定义行为的设备，这些行为与预测的使用模式相一致，例如高级电视和 CD 播放器。正如本书所描述的，网络信息经济的出现依赖于连接通用计算机的开放传输网络的持续存在。因此，它也依赖于阻止将网络改造为连接终端的专有网络的努力，这些终端具有可控的、可预测的、符合现有生产模式的优质行为能力。

传播：有线与无线

让我们回顾一下第 5 章引用的思科白皮书案例。思科在其白皮书中大力推销其当时新发布的路由器，该路由器将允许宽带提供商在数据包级别区分进出家庭的信息流。如果数据包来自竞争对手，或者用户想要查看或收听的内容，但如果所有者不希望用户接触，则该数据包可能会被降速或删除。如果它来自所有者或关联公司，则可以加速。路由器的目的并不是让所有者恶意操控用户，而是提供功能更强大的网络。例如，据报道，美国在线（AOL）会阻止其用户访问垃圾邮件中宣传的网站。理论是，如果垃圾邮件发送者知道他们无法投递给 AOL 用户，他们就会停止发送垃圾邮件。[6] 服务提供商拦截特定发送方网站或数据包、优先处理其他发送方数据包的能力确实有可能用于改善网络状况。然而，这种能力是否真正用于提升服务质量，取决于所有用户（尤其是那些关注网络生产用途的用户）的利益与服务提供商的利益是否一致。显而易见，当加拿大第二大电信公司 Telus 于 2005 年阻止其所有客户以及依赖其骨干网络的其他网络服务提供商的客户访问电信联合会的网站时，它并非出于提升服务质量的目的，而是为了控制与其利益密切相关的对话。当利益相悖时，问题便在于：是否有任何机制监督网络服务提供商利用其技术能力的行为？一种约束来自充分竞争的市场。然而，向宽带的转型，已经严重限制了互联网接入服务市场的竞争程度。另一种约束是监管：要求所有者平等对待所有数据包。这种解决方案虽然简明易懂，但在政策界仍存在很大争议。它拥有强烈的支持者，但也遭到现有宽带提供商的强烈反对，实际上已被 FCC 暂时否决。第三种解决方案从监管的角度来看既更激进又没那么多"干预"。它将涉及消除阻碍用户拥有无线基础设施新出现的当下监管障碍。它将允许用户部署自己的设备、共享无线容量，并创建一个由所有用户共同拥有、无人控制的"最后一公里"。这将在事实上，使设备制造商在构建宽带网络的"最后一公里"方面展开竞争，从而开放"中端"互联网连接服务市场。

1990 年代初期，克林顿政府宣布其"信息高速公路"行动计划后，美国政策将互联网的部署"交给私营部门领导"。这种对私营提供的承诺在一定程度上被世界上大多数发达经济体所采纳。最初几年，这意味着互联网骨干网的投资是私营的，并由20世纪90年代末期的股市泡沫大量资助。这也意味着最后的分布瓶颈——"最后一公里"——是私有的。直到20世纪90年代末，"最后一公里"主要是由现任本地电话交换运营商的铜线上的拨号连接组成。这意味着物理层不仅是私有的，而且实际上是垄断的。那么，为什么早期的互联网仍然发展成一个强健的端到端中立网络？正如莱斯格所述，这是因为电话运营商被视为公共运营商，他们被要求无条件承载所有信息流，不得歧视特定信息流。无论信息流来自CNN还是个人博客，所有信息流（无论是用户上传到用户下载）都以中立的方式对待。

宽带规制

1990年代末期，宽带网络开始涌现。在美国，采用混合光纤同轴系统的有线电视网络率先迈进，并成为主要的宽带提供商。现有的本地电话运营商一直在追赶，他们使用数字用户线路（DSL）技术，从铜缆基础设施中挤出足够的速度以保持竞争力，同时缓慢地将光纤基础设施延伸到靠近用户家庭的地方。截至2003年，现有的有线电视运营商和现有的本地电话公司占据了大约96%的家庭和小办公室宽带接入市场份额。[7] 在1999年至2000年这段时间，随着电缆宽带开始占据更重要的地位，学术界开始出现批评声音，指出电缆宽带架构可能会被操纵偏离互联网中立的端到端架构。其中一篇这样的论文是由杰罗姆·萨泽尔（Jerome Saltzer）撰写的，他是1980年最初定义互联网"端到端"设计原则的论文作者之一，另外一篇是由莱斯格和马克·莱姆利（Mark Lemley）撰写的。这些论文开始强调，电缆宽带提供商在技术上可以而且存在商业动机停止中立对待所有通信。他们可以开始从一个几乎所有功能都由网络两端用户拥有的计算机执行的网络转向一个由核心提供商设备执行更多功能的网络。思科路由器的引入被视为事情可能如何改变的一个明显标志。

接下来的两年见证了激烈的监管争论，焦点在于有线电视提供商是否应被视为公共运营商。具体而言,争论的核心是他们是否需要向竞争对手提供对其网络的非歧视性接入,从而使这些竞争对手能够在互联网服务领域展开竞争。理论上,竞争可以防止现有运营商将网络过度偏离用户心目中的开放互联网模式。第一轮争论发生在市政层。地方特许授权机构试图利用其对有线电视许可证的权力,要求有线电视运营商在选择提供有线宽带服务时,向其竞争对手提供开放接入。有线电视运营商在法庭上对这些规定提出了质疑。最著名的判决来自俄勒冈州波特兰市,第九巡回上诉法院裁定:宽带部分是信息服务,部分是电信服务,但不是有线电视服务。监管它的权力属于FCC,而不是有线电视特许权授予机构。[8] 与此同时,作为批准AOL—时代华纳合并的一部分,美国联邦贸易委员会(Federal Trade Commission, FTC)要求新公司至少向三家竞争对手开放其宽带设施,前提是AOL可以通过时代华纳获得有线宽带设施。

AOL—时代华纳合并的决议,以及第九巡回上诉法院的裁决——有线宽带包含电信成分,似乎表明有线宽带传输将被视为公共运营商服务。然而,现实并没有朝着这个方向发展。2001年末和2002年中,FCC发布了一系列报告,得出了完全相反的结论。该委员会裁定,有线宽带是一种信息服务,而不是电信服务。这与当时被视为电信服务的电话基础设施宽带电信地位形成了失衡。该委员会通过裁定电话基础设施上的宽带像有线宽带一样被视为信息服务来解决这种失衡。从法律推理的角度来看,采用这种定义或许可以接受,但无论健全的法律推理还是政策都绝对不需要这样做。FCC的推理实际上是采用了有线电视运营商用来成功占据宽带市场三分之二份额的商业模式——将两种离散的功能捆绑在一起:传输(比特承载)和高级服务(如电子邮件和网络托管)——并把它当作描述"有线宽带"作为一种服务内在本质的方式。由于这种服务不仅仅包括比特承载,因此可以称为信息服务。当然,像第九巡回上诉法院那样做也是合法的,而且在技术上也更准确。也就是说,有线宽带捆绑了两种不同的服务:承载和信息使用工具。前者是电信服务。2005年6月，最高法院在Brand X案中以专家机构的尊重为由，支持了FCC将有线宽带服务视为信息服务的立场，从而支持了FCC犯下的这一允许并购的错误。[9] 将宽带服务定性为"信息服务"实际上将FCC锁定在了"不监管"的政策道路上。作为信息服务，宽带提供商获得了"编辑"其内容的合法权力，就像任何信息服务运营商（例如网站）一样。事实上，这一新定义令人严重质疑未来是否可能对传输决策进行监管，将其视为违宪行为，或是侵犯运营商作为信息提供商的"言论自由"权利。在整个20世纪90年代，有很多案例表明，运营商（尤其是有线电视公司，但也包括电话公司）被法律要求传输来自竞争对手的某些信号。特别是，有线电视提供商被要求传输无线广播电视，而电话公司，根据FCC规则称为"视频拨号"，则被要求以公共承运人的方式提供视频服务，选择提供宽带的有线电视提供商也必须根据公共承运人模式让竞争对手使用其基础设施。在每一种情况下，传输要求都受到了法院的第一修正案审查。对于有线电视传输无线广播电视的情况，传输要求在历经六年的诉讼后才得以维持。[10] 在涉及应用于电话公司和有线宽带的视频普通承运人要求的案例中，下级法院以侵犯电话和有线电视公司言论自由为由否决了传输要求。[11] 因此，在很大程度上，FCC的监管定义，使控制着96%家庭和小型办公室宽带连接的现有有线电视和电话提供商摆脱了监管控制范围，并且可能在宪法上对接入监管和传输寻求豁免。

自2003年以来，有关有线电视接入权限的辩论——竞争对手是否应该被允许接入现有宽带运营商的传输网络——已被寻求以"网络中立"形式进行行为监管的努力所取代。这一监管概念将要求宽带提供商平等对待所有数据包，但不强制他们将其网络开放给竞争对手或承担任何与公共承运人相关的其他责任。这一概念得到了包括微软在内的一些非常强大的参与者的支持，最近还得到了MCI的支持，后者仍然控制着大部分互联网骨干网，尽管其并不控制"最后一公里"环节的设施。因此,即使不是出于其他原因,它仍然是实现制度改革,以平衡网络基础设施从公共承运人模式向私人控制模式转变这一结构性变化的一条可行之道。即便网络中立政策取得成功,物理基础设施仍然会是一个技术瓶颈。毕竟,物理基础设施由少数公司拥有,面临极其有限的竞争,这些公司拥有很大的法律空间,可以利用这种其对物理基础设施的控制,来影响其网络上的信息流。

开放式无线网络

然而,一个更基础、更具结构性的机会正在无线领域出现,能被用来建立开放的宽带基础设施。要理解其原理,我们首先必须认识到,控制宽带基础设施的机会并未均匀分布于整个网络基础设施之中。网络的长途传输部分有多条冗余路径,没有明显的瓶颈点。对于大多数连接不太集中的地区而言,在整个互联网比特传输的物理路径上,最主要的瓶颈在于"最后一公里"环节。也就是说,连接家庭和小型办公室与网络的主要瓶颈在于连接它们的电线或电缆。正是这一部分由有线电视和本地电话公司主导了市场。挖掘沟渠、铺设光纤以及将电线穿过墙壁并安装到墙内的高昂成本,造成了进入该市场的竞争壁垒。正是在"最后一公里"环节,未获得许可的无线技术现在提供了最大的潜力,可以提供一个由用户拥有、共享作为公共资源且不会出现任何实体控制信息流瓶颈的第一个和最后的公共物理基础设施。

正如我们在第 6 章讨论的那样,从第一次世界大战结束到 1920 年代中期,昂贵发射设备容量的提升以及无线电传输核心专利所有者一系列战略举措,催生了塑造 20 世纪无线电通信的工业模式。无线电广播由少数职业化商业网络主导,这些网络利用高成本发射设备进行运营。监管框架专门支持这种模式,使大多数美国人主要采用被动接收方式,其利用简单接收器收听通过高功率发射器传送的商业节目。这种工业模式假定网络核心的大规模资本投入和边缘用户的微小投入,其旨在优化从核心向外发出的信息的接收,这一架构深刻影响了无线通信系统的设计和监管。移动电话的出现,复制了同样的模式,它采用相对便宜的手机终端,配合以基站为中心的网络基础设施进行部署。监管模式遵循了胡佛最初的模式,并做出改进。政府机构严格控制谁可以放置发射器、在哪里放置、天线高度是多少、使用多大功率。其理由是避免干扰。在此期间,整个无线系统的设计都以严格的许可程序为基本假设。1959年以来,对无线电监管的经济分析批判了这种方法,但只是基于它通过严格监管频谱许可证而不是创建"频谱使用"权市场来低效地监管建造无线系统的合法权利。[12] 这种批评使基本的工程假设保持稳定——要让无线电发挥作用,高功率发射器必须被简单接收器接收。基于这种工程假设,必须有人控制在任何无线电频率范围内发射能量的权利。经济学家希望控制者成为拥有灵活转让权利的财产所有者。监管机构希望它成为受FCC监管和批准的许可持有者。

正如第3章所阐释的,当美国和世界各国的立法机构开始接受经济学家批评的合理性时,技术已经使其过时了。具体而言,计算成本的下降和网络中终端设备通信协议的日益复杂化,使新兴的基于共享的解决方案成为可能,从而无需电线即可让用户进行通信。无需经过监管部门确定的独占传输权(这项独占传输权可能会、也可能不会进行市场重新分配),个人拥有的智能无线电设备可以在市场上流通。这些设备具有共享容量和协作创建无线承载容量的技术能力。例如,这些无线电设备可以通过相互转发信息或临时"借用"邻居的接收器来帮助他们解码发送方的信息,而无需任何人独占频谱。正如个人电脑可以通过共享计算能力在 SETI@Home 项目中协作创建超级计算机,并通过共享硬盘驱动器创建全球规模的点对点数据存储和检索系统,计算密集型无线电也可以共享其容量,从而建立本地无线宽带基础设施。开放式无线网络允许用户设置自己的无线设备,类似于日益普及的 WiFi 设备。这些设备会自动搜索具有相似功能的邻居设备,并自动配置成一个高速无线数据网络。实现这一目标,目前并不需重大技术创新。现有技术已足够,但需要投入大量工程实践。开发此类设备的经济动机十分清晰。用户一直以来都存在无线局域网络的需求，扩大其覆盖范围可以提升自身网络的使用价值，同时可与他人共享，提供显著的万维网络容量，无需依赖任何特定服务提供商。最终，这将成为用户绕过垄断性的"最后一公里"连接并重新控制部分网络费用的方式。设备制造商显然也有动力通过提供嵌入式设备的替代方案，来削减宽带垄断/寡头垄断收取的租金。

我的目的不是比较无线频谱许可证市场和为共享无人拥有的频道的终端用户设备设计的市场之间的效率孰高孰低，而是强调一种由无人特定拥有，邻居们之间以"你帮我传数据，我帮你传数据"形式合作产生的"最后一公里"环节的意义。最简单的层次上，邻居们可以直接通过一个万维网络获取与地方相关的本地信息。更重要的是，如果一个地区的居民共同生产了自己的"最后一公里"基础设施，那么商用互联网服务提供商就可以在该地区的"云"中任何地方设置互联网接入点。"最后一公里"环节将不是由这些竞争的互联网服务提供商提供的，而是由当地居民的合作提供的。提供"中段连接"（"最后一公里"和互联网云端的环节）的竞争者可能会以目前无法实现的方式出现，因为他们无需将自己的"最后一公里"线路一直铺设到每个家庭。这是因为用户通过他们合作拥有的社区无线电设备已经承担了构建本地传输系统的资本成本。这种基于公共资源、共同生产的"最后一公里"与专有宽带网络并存，消除了"最后一公里"环节作为控制谁发言、发言难易程度以及制作价值和交互性的瓶颈。

开放式无线网络的发展，由用户拥有并侧重于边缘设备的高级通用功能，也对移动电话运营商日益流行的趋势提供了另类选择，即在他们销售的手机上提供相对有限和受控的网络版本。一些无线运营商只是在他们的整个网络中为笔记本电脑提供移动互联网连接。然而，另一些运营商则利用他们的网络，允许客户使用他们的手机浏览部分网络。这些后续的服务风格各异。一些服务往往受到限制，只提供一组附属网站，而不是真正的连接到互联网本身。例如，Sprint 的"新闻"服务将用户连接到 CNNtoGo 以及 ABCNews.com 等网站,但不会允许用户访问博客圈上传抗议者被粗暴对待的照片。因此,虽然从原则上讲,移动性增加了网络的力量,短信功能将类似电子邮件的功能无处不在,但在手机上网络的使用方式的影响仍不明确。它可能更像一个支持网络的接收设备,而不是一个完全面向网络的真正活动节点。广泛普及开放式无线网络会给手机制造商提供一个新选择,即在手机中内置连接开放式无线网络并将其用作通用互联网接入点的功能。手机制造商在多大程度上将该方法视为可行选项,取决于持有高价拍卖获得许可经营的现有移动电话服务提供商对此举的抵制程度。大多数用户从运营商处购买手机,而不是从普通的电子设备商店购买手机。手机通常与特定运营商绑定,用户无法自行更改。在这种情况下,移动运营商可能会通过拒绝销售双功能设备来抵制来自免费开放式无线系统对"数据流量"的竞争。更糟糕的是,他们可能会抵制生产既是手机又是通过开放式无线网络访问网络的通用网络浏览设备的制造商。这场冲突将如何发展,以及用户是否愿意携带额外的捕捉设备来实现手机之外的开放式互联网访问,将决定开放式无线网络的优势在多大程度上转化到移动领域。规范上,此结果具有重大意义。从公民监督功能的角度来看,随时可用且具备获取、渲染和通信功能的能力非常重要。从个人自主权作为情境中的知情行动来看,将开放性扩展到移动设备将为个人提供重要优势,让他们能够在日常生活中面临决策和行动点时,随时随地构建自己的信息环境。

市政宽带设施

一种替代路径是通过创建市政系统来建立基本的物理信息传输基础设施,并使其脱离市场模式。这些提议的系统并非基于公有资源,因为它们并非由个体在没有正式结构的情况下通过合作行动创建。它们将像高速公路、人行道、公园和污水处理系统一样是公共的。它们最终是否真正发挥公有资源的作用取决于它们的监管方式。在美国,鉴于第一修正案限制政府在公共论坛中偏向某些信息的表达，市政系统很可能会被视为公有资源进行管理。在这方面，它们将与开放式无线系统具有类似的益处。市政宽带计划背后的基本论点与一些市政当局建立市政公用事业或交通枢纽的出发点相似。连接具有强大的正外部性。它使城市居民更好地融入信息经济，并使城市本身成为对企业更具吸引力的区域。事实上，大多数努力都以这些工具性术语来表达。最初的驱动力是创建市政光纤到户网络。弗吉尼亚州布里斯托镇就是一个例子。它的居民人数略多于 17 000 人，家庭收入中位数是全国中位数的 68%。这些数据使它成为现有服务提供商早期宽带部署的一个没有吸引力的场所。然而，到 2003 年，布里斯托镇居民拥有全国最先进的住宅光纤到户网络之一，每月只需不到 40 美元。因此，毫不奇怪，该市与许多人口密度更高、更富裕的美国顶级市场竞争，实现了同等的宽带普及率。布里斯托镇的"奇迹"在于，该镇居民厌倦了等待当地电话和电缆公司，于是建造了自己的市政网络。他们的网络已成为美国 500 多个提供高速互联网、电缆和电话服务给居民的公共事业单位中最具雄心和最成功的之一。一些大城市，尤其是芝加哥和费城，正在朝着类似的方向发展。芝加哥的想法是，城市将建设基本的"黑光纤"——即通往家庭的光纤，但不配备决定连接用途的电子设备。任何人都可以接入这个完全中立的高容量平台，无论是商业用户还是非商业用户。费城的努力则强调了另一个、新近出现的方法——无线技术。WiFi 的质量和无线技术的广泛采用，促使其他市政当局也采用了无线或混合光纤无线战略。一些城市提议利用公共设施在城镇周围设置无线接入点，形成覆盖全城的"连接云"，使市民在任何地方都能获得开放的互联网访问。费城此举吸引了大量公众关注，尽管其他一些规模较小的城市已接近建成覆盖全城的"无线云"。

现有宽带服务提供商对市政当局侵占其垄断（或寡头）利润的行为并不友好。20 世纪 90 年代末，得克萨斯州阿比林市试图提供市政宽带服务，西南贝尔公司（Southwestern Bell, SBC）说服州议会通过了一项法律,禁止地方政府提供高速互联网接入。该市向 FCC 和华盛顿特区联邦上诉法院提起上诉。这两个机构都认为,1996 年国会通过《电信法》(Telecommunications Act)并规定"任何州……无权通过法律……限制……任何实体提供……电信服务"时,该法案中"任何实体"(any entity)一词并不包括市政当局。正如哥伦比亚特区巡回上诉法院所言,"任何"(any)一词可能"取决于说话人的语气"而具有一些意义,但在本案中,它并不真正意味着"任何实体",而只是某些实体。美国法律将州视为联邦政府的区划或机关,因此各州当然可以监管市政当局的行为。[13] 布里斯托镇在推出其网络之前,也曾不得不通过法律斗争抵制类似的阻挠其计划的州法律。2004 年初,美国最高法院在面对州政府阻止市政宽带建设的案例时,选择让市政当局自行解决问题。一个由密苏里州多个市政当局组成的联盟质疑该州的一项法律,该法律与得克萨斯州的法律一样,禁止他们为居民提供宽带服务。第八巡回上诉法院支持这些市政当局的观点。1996 年《电信法》的本意正是允许任何人与现有运营商竞争。该法案中禁止州政府监管"任何实体"进入电信服务市场的条款,正是预见到地方现有运营商会利用他们在州议会的影响力,来阻挠引入竞争到本地网络的联邦政策。在这种情况下,现有运营商正是做了这样的事情,但最高法院却推翻了第八巡回上诉法院的判决。最高法院没有过多地讨论赋予市政居民自行决定是否需要市政宽带系统的权力是否明智,而是做出了一份在法律解释方面在技术上可以辩护的意见,但实际上却鼓励现有宽带提供商将他们的游说努力转向说服州立法者禁止市政宽带建设。[14] 费城推出无线网络计划后不久,宾夕法尼亚州立法机构就通过了类似法律,禁止市政当局提供宽带服务。虽然费城的计划本身被豁免,但根据新州法律,未来从开放区域的一系列无线"热点"扩展到真正的市政网络可能将受到质疑。宾夕法尼亚州的其他市政当局,则完全被排除在这一选项之外。至少在 2005 年,在这一领域,现有运营商似乎在遏制市政宽带网络成为消除本地网络基础设施瓶颈方面,取得了极大成功。

设　备

物理层第二个主要组成部分，是由人们用于计算和通信的那些硬件设备。个人电脑、手持设备、游戏主机，以及程度较低但隐喻深意的电视是主要的相关设备。在美国，个人电脑是占绝对主导地位的连接方式。在欧洲和日本，移动手持设备占据了更大的空间。游戏主机开始提供另一种计算密集型设备，网络电视作为一种背景构想已经存在了一段时间。无线广播和有线广播的数字化程度不断提高，使数字电视成为互联网通信之外的一个背景存在，尽管不是直接的替代方案。这些设备中没有一个是像开放式无线网络、免费软件或由同辈生产的内容那样由公共资源构建的。然而，个人电脑是建立在开放架构之上的，它使用高度标准化的大宗商品组件和开放接口，竞争异常激烈。因此，从实际角度来看，个人电脑提供了一个开放平台设备。另一方面，手持设备、游戏主机和数字电视则多多少少使用专有架构和接口，在竞争少得多的市场中生产——这不是因为制造商之间没有竞争，而是因为发售渠道需要通过服务提供商来接受间接控制。其结果是，个人电脑的配置和功能可以更轻松定制。硬件设备的功能升级和运用无需经过任何制造商或经销商的许可。随着掌上设备的功能越来越强大，个人电脑的体积不断缩小，这两类通信方式的边界日益模糊，相互竞争。目前，尚未出现明显的监管推力来促使一方占优。因此，观察这些市场的演化更多的是出于技术上的好奇，而非政策上的影响。然而，在关注这些市场的同时，我们必须认识到，这种竞争的结果并非一视同仁。个人电脑所提供的功能，正是本书所描述的大部分社会经济活动的根基。而专有掌上设备（特别是游戏主机和电视）目前尚且是限制用户操作方式的平台，其功能结构由生产商和经销商的设计需求所决定。与功能受限设备的网络相比，与电脑配合使用的网络更加灵活开放，可供个人进行五花八门的应用。

个人电脑开放性的监管威胁，主要来自版权材料使用的限制。这一问题将在逻辑层讨论的背景下进行更深入的探讨。我在此仅指出，对等网络和费舍尔所谓的互联网"肆意复制"行为，被认为对工业文化生产体系的主要参与者——好莱坞和唱片业——构成了现实威胁。这些行业极为擅长操纵对其商业环境的监管，尤其是版权法。随着用户复制和分享其内容的威胁增加，这些行业一直向国会、法院和行政部门施加持续压力，要求加强对其版权权利的实施。正如我们在探讨逻辑层和内容层时将看到的那样，这些努力在改变法律和推动更积极的执法方面取得了成功。然而，它们并没有成功地压制普遍的复制行为。复制行为仍在继续，即使没有完全不受限制，但也肯定以六年前难以设想的速度进行着。遏制内容复制的一项重要举措是试图监管个人电脑的设计。2001年中期，由参议员弗里茨·霍林斯（Fritz Hollings）率先发起，一系列法案被拟定并游说：第一个是《安全系统标准和认证法案》（Security Systems Standards and Certification Act），第二个是《消费者宽带和数字电视推广法》（Consumer Broadband and Digital Television Promotion Acat，CBDTPA），后者于2002年正式提交参议院。[15]这些拟议法案的核心结构是要求制造商将电脑设计为"可信赖系统"。然而，"可信赖"一词在此处存在着一种特殊含义。重点在于，无论其拥有者希望它做什么，该系统或电脑都可以被信任以某种可预测的方式运行。这种冲动很容易解释。如果你相信大多数用户都在利用个人电脑非法复制电影和音乐，那么你就可以认为这些用户是不可信的。为了能够在数字环境中以可信赖的方式发布电影和音乐，就必须阻止用户以他们选择的方式行事。结果，出现了各种各样的努力，试图生产那些被嘲讽地称为"弗里茨芯片"（Fritz chip）的东西：法律授权要求系统的设计方式，让个人电脑无法运行没有经过芯片适当认证的程序。这些运动中最成功的，是好莱坞成功说服FCC强制所有数字电视信号接收设备都必须遵守特定的"可信赖系统"标准。这项"广播标志"规定在两个方面很奇怪。首先，规则制定文件非常清楚地表明，这是由好莱坞推动的规则，而不是由广播公司推动的。这很不寻常，因为通常在这些规则制定中扮演核心角色的行业是受 FCC 监管的行业，例如广播公司和有线电视系统。其次，FCC 实际上并没有监管它通常拥有管辖权的行业。相反，该规则适用于任何可以在家中接收数字电视信号后使用的设备。换句话说，他们实际上是监管了几乎所有可以想象的电脑和具备数字视频功能的消费电子设备。上诉法院最终确实以该机构超越其管辖范围为由否决了该规定，但广播标志仍然是工业信息经济的现有参与者最接近实现对电脑设计的监管。

将硬件监管与好莱坞和唱片业的销售模式相匹配的努力，对网络信息环境构成了重大威胁。通用计算机的核心设计原则之一是开放性，即随着拥有者的优先事项和偏好发生变化，它们可以用于各种用途。正是这种通用性，使个人计算机自 20 世纪 80 年代问世以来承担了如此多样的角色。弗里茨芯片类法律的目的在于降低计算设备的灵活性，即由立法机构和行业参与者定义一系列社会、文化和经济上可接受的设备用途，并实施预先设定且僵化的功能，从而剥夺终端用户随时间调整设备用途以及适应不断变化的社会经济条件和机遇的自由。

这种监管的政治经济学，以及在逻辑层和内容层上更为成功的类似努力，都不是美国政治的特点。个人电脑、软件和电信服务是比好莱坞和唱片业大得多的产业。仅威瑞森电信（Verizon）一年的收入就与整个美国电影业大致相当。内容产业试图监管的每个产业，其收入都比电影和音乐业的收入总和要高出几倍。好莱坞和唱片业在监管逻辑层和内容层上取得的成功，以及它们通过制定弗里茨芯片相关法律来实施监管的努力，证明了这些行业具有非同小可的文化力量和游说能力。原因可能是历史性的。特别是软件和硬件行业，大多是在监管之外发展起来的；直到 2002 年左右，它们才开始明白华盛顿发生的事情可能会真正造成伤害。电信运营商是监管博弈中最为年长的参与者，成功地阻止了一些强迫它们监管用户和限制互联网使用的立法。然而，它们的大部分游说工作是为了针对其他方面。高等教育机构发现自己因为没有监管学生使用对等网络而遭受攻击。与好莱坞和唱片业的损失假设相比，它们完全无法表达自己的文化和经济价值以及开放互联网接入对高等教育的重要性。尽管娱乐业巨头过去在立法方面取得过成功，但有两个因素表明，CBDTPA 针对硬件设备的监管形式不会像同类型的 1998 年 DMCA 那样取得同样的成功。第一个因素是，与 1998 年不同，科技行业现在意识到好莱坞正在试图严重限制他们的设计空间。拥有每年数千亿美元收入的行业，即使面对文化影响力高但年收入不超过 750 亿美元的电影和唱片业，在美欧立法机构也往往拥有重大影响力。第二个因素是，1998 年，在知识产权领域，致力于监督和代表用户利益的公共倡导组织寥寥无几。到 2004 年，一些致力于维护数字环境中用户权利的组织纷纷涌现，使这种冲突更加明朗。明确的商业利益与日益增长的用户利益代表相结合，将形成一种难以通过限制个人电脑灵活性的全面法律的政治格局。弗里茨芯片议程的最新版本——2004 年《诱导侵犯版权法案》(Inducing Infringement of Copyrights Act)——确实被由高科技公司和以前被视为左翼媒体活动人士组成的联盟暂时击退。

设备设计的监管，仍然是数字环境制度生态系统斗争的前沿阵地。正是广泛普及基础通用计算机，而不是华丽的电视机或电话手柄，才是网络信息经济的核心。因此，正是这类基础设备的普及，为我们在数字环境中看到的自由和正义的改善提供了先决条件。

逻辑层

在逻辑层上，大部分旨在建立垄断模式和加强机构控制的努力都与监管设备设计的方式类似，这些努力主要来自内容层，尤其是好莱坞和唱片业的需求。与历史根源为垄断但受监管的组织形式的物理传输层不同，互联网的逻辑层大部分根植于开放、非垄断的协议和标准。"逻辑层"一词涵盖范围广泛，涵盖了各种不同的功能。最基本的逻辑组件——互联网连接的基本协议和标准——从互联网一开始就一直是开放的、无主人的，所有互联网用户和应用程序都可以在共用基础上使用它们。这些协议和标准由主要依靠公共资金资助的计算机科学家开发。基本的互联网协议（IP）和传输控制协议（TCP）是所有人都可以使用的开放协议。大部分基本的通信标准都是在 IETF 制定的，这是一个定义宽松的标准制定机构，几乎完全基于能力和贡献来运作，迈克尔·弗鲁姆金（Michael Froomkin）曾经称之为最接近哈贝马斯理想话语情形的现实存在。个人计算机工程师们不拘于正式身份或组织隶属，贡献着自己的力量，整个组织则遵循戴夫·克拉克（Dave Clark）提出的"粗略共识和运行代码"原则。万维网协议和创作规范 HTTP 和 HTML 也由此诞生，并在蒂姆·伯纳斯-李（Tim Berners-Lee）的引领下不断发展。他选择将自己的精力奉献于将网络打造为公共资源，而非从中牟利。这些基本协议的纯粹技术必要性以及它们在工程界所取得的文化地位，使得这些开放流程和类似公地的制度结构，对逻辑层其他组件的设计产生了强大的吸引力，至少在与互联网通信方面如此。

这种基本的开放模式与过去十年间利用互联网并将其作为重点的专有模式一直处于持续的紧张状态。到 20 世纪 90 年代中期，图形用户界面在网络上的发展将互联网的使用从大学带入了家庭。商业参与者开始寻找方法来获取万维网和互联网所释放的人类潜力的商业价值，而好莱坞和唱片业则看到了一个巨大的全球复制机器呼之欲出。与此同时，克林顿政府在这些领域推行的"第三条道路"自由主义议程表现为一种承诺，即让"私人部门领导"互联网的部署，并制定基于极端保护主义的"知识产权"政策，这种政策旨在为依赖排他性权利的行业服务，用当时的比喻来说，就是将汽车驶入信息高速公路或帮助互联网成为一个"天空点唱机"。其结果是：一系列旨在使互联网的制度生态更加有利于专有模式。

1998 年《数字千禧年版权法》

没有哪一部法律比 1998 年气势磅礴的《数字千禧年版权法》(DMCA)更能清晰地展现出数字环境制度生态的斗争。这一法案是三年多游说和各种努力的最终成果，这些努力包括美国国内和 1996 年两个世界知识产权组织条约的国际层面。它背后的基本世界观，在 1995 年克林顿政府发布的白皮书中就已经出现，那就是为了发展国家信息基础设施（National Information Infrastructure，NII），就必须要有"内容"，其巨大潜力在于它可以提供相当于数千个娱乐频道。然而，这只有在 NII 变得适合安全传输数字内容的情况下才有可能，同时还要防止未经授权和未付费的复制和传播。这份早期路线图的两个核心建议都集中在技术监管和组织责任上。首先，这项法律旨在监管可能会破解任何加密或其他机制的技术的开发，这些机制是版权材料所有者用来防止他人使用其作品的。其次，互联网服务提供商应该对用户侵权行为承担责任，以促使他们加强对系统的监控。这项议程最初在立法方面遇到了阻力，主要来自大型电信服务提供商。贝尔大西洋公司（1984 年 AT&T 拆分后设立的区域性电话公司）也发挥了部分作用，在 1996 年世界知识产权组织新条约的谈判中，阻止了该议程的全面实施。最终，这些条约包含了该白皮书议程的一个大幅削弱的版本。尽管如此，次年出现了为"实施立法"进行的大规模游说活动，目的是使美国法律与世界知识产权组织新条约的要求保持一致。这种新的立场将国会辩论的重点放在了国家产业政策和对美国内容产业出口活动给予强力保护的重要性上。这足以使天平倾向于通过 DMCA。互联网服务提供商的平台责任是一场鏖战。通过明确豁免单纯的流量传输，解决了电信公司的最重要担忧。此外，提供更复杂服务（例如网络托管）的服务商，也因未能主动监控系统而免于承担责任。然而，作为交换，服务提供商被要求及时响应版权所有人的请求，删除其侵权内容。正是在这一条款下，迪堡公司强迫斯沃斯莫尔学院从学生网站上删除了令人尴尬的电子邮件记录。DMCA 另一个更基本的组成部分，是其建立的反规避制度。帕梅拉·萨缪尔森（Pamela Samuelson）将 DMCA 的反规避条款描述为好莱坞和硅谷之间斗争的结果。当时，与生于受监管环境并成长于其中的电信巨头不同，硅谷并不完全理解华盛顿特区发生的事情会如何影响其业务。因此，这部法律几乎是好莱坞一方的完胜，只是增加了针对那些费心游说的反对方而设的一长串乏力的豁免条款。

DMCA 这部冗长又复杂的法律，其核心特征在于反规避和反设备条款。这些条款将拥有特定功能的技术的使用、开发或销售定为非法。版权所有者认为，可以在互联网上发布的媒体产品中嵌入强大的加密。如果成功实现，版权所有者就可以对数字发布收取费用，用户也无法制作作品的未经授权副本。如果达到这一结果，内容行业就可以低成本地维持其传统的商业模式——以离散包的形式销售电影或音乐——并更精准地从用户使用其材料中提取价值。DMCA 的目的是通过禁止允许用户绕过版权所有者实施的保护措施的技术来实现这一目标。乍一看，这个提议似乎完全合理。如果你把音乐文件的内容想象成一个家，把复制保护机制想象成它的锁，那么 DMCA 所做的仅仅是禁止制作和销售入室盗窃工具。这确实是这项立法所得到的支持者们提出的理由。从这个角度来看，即使 DMCA 刑罚中规定的相对严厉的后果似乎也不失合理性。

这种解释 DMCA 作用的方式，存在两个根本问题。第一个问题，版权与真正的财产权很不一样。许多现有作品的使用都是许可的，在版权法中，它们类似于在人行道或公园散步，而不是穿越邻居的土地。这一点对于版权过期较早的作品和特定类型的作品使用（例如出于批评或讽刺目的引用）尤为明显。加密和其他复制保护技术不受法律权利定义的限制。它们可以用于保护所有类型的数字文件，无论其内容是否仍受版权保护，以及用户对其使用是否有特权。同样，规避技术也可以用于合法和非法地绕过复制保护机制。借用博伊尔（Boyle）

的比喻，如果铁丝网设置在财产线上，剪线钳可以是撬锁工具。然而，如果私人铁丝网围住了公共土地或穿过人行道或高速公路，它也可以是行使特权的工具。DMCA 禁止了所有剪线钳，即使这些技术有许多合法用途。让我们想象一个 10 岁女孩正在做一份关于纳粹屠杀历史的家庭作业，在报告中添加了一段来自斯皮尔伯格电影《辛德勒的名单》的剪辑，其中一个小女孩穿着红色衣服，是黑白屏幕上唯一的一抹色彩，穿梭在混乱的驱逐人群中。在这个作业中，女孩费力地将自己的脸逐帧叠加在电影中小女孩的脸上，贯穿整个片段。她把这个作业命名为"我的祖母"。毫不夸张地说，大多数版权律师（不是电影所有者的律师）都会认为这种使用属于"合理使用"范畴，受版权法保护。同样不可否认的是，如果《辛德勒的名单》只以加密数字形式存在，那么一家公司如果发布一款产品，帮助女孩绕过加密获取她需要的片段，那根据传统版权法，这名女孩没有违反版权法，而这家公司就违反了 DMCA。正是面对使用技术保护措施的人可能过度保护版权的担忧朱利·科恩（Julie Cohen）提出了"骇客权"——即绕过阻碍合理使用权的代码的权利。

　　DMCA 的第二个问题在于其定义宽泛且富有可塑性。一些看似简单的行为，比如撰写一篇关于加密技术原理的学术论文，或在网上发布一份告诉用户如何找到规避复制保护机制信息的报告，都可能被解读为提供规避设备的行为而违反 DMCA。普林斯顿大学计算机科学家爱德华·费尔顿（Edward Felten）教授就曾遇到过这样的麻烦。他在准备发表一篇关于加密的学术论文时，收到了美国唱片业协会（Recording Industry Association of America，RIAA）的警告函，称其论文违反了 DMCA。当时，音乐产业在数字音乐发布加密技术上投入了巨资。为了在真正将音乐用上这种加密包装之前测试其安全性，行业曾发起了一项公开挑战，邀请密码学家尝试破解代码。费尔顿教授成功破解了加密，但他没有继续测试他的解决方案，因为音乐产业要求他签署保密协议才能继续测试。费尔顿教授是一位学者，而不是商人。他的工作是让知识共享,而非保密。他拒绝签署保密协议,并准备发表他最初的科研发现,这些科研发现都是在没有签署任何保密协议的情况下取得的。就在他准备发表时,他收到了来自 RIAA 的警告函。作为回应,他要求联邦地区法院宣布自己发表其研究成果并不违反 DMCA。RIAA 意识到试图压制学术界对加密方法弱点进行批评并不是最佳的诉讼策略,于是承诺不会对费尔顿教授提起诉讼,并撤销了案件。[16]

另一起案件的被告就没这么走运了。八个好莱坞电影公司起诉黑客杂志《2600》,指控其提供 DeCSS 程序,该程序可以绕过控制 DVD 访问的复制保护方案 CSS。CSS 旨在防止未经授权的 DVD 复制或任何使用。DeCSS 由一名 15 岁的挪威少年乔·约翰森(Jon Johanson)编写,他声称(尽管地区法院不予采信)是为了开发一款适用于 GNU/Linux 系统的 DVD 播放器。《2600》网站上发布了 DeCSS 的副本以及相关的报道。电影公司成功获得了对《2600》的禁令,不仅禁止发布 DeCSS,还禁止其链接到其他发布该程序的网站,即告诉用户在哪里可以获取程序,而不是实际发布规避程序。这个判决是否正确存在争议。有强有力的观点认为,通过程序使得 DVD 与 GNU/Linux 系统兼容属于合理使用范畴。也有强有力的观点认为,DMCA 在限制软件程序员和网络作者的言论自由方面越界了,因此违反美国宪法。但法院驳回了这些论点。

本书的目的并非重新审视该判决在法律层面的正当性,而是要阐明 DMCA 作为数字环境逻辑层机构生态元素的影响。DMCA 意在成为法律层面的坚固堡垒,用以阻挡数字环境逻辑层中的特定技术创新路径。其具体目标是保护娱乐产品(尤其是音乐和电影)的"物化"性质。因此,它在一定程度上塑造了技术发展,将信息和文化视为成品,而非生产消费界限模糊的社会和交流过程产物。DMCA 使得个人和非市场参与者更难获取数字材料,而这些材料在技术、市场和社会实践不受监管的情况下本是轻易可得的。它使得剪切粘贴、更改和添加注释等处理现有文化材料的做法比技术本身允许的做法更加困难。我在其他地方论述过，当国会出于某种公共目标（在此案例中，是为了公共利益维护好莱坞和唱片业）而有意限制个人使用任何可用技术、随心所欲地表达和交流信息时，它必须根据美国宪法第一修正案对其行为的正当性进行辩护。然而，更重要的是，我们并不讨论美国宪法法律本身的问题。

对于任何决定实施类似 DMCA 法律的国家而言，更普遍的问题是：禁止个人对数字文化内容进行灵活和创造性使用的技术，会限制网络信息经济和社会的发展。它会限制个人的自主性、网络公共领域和批判文化的发展，以及网络信息经济可能带来的全球人类发展道路。所有这些损失都将伴随着对创造力提升的期望，即使我们完全不确定这样做是否会真正提升任何特定国家或地区的创意产出，哪怕从简单的功利主义角度来看。通过一项类似 DMCA 的法律，并不会自动扼杀非市场和同侪生产的发展。确实，许多这类技术和社会经济发展都是在 DMCA 已经到位之后才出现并蓬勃发展的。然而，它确实代表了一种选择，即一种倾斜的制度生态，它有利于工业生产和文化产品的发表，而牺牲了共享信息、知识和文化的公共品。20 世纪的文化材料为当代文化创作提供了最直接和最重要的参考和图像来源。鉴于电影、录音音乐和摄影的相对较新来源，当代文化的大部分都是在这些媒介中创造出来的。这些用于创作当代多媒体文化的基本材料，反过来又以无法简单用手抄的方式进行编码，就像文本即使面对技术保护措施也可以那样。机械复制的能力是将这些现有材料引用和组合成新的文化陈述和对话动作的必要前提。保护工业文化生产者以封闭方式维护其版权内容，付出的代价，只能是牺牲新兴文化生产模式引用和借鉴 20 世纪大部分文化。

点对点网络之战

在技术和社会层面，互联网发展的第二场争论发生在点对点（P2P）网络领域。尽管我认为它不会成为网络信息经济成败的关键因素，但我会在此对其展开详述。如果说有任何法律拥有如此决定性的力量，那一定是弗里茨芯片相关法律和 DMCA。然而，点对点网络提供了一个绝佳的案例研究，让我们得以探讨评估制度生态对技术、经济组织和社会实践的影响究竟有多么困难。

点对点技术作为全球现象，源于 Napster 及那些共享盗版音乐文件的全球数千万用户。自推出六年来，点对点网络发展出强大的技术能力。它们已吸引超过一亿用户，应用范围也远不仅仅局限于音乐共享。尽管许多国家系统都在系统性地对开发者和用户进行民事诉讼和刑事执法，但这些共享行为却依然蓬勃发展。从技术层面讲，点对点网络是运行在互联网之上的程序，它允许用户直接从一个终端联通到另一个终端。理论上，这是整个互联网的工作方式——或者至少是在连接计算机数量较少时期的运行方式。实际上，大多数用户通过互联网服务提供商连接，互联网上可访问的大部分内容都存储在与用户不同的服务器上，由其他人拥有和运营。在 20 世纪 90 年代末，一些基础工具允许用户访问存储在另一台计算机上的信息，但并不存在一个通用工具允许大量用户相互搜索硬盘并直接从一个用户向另一个用户共享数据。因此，大约在 1998 年至 1999 年间，早期互联网音乐发布模型，例如 MP3.com，提供了一个集中的音乐发布点。这使它们极易受到法律攻击。当时年仅 18 岁的肖恩·范宁（Shawn Fanning）显然正在寻求一种不受中央存储和复制点限制的方式，像青少年总是做的那样——与朋友分享他们的音乐。他开发了 Napster，这是第一个被广泛采用的重要点对点技术。与 MP3.com 不同，Napster 的用户可以直接连接彼此的电脑———个人可以下载存储在另一台电脑上的歌曲，无需任何中介。Napster 除了提供终端用户软件之外，唯一作用就是提供一个中心目录，列出哪些歌曲存储在哪些机器上。根据美国版权法，任何用户允许他人将受版权保护的音乐从自己的电脑复制到他人的电脑都是侵权行为。这一点在学术界几乎没有争议。Napster 在促进这些交换过程中充当了中心枢纽的角色，再加上 Napster 高层管理人员的一系列不慎言论，让公司不得不承担版权法上的帮助侵权责任。

点对点技术和音乐分享的实践就像被放出魔瓶的精灵，难以为人们所控制。Napster 倒闭后短短几年间，发生了很多事情，其中蕴含着两个深刻的启示：第一，制度设计是数字环境中文化生产条件的角斗场。它决定了创作者获取和使用资源的方式，进而塑造整个文化情境。当时的法律和行业规则试图限制音乐分享，但新技术和用户需求却找到了突破口。第二，在快速的技术和社会变革时期，制度生态的控制力有限。封禁 Napster 并不能真正阻止音乐分享。就像接替 Napster 的 Gnutella 软件，它完全去中心化，没有中央服务器，无法被直接起诉或关停。用户可以自由安装和使用，形成一个庞大的分享网络，难以被控制。虽然 Gnutella 技术并不完美，但很快被 FastTrack 架构等更先进的点对点技术超越。这些平台通过"超级节点"优化搜索功能，分散网络流量，同样难以成为法律打击的目标。BitTorrent 与 eDonkey 等更多技术不断涌现，使得文件分享更加快速和强大。不到两年时间，这些平台的用户数就超越了 Napster 巅峰时期。虽然其中一些平台也面临法律诉讼挑战，但音乐分享的风潮已经势不可挡。

随着点对点技术的不断发展和升级，以及围绕该技术的法律诉讼日益增多，一个核心问题逐渐显现：针对技术制造商的诉讼往往忽略了点对点技术的多样性及其广泛的合法应用场景。点对点技术绝非只用于非法用途，它有着丰富的应用潜力。最简单的例子之一，就是音乐分享。越来越多的乐队选择通过自由发布音乐的方式获得曝光，进而争取现场演出机会。此外，随着欧洲和澳大利亚逐渐将 1950 年代的录音音乐纳入公共领域，经典老歌也成为合法使用点对点技术的重要原因。更重要的是，点对点技术正在被用于各种创新领域。第 7 章讨论了 FreeNet 如何利用点对点网络的持久性和抗干扰性，帮助传播政治文件，从而对抗专制政权。BitTorrent 最初是为了解决免费软件发行所需的大文件传输问题而开发的。当斯沃斯莫尔学院因回应迪堡公司的威胁而切断学生网络连接时，学生们都使用 BitTorrent 和 eDonkey 来恢复网络通信。KaZaa 的创始人开始提供互联网电话工具 Skype，用户可以在电脑之间免费通话，也可以通过电脑付费拨打传统电话网络，而 Skype 也是一款基于点对点技术的应用。

正如开放无线网络和分布式计算利用个人设备构建分散的通信和计算系统一样，点对点技术正发展为一种通用方法，用于建立分布式数据存储和检索系统。随着点对点技术在社会和技术方面的应用不断增长和多样化，对所有点对点技术开发者的法律攻击越来越难以持续——无论从法律层面还是社会技术层面来看。KaZaa 在荷兰被起诉，随后将公司搬迁至澳大利亚。之后，它在澳大利亚再次遭遇诉讼，但此时荷兰法院已经裁定该公司对音乐唱片公司不承担侵权责任。Grokster 公司总部位于美国，它最初被认为功能丰富多样，不仅限于促进侵犯版权，因此第九巡回上诉法院拒绝仅凭其开发和发布软件就认定其侵权。然而，最高法院最终推翻了这一裁决，将案件发回下级法院进行事实调查，以确定 Grokster 是否确实有意促进非法复制。[17] 即使 Grokster 最终败诉，FastTrack 网络架构也不会消失；客户端（即终端用户软件）仍会存在，包括免费软件客户端。或许，在美国境内经营的企业在这个科技领域融资会更加困难，因为最高法院在 Grokster 案中确立的新规则增加了点对点技术创新团队面临诉讼的风险。然而，正如 1990 年代中期对加密技术的监管一样，美国显然无法单方面阻止需求旺盛且拥有全球化人才的技术发展。

从更广泛的意义上讲，这些法律之争对在网络环境中组织文化生产有多重要？这个问题可以从两个角度思考。第一，可以考察法律之争对技术的发展和应用以及盗版的社会实践可能产生的影响。在这一领域，法律似乎不太可能阻止点对点技术的继续发展。然而，法律却带来了两个相反的结果：首先，它影响了技术发展的轨迹，这种轨迹与行业利益相悖，但却与逻辑层核心功能的日益分散相一致。其次，它似乎在一定程度上抑制了文件共享的社会实践。第二，可以假设一系列点对点技术将继续被广泛应用，大量的共享行为将继续存在。那么问题就来了，这将对与这种技术对抗的电影业和唱片业产生什么影响。在这种新形势下，音乐可能会比电影发生更彻底的变化，主要影响将是鉴别环节，亦即音乐如何被歌迷认可和使用。电影业受到的影响，或许更多表现在观众口味的转变。MP3.com 是第一个因诉讼被迫关闭的知名音乐网站。从唱片业的角度来看，它本应是一个完全不具威胁的商业模式：用户支付订阅费，就可以下载音乐。然而，当时对于唱片业来说，这个模式存在一些让它不舒服的缺陷：唱片业无法控制这个重要网站，因此必须与网站分享音乐收益，更重要的是，下载后的音乐文件无法得到有效控制。然而，从 2005 年当时的视角来看，MP3.com 对于唱片业的商业模式而言，比一个免费的软件文件共享客户端要容易管理得多。MP3.com 是单一网站，拥有一个可以被追责的网站所有者（事实上也确实被追究了责任）。它控制着哪些用户可以访问哪些文件，其做法是要求每位用户插入购买的 CD，以此证明拥有权。理论上，这种方式可以监控使用情况，并按使用量收取相应费用。但它并没有从根本上改变人们选择音乐的方式。它提供的更像是点播音乐平台，而非真正的音乐分享平台。从法律角度看，MP3.com 侵权的核心在于它通过自己的中央服务器储存和传送音乐，而不是使用用户购买的个人版本。唱片业正是抓住了这点，将其封禁。作为回应，Napster 重新设计，采取了中心化模式，将音乐储存交由用户负责，自身只保留目录和搜索功能在中央服务器。Napster 关闭之后，Gnutella 和后来的 FastTrack 进一步分散了系统，提供了完全分散、可临时重新配置的编目和搜索功能。由于这些算法代表的是架构和基于协议的网络，而不是某个特定的程序，因此它们可以在许多不同的实施方案中使用。这包括像 MLDonkey 这样的免费软件，它是一个新型文件共享系统，旨在同时运行主流文件共享网络，包括 FastTrack、BitTorrent 和 Overnet（即 eDonkey 网络）。这些程序在许多国家编写，并可从这些国家中获取。它们的传播没有中央控制点。没有一个中心点可以对其使用进行衡量和收费。从技巧角度看，它们更容易遭遇诉讼，对各种可能的下载或使用收费模式也不太友好。从技术角度看，诉讼效果适得其反。它创建的网络更难以被整合到以按用户或使用量支付版税为基础的音乐产业中。然而，从社会实践的角度来看，诉讼究竟是成功还是失败，却难以评估。关于文件共享和诉讼对 CD 销量影响的报告相互矛盾。唱片业声称 CD 销量的下降是由于文件共享，但更多独立的学术研究表明，与整体经济低迷相比，文件共享本身并未对 CD 销量产生独立影响。[18] 根据皮尤研究机构的调查数据，针对个人用户的诉讼策略虽然削弱了文件共享的使用，但相比新兴的付费下载授权服务，文件共享仍然普遍得多。2003 年中，皮尤研究机构发现，29%的受访互联网用户表示他们下载过音乐文件，与 2001 年第一季度 Napster 巅峰时期完全相同。21%的受访者表示他们允许别人从他们的电脑下载音乐。[19] 这意味着仅仅在美国，2003 年中期就有大约 2600 万到 3500 万人在分享音乐文件，当时唱片业已经开始起诉个别用户。在这些分享音乐的人中，竟有三分之二的人明确表示，他们不关心下载的文件是否侵犯版权。2003 年底，距离唱片业开始起诉个人仅仅五个月后，承认下载音乐的人数减少了一半。接下来的几个月，这个数字略微上升至 2300 万成年人，无论从绝对数量还是占互联网用户的比例来看，都低于 2003 年中期的水平。在曾经下载过音乐但后来中止的人中，大约三分之一的人表示，版权诉讼威胁是他们停止文件共享的原因。[20] 同一时间段，付费在线音乐下载服务，如 iTunes，的使用者上升到约 7%的互联网用户。所有类型的媒体文件——音乐、电影和游戏——共享则占成年互联网用户的 23%。这些数字确实表明，总体而言，音乐下载的报告频率略低于过去。很难说这种减少有多少是由于实际行为改变，而不是出于对可能招致诉讼的行为的自行报告。诉讼对年轻人群——青少年和大学生——文件分享行为的影响难以量化，他们既是购买 CD 的主力军，也是文件分享的积极参与者。尽管如此，自行报告的下载人数减少以及相对稳定的分享各种文件互联网用户比例，都表明诉讼似乎对文件分享这一社会实践产生了缓和作用。然而，它并没有阻止文件分享成为互联网用户五分之一至四分之一的主要行为模式，对于音乐和电影行业最相关的群体——青少年和年轻人——这一比例可能还要高得多。

从理解制度生态影响的角度来看，围绕点对点网络的持续争论呈现出一幅模棱两可的景象。我们可以相当确信地推测，如果 Napster 没有被诉讼所封禁，文件共享将比今天更普遍。Napster 极其易于使用，它为所有文件共享用户提供了一个单一的网络，从而构建了一个内容分布极其多样和广泛的网络；在短暂的一段时间内，它还是一个文化标志，被视为一种看似可接受的社会实践。Napster 被关闭后重新集结的时期；早期 Gnutella 客户端不完美的界面；文件共享相对分散到多个网络中，每个网络的内容覆盖范围都比 Napster 小；以及个人诉讼风险的恐惧，这些因素可能都限制了新平台的采用。另一方面，从长远来看，技术发展已经创造了与工业模式兼容性较差的平台，这些平台更难以融入数字环境下的音乐发布稳定解决方案。

尽管点对点网络的未来难以预测，但它们如何促进我所关注的"非市场生产和创造力"——网络信息经济的核心要素——却并不一目了然。乍一看，它们似乎仅仅是粉丝们绕过音乐家无偿获取工业化音乐作品的工具，这似乎与"创新的民主化"无关。然而，为了理解点对点网络为何仍能成为更具吸引力的文化生产体系一部分，以及它们如何影响文化生产的工业组织，我们可以首先分别看一下音乐和电影领域。这两个领域的工业结构各不相同，点对点网络在每个领域发挥的作用也大有差异。

音乐产业的历史可以追溯到留声机——一种以家庭消费为主要目标的商品。围绕着唱片压模和销售形成的庞大行业，建立了独特的收入分配结构：艺术家主要通过现场演出和周边产品获利。鲜少有音乐人——哪怕是销量大好的唱片——能真正靠版税赚到钱。唱片公司则攫取了唱片和 CD 销售的大部分收入，并主要负责宣传和发行。值得注意的是，唱片公司并不承担初始音乐创作的资本成本，这份支出由艺术家们自行承担。随着科技的发展，创作音乐的成本越来越低，艺术家们只需要一台电脑，就像他们的乐器一样，就可以完成音乐制作。由于传统唱片业的分成结构，艺术家往往只能从现场演出和周边产品中获得微薄收入。因此，点对点网络的出现对整个唱片业构成了真正的威胁，它可能会彻底颠覆旧有的商业模式。然而，对于艺术家来说，这个变革的影响相对温和，甚至可能带来一定的利好。传统唱片业依靠着印制 CD、电台宣传和实体店铺等方式进行音乐发售，而点对点网络则提供了一个全新的音乐发布平台，同时涵盖了实体唱片和数字信息的流通。点对点网络的音乐发布模式与传统唱片业截然不同。它并不依赖于中心化的公司架构，而是通过用户之间协作分享各自电脑、硬盘和网络连接的产能，来构建音乐发布系统。过滤和推荐（或"推广"）由一种伊本·莫格勒称之为"无政府主义式发布"的模式产生。珍妮的朋友和朋友的朋友，比唱片公司高管更了解什么是她喜欢的音乐，他们知道应该让她接触什么音乐，让她在哪种情况下最有可能购买，从而精准预测她的喜好。文件共享系统以一种社会分享的方式实现了音乐的发布和"推广"，配合由同行制作的音乐评论，完全有可能取代唱片公司在传统工业模式中的角色。

从音乐家的角度来看，点对点网络似乎更像是利大于弊。根据2004 年中的一项全面调查数据，35%的音乐家和作曲家表示免费下载对他们的职业生涯有帮助，只有5%的人表示遭受损害。30%的人表示免费下载增加了他们演唱会的出席率，21%的人表示它帮助他们销售了 CD 和其他商品，19%的人表示点对点网络帮助他们获得了电台曝光。考虑到音乐产业的收入结构，这些结果符合预期。然而，这项研究没有根据受访者是否主要靠音乐收入来区分答案，而这部分群体只占受访者的 16%。总而言之，事实似乎表明，艺术家来自表演和其他来源的实际收入大多保持稳定。即使 CD 市场完全被点对点网络所取代，音乐家们的生活可能也不会受到太大影响，至少他们的演奏收入不会大幅减少。或许百万富翁歌手会变少，或许那些靠着姣好形象包装成"天才"的平庸音乐人也不会再泛滥，但是更多真正有才华的音乐家会被听到，从而获得演出机会。要认为没有了20世纪昙花一现的工业化音乐形式，我们的世界就会失去音乐这种亘古不变的人类文化形式，那简直是荒谬。音乐并非伴随留声机诞生，也不会随着点对点网络消亡。围绕网络音乐的争论，其本质关乎文化政策，甚至工业政策。在新的体系下，"我们"是否能听到想要听到的音乐？美国的唱片公司还能继续获得丰厚的海外收入吗？艺术家们究竟能不能靠音乐为生？这些问题有的发人深思，有的却无关紧要，不过是一场针对垄断利润的"茶杯风暴"。毋庸置疑，技术变革让传统的音乐信息和文化传播方式过时了。过去由市场主导的音乐发行，现在可以由去中心化的用户网络完成。用户自主选择他们喜欢的音乐，并通过他们自己的设备和网络连接与他人分享。这种新型的网络允许更多元化的音乐人接触到更细分的受众，这是工业化生产和发行黑胶唱片或CD时无法企及的。法律层面的斗争，实则是现有唱片行业为保护其巨额利润商业模式而采取的抵制行动。到目前为止，该行业延缓了音乐分享网络的普及，但它能阻止用户主导的音乐发行趋势多久，又能否彻底阻止，则不得而知。

电影产业与音乐产业有着截然不同的工业结构，因此它们与点对点网络的关系也可能会大相径庭。首先，电影制作从一开始就是个资本密集型体验产品。比起用吉他或钢琴就能写歌的音乐人，拍电影需要庞大的工作室和劳动力，不是单枪匹马就能完成的。此外，在历史上大部分时间中，电影都被视为集体体验的商品。人们通常是在特定的社交环境下，比如电影院等公共场所，一起观看电影。电视的出现，让电影产业很容易适应新环境：他们通过延迟电影投放到电视的时间来延长电影院的放映周期，并且将电视制作发展成另一盈利业务线。然而，院线发行一直是电影业最重要的收入来源。录像带问世时，电影业在索尼贝塔马克斯案（Sony Betamax case）中大声呼吁这是毁灭性打击，但实际上他们很快发现，就像电视和录像带电影一样，录像带也可以成为另一发行窗口，另一条赚钱渠道。数字发售会影响文化产品作为家用消费品打包销售的方式，但它不会影响人们外出看电影的社交体验。充其量，它可能会影响过去20年盛行的电影消费模式：视频和DVD。在2000年好莱坞电影公司起诉DeCSS一案中，他们向法庭申述，家庭录像带销售占其收入的40%左右，与其他报告的数字一致。[21] 剩下的40%，包括院线发行和各种电视播放收入，对于支撑好莱坞标志性的高制作价值、高成本电影来说，仍然是一套相对安全的收入模式。40%毫无疑问是一大块蛋糕，但与从个体拥有录音开始的唱片业不同，电影业早在录像带和DVD出现之前就已存在，即使点对点网络完全摧毁了家用电影市场（这也很难发生），电影业也可能会继续存活下去。

网络发布是否会让电影变得更加多元化，这是个更棘手也更有趣的问题。像BitTorrent这样的点对点网络，理论上可以为主流影视业之外的电影提供有效的发布渠道。然而，与车库乐队和小规模音乐制作不同，这一承诺尚未得到验证。与我们重视写作教育不一样，我们并没有对电影创作进行公共教育投资。许多能够催生数字捕捉和业余剪辑文化氛围的原始素材本身受到版权保护，这也是我们在考察内容层面时将要重新探讨的主题。一些像atomfilms.com这样的短片发布平台已经初露锋芒，技术能力已经准备就绪。如果超过三五十年历史的电影能够进入公共领域，它们或许可以成为一种新型文化创作实践的原材料，而点对点网络则可能会在它们的传播中扮演重要角色。然而，就目前而言，尽管唱片和电影行业在游说方面并肩作战，但他们面对文件共享的现实和发展轨迹可能会大相径庭。

点对点网络与DMCA的斗争让我们得以窥见改变制度生态环境的潜力和局限。无论音乐还是电影行业，传统文化内容生产者都满怀雄心，试图利用法律塑造新兴技术和社交行为，确保他们基于胶片和录音带制定的商业模式能够在数字时代延续下去。然而，要做到这一点，就需要大幅限制某些创新，例如特定的解密技术和点对点网络，甚至需要将全球范围内普遍存在的行为——人们习惯于分享他们能够轻易分享的大多数东西——定为非法。就音乐而言,这种行为已经遍及全球数千万人。或许,指望通过法律在高度互联的全球网络中实现如此彻底的变革,多少有些天真。尽管法律纷争未能彻底阻止网络世界里的黑客,但不可否认,它确实对社会行为和公共资源的无偿获取产生了影响。DMCA 可能并未让任何单一的版权保护机制经得起互联网上无数黑客的检验,却成功地阻止了破解工具整合进主流平台,例如 Windows 操作系统或一些主要的杀毒软件,这些原本是它们在消费者市场"天然"的落脚点。对点对点网络的诉讼虽然没有摧毁该技术,似乎确实成功抑制了文件共享的社会风潮。从政策角度出发,对这些影响可以有截然不同的解读。很明显,这些法律是自我意识的努力,试图调整数字环境的制度生态,以减轻其对 20 世纪文化生产工业模式造成的最大威胁。以 DMCA 为例,它直接导致用户难以创造性地使用现有的 20 世纪视听材料,而这些材料对我们 21 世纪初的文化自我理解至关重要。对于点对点网络来说,对非市场生产的限制则更间接,并且可能因不同的文化形式而异。这场诉讼对技术发展施加的压力,促进了去中心化搜索和检索系统的开发,其最重要的长期影响可能是无意中提高了激进的去中心化文化生产和传播的效率,使去中心化生产更加强大,更加不受制度生态变化的影响。

域名系统:从公共信任到迷信记忆术

争夺逻辑层独占资源胚子的斗争,并不只源于好莱坞和唱片业。版权行业之外的一场重大战役,围绕着域名分配和所有权展开。其核心问题在于,现实世界的标识名称所有权,能否用于提升互联网上的关注度。域名是一种字母数字助记符,用于表示连接网络的计算机的实际互联网地址。人们很难记住 130.132.51.8,但记住 www.yale.edu 就方便多了。对于任何连接网络的计算机来说,这两个字符串具有相同的含义——它们指向一个服务器,响应耶鲁大学主站点的网络地址。

每台连接到互联网的计算机都有唯一的地址，可以是永久性的，也可以是由临时配置的。为了让互联网正常运作，必须有主体来专门负责分配地址，包括数字地址和符号地址。在1992年之前，域名和数字地址的分配遵循先到先得的原则，由互联网的早期开发者之一乔恩·波斯泰尔（Jon Postel）根据美国政府合同进行管理。波斯泰尔还运行着一台名为"根服务器"的计算机，所有联网计算机都需要向它查询"字母. 符号. edu"的数字地址，以便将人类操作者记忆中的地址转换成计算机可以使用的地址。波斯泰尔将这个系统称为"互联网号码分配局"（Internet Assigned Numbers Authority，IANA），其宗旨是"致力于为公共利益维护全球互联网的核心协调功能"。1992年，波斯泰尔厌倦了这份协调工作，美国政府将其合同授予了一家私营公司——网络解决方案公司（Network Solutions, Inc.，NSI）。随着申请数量的增长，以及政府希望该系统能够自负盈亏，NSI在1995年被允许开始收取域名和数字地址分配费用。大约在同一时间，图形浏览器的广泛普及使得万维网的使用变得更加简单直观，即使是新手也能轻松上手。这两项发展将两种力量汇聚在一起，共同影响域名问题——它们的起源和意图截然不同。一股力量是由波斯泰尔领导的互联网创立者和开发者，他们将域名空间视为公共信托，并抵制NSI的商业化行为。与波斯泰尔及工程师阵营相对的另一股力量则是商标所有者及其律师。他们猛然意识到，控制域名可以将品牌价值延伸到一个全新的贸易领域——电子商务。这两股力量向美国政府施加压力，要求政府做到两点：①打破NSI（一家追求盈利性公司）对域名空间的垄断，②找到一种让商标所有者有效控制其商标字母数字字符串作为域名的方式。面对NSI的垄断，波斯泰尔试图"夺回根服务器"的控制权。他要求各个区域域名服务器指向他的电脑，而不是NSI在弗吉尼亚州维护的那台。这一举动在政府内部引发了轩然大波，波斯泰尔被指控攻击和劫持互联网！然而，他的地位和热忱为保持域名系统作为一个开放的公共信托提供了巨大的支柱。但不幸的是，随着他于1996年去世，这一立场也戛然而止。1996 年末，在互联网协会（Internet Society，ISOC）的促成之下，由来自各方人士组成的临时国际特设委员会（International Ad Hoc Committee，IAHC）成立。IAHC 成员大约一半是知识产权律师，一半是工程师。1997 年 2 月，IAHC 推出了一份名为"通用顶级域名谅解备忘录"（gTLD-MoU）的文件。尽管声称代表"互联网社区"，gTLD-MoU 却诞生于一个小圈子。这项计划虽然未涉及任何政府，但却被"存放在"国际电信联盟（International Telecommunications Union，ITU）以待各方签署。令人惊讶的是，多达 226 个组织——互联网服务公司、电信提供商、咨询公司以及少数 ISOC 分会都对此表示支持并签署了这份备忘录。gTLD-MoU 第二部分阐述了其原则，揭示了该项目背后的驱动力。虽然开头宣称顶级域名空间"属于公共资源，得到公众信任"，但它很快又转向另一个原则："当前和未来的互联网域名空间利益攸关方将从自我监管和市场导向的互联网域名注册服务中获益最大。"这就产生了两个政策原则：第一，打破 NSI 的垄断，引入域名注册的商业竞争；第二，保护商标在作为二级域名一部分的字母数字字符串中的使用权。最后，通过将注册人委员会组建为一家瑞士公司，并与 ITU 和 WIPO 建立特殊关系，实现了该备忘录所倡导的国际化目标。

假如没有美国政府的支持，这一制度就无法建立。1998 年初，美国政府针对这一热火朝天之势发布了一份绿皮书，寻求成立一家在美国注册的非营利私人公司来管理域名分配。从文件本身来看，绿皮书首先响应了人们对域名注册垄断和域名商标问题的担忧，并在一定程度上回应了来自海外要求参与互联网治理的越来越多的呼声。尽管来自欧盟的回应冷淡，美国政府还是继续完成了一份白皮书，并授权创建其首选模式——一家非营利私人公司。就这样，互联网名称与数字地址分配机构（Internet Corporation for Assigned Names and Numbers，ICANN）作为一个位于加州的非营利私人公司应运而生。经过一段时间的努力，ICANN 在很大程度上成功打破了 NSI 对域名注册的垄断。

在商标方面，它的努力实际上创造了一种全球性的抢占式财产权。继美国政府白皮书邀请 ICANN 研究在域名空间实施商标保护的适当方法之后，ICANN 和 WIPO 于 1998 年 7 月至 1999 年 4 月启动了一个流程。正如弗鲁姆金描述他在这一过程中的经历，该过程看似透明公开，但实际上是由工作人员内部驱动的起草过程。[22] 其结果是，商标所有者在构成域名的字母数字字符串中获得了非常强大的全球财产权，并辅以具有约束力的仲裁。由于控制着根服务器，ICANN 可以将其仲裁决定在全球范围内实施。例如，假如 ICANN 裁定麦当劳快餐公司而非某个虚构名为"老麦当劳"的农民拥有 www.mcdonalds.com 这个域名，那么世界上所有的电脑访问该网址时，都将被指向公司网站，而不是个人网站。一些主要的商标所有者对 ICANN-WIPO 流程保护其商标的程度颇有微词，因此游说美国国会通过更严格的法律。这项法律将使得商业品牌名称的所有者更容易获得包含其品牌的域名，无论用户是否可能会将像假设的"老麦当劳"这样的网站与快餐连锁店混淆。

　　域名空间扩张的重要性取决于一种文化实践的流行程度，这种文化实践就是：利用人类记忆查找信息。将商标字母数字字符串作为二级域名的价值背后，隐含着这样一个假设：用户会通过输入"www.品牌名.com"作为标准方式获取网络信息。但这种方式并非显然最优的解决方案。在现实空间，收集价格、质量等比较信息非常耗费成本，品牌名称充当着重要的信息传递角色。然而，在网络空间，软件可以轻松比较价格，产品评测服务也易于建立且成本低廉，品牌名称反而可能成为获取信息的障碍，而非助力。例如，如果用户被迫四处搜索信息是否位于"www.品牌名.com""www.品牌_名.com"或"www.品牌.net"，现实世界的品牌认知就成了电子商务的瓶颈。正因此，拥有知名商标的企业才会急于抢占商标在域名中的使用权——这确保了用户能够直接找到他们的产品，而无需经历搜索引擎算法的折腾，从而避免产品与新进入市场的竞争对手展开竞争。随着搜索引擎变得更加智能，并与浏览器基本功能紧密集成，用户单纯输入"www.delta.com"

来购买达美航空机票的做法，相比于直接在搜索栏输入"达美航空"并作为首选项看到航空公司官网，已经显得过时了。然而，这些看似低效的文化习惯往往根深蒂固。如果这种习惯确实会持续下去，那么域名产权的界限就变得十分重要。根据过去几年的法律发展，包含特定字符串的商标所有权几乎总是赋予其拥有者优先使用该商标字符串作为域名的权利。

域名纠纷大致分为三类。第一类是纯粹套利的域名纠纷。一些人预测带有驰名商标名称的域名会升值，便大量注册这类域名，然后坐等品牌公司上门高价回购。这种行为与其他形式的套利并无本质区别，只是他们"囤积"了具有商业价值的域名，让它们流向可能非理性高价竞拍的市场，而不是真正需要这些域名的人，比如名字跟域名相同的自然人。尽管如此，这些套利者却被冠以"域名海盗"或"劫持者"的恶名，而所有相关判决的结果始终如一：与品牌相关的域名最终都归品牌公司所有，套利者不仅空忙一场，甚至还要面临巨额赔偿。第二类涉及域名持有者本身的正当使用需求，但该域名恰好与驰名商标名称相同。例如，某位摄影师使用自己的姓氏注册了包含"Leica"字样的域名来展示作品，尽管这与相机品牌徕卡重名，但摄影师拥有合理的使用理由。一个绰号为"Pokey"的孩子注册了"pokey.org"域名，他与玩具制造商（生产一款名为"Pokey"的玩具）之间的域名纠纷，成为这类案件的典型代表。在这场纠纷中，裁定具有不确定性，很大程度上取决于公众对这个在先注册人的同情程度。第三类涉及使用品牌名称来吸引他人注意，他们实际上是在批评品牌所有者。一个著名案例发生在威瑞森无线网络推出之时。黑客杂志《2600》购买了"verizonreally-sucks.com"域名，用以嘲讽威瑞森的网络服务。作为回应，Verizon要求他们注销这一域名，随后该杂志又购买了域名"VerizonShouldSpendMore-TimeFixingItsNetworkAndLessMoneyOnLawyers.com"。这类案例在ICANN流程下，法院和仲裁员的同情程度也不尽相同。尽管很明显，使用品牌名称来嘲讽和批评其所有者及其试图赋予其商标的文化含义，是合理使用、文化批评和言论自由的核心要义。

本书无意就域名归属争论提出具体的法律、宪法或 ICANN 规范的解决方案。我们关注的是，在追求知识产权的过程中，控制权的建立，如何影响信息流通和网络环境中意义表达的自由。在最初，域名问题被视为互联网发展史上的关键事件，而 ICANN 则被寄予各种期望和担忧，有人希望它成为互联网民主治理的引擎，也有人担心它成为美国霸权的工具。我怀疑这两种极端都不太可能最终实现。域名产权的重要性直接取决于用户搜索信息的方式。搜索引擎、目录、评论网站和链接推荐在帮助用户找到所需信息方面扮演着重要角色。对域名空间的控制不太可能成为真正的瓶颈，阻碍商业竞争者和个人表达者吸引对他们的产品或批评的关注。然而，这场纠纷反映了利用知识产权——将商标嵌入域名——控制逻辑层特定要素的努力，这种努力旨在将环境向知名品牌所有者倾斜，对个人、非商业参与者和规模较小、知名度较低的竞争者造成不利影响。

浏览器之战

网络逻辑层爆发过一场更为底层的纠纷，那就是浏览器之战。这里的"制度"成分并非法律法规等正式机构，而是技术实践机构，亦即网站设计标准。与网络协议层面不同，到 20 世纪 90 年代中期，个人电脑运行的软件（逻辑层的设备端）已经完全私有化。微软在桌面操作系统领域占据主导地位，其他软件厂商也在消费应用领域牢牢占据一席之地，将逻辑层拉向封闭的商业模式。1995 年，微软将互联网，尤其是万维网，视为对其桌面控制权的威胁。用户端的网络浏览器有可能使桌面更开放，削弱其垄断地位。从那时起，开放的非封闭网络和封闭的桌面之间爆发了激烈的拉锯战，这场拉锯战既体现在市场份额领域（微软取得了巨大成功），也体现在标准制定领域（微软只能说是勉强获胜）。市场份额方面的斗争故事大家都很熟悉，微软的反垄断诉讼记录了它的细节。新操作系统难以与微软竞争的部分原因是，应用程序开发人员通常会优先甚至只为占主导地位的操作系统开发软件。一个投入数百万美元开发新图片编辑软件的公司，往往会选择让它兼容两亿用户的操作系统，而不是只有1500万用户的系统。微软担心，20世纪90年代中期占据主导地位的Netscape浏览器会成为应用程序之间的编译器——开发人员可以让他们的应用程序在浏览器上运行，浏览器负责横跨不同操作系统的编译。如果这种情况发生，微软的操作系统就必须靠自身的质量来竞争。微软的Windows操作系统将失去"良性反馈循环"的优势，即用户越多，应用程序越多，而更多的应用程序又会吸引更多新用户，如此循环。为了防止这种情况，微软采取一系列最终被认定违反反垄断法的做法，旨在让绝大多数互联网用户采用微软的Internet Explorer（IE）浏览器。无论合法与合，这些做法成功地使IE成为主导浏览器，并在短短几年内超越早年市场领军浏览器Netscape。当反垄断案完结时，Netscape已将浏览器开发交给了开源社区，但许可条件相当模糊，导致项目早期参与度不高。直到2001—2002年左右，Mozilla浏览器开发项目才获得足够独立性和安全性，吸引开发人员积极贡献。直到2004年末至2005年初，Mozilla Firefox才成为第一个有望从IE那里夺回部分用户份额的免费软件浏览器。

实际上，微软在操作系统和浏览器方面的主导地位并没有导致对互联网信息流和信息使用的严格控制。原因有三：第一，TCP/IP协议是互联网通信的基础。它允许任何应用程序或内容在网络上运行，只要将其转换成带有标准寻址信息的数据包。如果阻止应用程序在TCP/IP基础协议上这样做，就会使微软操作系统对许多应用程序开发人员造成严重损害，这就是第二个原因。微软的主导地位在很大程度上取决于Windows操作系统上可运行的大量应用程序库。为了使这个程序库成为可能，微软提供了大量的应用程序接口，开发人员无需征得微软同意即可使用。作为一项增强其核心竞争优势的战略决策，微软可能会在应用程序开发领域向其倾斜，但还不足以使大多数应用程序难以在 Windows 操作系统上实现。虽然 Windows 操作系统的开放程度远不及真正的开源平台，但它也远非一个完全受控的平台，其所有者试图控制所有允许为其平台开发的应用程序，以及对其平台的所有使用。第三，虽然 IE 浏览器控制了大部分浏览器市场份额，但微软并没有成功地主导网络创作标准。网络浏览器标准的制定是在网络神话的缔造者——蒂姆·伯纳斯-李——的地盘上进行的。李是 W3C 的主席，该联盟是一个非营利组织，负责制定网页制作的标准方法，使网页在浏览器屏幕上呈现出可预测的效果。多年来，微软推出了各种不属于网络标准的专有扩展，并说服许多网站作者将他们的网站优化到 IE 浏览器。如果微软成功了，它将从 W3C 手中夺回对标准制定的实际控制权。然而，截至本书撰写之时，网页一般仍主要使用标准、开放的扩展程序编写，任何使用免费浏览器（如 Mozilla 系列中的任何一款）浏览互联网的人，都可以阅读大多数网站（包括主要的电子商务网站）并与之交互，而不会遇到为 IE 浏览器优化的非标准界面。至少，这些网站能够查询浏览器是否为 IE 浏览器，并相应地提供开放标准版或专有标准版。

免费软件

Mozilla 在浏览器战争中所扮演的角色，凸显了免费软件运动和开源开发社区在推动网络开放性方面更强大和全面的作用，同时也成为抵御封闭和垄断的重要屏障。在一些互联网最基础的应用领域，例如网络服务器软件、网络脚本软件和电子邮件服务器，免费或开源软件占据了主导地位。而在其他领域，比如操作系统，它提供了足够强劲的替代方案，足以防止整个逻辑层被封闭控制。由于其许可结构和技术规范对任何人都开放，可以进行检查和使用，免费软件为数字环境中的任何资源或功能提供了最全面的开放式、基于公共资源的制度和组织安排。在逻辑层中，任何由免费软件开发项目产生的资源，都被设计为可以用于非市场、非专有的使用策略。然而，这种开放性也使免费软件难以被控制。如果有人试图对某个功能进行限制性的实现，例如，一个不允许在没有版权所有者授权的情况下播放音乐的音频驱动程序，那么代码的开放性将允许用户识别软件的限制性内容和方式。同样的制度框架也允许任何开发人员"修复"问题并改变软件的行为方式。免费和开源软件的开发，就是从这里开始的。人们不能为了检查和修改，而限制软件的访问权限，只允许那些通过合同或财产控制行为的开发人员访问，同时还要让软件保持"开源"或免费。只要免费软件能够提供用户想要的计算功能的完整实现替代方案，就不可能完全封闭逻辑层。这种开放性对于那些希望网络能够根据各种动机和实践进行发展的人来说是一种福音。然而，对于那些试图限制互联网的使用范围的人来说，它却是一个严重的问题。正如他们在可信系统的背景下所做的那样，现有的工业文化生产商（好莱坞和唱片业）实际上也想控制互联网的使用方式和软件的行为方式。

软件专利

在软件发展的大部分历史中，它的保护主要依靠版权，甚至完全不受保护。从 1980 年代初期开始，并在 1990 年代末正式达到顶峰，负责监督美国专利法的上诉法院 联邦巡回上诉法院明确表示软件是可以获得专利的。结果是，软件越来越多地成为专利权的对象。现在，欧盟也面临着类似改革的压力，并希望在更大范围内使软件专利国际化。围绕软件专利是否合适，存在着一系列政策争议。软件开发是一个高度递增的过程，这意味着专利制度往往会对未来的大量创新形成阻碍。专利的授予往往是基于某一技术与过去突破之间的质变，而软件领域的进步往往是通过细微的改进和相互协作实现的，这些进步可能难以达到专利授予所需的质变标准。此外，软件行业在没有专利制度的情况下蓬勃发展，没有明显的理由要在这样一个已经具有高度创新活力的市场引入新的排他性权利。更重要的是，软件组件之间存在着持续的交互。有时，与特定程序的互操作可能绝对必要才能执行某项功能，但这并不是因为该软件特别优秀，而是因为它已经成为事实标准。在这种情况下，专利可能会涵盖功能本身，而版权只涵盖实现该功能的特定代码。最主要的担忧是，对标准加以专利化可能会成为整个行业的创新和发展的瓶颈。

从制度生态的角度来看，软件专利对免费软件和开源软件的威胁最为严重。专利持有人可以通过向开发相关软件的公司收取费用，以获取收益。然而，对于免费软件开发而言，就不存在直接收费对象。即使专利持有人采取非常开放的许可政策，例如非歧视性地以 10 000 美元将专利非独家许可给任何人，大多数免费软件开发者也无力承担这笔费用。像 IBM 和红帽这样的公司或许可以支付许可费用，但个体贡献者在家中敲打代码的工作将受到极大限制。免费软件创新的根本动力在于人人均能轻松便捷地获取最先进的技术，以及来自不同动机和才能的人才共同解决特定设计问题。如果解决一个问题需要获得专利许可，并且任何新开发不仅要编写新的源代码，还要避免侵犯他人专利，否则就要支付高昂的费用，那么免费软件发展的条件将被彻底破坏。在今天的互联网上，一些最基础、普及力度最大的创新和实用工具都归功于免费软件。更广义而言，软件领域充斥着功能上并不依赖独家权利、版权或专利的服务型公司。无论是免费软件还是服务型软件开发，都不需要专利，而过于宽泛的软件专利保护范围反而会严重阻碍两者，尤其是免费和开源软件的发展。正如浏览器之战、Gnutella 和更普遍的网络基础工具（如 Apache 服务器软件、一些免费电子邮件服务器和 Perl 脚本语言）所展示的那样，免费和开源软件开发者为网络逻辑层提供了核心部分。他们以一种开放的方式进行开发，确保任何人都可以自由使用和构建。然而，通过引入专利来加强软件的排他性，超越版权保护的趋势，威胁到了这种开发模式的持续活力。具体而言，专利制度可能会将某些应用领域排除在免费软件的范围之外，这些领域可能需要访问受专利保护的标准要素或协议。因此，对于至少部分网络使用形式而言，专利制度对开放逻辑层的可用性构成重大威胁。

内容层

信息生产和交换所需的最后一个关键资源，是现有的信息、知识和文化领域。围绕版权、专利、商标以及诸如"财产侵害"或"链接权"等新型知识产权的范围、宽度、程度和执行方式的争夺已经成为法律著作的一大主题。我不会在这里回顾过去十多年所有类型的圈地运动，而是选择简要描述一些关键领域正在做出的选择。我的目的并非批评任何法律变化本身的逻辑，而是单纯展示所有这些制度生态的调整如何倾向于服务于专有策略，并牺牲非专有生产者。

版　权

我们见证了第一个系统性偏好商业版权持有者（依赖财产权）的领域，而非基于公共资源的创作者。这种偏好源于一系列因素：对版权所含权利的扩大解释，对用户特权（尤其是合理使用）的吝啬解释态度，以及版权侵害的刑事化程度逐渐加深。这些举措使版权法更加倾向于工业化生产，与过去相比，或者从优化网络信息经济中的创造力和福祉而非现有利益集团的盈利角度来看，都显得更加僵化和不友好。

阅读权。杰西卡·利特曼很早就提出了一种新兴的"阅读权"。[23] 传统版权的核心在于控制复制，并未被视为包含控制现有副本何时、何人、阅读多少次的权利。用户一旦购买了副本，就可以多次阅读、借给朋友，或者放在公园的长椅上或图书馆供任何人阅读。这提供了一个大致节点，限制了将信息这种公共产品据为己有造成的不必要的损失。然而，计算机技术偶然性地导致，屏幕阅读需要将文件临时复制到计算机的缓存中。美国第九巡回上诉法院在早期的 *MAI Systems* 案中，将屏幕阅读时产生的内存副本视为受版权保护的"复制"。[24] 尽管这一立场缺乏强有力的辩护，但后来也没有被其他法院质疑或否定。

结果是，屏幕上的每一次阅读行为都意味着根据版权法"制作副本"。实际上，这种解释将版权持有人的正式权利扩大到涵盖所有计算机介质的作品使用，因为没有任何使用可以通过计算机绕开形式上涉及复制权的进行。然而，更重要的是，这种普遍存在的控制甚至简单阅读受版权保护作品的权利的基本主张，标志着一种态度的转变。它后来通过各种主张——例如私人订制或价格歧视的效率——被合理化，最终形成了一个相当广泛的命题：所有者应该拥有控制其作品所有有价值的用途的权利。结合实际使用中的技术控制可能性和存在，以及DMCA禁止绕过这些控制的规定，这意味着版权法已经发生了转变。在版权法的大部分历史中，它一直作为一个监管条款，将作品的某些用途保留给作者的独家控制，但同时保留其他未明确限制的自由使用。现如今，它已经成为一项法律，赋予权利持有人独家控制任何计算机介质的作品使用的权利，并且在其监管范围内纳入了以前媒介中不受控制的所有用途。

限缩合理使用。版权的合理使用概念来自司法创造，其应用范围一直存在很大的不确定性。这种不确定性，加上对商业使用的宽泛解释，对合理使用的严格解释，以及惩罚犯罪行为的力度不断加大，都限缩了合理使用的实际范围。

首先，我们必须认识到，即使理论上存在合理使用原则，它在实际中也无法给大多数创作带来益处。这主要由两个因素共同造成：①合理使用原则高度依赖具体事实，适用不明确；②版权法规定了高额法定赔偿金，即使版权所有者没有实际损失。莱斯格通过分析一部纪录片案例，清楚地展示了这种影响。[25] 如果没有版权侵权保险作为保障，一部电影就不可能发行。而保险公司通常只会在获得每部被电影涉及的受版权保护作品所有者的正式许可后才愿意承保，即使使用的部分微不足道，对纪录片本身也无关紧要。因此，纪录片中拍摄背景电视屏幕上播放的五秒钟电视节目片段，如果电影制作人无法说服版权所有者授予使用许可，就可能导致整部电影无法发行。即使法院最终可能会认为如此微小和偶然的图像使用属于合理使用范畴，版权所有者仍可能索取数千美元的费用，原因并不是他们认为法院不会支持合理使用，而是保险公司和发行商不愿承担诉讼风险。

其次，近几年来，即使是合理使用原则本身存在的不确定性也进一步收窄，原因在于"干扰市场"和"商业使用"的定义被不断扩大。以 Free Republic 案为例。此案中，一个政治网站提供论坛，用户可以在其中发布各种报纸报道，从而引发政治讨论。法院认为，由于报纸未来可能出售访问存档文章的权限，并且一些用户可能会在网络论坛上阅读部分文章，而不是在报纸的存档中搜索和检索，因此这种使用方式干扰了报纸的潜在市场。此外，由于 Free Republic 收取用户的捐款（尽管不是强制性的）并与其他政治网站进行了广告互换，法院将该网站视为"商业用户"，其用于促进政治讨论的报纸文章使用被视为"商业使用"。这些因素使得法院能够断定，将来自以版权而非内容生存的媒体——每日报纸——的文章发布在一个可能对未来不确定收入产生影响的地方，即使是出于政治评论的目的，即使对报纸商业模式的影响微乎其微，也不属于合理使用。

刑事化。在过去几年里，版权执法力度大幅度增加，甚至演变成刑事犯罪。从 1997 年的《反电子盗窃法》（No Electronic Theft Act, NET Act）开始，到后来纳入 DMCA，版权犯罪的范围迅速扩大，远超几年前的状况。此前，只有那些大规模复制音像制品并牟利销售的商业盗版者才会被视为侵犯版权的刑事犯罪者。现如今，刑事责任延伸到了个人复制和免费分享版权材料，即使这些材料的累计标价非常低（实际替代需求如何无所谓）。按照现行的版权刑事法，数千万使用 P2P 网络的人都被视为重罪犯。唱片业将社会上成千上万的人贴上"盗版者"的标签，试图通过舆论引导来迎合其商业模式，这是一回事；但当国家将他们定罪为重罪犯并处以罚款或监禁时，情况就完全不同了。利特曼对这种现象提供了最合理的解释。[26] 随着网络降低了信息和文化生产和交换的成本，大型商业生产商面临着新的竞争来源——志愿者，他们免费提供信息和文化。随着能够威胁到这个行业的人群扩大到几乎涵盖所有潜在的消费者，通过民事诉讼迫使个人购买而不是共享信息商品的可行性正在降低。起诉所有潜在客户并不是一个可持续的商业模式。为了维持依赖于控制信息商品及其产品销售的商业模式，版权行业转而借助国家刑事执法来阻止这种自由交换系统的出现。这些正式法律的改变，与司法部执法政策的改变相结合，也许更重要的是，这导致这一领域刑事执法难度的大幅增加。[27]

版权期延长。最受公众关注的版权法修订是 1998 年的《桑尼·波诺版权期延长法》（Sonny Bono Copyright Term Extension Act）。这部法律之所以在 2000 年代初期成为万众瞩目的焦点，是因为它是埃尔德雷德诉阿什克罗夫特案（*Eldred v. Ashcroft*）中那场公共事件和宪法挑战的导火索。[28] 然而，该法案对现有材料使用的实际边际负担看起来并不大。版权保护期本来就已经很长了——法人为 75 年，个人作者最初为作者寿命加 50 年。上述《延长法》将这两个数字分别增加到 95 年和作者寿命加 70 年。然而，更重要的影响是，这项法案表明，延长期限始终是具有可行性的。随着迪士尼等公司内容库中仍具价值的素材即将进入公共领域，它们的版权却无限期延长。针对这一法规的法律挑战揭露了一个严峻现实：几乎整个 20 世纪及之后的文化遗产都将无限期地受到私人控制，版权不断续期。对于视频和声音录音而言，这意味着几乎所有相关作品都无法进入公共领域，永远无法作为非专有创作的免费素材。美国最高法院支持了这项追溯生效的版权延期条例。美国过长的版权保护期最初以"与欧洲版权保护时长同步"为名，如今却成为延长各类作品版权的借口，例如声音录音，而这些作品在欧洲或澳大利亚等国家实际上享有更短的保护期。所有这些争论的核心问题是：埃罗尔·弗林（Errol Flynn）或米老鼠的电影，以及猫王的音乐，何时乃至是否会进入公共领域？何时能让个人用户与莎士比亚或莫扎特作品一样，自由使用这些内容？埃尔德雷德案的潜在含义是，除非相关立法发生政治变革，否则这些作品可能永远无法进入公共领域。

无最低限度的数字采样。一个更小，但也更能说明问题的变化是，最近一项判决将数字采样从"事前许可行为"的范畴中剔除，即使只取小额数字采样也是如此。该案尚属近期发生，截至本书撰写时还未被其他法院推广。然而，它为我们提供了法官在面对数字技术时的心态洞察。这些法官本着善意，仍然将利害关系视为纯粹的商业行业组织问题，而不是将商业行业和非市场、基于共享的创造力进行比较的范围界定。法院似乎无视他们的裁决，对非专有、个人和社会创作赖以生存的制度生态所产生的影响。在布里奇波特音乐公司案（*Bridgeport Music , Inc.*）中，第六巡回上诉法院面临以下问题：被告创作了一首说唱歌曲。[29] 其中他从一首 20 世纪 70 年代歌曲的数字录音中，数字复制了两秒钟的吉他即兴演奏，然后循环并插入歌曲的不同位置，创造出与原曲完全不同的音乐效果。地方法院裁定，借用的部分非常小，以至于可以被忽略——太小不足以成为法律关注的问题。然而，上诉法院认为，让法院逐案决定多少借用才算太小而无法引起法律关注，会带来过多的负担。此外，这也会给唱片公司带来太多的不确定性，正如法院所说，"获得许可比诉讼更便宜"。[30] 法院因此裁定，任何数字采样，无论多么微不足道，都可能成为版权诉讼的基础。这样一个"明确界线"规则，将所有直接复制数字片段，无论多么小，都视为侵权，使得数字声音录音在法律上无法用于非商业、个人创作混音。现在有像 GarageBand 这样的计算机程序，允许个人用户剪切和混音现有素材，创作自己的音乐。这些作品可能不会成为伟大的音乐作品，但也存在这个可能。无论如何，这不是它们的重点。它们允许用户与录制音乐建立一种截然不同的关系，而不仅仅是被动地聆听完成的、不可更改的音乐作品。法院认为，版权保护采样的唯一受影响方是与录音室有合约并寻求销售 CD 的录音艺术家，他们因此负担得起为每一段借用的两秒钟即兴演奏支付许可费，法院实际上将一种全新的用户创作模式定为非法。考虑到剪切、粘贴、循环、减速和加速短片段是多么容易，以及对用户（无论年轻还是年老）用自己不会演奏的乐器来创造音乐作品进行修补是多么具有创造性的刺激，很可能这个裁决已经使一种会继续下去的行为变成违法行为，至少暂时是这样。社会实践最终会促使法律改变，还是反之，则更难预测。

封闭性合同：点击许可协议和《统一计算机信息交易法》

几乎所有版权法学者——无论是支持还是反对某个条款的人——都将版权理解为一项公共政策妥协，在激励原初创作者和为用户和后续创作者提供价格合理的访问权限之间，取得平衡。理想情况下，它会考虑不同解决方案的社会成本和收益，并寻求一个最佳的权衡。从1980年代开始，软件和其他数字产品以"拆封许可协议"（shrink-wrap licenses）的方式出售。这些软件许可协议适用于普通买家，因为买家打开软件包装即被视为接受协议。此类做法后来演变为如今大多数人熟悉的点击许可协议，在安装软件之前需要点击"我同意"一次或多次才能继续安装。与公共法律不同，合同不受平衡原则的约束。许可方可以要求，被许可方也可以同意几乎任何条款。此类许可协议中限制用户权利的最常见条款包括禁止逆向工程和限制原始数据在汇编中的使用，即使版权法本身并不承认数据权利。正如马克·莱姆利所展示的，在20世纪90年代中期之前，大多数法院都不会执行此类条款。[31] 一些法院通过援引州合同法拒绝执行大众市场交易中的拆封许可协议，他们认为这些协议缺乏足够的同意或属于无法强制执行的格式合同。其他法院则依靠联邦法律的优先权，认为如果州合同法试图强制执行一项禁止合理使用或保护公共领域材料的协议——例如报告中包含的原始信息——那么联邦版权法就会优先适用，而该版权法选择将这些材料留在公共领域，供所有人自由使用。1996年，第七巡回上诉法院在ProCD诉蔡登伯格案（*ProCD v. Zeidenberg*）中作出了相反的裁决，认为由私人决定最佳平衡点将比单一的公共判决更有效率。[32]

接下来的几年，学术界就合同免除公共政策条款的可取性进行了大量辩论。更重要的是，在接下来的五年里，人们做出了协调一致的努力，试图引入《统一商法典》（Uniform Commercial Code，UCC）的一个新部分———一种示范性商法，虽然没有强制性，但在美国几乎所有州都在进行一些修改的情况下普遍采用。拟议中的新 UCC 第 2B 条旨在通过正式认可标准"拆封许可协议"的使用来消除州法律的担忧。这条拟议的条款引发了巨大的学术和政治争议，最终被 UCC 的主要发起人之一——美国法律协会（American Law Institute）放弃。最终，一个名为《统一计算机信息交易法》（Uniform Computer Information Transactions Act，UCITA）的示范法在另一个采用程度较低的示范法项目中获得通过。只有弗吉尼亚州和马里兰州这两个州采用了该法。随后，一些其他州颁布了反 UCITA 法律，为其居民提供了一个安全港，防止 UCITA 适用于他们的点击许可协议。

  ProCD 案和 UCITA 引发如此激烈辩论的原因在于：人们担心点击许可协议正在一个效率低下的市场运行，并且实际上破坏了版权法所代表的政策平衡。在大众市场交易中，对于特定用户和特定信息产品来说，许可协议并不能真正代表协商一致的许可范围。它们更多是厂商基于自身利益，判断市场能够接受的最有利条款。与其他经济商品不同，依赖版权以正价销售的信息产品，其定价必然高于边际成本，因为信息本身是非竞争性的，边际成本为零。任何交易的价格高于通信成本，都表明提供商拥有一定的市场权力，他们可以根据价值和需求弹性而非边际成本来定价。此外，绝大多数用户不太可能会仔细阅读他们认为是标准文本的许可细节。这意味着消费者对许可内容的了解可能存在重大信息缺口，对越权合同条款的敏感性也可能很低。这并非因为消费者愚笨或懒惰，而是因为他们能够协商免除标准条款或法院会对其执行真正不公平条款的可能性太低，不足以证明他们在所有购买行为中都投入精力阅读和争论合同。综合这些因素，很难笼统地声称，与版权法的公共背景规则相比，私人制定的许可条款会更有效率。[33] 由大规模市场合同构成的协议，再加上管控数字材料使用的各种技术手段，这些技术手段又受到 DMCA 的保护，可能会取代法律定义的公共领域，以私人定义的许可使用范围取而代之。[34] 这种私人定义的规则将在非协商的大规模市场交易中产生，在这种交易中，消费者和提供商之间存在明显的信息不对称，并且系统性地存在某种程度的市场权力。

商标淡化

正如第 8 章所讨论的，在 21 世纪初的美国，商业互动对社会生活的核心地位意味着，我们许多重要的文化符号都源于商业，并受商标法保护。米老鼠、芭比娃娃、花花公子或可口可乐，都已成为当代文化中重要的意义符号。使用这些符号是理解世界的重要方式，可以构建丰富且符合文化背景的表达形式。然而，正如博伊尔指出的，如今我们已经将焚烧国旗视为受宪法保护的表达方式，而商标法却将商业符号变成了我们法律中唯一剩下的受人尊敬的崇高物体。商标法允许这些文化重要符号的所有者控制其使用，压制批评，并独占定义他们所拥有的符号所承载的含义。

如今，商标保护作为一种"圈地运动"的来源引发更多担忧，主要有三方面原因：第一，1995 年《联邦反商标淡化法》的引入。第二，品牌本身成为产品，而不再只是产品的标识。第三，网络带来的信息搜索和获取成本的大幅降低。这三方面因素共同作用，使得拥有商标符号变得越来越重要，同时也导致了对文化符号更广泛、更严格的封闭行为。而这种封闭的正当性受到质疑，因为商标和其他所有排他性权利一样，最终只为其所有者带来经济上的利益。

1995 年，美国国会通过了首部《联邦反商标淡化法》。虽然该法被归类为商标保护法，并且将商标普通法中形成的原则编纂成法，但反淡化本质上是一种与商标保护截然不同的经济权利。传统商标保护的重点在于防止消费者混淆，确保消费者能够以低廉的成本区分不同产品，并激励生产商生产与商标关联的优质产品。传统商标法也反映了这些利益。消费者混淆的可能性，是商标侵权的必要条件。例如，如果我想要买可口可乐，我不想因为担心买到一种叫"可口可乐"的深色饮料而犹豫不决。在过去，商标侵权诉讼主要发生在相关市场中的竞争者之间，因为只有在这种情况下才会产生混淆的可能性。因此，虽然商标法限制了某些符号的使用方式，但这仅限于竞争者之间，并且只针对商标的商业含义，而非文化含义。《联邦反商标淡化法》改变了最关键的因素，它旨在保护知名商标名称，不受混淆可能性影响，免于被他人稀释。特定公司与符号之间的关联及其价值受到保护，与实际用途无关。它不再仅仅为了促进竞争而规范竞争对手。与传统商标法相比，它禁止了更多的符号使用可能性，甚至适用于没有混淆可能性的非商业用途。随着商标本身成为产品，而非产品的标志，这种反淡化排他性理论的出现尤为重要。耐克和CK就是例子：在这些案例中，销售的产品并不是质量更好的鞋子或衬衫，而是品牌本身。品牌与一种由品牌所有者精心打造的文化和社会意义相关联，从而吸引人们购买。这一发展解释了为什么反淡化已经成为拥有者如此渴望的排他性权利。它也解释了拒绝任何人以不混淆传统商标意义的方式使用这个符号的代价，因为这个符号现在已经成为一般社会意义的标志，可以用来评判文化信息。

讽刺的是，商标所有者控制其商标使用权力的增强，恰恰发生在商标作为降低搜索成本机制的功能重要性下降之时。传统商标最重要的正当性在于它降低了信息收集成本，从而促进了福利增进的贸易。而在互联网时代，这一功能的重要性大大降低。一般的搜索成本更低了，单个商品可以提供更多关于其内容和质量的信息。用户可以使用机器处理来搜索和筛选信息，并比较特定商品的观点和评论。因此，商标作为信息搜寻机制的功能重要性正在下降，而非增强。当我们未来几年迈向个体物品的数字化标记，例如使用射频识别（RFID）标签时，所有与内容、来源和制造相关的相关信息，从单个物品层面而非产品线层面，都将通过扫描任何物品，即使没有其他标记，让消费者在现实空间中轻松获取。在这种环境下，虽说商标的信息价值大幅下降，《联邦反商标淡化法》却仍然确保商标所有者能够控制其商标日益重要的文化含义。商标（包括反淡化）与版权一样，也受到合理使用例外条款的约束。然而，就像在版权法中一样，这种例外条款的存在只能减轻，但无法解决，广泛的排他性权利对非市场导向的创意材料使用所造成的限制——在这种情况下，即对具有文化意义的符号的使用限制。

数据库保护

1991 年，美国最高法院在费斯特出版公司诉乡村电话服务公司案（*Feist Publications, Inc. v. Rural Tel. Serv. Co.*）中裁定，汇编或数据库中的原始事实不受版权法的保护。法院认为，赋予国会创造作者独家权利的宪法条款要求受保护的作品必须具有作者的原创性。汇编的创造性元素，例如组织方式或选择性，如果足够原创，则可以受版权法保护。然而，汇编的原始事实本身并不受法律保护。因此，从现有汇编中复制数据并不是"盗版"；它并不存在不公平或不公正；相反，为了促进宪法赋予国会制定独家权利权力的目标——数据的进步和创造性使用，它被特意赋予了优先权。[35] 几年后，欧盟通过了《数据库指令》，为原始数据汇编创建了一种独立且宽泛的权利。[36] 自费斯特案以来，数据库出版业的巨头们反复尝试在美国通过类似的立法，这些立法会实际上推翻费斯特案，并在汇编的原始数据中创造独家私人权利。与欧洲"协调"已被视为支持这项法律的一个重要论据。由于费斯特案的判决是基于对创造原始信息独家权利的宪法权力限制，保护数据库提供商的努力主要围绕着以商业条款为基础的不公平竞争法，而不是照搬照抄欧洲的权利模式。然而，事实上，反复被引入的主要草案看起来、听起来、实际运作起来都像是一种财产权。

持续而严谨的研究，尤其是杰罗姆·雷希曼（Jerome Reichman）和保罗·乌利尔（Paul Uhlir）的杰出研究，已经表明，拟议的数据库权利既不必要而且有害，尤其不利于科学研究。[37] 也许没有比博伊尔指出的那个"自然实验"更能说明这一点的例子了，这也是美欧近十年来一直在进行的实验。自 1991 年以来，美国正式取消数据独占权。自 1996 年以来，欧洲明确拥有这种权利。人们会期望，当欧盟决定是否保留其法律，美国决定是否采纳类似法律时，双方都会参考两地相关行业受到的影响进行比较。证据相当一致且颇具说服力。费斯特案裁决后，美国数据库行业没有受到任何影响，反而继续稳步增长。费斯特案废除了数据财产权，并没有影响数据库行业的增速。当时，相比于美国，欧洲的数据库行业规模要小很多，无论是数据库数量还是公司数量都远低于美国。毛雷尔（Maurer）、胡根霍兹（Hugenholtz）和翁斯洛德（Onsrud）研究表明，在欧洲引入数据库特别权利后，各国数据库和新公司数量都曾出现过一次短暂激增，但随后一两年的时间里就回落到指令颁布前的水平，并且从 20 世纪 90 年代初至今一直停滞不前。[38] 另一项研究专门针对政府收集数据的政策，比较了欧洲和美国的做法。在欧洲，政府机构必须根据市场承受能力对收集到的数据收取费用。而在美国，政府则免费提供收集到的数据，包括复制成本和网络公开。这项研究发现，由于政府气象数据免费获取，美国数据在商业和非商业部门的二次利用，例如商业风险管理和气象服务市场，对经济的贡献远远超过欧洲同等市场对各自经济的贡献。[39] 证据表明，对拥有专有数据的企业人为收取租金，相对于没有这种权利的美国市场持续增长而言，抑制了欧洲市场上依赖数据访问的商业服务和产品增长。很容易理解，一种抑制市场实体增长的成本结构，这些实体至少可以部分受益于提高产出价格，会对非市场信息生产和交换活动产生更具破坏性的影响，因为它们被更高的成本所拖累，而无法从所有权中获得任何利益。

越来越多的证据表明，原始数据的权利对于建立一个强大的数据库行业并非必要。数据库制造商依赖于关系合同——即订阅持续更新的数据库——而不是依赖于类似财产的权利。证据表明，事实上，排他性权利对依赖数据访问的各种下游行业是有害的。尽管过去十年积累了相当丰富的经验，但美国国会仍然存在通过类似法律的威胁。这种持续的努力凸显了两个事实：首先，该领域的许多立法更多地反映了寻租行为，而非合理的政策。其次，即使面对理论分析和实证证据的相反结论，人们仍然坚信"更多财产权利将带来更高的生产力"这一观点。

链接和侵犯动产：新型信息排他权

一些原告转向州法律补救措施来间接保护他们的数据，即通过发展一种基于普通法、盗取服务器形式的诉讼方式。这方面的典型案例是 eBay 诉 Bidder's Edge 案（*eBay v. Bidder's Edge*），该案由领先的拍卖网站起诉数据聚合网站。聚合网站会收集多个拍卖平台上正在拍卖物品的信息，并将这些物品的信息集中在一个地方，以便用户可以同时搜索 eBay 和其他拍卖网站。最终的竞标本身是在物品所有者选择将其物品上架的网站上进行，并遵循该网站的条款进行。法院裁定，自动信息收集过程——运行计算机程序自动从服务器请求有关其上市信息的数据，称为爬虫或机器人——构成"侵犯动产"。[40] 这种古老的诉讼形式，最初用来处理对实物商品的抢夺或破坏，如今变异为一种禁止未经许可的自动搜索行为的禁令。在 Bidder's Edge 案中，法院的禁令导致 Bidder's Edge 在第九巡回上诉法院有机会审查判决之前就关门歇业。像 Bidder's Edge 案这样的普通法判决实际上通过非正规渠道创造了一种对信息的普通法独家私人权利。从原则上讲，信息本身仍然没有财产权。然而，由于信息的庞大数量和磁介质存储方式，使得只能通过机械手段进行机械读取（这是绝对必要的），因此读取信息的行为可能会被视为"侵犯"。实际结果相当于联邦法律中某些方面对原始数据的独家私人权利，但没有直接引入立法时所具有的缓解属性，例如各种例外条款。目前尚无法断言像这样的案件最终是否会被联邦版权法视为有限适用[41]，或者是否会被以纽约时报诉沙利文案（*New*

York Times v. Sullivan）为典型的第一修正案相关法律所限制。[42]

除了原始数据本身的排他性问题之外，盗窃动产还提出了一个更广泛的问题，它出现在普通法和成文法条文的应用中。这个问题的核心是控制有关信息的"信息"，例如人们对某些描述信息的可用性和价值所做的链接和其他陈述。链接——许多文档相互指向彼此——是互联网的核心概念。在许多案例中，各方都试图利用法律来控制他人的链接行为。这些案例的基本结构是 A 想告诉用户 M 和 N 由 B 提供的信息。毕竟，链接的含义是"在这里，你可以阅读他人提供的信息，我认为对你，我的读者，很感兴趣或与你相关。"而 B，通常是 B，但也可能是其他代理人 C，想要控制 M 和 N 如何看待或处理 B 呈现的信息。然后，B（或 C）起诉 A，阻止 A 链接到 B 网站上的信息。

这类案件的最简单例子涉及微软提供的一项服务，即 sidewalk.com。该服务提供包括城市活动信息等内容的访问。如果用户想要购买活动门票，sidewalk.com 会直接链接到 ticketmaster.com 上的一个页面，用户可以在那里购买门票。Ticketmaster 并不喜欢这种做法，他们更希望 sidewalk.com 链接到其主页，以便将用户暴露于 Ticketmaster 提供的所有广告和服务，而不是仅仅暴露于 sidewalk.com 推荐用户所寻找的特定服务。在这些链接案例中，关键问题在于谁将控制某些信息呈现的上下文。如果深度链接被禁止，Ticketmaster 将控制上下文——用户可能看到的其他电影或活动，它们的相对重要性、评论等。因此，控制链接的权利就变成了塑造他人对你的陈述的含义和相关性的权利。虽然 Ticketmaster 和微软之间谁控制信息上下文似乎没什么道德上的影响，但重要的是要认识到，控制链接的权利很容易适用于地方图书馆、教堂或邻居，因为他们也参与了他们链接的信息的相关性和可信度的同侪生产。

互联网上，人们有多种方式可以告知彼此网络上某处存在的信息。通过这样做，信息通报者削弱了别人对所描述信息的控制权，包括政府、希望限制信息访问的第三方，以及提供信息的个人本身。在过去五年多时间里，我们看到了一些实例，控制特定信息的人试图限制他人挑战其控制权，手段则是限制他人提供关于此信息的元数据。这些案例并不是没有信息访问权的人在寻求信息"所有者"的直接授权。这些案例涉及的情况是，某人不喜欢别人对特定信息的说法，因此寻求法律帮助，以控制其他人之间就该信息可以进行的对话。从这个角度来看，这些法律手段的限制性本质就变得清晰了，它们不仅直接限制了言论自由，还阻碍了任何人、任何地方以提供信息、相关性、可信度为目的的自由表达。Bidder's Edge 案还暗示了另一个特殊方面。虽然大部分政治关注集中在国会通过的正式的"知识产权"法案上；但是，过去几年我们也看到，州法律和普通法学说也被用来划分信息自由使用的独占区和边界。这些努力往往缺乏充分的考量，而且由于它们通常是在没有事先理解实际上是在限制信息生产和交流的情况下临时形成的，因此也缺乏正式法定框架中通常存在的平衡权利或对权利的限制。

国际"协调"

在有关数据库、DMCA 和版权延期的讨论中，一个反复出现的主题就是"协调"和国际化排他性权利，以及利用这些手段逐步提升权利持有人的排他性权力。不言而喻，当今世界上最发达的经济体都是信息和文化输出国，美国和欧洲皆是如此。一些文化输出行业，尤其是好莱坞、唱片业、某些软件行业和制药业，其商业模式依赖于对信息施加排他性权利。因此，过去十多年来，美国和欧盟一直在国际协议中推动更加强硬和广泛的排他性权利，并在全球范围内推动将各国法律朝着最高保护水平进行协调。第 9 章详细讨论了为什么从经济合理性的角度来看这种做法毫无根据，以及它在正义方面为何有害。在这里，我仅指出国际化和协调化具有单向提升排他性权力的特征。

以版权保护期限这个简单的规定为例。在 20 世纪 90 年代中期，欧洲对许多作品（但并非全部）提供作者终生加 70 年的保护期，而美国则提供作者终生加 50 年的保护期。1998 年《桑尼·波诺版权期延长法》的一个核心论点就是与欧洲"协调"。在法律出台前的辩论中，一位立法者甚至声称，如果美国软件制造商的版权期限较短，他们将相对于欧洲公司处于劣势。当然，这种说法假定了美国软件公司 75 年不搞任何软件创新，也能在软件行业保持竞争力，而 75 年来没有充分更新以保证新版权产品的收入损失导致它们处于不利地位。然而，由《桑尼·波诺版权期延长法》延长的新期限在某些情况下甚至比欧洲提供的保护期更长。例如，欧洲的录音保护期为 50 年。现在，论点开始反向流动——出于对猫王或披头士的录音将在几年内落入欧洲公共领域的担忧，人们希望所有作品都"与美国标准协调"。"协调"从未被用来降低排他性——例如，作为消除欧洲数据库权利以与美国显然成功的"无保护"模式协调的理由，或者缩短美国录音保护期的理由。

国际协议也为加强保护提供了一片沃土。游说团体可以在特定司法管辖区获得新的权利，例如延长保护期限或引入类似 DMCA 的技术保护措施要求。随后，东道国（通常是美国、欧盟或两者）会将新权利纳入条约批准流程，就像美国在 20 世纪 90 年代中期与世界知识产权组织条约相关问题上所做的那样。如果多边谈判失败，近年美国还开始与个别国家谈判双边自由贸易协定（FTAs）。谈判大致结构如下：美国会对泰国、印度或任何贸易伙伴说，如果您希望您的核心出口产品（例如纺织品或大米）获得优惠待遇，那么我们希望您在国内版权或专利法中纳入这个或那个条款。一旦这一条款在多个双边 FTAs 中达成一致，主要的知识产权出口国就可以回到多边谈判中，声称存在一种新兴的国际惯例，这种惯例可能比他们当时适用的国内法律提供更多的排他性权利。通过修改国际条约，可以绕过国内对立法的阻力，就像美国利用世界知识产权组织条约顺利通过了之前在国会搁置两年的 DMCA 反规避条款一样。此后，任何削减排他性权利的国内努力都将面临国际协议设置的重重障碍，例如 TRIPS 协议。修改国际协议以允许一个国家降低版权或专利持有人享受的排他性权利难度极大，就像一个单向棘轮，阻碍了权利的克减。

抗衡的力量

正如这个简短的概述所展示的，大多数正式机构在内容层面的举措都倾向于扩大独家权利在现有信息、知识和文化资源领域的范围和触及面。内容层面的主要反对力量与逻辑层面的类似，都是社会和文化层面对独占性的抵制。回想一下，免费软件以及开放、协作、非专有的标准制定流程如何成为逻辑层开放性的核心。在内容层，我们看到一种自由创作和分享的文化正在兴起，与由公共正式立法系统产生的日益增长的排他性权利形成对冲力量。第9章讨论的公共科学图书馆就是一个由科学家发起的倡议，他们对学术期刊极其高昂的费用感到不满，因此开始开发科学出版系统，其成果可以在任何地方立即免费获得。知识共享是一个倡议，旨在开发一系列许可证，允许信息、知识和文化创作人附加简单的许可证，定义他人可以或不可以对其作品做些什么。与背景版权系统相比，这些许可证的创新之处在于，它们让人们轻松地赋予他人使用其作品的权限。在知识共享出现之前，世界上没有通用的法律形式能明确我的作品可以自由使用——无论是否对使用权限做出限制。更重要的是，知识共享不仅仅是一个制度创新，它更是一种社会运动。它以"自由文化"运动的名义，旨在鼓励人们广泛分享自己的创作。如同成熟的免费软件运动，或尚处新芽阶段的自由文化运动和科学家开放出版和公开档案运动，这些运动都旨在创建一个法律上自我强化的开放文化共享领域。它们并不是否定信息、知识和文化方面的财产权，而是代表参与者的一种自我意识选择，利用版权、专利和类似权利创建一个所有人都可以自由用于共同使用的资源领域。

除了这些制度上构建的自我强化的公共资源集合之外，全球范围内还存在着广泛忽视排他性权利的文化。这在文件共享软件的大量使用中表现得十分明显，人们通过这些软件分享受版权保护的材料。这种现象也体现在复制保护破解者受到广泛赞誉的行为中。这种文化发展出了一套辩护词，主要聚焦于版权行业的不合理扩张和权利持有人对艺术家的剥削。尽管在美国这种行为显然是非法的，但在一些地方，法院偶尔会将参与这些行为视为私人复制，而在某些国家（包括一些欧洲国家）这是被豁免的。无论如何，这一运动的规模及其面对诉讼和公开辩论仍坚而不屈，构成了对法律加强排他性权利的真正反向压力。从实际层面来看，由于计算机科学家和黑客社区的持续关注，通过技术手段强加完美的私人秩序并限制对电影和歌曲中底层数字比特访问的努力基本上都失败了。此外，应对侵权文件共享工具的巨大需求而开发的机制，正是后来斯沃斯莫尔学院的学生用来避免迪堡文件被从互联网上删除的机制，它们也被其他抗审查出版系统所共享。挑战"娱乐业—成品"商业模式的工具正在获得更广泛且毫无疑问的合法使用。诉讼可能会抑制此类工具用于复制，但也会提高公众对信息生产监管的政治意识。参与迪堡案的同一批学生，在遭到诉讼后变得激进，在校园内发起了一场"自由文化"运动。很难预测这种新的政治意识将在版权、专利和其他类似排他性权利的制定领域如何发挥作用。几十年来，这些领域一直被视为技术上的偏僻角落，从未能登上主要报纸的社论，因此主要由其所保障的租金收入的行业控制。

安全问题

本书整体上专注于基于公有资源的信息生产及其对自由民主的影响。因此，这一章不可避免地也要聚焦于如下焦点：由工业信息经济和网络信息经济之间的冲突所产生的制度设计问题。与这一冲突垂直但始终息息相关的，是通信政策永远关心的安全和犯罪问题。在整个20世纪90年代的大部分时间里，这种担忧主要表现为对加密技术的冲突。"密码战"——人们这样称呼它，围绕着美国联邦调查局（FBI）强迫行业采用带有后门技术（当时称为"Clipper芯片"）以方便窃听和调查的努力。在拖延了美国近十年加密技术应用之后，联邦政府最终决定，为了确保 FBI 能够更好地调查使用此类弱加密后必然随之下降的安全漏洞，而尝试削弱大多数美国系统的安全性（即强制所有人采用更弱的加密）是一个糟糕的主意。加密技术研究和业务转移到海外——犯罪分子获得了获取强大加密工具的替代渠道，而美国行业落后——并未帮助到 FBI。这种冲动随着"9·11"事件后安全思维的加强，现在又在一定程度上起作用。

一个担忧是开放无线网络可供犯罪分子隐藏行踪：犯罪分子使用他人的互联网连接，通过未加密的 WiFi 接入点进行活动，当执法部门成功追踪互联网地址到 WiFi 路由器时，他们发现的是无辜的邻居，而不是真正的罪犯。这种担忧触发了一些提议，要求 WiFi 路由器制造商设置默认加密，即开箱即用就处于加密状态。考虑到科技产品"默认偏好"的粘性，这将对开放无线网络的发展产生非常不利的影响。另一个担忧是，免费和开源软件的设计对任何想要阅读它的人都是公开的。这使得攻击者更容易发现可被利用的缺陷，并且几乎不可能隐藏故意设计好的弱点，例如易于窃听。第三个担忧是，FreeNet 或一些主要的点对点架构这样的弹性、加密、匿名的点对点网络，为犯罪分子或恐怖分子提供了几乎不受执法和反恐努力控制的通信系统。只要安全担忧采取这种形式，它们往往会支持专利生产商的议程。

然而，安全担忧并不一定非得支持专有架构和做法。在无线网络方面，犯罪分子和恐怖分子在网上掩盖行踪可以使用通用匿名化技术。关闭 WiFi 路由器带来的微小阻碍对于决心掩盖行踪的犯罪分子来说，远不足以抵消为本地电信构建额外"最后一公里"循环所失去的巨大价值。安全的一个核心关切是保持网络容量作为关键基础设施的完整性，另一个是保障关键安全人员的通信。由即席自配置网状网络构建的开放无线网络，是目前可用的最稳健的本地通信循环设计。破坏这样的网络几乎是不可能的，因为这些网络的设计方式是，每个路由器都会自动寻找下一个可用的邻居进行联网。这些系统将根据其基本的正常操作设计，对任何针对通信基础设施的攻击进行自动修复。因此，它们既可以用于其主要的关键任务，又可以在主系统丢失时作为急救人员的备份数据网络——正如它们在世贸中心袭击后实际发生的那样，当时曼哈顿下城的主系统都失灵了。认为通过消除这种备份本地通信网络的可能性来增强安全，从而迫使犯罪分子使用更多的匿名器和代理服务器而不是邻居的 WiFi 路由器，这是一种非常狭隘的安全观。同样，使得免费软件中的缺陷对潜在恐怖分子或犯罪分子可见的这种易于研究性，也使这些缺陷暴露在开发者社区面前，他们可以迅速加强程序的防御。在过去十年中，专有软件（其代码不会被如此庞大的开发者和测试人员审查）的安全漏洞远比免费软件中的安全漏洞更常见。那些声称专有软件更安全且允许更好监控的人，似乎很大程度上是在重复执法部门在 Clipper 芯片辩论中典型的思维过程。

在更深层次上，安全担忧反映了人们对由网络信息环境带来的巨大自由的不安。一些人（无论是单独行动还是与他人合作）更有能力想要伤害美国，更广泛地说，也想要伤害所有基于自由市场和民主原则的国家。就像互联网让专制政体控制人民变得更加困难一样，网络环境中巨大的开放性和自由也需要新的方式来保护开放社会，以避免具有破坏性的个人和团体对其的侵害。然而，考虑到网络信息经济及其基于分享的开放生产实践对自由民主体制核心政治承诺的系统性和重大益处，通过消除支持正在被保护的自由本身改善的技术来维护这类社会安全是荒谬的。然而，考虑到阿布格莱布监狱和关塔那摩湾这些案例，在保护自由和人类尊严的战争中，扼杀一个开放的网络环境和经济似乎并不是最令人震惊的自毁行为。现在断言安全需求，是最终会站在工业信息经济既得利益者一边，还是会像加密战争那样，让安全担忧支持网络信息经济提供可生存、冗余和有效的关键基础设施以及信息生产和交换能力，还为时过早。如果前者成立，这种冲动很可能会对开放网络信息环境带来前所未有的障碍。

第12章
结论：信息法律与政策的重要关系

460　　复杂的现代社会是在大众传媒和工业信息经济的背景下发展起来的。我们关于发展和创新的理论认为，工业化的创新模式占主导地位。我们关于如何在复杂社会中实现有效沟通的理论，专注于以市场为基础的专有权模式，并配之以高度专业化的、商业化的中心和相对分散的、被动的外缘。人类行动、集体商议和共同文化等社会概念嵌入到资本密集型信息和文化生产实践中，强调专有权的、基于市场的模式，并将生产和消费截然分开。我们的制度框架折射出这些信息生产和交互的理想模式，并且曾要将这些观念变为现实行动——即使并无必要。

　　本书从四项经济学观察出发。第一项经济学观察，专有权模式在
461　信息生产系统中占主导地位，这是一个被过分夸大的主流观念。从幼儿园到博士点，教育系统自始至终贯彻着非财产化的动机、社会关系和组织形式。艺术与科学充满了献身精神，在动机上也主要朝向社会心理而非市场占有。政治和神学话语的基础完全建立在非市场的样态和动机之上。最令人惊讶的是，即便是以市场为导向的工业研发，在大多数行业中也不是基于专有权要求，而是为了提升效率、提升用户体验，以及推动创新，并不直接指向财产占有。信息领域的非专有权生产仍然很重要，但用以认识这种重要性的精妙观念却与主流观念背道而驰。后者认为财产和市场才是一切增长和生产力的根源。由于与共产主义的意识形态相冲突，也因为想要在理论上巧妙地总结出一套简单可行的解决方案，政策制定者及其顾问们在20世纪末开始相信，

信息和创新，与手表、汽车一样，都是财产。对它的界定和应用越明晰，它就越接近完美的排他性权利，因而也就能带来更高的生产效率。这套思维模式逐渐取得主导地位，加之工业模式生产者的寻租游说，使创新和信息生产的制度生态迅速转向专有权模式。在 1980 年代初，美国专利制度进行了全面改革，加强和扩大了专有权的影响和范围。而美国著作权制度，则在 1970 年代中期得到了极大发展，在 1990 年代后期再次得到扩张。商标权制度也在 1990 年代飞速发展。其他相关权利也在这一时期得以创设和加强。

第二项经济学观察，这些专有权扩张，实际上等于对非专有权生产模式课税，从而有利于专有权模式的发展。它使所有人都增加了使用信息资源的成本，却只提升了一部分人的便利性。例如，将专利制度适用于软件，会对销售成品软件项目的从业者有所帮助，这些人大概占到全行业从业者的三分之一。但是，对于另外三分之二基于服务和关系的从业者来说，这明显提高了成本，却没有带来任何收益。在现实中，专有权的范围和影响的实质扩张，已经给非专有权生产者的境遇造成了不利影响。大学已经开始追求专利并设置专利费，阻碍了以往的信息共享。那些实际上并不依靠专利来维持其商业模式的企业，发现自己花了很大的代价，积累了大量的专利组合，却只是为了抵御专利诉讼威胁。像《矢志不移：美国民权运动 1954—1985》（*Eyes on the Prize*）这样的老式纪录片早已淡出公众视野，是因为需要清除每一个碰巧被摄像机拍到的镜头或商标标识，成本高，难度大。新式纪录片用在清理专有权费用方面的投入，也远高于创作投入。

第三项经济学观察，信息处理、存储和通信的相关基础技术，使非专有权模式比以往任何时候都更具吸引力也更有效率。业已普及的低成本处理器、存储介质和网络连接使得个体可以自己或与他人合作，以互惠、再分配和共享的模式，创造或交换信息、知识和文化，而不必受制于专有权的、以市场为基础的生产模式。如今，信息生产所需的基本物质条件掌握在全球十亿人手中，他们彼此之间几乎可以做到无缝衔接。这些物质条件赋予了个体一种新的行动自由。如果有人或是某个团体出于任何原因想要启动一个信息生产项目，都不需要筹集大量资金来获得必要的成本。在过去，获取资金的必要性迫使信息生产者寻找以市场为基础的模式来维持投资，或获得政府资助。从而，资金需求迫使生产者要么服从市场需求（尤其是大众市场的诉求），要么服从国家官僚机构所设定的议程。网络信息环境使非市场部门、非营利部门，以及最根本的——个体——变得更加重要。

最后一项经济学观察，描述和分析了同侪生产的兴起。从免费和开源软件，到维基百科和 SETI@Home，这一系列现象对信息生产经济学的传统思路提出了严峻挑战。事实上，它更广泛地挑战了对市场生产和非市场生产相对作用的经济学理解。重要的是不能将这些现象看作例外、怪癖或时尚，而是要看到它们体现出交易形式及其与生产技术条件之间关系的基本事实。认为只有以财产为基础的市场和具备科层组织的公司这两种基本的自由交易形式是错误的。我们还拥有第三种形式，即社会分享和交流。这种现象非常普遍，它存在于我们每天与家人、同事和邻居的共同生活与实践中。我们共同生产、交换经济产品和服务，但我们并没有把这些计入经济普查。更糟糕的是，我们在制度设计中没有考虑到它们。我认为，社会生产之所以被转移到发达经济体的外围，是因为钢铁和煤炭经济体的核心经济活动需要大量投资。这使得市场、公司或国有企业占据了主导地位。随着信息经济第一阶段的出现，可用的信息和人类的创造力成为重要的投入（每一种"商品"都具有与煤炭或钢铁截然不同的经济特性）。尽管如此，生产组织还在遵循原有的工业模式，因为信息生产和交换本身仍需要很高的资本投入（机械印刷机、广播电台，或者后来的 IBM 主机）。现阶段的网络信息经济，是在高资本成本的障碍被消除之后出现的。传播和创造的总投入成本不一定会下降。然而，资本投资开始以连接在网络中的个体所拥有的小块形式广泛分布开来。我们来到了这样一个阶段：最发达经济体的核心经济活动——信息的生产和处理——可以通过汇集分散在各地的个体和团体拥有的实物资本来实现，他们为了个体、家庭和小企业使用而购买了这些资本工具。然后，人类的创造力和可用的信息成为剩下的主要核心投入。一些全新的事物开始发生。人们开始采用在客厅或电梯里练习过无数次的行为："来，让我帮你一把"，或者"你觉得昨晚的演讲怎么样？"在整个20世纪，生产问题都是在福特和通用汽车公司的模式中解决的。从这个角度看，同侪生产的兴起，既不神秘，也不偶然。从21世纪信息生产的目标和物质条件的角度看，它是合理的，也是有效的，就像流水线对于20世纪那时的物质条件一样。人类创造力和计算、通信、存储的融合，使非市场动机和关系在信息环境的生产中，发挥了比至少几十年、也许长达一个半世纪以来更大的作用。

作为个体、作为公民、作为文化中的生物、作为社会存在，我们身处自己所创造的信息环境之中，而创造信息环境方式的改变，直接影响我们自由事业的核心。新闻和通信是自主权以及公共政治话语和决策的核心要素。交流是社会存在的基本单位。广义的文化和知识，构成了我们认识自己和世界上其他人的基本框架。对于任何自由主义政治理论而言，只要以关注个体及其与他人联系中成为自己生活主宰者的自由为出发点，个体和社群如何进行认识与评价活动的基本问题，就对描述制度、社会和政治系统的规范价值具有核心意义。另外，在以信息和创新为中心的经济背景下，人类发展的基本组成部分也取决于我们如何生产信息与创新，以及如何传播其生产成果。非专有权生产所带来的巨大影响，为改善全球人类发展提供了不同的战略。信息经济的生产力可以在没有排他性的情况下得以维持，排他性的存在，使得知识、信息及其有益的成果很难从最富有的国家和社会群体中扩散出去。我们可以详细说明，为什么非市场、非专有权生产的出现比它在工业信息经济中的作用更加重要，可以在不牺牲（实际上是提高）生产率的同时，为自由和公正提供改善的途径。

从个体自主的角度来看，网络信息经济的出现提供了一系列显著的改进，作用于我们感知周围世界的方式，我们对世界感知的影响程度，我们可以采取的行动范围及可能结果，以及我们为实现个体选择可以寻求合作的实体范围。它允许我们为自己做更多的事情，也允许我们靠自己做更多的事情。它允许我们与那些有特定共同爱好的伙伴形成松散联系，使我们能够提供和探索更多不同的学习途径和表达方式，而这些曾是我们自己或仅与那些拥有长期稳定联系的人联合起来才能实现的。通过创造没有人能够专有或完全控制的信息来源和通信设施，网络信息经济从最基本的层面上帮助那些依赖信息和通信的人，摆脱了基本通信手段的所有者和核心文化形式的生产者的操纵。这并没有消除一个人试图将他人作为客体的可能性，但它消除了结构上的限制，而正是这些限制妨碍了人们的交流。

从民主话语和参与式共和的角度来看，网络信息经济提供了公共领域的真正重组。除了当今少数民主国家的早期阶段，现代民主国家基本都是在大众传播媒介作为公共领域核心的背景下发展起来的。研究者系统而广泛地探讨了商业大众传媒作为公共领域核心的基本局限及其优势。网络公共领域的兴起，正在改善甚至解决大众媒介公共领域的固有缺陷。它削弱了商业大众媒体和那些媒体资助者的权力。它提供了一种途径，使传播更加多样化，更具政治动员能力，超过了一个只有少数发言者和大量被动受众的商业大众传播媒体所能达到的程度。个体和群体意见获得了更多被听见的机会。也许，最有趣的是，同侪生产的现象正逐渐进入公共领域。它允许网络上松散的个体去发挥大众媒体的一些基本功能甚至核心功能。我们看到非市场化的、分布式的、协作式的调查新闻、批评性评论以及政治动员和组织平台正在兴起。我们正在看到协同过滤和认证的出现，使得参与公共话语的个体可以自己决定信任谁、质疑谁。

对于互联网改善民主和自主的批评，常常集中在信息过载和碎片化上。我们看到在网络环境中出现了自觉的同侪生产和避免了这种不幸命运的大型人类系统涌现特性的相互结合。我们看到，在不重新建立大众传播媒介模式的情况下，采取一些实践就可以创造合理的、可行的和连贯的信息环境。有组织的非市场项目进行过滤和认证，从开放目录项目，到给同人群体建立邮件列表（例如 MoveOn.org）。相互指引和相互链接，是一种广泛的文化实践，是一种"你也来看看吧，我觉得这很有趣"的文化。观察他人对什么是有趣和有价值的判断，再加上对谁与自己兴趣相同、谁的判断似乎合理的自我判断，这种基本模式创造了一种万维网和互联网的链接和使用模式，实际上比喧闹的自由竞争更有秩序，也不像大众媒体环境那样被控制在科层组织和少数人手中。事实证明，我们并不是失智的旅鼠。如果我们有自由参与创造自己的信息环境，就不会陷入巴别塔异议，也不会为了避免巴别塔异议而复制大众媒介公共领域的等级制度。

与自主和民主相比，文化和社会的概念在自由主义理论中的地位更脆弱。因此，把信息生产和交换的变化对这些领域的影响，作为自由社会的一个方面来描绘是比较复杂的。就文化而言，我们至少可以说，网络信息环境正在使之变得更加透明。我们都"占有"文化；我们的感知、观点和理解结构都植根于文化之中。然而，作为特定文化的寄居者，这一事实或多或少会被晕染得模糊不清。在网络信息环境中，当个体和群体利用他们新获得的自主权，通过现有的文化形式进行个体和群体表达时，这些形式通过实践和批判性的检验就会变得更加透明。大众传媒电视文化鼓励人们被动消费那些精致美观的商品。我们可以认为这是一种新的民间文化：它来自生活，由个体和群体创造，而非专业人士为被动消费而创造。它提供了一套更广泛的文化样态和实践，也提供了一个经过更好教育或更好实践的文化"读者"群体。从自由主义理论的角度看，不愿简单地忽视文化的建构意义、个人价值和政治观念这一事实，一种更透明、更具参与性的文化生产体系的出现，显然是对 20 世纪商业化、专业化的大众文化的改进。在社会关系领域，互联网带来了高度自主和松散联合，在争取自主、民主和批判文化方面发挥了如此重大的作用，这引起了人们对网络环境如何进一步侵蚀社群和团结的现实关注。然而，与巴别塔异议一样，我们似乎并没有利用互联网进一步割裂社会生活。互联网正开始取代20世纪的传统远程媒体——电视和电话。我们所观察到的这种部分取代所带来的新使用模式表明，大部分网络使用聚焦于加强、深化现有的现实世界关系，以及增加新的在线关系。过去人们通过电视被动接收标准化成品的时间，现在被重新定位为与他人的交流与共同创作，无论其社会关系是紧密还是松散。此外，将他人（包括陌生人）视为潜在合作伙伴的基本经验，有助于增强可能的社会纽带意识，而不仅仅是标准化产品的共同消费者。同侪生产可以提供一个新领域，与远在天涯的他人形成深厚的联系。

　　创造信息和知识、创新和交流的能力，是个体在自由社会中获得自由的核心，而这些能力也是在正义和人类发展方面可能取得的主要进步的基础。就自由主义的正义观来看，更多的人类福利的基本要求和成为一个有生产能力、自力更生的个体所必需的能力，可以在市场之外获得。这种可能性使获得这些基本要求和能力不受财富分配的偶然影响。在更实质意义上说，信息和创新是人类发展的丰富内涵中最为核心的组成部分。在食品药品的生产和使用方面，信息和创新对人类健康至关重要。它们是人类学习和发展任何个体所需知识的核心，以使生活更加丰富。五十多年以来，它们一直被认为是物质福利增长的核心。在以上三个方面，要促进全球人类的发展，就需要一个非市场生产的庞大部门，不以排他性为基础，也不需要排他性来推动自身发展。在发达经济体中，同样的经济特征使信息专有权变成为获取信息设置障碍的工具，使这些权利成为对技术后来者的一种课税形式。大多数贫穷和中等收入国家缺乏的不是人的创造力，而是获得创新的基本工具。在许多领域，创新和信息生产的物质条件成本正在迅速下降，因为越来越廉价的计算机和通信系统可以处理更多事务。但是，在中低收入国家，现有创新工具和信息资源的专有权仍然严重阻碍着创新、教育、使用嵌入信息的工具和产品。生产信息和知识的新战略正在使其产出可供世界各地的每个人免费使用和不断创新，正因如此，网络信息经济可以开始为改善人类发展做出重大贡献。我们已经看到免费软件和自由开放的互联网标准在信息技术部门发挥着这一作用。我们开始看到它在全球的学术出版、原始信息和教育材料中形成，如多语言百科全书。更具试验性的是，农业研究和生物农业创新领域出现了开放共享的创新模式和同侪生产，这种模式甚至开始进入生物医学领域。这些仍是非常早期的例子，说明了网络信息经济可以带来什么，以及它如何能对全球人民过上健康长寿、教养良好和物质充足的生活做出贡献——即使只是在有限范围内。

如果说网络信息经济确实是现代社会在所有这些方面的一个重要拐点，那是因为它颠覆了专有权的、以市场为基础的生产在知识、信息和文化生产领域的主导地位。这种颠覆并非没有争议。它可能会导致财富和权力的重大再分配，从以前占主导地位的公司和商业模式，转移到个体和群体的混合体上。同时，企业重塑其商业模式以利用新产生的社会关系，并为其建立工具和平台。作为一个实际问题，这里所描述的主要经济和社会变化，并不是由技术进步的内在逻辑预先决定的。相反，我们看到的是，计算制造技术以及存储和通信技术的偶然出现，创造了有利于我们对信息生产和交换系统进行重大调整的技术条件。由于计算机通信网络的引入而变得不稳定的市场、技术和社会实践的实际结构，如今已成为一场大规模和广泛的制度变革的主题。

我们看到，在数字网络环境中物理组件的组织和法律能力方面，正在发生一场重大论争。所有的宽带基础设施都应当是私有的吗？如果是这样，那么用户能有多大余地去控制对某些信息的偏好呢？相反，我们是否允许开放无线网络作为首要和最终的基础设施，由用户拥有，而不被任何人完全控制？有线基础设施中更大程度上的私人所有权的动力，以及好莱坞和唱片业要求数字设备机械地遵守排他性权利的动力，正推动技术和组织设计向一个更有利于产权专有策略的封闭环境发展。开放的无线网络和目前成功的大型设备公司（尤其是个人电脑）采用开放标准的商业模式却在向相反的方向推进。终端用户设备公司大多专注于尽可能使它们的产品对用户具有价值，因此面向提供通用平台，可以由其所有者选择部署。这样一来，这些平台就可以同时用于面向市场的行为和社会行为，同时用于私人消费和生产性的共享。

在逻辑层，一方面是技术界的开放标准伦理、免费软件运动及其无涉政治的同类事物——开源软件实践——的出现，另一方面是加密黑客和一些P2P技术背后的反威权动力，都在推动一个可供所有人使用的开放逻辑层。内容产业努力使互联网更加易于管理，最显著的例子是DMCA和微软在个人电脑上的持续主导地位；法院和立法机构试图取缔破坏版权的技术，即使这些技术对那些没有兴趣复制最新歌曲而不购买CD的用户来说，显然具有很大的好处。这些都是对自由使用网络通信所需的逻辑资源的主要制度约束。

在内容层——信息、知识和文化的当今世界——我们观察到法律正在发展出一种相当系统化的趋势，但在社会上却日益呈现出一种反趋势。我们看到，法律不断加强所有者对排他性权利的控制。版权保护期更长，适用于更多用途，并被解释为涉及有价值使用的每个角落。商标权更强大，更具侵略性。专利权已经扩展到新的领域，并获得了更大的保护余地。所有这些变化都在扭曲制度生态，使之有利于基于专有权的商业模式和生产实践；如果这些法律得到扩展、遵守和执行，它们就会进行游说，收取高额租金。然而，过去几年的社会趋势正朝着相反的方向发展。这恰恰是网络信息经济、非市场生产、共享伦理的增强和参与实践社区的日益增长的趋势，这些社区产生了大量信息、知识和文化，供他人免费使用、共享和二次创作。

在政治和司法的压力下，形成了一个明显倾向于私有商业模式的制度生态，这与本书所描述的新兴社会实践相冲突。网络信息经济要想蓬勃发展，就需要一套核心的公共基础设施，需要信息生产和交流所必需的资源向所有人开放使用。这需要物理、逻辑和内容资源，用来生成新的表达，成为通信编码，然后发表和接收它们。目前，这些资源是通过合法和非法、计划和非计划的混合来源而获得的。有些方面来自在不同监管框架下运行的不同行业的偶然事物：电信、个人电脑、软件、互联网连接、公共和私营部门的信息以及文化出版物。有些是由于或多或少地普遍采用了灰色或非法的做法。P2P 文件共享存在数千万互联网用户使用的大量非法行为。但是，简单的引用、剪辑和混搭的创造性做法可能落入（也可能越来越多地不落入）合理使用的狭隘范围，也在为非市场生产注入活力。与此同时，我们看到越来越多的人自觉采用基于公地的做法，将之作为信息生产和交换的一种方式。免费软件、知识共享、公共科学图书馆、美国国立卫生研究院关于免费发表论文的指南、新的开放存档实践、图书馆员运动，以及许许多多其他实践团体正在将原本偶然的事实发展成一种自发的社会运动。随着现有信息和文化的领域逐渐被这些自由分享运动中产生的信息和知识所占据，并按照开放许可技术的模式获得许可，与产权专有领域的冲突问题将会消失。20 世纪的材料将继续是一个摩擦点，但 21 世纪的材料似乎越来越多地来自乐意与未来用户和创作者分享的来源。如果这种社会文化趋势持续下去，对内容资源的获取将为非市场生产不断地去除障碍。

制度生态与社会实践的关系是一个复杂问题。我们很难预测工业信息经济生产者的持续努力，是否会成功地使更多制度切换到有利于专有权生产的方向上去。在美国、欧洲和世界各地，已经有一场比 1990 年代更为重要的社会运动，正在抵制当前进一步封闭信息环境的努力。这一运动得到了资本雄厚的大型工业企业的支持，它们重新调整了自己的商业模式，成为新兴的非市场部门的平台、工具制造商和服务提供商。例如，IBM、惠普和思科可能会与"公共知识"（Public Knowledge）这样的非政府组织并肩合作，努力阻止要求个人电脑遵守好莱坞设定的版权保护标准的立法。好莱坞起诉了文件共享平台 Grokster，提请最高法院扩大用于侵犯版权的技术制造商的责任。此时，它发现自己与英特尔、消费电子协会（Consumer Electronics Association）、威瑞森电信、SBC、AT&T、MCI 和太阳微系统公司（Sun Microsystems）所提交的法庭之友意见书，以及免费软件基金会（Free Software Foundation）、美国消费者联合会（Consumer Federation of America）、消费者联盟（Consumer Union）和公共知识组织的意见陈述，形成了鲜明对比。

即使有利于私有化的法律确实在一个甚至多个司法管辖区获得通过，法律能否单方面逆转这个结合了强大的技术、社会和经济驱动力的趋势，也并不完全明朗。我们已经看到，即使在 P2P 网络领域，既得利益者的论点似乎是最具道德说服力的，他们在法律上的成功是最彻底的，但想要遏制变革的浪潮也非常困难，甚至是不可能的。比特是网络信息环境中信息流的一部分，试图通过立法来消除这个事实，以保留一种将特定的比特集合作为离散的成品出售的商业模式，或许会被证明是不可能的。尽管如此，法律限制在很大程度上影响了公司和个人决定推广和使用什么。不难想象，如果 Napster 被裁定是合法的，那么到目前为止，它所涵盖的互联网用户数量将远远超过现在实际使用文件共享网络的用户数量。无论是在政策上，还是在道德上，无论是在反规避装置的法律保护上，还是在对合理使用的限制上，既得利益者的主张都显得非常虚弱，能否复制同样适度的成功塑造行为，这是一个更加困难的问题。无论如何，讨论网络环境的制度生态的目的都不是预言。我写这本书，就是想要提供一个道德框架，藉此理解过去十年中我们所看到的多种多样的政策斗争，而且毫无疑问，未来十年将持续这种斗争。

我们正处于一个相当基本的转变之中，我们如何感知周围的世界，如何独自行动，如何与他人合作，以形成自己对我们所处世界以及与我们共享这个世界的其他人的理解。在工业经济环境背景下，社会实践模式作为经济活动长期受到压制，现在已显现出比一个半世纪以来更重要的意义。随着它们的出现，无论是在发达经济体，还是在全世界范围内，自由主义的核心承诺才有了真正获益的可能。以公有财产为基础的信息生产的兴起，个体和松散的团体以非产权专有形式生产信息，与20世纪工业信息经济形成了真正的非连续性。它带来了巨大的希望，也带来了巨大的不确定性。IBM 采用开源，《第二人生》采用用户创造的沉浸式娱乐，或者开源技术集团（OSTG）为 Slashdot 开发平台。这些早期迹象表明，以市场为基础的企业应当如何调整，从而为这些新现象腾出空间。我们也从一些非常明显的例子中看到，有些企业决定使用所有教科书上的技巧来对抗新变化，有些企业的手段显然不再局限于教科书，比如将损坏的文件注入 P2P 网络。法律法规构成了一个重要领域，我们在其中对这些新兴信息生产系统的形态展开斗争。当我们观察这些斗争时，当我们作为公民、游说者、律师或活动家选择如何行为和相信什么的个体参与其中时，当我们作为立法者、法官或协议谈判代表参与这些法律斗争时，我们必须理解自己所做的事情在规范性上有何利害。

我们有机会改变自己创造和交流信息、知识和文化的方式。由此，我们可以使21世纪成为一个为个体提供更多自主权、为政治社群提供更多民主、为社会提供更多的文化自省和人类纽带的世纪。我们可以消除一些阻碍物质发展的交易障碍，改善世界各地的人类发展状况。也许，这些变化将成为真正向更自由、更平等的社会转变的基础。也许它们只是以明确但较轻微的方式，改善人类生活的方方面面。仅此一点就足以证明，任何重视人类福利、发展和自由的人，都应该拥抱网络信息经济。

注　释

第1章

[1] 莫格勒在2003年发表了著名的《网络共产主义宣言》（"The dotCommunist Manifesto"）。——译者注

[2] Barry Wellman et al., "The Social Affordances of the Internet for Networked Individualism," *JCMC* 8, no. 3 (April 2003).

[3] Langdon Winner, ed., "Do Artifacts Have Politics?" in *The Whale and The Reactor: A Search for Limits in an Age of High Technology* (Chicago: University of Chicago Press, 1986), 19-39.

[4] Harold Innis, *The Bias of Communication* (Toronto: University of Toronto Press, 1951). 同样，伊尼斯往往也被认为是和麦克卢汉和沃尔特·翁（Walter Ong）一样的技术决定论者。然而，作为政治经济学家，他强调的是技术与经济社会组织之间的关系，而不是技术对人类认知和能力的决定性作用。

[5] Lawrence Lessig, *Code and Other Laws of Cyberspace* (New York: Basic Books, 1999).

[6] Manuel Castells, *The Rise of Networked Society* (Cambridge, MA, and Oxford: Blackwell Publishers, 1996).

第一部分　网络信息经济

[1] Elizabeth Eisenstein, *Printing Press as an Agent of Change* (Cambridge: Cambridge University Press, 1979).

第2章

[1] 完整表述如下：从福利的角度看，所获取的任何信息，例如某种新的生产方法，都应该是免费的（除了传递信息的费用）。这确保了信息的最佳利用，但也无法激励人们去对研究工作进行投资。在自由市场经济条件下，利用发明创造产权从而支持发明活动；确切地说，在其成功的程度上，存在对信息的利用不足。Kenneth Arrow, "Economic Welfare and the Allocation of Resources for Invention," in *Rate and Direction of Inventive Activity: Economic and Social Factors*, ed. Richard R. Nelson (Princeton, NJ: Princeton University Press, 1962), 616-617.

[2] Suzanne Scotchmer, "Standing on the Shoulders of Giants: Cumulative Research and the Patent Law," *Journal of Economic Perspectives* 5 (1991): 29-41.

[3] *Eldred v. Ashcroft*, 537 U. S. 186 (2003).

[4] Adam Jaffe, "The U. S. Patent System in Transition: Policy Innovation and the Innovation Process," *Research Policy* 29 (2000): 531.

[5] Josh Lerner, "Patent Protection and Innovation Over 150 Years" (working paper no. 8977, National Bureau of Economic Research, Cambridge, MA, 2002).

[6] 最多,可能要以国际新闻社诉美联社案 [*International News Service v. Associated Press*, 248 U. S. 215 (1918)] 为范型的"热点新闻"作为例外。然而,即使如此,也只适用于付费的在线版本。对纸质报纸而言,阅读习惯、原始认证以及首次报道的优势,即使只有几个小时,也足够了。对网络新闻而言,首次报道的优势可能会缩小到几秒钟,"热点新闻"保护可能是值得的。然而,几乎所有的报纸都是免费的,并且完全依赖于广告。在这一点上,阅读复制版本的好处对读者来说几乎是微不足道的。

[7] Wesley Cohen, R. Nelson, and J. Walsh, "Protecting Their Intellectual Assets: Appropriability Conditions and Why U. S. Manufacturing Firms Patent (or Not)" (working paper no. 7552, National Bureau Economic Research, Cambridge, MA, 2000); Richard Levin et al., "Appropriating the Returns from Industrial Research and Development," *Brookings Papers on Economic Activity* 3 (1987): 783; Mansfifield et al., "Imitation Costs and Patents: An Empirical Study," *The Economic Journal* 91 (1981): 907.

[8] 对比 2002 年经济普查中的 NAICS "类别 5415"(计算机系统和相关服务)和 "类别 5112"(软件出版)。可以看出,这一比率自 1997 年以来一直保持稳定,1997 年约为 36%,2002 年约为 37%。See 2002 Economic Census, "Industry Series, Information, Software Publishers, and Computer Systems, Design and Related Services" (Washington, DC: U. S. Census Bureau, 2004).

[9] Levin et al., "Appropriating the Returns," 794-796 (大多数公司认为保密、交付周期和学习曲线优势比专利更有效)。See also F. M. Scherer, "Learning by Doing and International Trade in Semiconductors" (faculty research working paper series R94-13, John F. Kennedy School of Government, Harvard University, Cambridge, MA, 1994),对半导体行业的实证研究表明,对于学习曲线陡峭的行业,对信息生产的投资是由首先发现学习曲线的优势驱动的,而不是对排他性法律权利的期望。对这种吸收效应的描述参见 Wesley M. Cohen and Daniel A. Leventhal, "Innovation and Learning: The Two Faces of R&D," *The Economic Journal* 99 (1989): 569-596. 协同效应的最初描述参见 Richard R. Nelson, "The Simple Economics of Basic Scientific Research," *Journal of Political Economy* 67 (June 1959): 297-306. 伍迪·鲍威尔(Woody Powell)最早提出了"学习网络"这个词,过去 15 年对此最为广泛的研究也出自他手。市场的作用是通过有限的信息使用能力而不是通过专有权来集中的,对这一命题的论述参见 F. M. Scherer, "Nordhaus's Theory of Optimal Patent Life: A Geometric Reinterpretation," *American Economic Review* 62 (1972): 422-427.

[10] Eric von Hippel, *Democratizing Innovation* (Cambridge, MA: MIT Press, 2005).

[11] Eben Moglen, "Anarchism Triumphant: Free Software and the Death of Copyright," *First Monday* (1999), http://www.fifirstmonday.dk/issues/issue4_8/moglen/.

第3章

[1] 对免费软件与开源运动历程的最佳叙述，参见 Glyn Moody, *Rebel Code: Inside Linux and the Open Source Revolution* (New York: Perseus Publishing, 2001).

[2] Elinor Ostrom, *Governing the Commons: The Evolution of Institutions for Collective Action* (Cambridge: Cambridge University Press, 1990).

[3] Josh Lerner and Jean Tirole, "The Scope of Open Source Licensing" (Harvard NOM working paper no. 02-42, table 1, Cambridge, MA, 2002). 这个数字是根据文中认为具有"限制性"或"非常限制性"许可的免费软件开发项目的数量计算出来的。

[4] Netcraft, April 2004 Web Server Survey, http://news.netcraft.com/archives/web_server_survey.html.

[5] Clickworkers Results: Crater Marking Activity, July 3, 2001, http://clickworkers.arc.nasa.gov/documents/crater-marking.pdf.

[6] B. Kanefsky, N. G. Barlow, and V. C. Gulick, *Can Distributed Volunteers Accomplish Massive Data Analysis Tasks*? http://www.clickworkers.arc.nasa.gov/documents/abstract.pdf.

[7] J. Giles, "Special Report: Internet Encyclopedias Go Head to Head," *Nature*, December 14, 2005, available at http://www.nature.com/news/2005/051212/full/438900a.html.

[8] http://www.techcentralstation.com/111504A.html.

[9] Yochai Benkler, "Coase's Penguin, or Linux and the Nature of the Firm," *Yale Law Journal* 112 (2001): 369.

[10] IBM Collaborative User Experience Research Group, History Flows: Results (2003), http://www.research.ibm.com/history/results.htm.

[11] 更完整的论证，参见 Yochai Benkler, "Some Economics of Wireless Communications," *Harvard Journal of Law and Technology* 16 (2002): 25; and Yochai Benkler, "Overcoming Agoraphobia: Building the Commons of the Digitally Networked Environment," *Harvard Journal of Law and Technology* 11 (1998): 287. 有关这场辩论的思想史的精彩概述，以及对为这种变化腾出空间所必需的制度设计的贡献，参见 Kevin Werbach, "Supercommons: Towards a Unified Theory of Wireless Communication," *Texas Law Review* 82 (2004): 863. 使用宽带的计算密集型无线电的政策意义是在这篇文章中首先提出的：George Gilder in "The New Rule of the Wireless," *Forbes ASAP*, March 29, 1993, and Paul Baran, "Visions of the 21st Century Communications: Is the Shortage of Radio Spectrum for Broadband Networks of the Future a Self Made Problem?" (keynote talk transcript, 8th Annual Conference on Next Generation Networks, Washington, DC, November 9, 1994). 这两种说法都聚焦于频谱的潜在丰富性，以及它如何使"频谱管理"成为过去时。艾里·诺姆首先指出，即使人们不相信计算密集型无线电消除了稀缺性，仍然会导致频谱产权过时，从而使频谱清除产权成为一个流动的、动态的、实时的市场。参见 Eli Noam, "Taking the Next Step Beyond Spectrum Auctions: Open Spectrum Access," *Institute of Electrical and Electronics Engineers Communications Magazine* 33, no. 12 (1995): 66-73; 后来进一步阐述 Eli Noam, "Spectrum Auction: Yesterday's Heresy, Today's Orthodoxy, Tomorrow's Anachronism. Taking the Next Step to Open Spectrum Access," *Journal of Law and Economics* 41 (1998): 765, 778-780. 基

于频谱共享或频率自由访问的设备市场,可以用计算密集型设备和复杂的网络共享协议取代频谱产权市场的角色,即使假设稀缺持续存在,也可能更有效率,参见 Benkler,"Overcoming Agoraphobia." Lawrence Lessig, *Code and Other Laws of Cyberspace* (New York: Basic Books, 1999)。此外还有 Lawrence Lessig, *The Future of Ideas: The Fate of the Commons in a Connected World* (New York: Random House, 2001),该文基于支持开放无线网络经济价值的创新动态,开发出一项基本原理。David Reed, "Comments for FCC Spectrum Task Force on Spectrum Policy," filed with the Federal Communications Commission July 10, 2002,明确指出了频谱被视为财产这一观念的技术基础和局限性。

[12] See Benkler, "Some Economics," 44-47。"合作增益"一词是由里德(Reed)提出的,用来描述一个比多用户信息理论中的"多样性增益"更广泛的概念。

[13] *Spectrum Policy Task Force Report to the Commission* (Federal Communications Commission, Washington, DC, 2002); Michael K. Powell, "Broadband Migration Ⅲ: New Directions in Wireless Policy" (Remarks at the Silicon Flatiron Telecommunications Program, University of Colorado at Boulder, October 30, 2002).

第 4 章

[1] Richard M. Titmuss, *The Gift Relationship: From Human Blood to Social Policy* (New York: Vintage Books, 1971), 94.

[2] Kenneth J. Arrow, "Gifts and Exchanges," *Philosophy & Public Affairs* 1 (1972): 343.

[3] Bruno S. Frey, *Not Just for Money: An Economic Theory of Personal Motivation* (Brookfield, VT: Edward Elgar, 1997); Bruno S. Frey, *Inspiring Economics: Human Motivation in Political Economy* (Northampton, MA: Edward Elgar, 2001), 52-72。此方面有一部优秀的调研报告,Bruno S. Frey and Reto Jegen, "Motivation Crowding Theory," *Journal of Economic Surveys* 15, no. 5 (2001): 589。心理学基本理论对该问题的分析,参见 Edward L. Deci and Richard M. Ryan, *Intrinsic Motivation and Self-Determination in Human Behavior* (New York: Plenum, 1985).

[4] Roland Bénabou and Jean Tirole, "Self-Confiddence and Social Interactions" (working paper no. 7585, National Bureau of Economic Research, Cambridge, MA, March 2000).

[5] Truman F. Bewley, "A Depressed Labor Market as Explained by Participants," *American Economic Review* (*Papers and Proceedings*) 85 (1995): 250,提供了管理者对激励合同效果所持观点的调查数据;Margit Osterloh and Bruno S. Frey, "Motivation, Knowledge Transfer, and Organizational Form," *Organization Science* 11 (2000): 538,该文提供的证据表明,拥有隐性知识的员工在没有外在动机的情况下向同事"传授",适当的社会动机比提供金钱更有效;Bruno S. Frey and Felix Oberholzer-Gee, "The Cost of Price Incentives: An Empirical Analysis of Motivation Crowding-Out," *American Economic Review* 87 (1997): 746;以及 Howard Kunreuther and Douslar Easterling, "Are Risk-Beneffit Tradeoffs Possible in Siting Hazardous Facilities?" *American Economic Review* (*Papers and Proceedings*) 80 (1990): 252-286,不同于基于共同福利政策提出的观点,该文通过实证研究指出,在提供补偿时,社区不太愿意接受不受欢迎的公共设施[不要放在我的后院(NIMBY)];Uri Gneezy and Aldo Rustichini, "A Fine Is a Price," *Journal*

of Legal Studies 29（2000）：1，该文发现，幼儿园规定接孩子若迟到则缴纳罚款，这种做法反而增加了父母的迟到次数，而一旦社会责任感沦为"仅仅"是交易的感觉，即便取消了罚款，父母也会继续迟到。

[6] James S. Coleman, "Social Capital in the Creation of Human Capital," *American Journal of Sociology* 94, supplement（1988）：S95, S108. 此项研究的早期重要成果，参见 Mark Granovetter, "The Strength of Weak Ties," *American Journal of Sociology* 78（1973）：1360；Mark Granovetter, *Getting a Job：A Study of Contacts and Careers*（Cambridge, MA：Harvard University Press, 1974）；Yoram BenPorath, "The F-Connection：Families, Friends and Firms and the Organization of Exchange," *Population and Development Review* 6（1980）：1.

[7] Nan Lin, *Social Capital：A Theory of Social Structure and Action*（New York：Cambridge University Press, 2001）, 150-151.

[8] Steve Weber, *The Success of Open Source*（Cambridge, MA：Harvard University Press, 2004）.

[9] Maurice Godelier, *The Enigma of the Gift*, trans. Nora Scott（Chicago：University of Chicago Press, 1999）, 5.

[10] Godelier, *The Enigma*, 106.

[11] Robert Ellickson, *Order Without Law：How Neighbors Settle Disputes*（Cambridge, MA：Harvard University Press, 1991）, 该书是法学研究中的经典之作，展示了社会规范是如何代替法律的。法学之外社会规范研究的文献综述，参见 Richard H. McAdams, "The Origin, Development, and Regulation of Norms," *Michigan Law Review* 96（1997）：338n1, 339n2. 早期成果有：Edna Ullman-Margalit, *The Emergence of Norms*（Oxford：Clarendon Press, 1977）；James Coleman, "Norms as Social Capital," in *Economic Imperialism：The Economic Approach Applied Outside the Field of Economics*, ed. Peter Bernholz and Gerard Radnitsky（New York：Paragon House Publishers, 1987）, 133-155；Sally E. Merry, "Rethinking Gossip and Scandal," in *Toward a Theory of Social Control, Fundamentals*, ed. Donald Black（New York：Academic Press, 1984）.

[12] 治安问题，参见 Robert C. Ellickson, "Controlling Chronic Misconduct in City Spaces：Of Panhandlers, Skid Rows, and Public-Space Zoning," *Yale Law Journal* 105（1996）：1165, 1194-1202；and Dan M. Kahan, "Between Economics and Sociology：The New Path of Deterrence," *Michigan Law Review* 95（1997）：2477.

[13] 最早以公有物之名主张通信和运输资源以及社区建设（如道路、运河或社交聚会场所）的是 Carol Rose, "The Comedy of the Commons：Custom, Commerce, and Inherently Public Property," *University Chicago Law Review* 53（1986）：711. 以埃莉诺·奥斯特罗姆的作品为中心，20 世纪 90 年代发展出了更为精准的研究：Elinor Ostrom, *Governing the Commons：The Evolution of Institutions for Collective Action*（New York：Cambridge University Press, 1990）. 另一项富有创造力的研究：James M. Acheson, *The Lobster Gangs of Maine*（New Hampshire：University Press of New England, 1988）. 共有资源池和共有产权制度的简明历史，参见 Charlotte Hess and Elinor Ostrom, "Ideas, Artifacts, Facilities, and Content：Information as a Common-Pool Resource," *Law & Contemporary Problems* 66（2003）：111.

第二部分 私有财产和公共物品的政治经济学

第 5 章

〔1〕Robert Post, "Meiklejohn's Mistake: Individual Autonomy and the Reform of Public Discourse," *University of Colorado Law Review* 64 (1993): 1109, 1130-1132.

〔2〕罗伯特·李·黑尔（Robert Lee Hale）在1920—1930年代提出并发展了这一产权概念，后被邓肯·肯尼迪（Duncan Kennedy）整合到后现代权力批判当中，参见 *Sexy Dressing Etc.: Essays on the Power and Politics of Cultural Identity* (Cambridge, MA: Harvard University Press, 1993).

〔3〕White Paper, "Controlling Your Network, A Must for Cable Operators" (1999), http://www.cptech.org/ecom/openaccess/cisco1.html.

〔4〕数据来自联邦通信委员会《高速服务报告》（Report on High Speed Services), Appendix to Fourth 706 Report NOI (Washington, DC: Federal Communications Commission, December 2003).

〔5〕一般认为，斯坦纳最早关注了电视节目差别问题，并为传媒学理论提出了一个离散型的分析框架，但在前提上存在较大缺陷。毕比予以完善，特别是补充了有关偏好分布的理论分析。详参 Steiner, Peter O., "Program Patterns and Preferences, and the Workability of Competition in Radio Broadcasting," 2 *Quarterly Journal of Economics* 66 (1952): 194-223; Beebe, Jack H., "Institutional Structure and Program Choices in Television Markets," 1 *Quarterly Journal of Economics* 91 (1977): 15-37.——译者注

第 6 章

〔1〕Jurgen Habermas, *Between Facts and Norms, Contributions to Discourse Theory of Law and Democracy* (Cambridge, MA: MIT Press, 1996).

〔2〕Elizabeth Eisenstein, *The Printing Press as an Agent of Change* (New York: Cambridge University Press, 1979); Jeremey Popkin, *News and Politics in the Age of Revolution: Jean Luzac's Gazzette de Leyde* (Ithaca, NY: Cornell University Press, 1989).

〔3〕Paul Starr, *The Creation of the Media: Political Origins of Modern Communications* (New York: Basic Books, 2004), 33-46.

〔4〕Starr, *The Creation of the Media*, 48-62, 86-87.

〔5〕Starr, *The Creation of the Media*, 131-133.

〔6〕Starr, *The Creation of the Media*, 135.

〔7〕后文对无线电诞生的讨论改编自 Yochai Benkler, "Overcoming Agoraphobia: Building the Commons of the Digitally Networked Environment," *Harvard Journal of Law and Technology* 11 (Winter 1997-1998): 287. 该文对此描述得更加详尽。重要的研究文献参见 Erik Barnouw, *A History of Broadcasting in the United States* (New York: Oxford University Press, 1966-1970); Gleason Archer, *History of Radio to 1926* (New York: Arno Press, 1971); and Philip T. Rosen, *Modern Stentors: Radio Broadcasters and the Federal Government, 1920-1934* (Westport, CT: Greenwood Press, 1980).

［8］Robert Waterman McChesney, *Telecommunications, Mass Media, and Democracy: The Battle for the Control of U. S. Broadcasting, 1928-1935* (New York: Oxford University Press, 1993).

［9］"Names of U. S. Dead Read on *Nightline*," Associated Press Report, May 1, 2004, http://www.msnbc.msn.com/id/4864247/.

［10］数据来自 The Center for Responsive Politics, http://www.opensecrets.org/, and are based on information released by the Federal Elections Commission.

［11］书中第一部分提供了详单 C. Edwin Baker, *Media, Markets, and Democracy* (New York: Cambridge University Press, 2002).

［12］Ben H. Bagdikian, *The Media Monopoly*, 5th ed. (Boston: Beacon Press, 1997), 118.

［13］Peter O. Steiner, "Program Patterns and Preferences, and the Workability of Competition in Radio Broadcasting," *The Quarterly Journal of Economics* 66 (1952): 194. 讨论该问题的另外一篇重要文献来自 Jack H. Beebe, "Institutional Structure and Program Choices in Television Markets," *The Quarterly Journal of Economics* 91 (1977): 15. 对节目编排和广播市场结构之间的关系分析始于 Michael Spence and Bruce Owen, "Television Programming, Monopolistic Competition, and Welfare," *The Quarterly Journal of Economics* 91 (1977): 103. 对该问题的综述，参见 Matthew L. Spitzer, "Justifying Minority Preferences in Broadcasting," *South California Law Review* 64 (1991): 293, 304-319.

第7章

［1］*Reno v. ACLU*, 521 U. S. 844, 852-853, and 896-897 (1997).

［2］Elizabeth Jensen, "Sinclair Fires Journalist After Critical Comments," *Los Angeles Times*, October 19, 2004.

［3］Jensen, "Sinclair Fires Journalist"; Sheridan Lyons, "Fired Reporter Tells Why He Spoke Out," *Baltimore Sun*, October 29, 2004.

［4］各种帖子都已存档，可按时间顺序阅读，http://www.talkingpointsmemo.com/archives/week_2004_10_10.php.

［5］Duane D. Stanford, *Atlanta Journal-Constitution*, October 31, 2002, 1A.

［6］Katherine Q. Seelye, "The 2002 Campaign: The States; Georgia About to Plunge into Touch-Screen Voting," *New York Times*, October 30, 2002, A22.

［7］Edward Walsh, "Election Day to Be Test of Voting Process," *Washington Post*, November 4, 2002, A1.

［8］*Washington Post*, December 12, 2002.

［9］*Online Policy Group v. Diebold, Inc.*, 337 F. Supp. 2d 1195 (2004).

［10］California Secretary of State Voting Systems Panel, Meeting Minutes, November 3, 2003, http://www.ss.ca.gov/elections/vsp_min_110303.pdf.

［11］Eli Noam, "Will the Internet Be Bad for Democracy?" (November 2001), http://www.citi.columbia.edu/elinoam/articles/int_bad_dem.htm.

［12］Eli Noam, "The Internet Still Wide, Open, and Competitive?" Paper presented at The Telecommunications Policy Research Conference, September 2003, http://www.tprc.org/papers/

2003/200/noam_TPRC2003.pdf.

［13］Federal Communications Commission, Report on High Speed Services, December 2003.

［14］See Eszter Hargittai, "The Changing Online Landscape: From Free-For-All to Commercial Gatekeeping," http://www.eszter.com/research/pubs/hargittai-onlineland-scape.pdf.

［15］Derek de Solla Price, "Networks of Scientifific Papers," *Science* 149 (1965): 510; Herbert Simon, "On a Class of Skew Distribution Function," *Biometrica* 42 (1955): 425–440, reprinted in Herbert Simon, *Models of Man Social and Rational: Mathematical Essays on Rational Human Behavior in a Social Setting* (New York: Garland, 1957).

［16］Albert-László Barabási and Reka Albert, "Emergence of Scaling in Random Networks," *Science* 286 (1999): 509.

［17］Bernardo Huberman and Lada Adamic, "Growth Dynamics of the World Wide Web," *Nature* 401 (1999): 131.

［18］Albert-Lászio Barabási, *Linked, How Everything Is Connected to Everything Else and What It Means for Business, Science, and Everyday Life* (New York: Penguin, 2003), 56-57. 一项未发表的定量研究特别表明，与美国各种热点政治问题（如堕胎、枪支管制或死刑）相关的政治网站也存在这种偏差。讨论这些问题的一小部分网站占据了这些问题的大部分链接。Matthew Hindman, Kostas Tsioutsiouliklis, and Judy Johnson, "'Googelarchy': How a Few Heavily Linked Sites Dominate Politics on the Web," July 28, 2003, http://www.scholar.google.com/url?sa U&q=http://www.princeton.edu/mhindman/Googlearchy-hindman.pdf.

［19］Lada Adamic and Bernardo Huberman, "Power Law Distribution of the World Wide Web," *Science* 287 (2000): 2115.

［20］Ravi Kumar et al., "Trawling the Web for Emerging Cyber-Communities," *WWW8/Computer Networks* 31, nos. 11–16 (1999): 1481–1493.

［21］Gary W. Flake et al., "Self-Organization and Identifification of Web Communities," *IEEE Computer* 35, no. 3 (2002): 66-71. 另一篇显示大量内部互联的论文是：Soumen Chakrabati et al., "The Structure of Broad Topics on the Web," WWW2002, Honolulu, HI, May 7–11, 2002.

［22］Lada Adamic and Natalie Glance, "The Political Blogosphere and the 2004 Election: Divided They Blog," March 1, 2005, http://www.blogpulse.com/papers/2005/AdamicGlanceBlogWWW.pdf.

［23］M. E. J. Newman, "The Structure and Function of Complex Networks," *Society for Industrial and Applied Mathematics Review* 45, section 4.2.2 (2003): 167–256; S. N. Dorogovstev and J. F. F. Mendes, *Evolution of Networks: From Biological Nets to the Internet and WWW* (Oxford: Oxford University Press, 2003).

［24］这一结构的最初描述，参见 Andrei Broder et al., "Graph Structure of the Web," paper presented at www9 conference (1999), http://www.almaden.ibm.com/webfountain/resources/GraphStructureintheWeb.pdf. It has since been further studied, refifined, and substantiated in various studies.

［25］Dill et al., "Self-Similarity in the Web" (San Jose, CA: IBM Almaden Research Center,

2001); S. N. Dorogovstev and J. F. F. Mendes, *Evolution of Networks*.

[26] Soumen Chakrabarti et al., "The Structure of Broad Topics on the Web," WWW2002, Honolulu, HI, May 7–11, 2002.

[27] Daniel W. Drezner and Henry Farrell, "The Power and Politics of Blogs" (July 2004), http://www.danieldrezner.com/research/blogpaperfifinal.pdf.

[28] D. J. Watts and S. H. Strogatz, "Collective Dynamics of 'Small World' Networks," *Nature* 393 (1998): 440–442; D. J. Watts, *Small Worlds: The Dynamics of Networks Between Order and Randomness* (Princeton, NJ: Princeton University Press, 1999).

[29] Clay Shirky, "Power Law, Weblogs, and Inequality" (February 8, 2003), http://www.shirky.com/writings/powerlaw_weblog.htm; Jason Kottke, "Weblogs and Power Laws" (February 9, 2003), http://www.kottke.org/03/02/weblogs-and-power-laws.

[30] Ravi Kumar et al., "On the Bursty Evolution of Blogspace," Proceedings of WWW2003, May 20–24, 2003, http://www2003.org/cdrom/papers/refereed/p477/p477-kumar/p477-kumar.htm.

[31] 这两项发现都与以下学者最近的研究相一致，Hargittai, E., J. Gallo and S. Zehnder, "Mapping the Political Blogosphere: An Analysis of LargeScale Online Political Discussions," 2005. 纽约国际传播协会会议上的海报。

[32] Harvard Kennedy School of Government, Case Program: "'Big Media' Meets 'Bloggers': Coverage of Trent Lott's Remarks at Strom Thurmond's Birthday Party," http://www.ksg.harvard.edu/presspol/Research_Publications/Case_Studies/1731_0.pdf.

[33] Howard Rheingold, *Smart Mobs, The Next Social Revolution* (Cambridge, MA: Perseus Publishing, 2002).

[34] 数据来自 *CIA World Fact Book* (Washington, DC: Central Intelligence Agency, 2004).

[35] Lawrence Solum and Minn Chung, "The Layers Principle: Internet Architecture and the Law" (working paper no. 55, University of San Diego School of Law, Public Law and Legal Theory, June 2003).

[36] Amnesty International, People's Republic of China, State Control of the Internet in China (2002).

[37] 基于新闻报道的综述，参见 Babak Rahimi, "Cyberdissent: The Internet in Revolutionary Iran," *Middle East Review of International Affairs* 7, no. 3 (2003).

第 8 章

[1] Karl Marx, "Introduction to a Contribution to the Critique of Hegel's Philosophy of Right," *Deutsch-Französicher Jahrbucher* (1844).

[2] Bruce A. Ackerman, *Social Justice and the Liberal State* (New Haven, CT, and London: Yale University Press, 1980), 333–335, 141–146.

[3] Michael Walzer, *Spheres of Justice: A Defense of Pluralism and Equality* (New York: Basic Books, 1983), 29.

[4] Will Kymlicka, *Multicultural Citizenship: A Liberal Theory of Minority Rights* (Oxford: Clarendon Press, 1995), 76, 83.

［5］Jurgen Habermas, *Between Facts and Norms, Contributions to a Discourse Theory of Law and Democracy* (Cambridge, MA: MIT Press, 1998), 22-23.

［6］Encyclopedia.com 是 Highbeam Research 公司的部分，该公司结合了免费和付费研究服务。Bartleby 提供免费搜索和访问许多参考和高文化作品的机会，同时结合广告、书店以及对 Amazon.com 或出版商的链接以便购买材料的印刷版。

［7］Jack Balkin, "Digital Speech and Democratic Culture: A Theory of Freedom of Expression for the Information Society," *New York University Law Review* 79 (2004): 1.

第 9 章

［1］Anne Alstott and Bruce Ackerman, *The Stakeholder Society* (New Haven, CT: Yale University Press, 1999).

［2］数据来自 *2004 Human Development Report* (New York: UN Development Programme, 2004).

［3］Amartya Sen, *Development as Freedom* (New York: Knopf, 1999), 46-47.

［4］Carol Tenopir and Donald W. King, *Towards Electronic Journals: Realities for Scientists, Librarians, and Publishers* (Washington, DC: Special Libraries Association, 2000), 273.

［5］Harold Varmus, *E-Biomed: A Proposal for Electronic Publications in the Biomedical Sciences* (Bethesda, MD: National Institutes of Health, 1999).

［6］C. K. Prahald, *The Fortune at the Bottom of the Pyramid: Eradicating Poverty Through Profits* (Upper Saddle River, NJ: Wharton School of Publishing, 2005), 319-357, Section 4, "The ITC e-Choupal Story."

［7］"香蕉共和国"（Banana Republic）是指被美国种植业资本深度渗透控制的一系列中美洲小国，该词由 1904 年由美国作家欧·亨利在长篇小说《白菜与国王》(*Cabbages and Kings*) 中所创。——译者注

［8］关于软件产业的数据出处，参见本书第 2 章。特别是 IBM 公司的数据在图 2.1 中已标明。

［9］这些论点在秘鲁代表比利亚努埃瓦·努涅斯（Villanueva Nunez）和微软代理人之间公开交换的信件中得到了最清晰和最早的阐述。这些信件可以在开放源码倡议的网站上找到，http://www.opensource.org/docs/peru_and_ms.php.

［10］对教育剥夺的范围和细节的最佳区域研究，参见 Mahbub ul Haq and Khadija ul Haq, *Human Development in South Asia 1998: The Education Challenge* (Islamabad, Pakistan: Human Development Center).

［11］Robert Evenson and D. Gollin, eds., *Crop Variety Improvement and Its Effect on Productivity: The Impact of International Agricultural Research* (New York: CABI Pub., 2002); 研究结果总结于 Robert Evenson and D. Gollin, "Assessing the Impact of the Green Revolution, 1960-2000," *Science* 300 (May 2003): 758-762.

［12］Jack R. Kloppenburg, Jr., *First the Seed: The Political Economy of Plant Biotechnology 1492-2000* (Cambridge and New York: Cambridge University Press, 1988), table 2.2.

［13］USDA National Agriculture Statistics Survey (2004), http://www.usda.gov/nass/aggraphs/fncht3.htm.

〔14〕 First Report of the GM Science Review Panel, *An Open Review of the Science Relevant to GM Crops and Food Based on the Interests and Concerns of the Public*, United Kingdom, July 2003.

〔15〕 Robert E. Evenson, "GMOs: Prospects for Productivity Increases in Developing Countries," *Journal of Agricultural and Food Industrial Organization* 2 (2004): article 2.

〔16〕 Elliot Marshall, "A Deal for the Rice Genome," *Science* 296 (April 2002): 34.

〔17〕 Jikun Huang et al., "Plant Biotechnology in China," *Science* 295 (2002): 674.

〔18〕 Huang et al., "Plant Biotechnology."

〔19〕 Richard Atkinson et al., "Public Sector Collaboration for Agricultural IP Management," *Science* 301 (2003): 174.

〔20〕 此表修改于 Yochai Benkler, "Commons Based Strategies and the Problems of Patents," *Science* 305 (2004): 1110.

〔21〕 Wim Broothaertz et al., "Gene Transfer to Plants by Diverse Species of Bacteria," *Nature* 433 (2005): 629.

〔22〕 本段中的数据来自世界卫生组织 2004 年 *World Health Report*, Annex Table 2.

〔23〕 National Science Foundation, Division of Science Resource Statistics, *Special Report: National Patterns of Research and Development Resources: 2003 NSF 05-308* (Arlington, VA: NSF, 2005), table 1.

〔24〕 具体分析参见 Amy Kapzcynzki et al., "Addressing Global Health Inequities: An Open Licensing Paradigm for Public Sector Inventions," *Berkeley Journal of Law and Technology* (Spring 2005).

〔25〕 See Jean Lanjouw, "A New Global Patent Regime for Diseases: U. S. and International Legal Issues," *Harvard Journal of Law & Technology* 16 (2002).

〔26〕 S. Maurer, A. Sali, and A. Rai, "Finding Cures for Tropical Disease: Is Open Source the Answer?" *Public Library of Science: Medicine* 1, no. 3 (December 2004): e56.

第 10 章

〔1〕 Sherry Turkle, "Virtuality and Its Discontents, Searching for Community in Cyberspace," *The American Prospect* 7, no. 24 (1996); Sherry Turkle, *Life on the Screen: Identity in the Age of the Internet* (New York: Simon & Schuster, 1995).

〔2〕 Robert Kraut et al., "Internet Paradox, A Social Technology that Reduces Social Involvement and Psychological Well Being," *American Psychologist* 53 (1998): 1017-1031.

〔3〕 凯洛格基金会 (Kellogg Foundation) 委托进行的一项研究中引用了这一观点的一个相当典型的说法："电视或其他媒体，如电脑，不再是一种'电子壁炉'，不再是一家人聚在一起做决定或讨论的地方。根据我们最新的研究，大多数家庭媒体都在阻挠家庭团聚。" Christopher Lee et al., "Evaluating Information and Communications Technology: Perspective for a Balanced Approach," Report to the Kellogg Foundation (December 17, 2001), http://www.si.umich.edu/pne/kellogg/013.html.

〔4〕 Norman H. Nie and Lutz Ebring, "Internet and Society, A Preliminary Report," Stanford

Institute for the Quantitative Study of Society, February 17, 2000, 15 (Press Release), http://www.pkp.ubc.ca/bctf/Stanford_Report.pdf.

[5] Ibid., 42-43, tables CH-WFAM, CH-WFRN.

[6] See John Markoff and A. Newer, "Lonelier Crowd Emerges in Internet Study," *New York Times*, February 16, 2000, section A, page 1, column 1.

[7] Nie and Ebring, "Internet and Society," 19.

[8] Amitai Etzioni, "Debating the Societal Effects of the Internet: Connecting with the World," *Public Perspective* 11 (May/June 2000): 42, also available at http://www.gwu.edu/nccps/etzioni/A273.html.

[9] Manuel Castells, *The Rise of Networked Society* 2d ed. (Malden, MA: Blackwell Publishers, Inc., 2000).

[10] Barry Wellman et al., "The Social Affordances of the Internet for Networked Individualism," *Journal of Computer Mediated Communication* 8, no. 3 (April 2003).

[11] Robert Kraut et al., "Internet Paradox Revisited," *Journal of Social Issues* 58, no. 1 (2002): 49.

[12] Keith Hampton and Barry Wellman, "Neighboring in Netville: How the Internet Supports Community and Social Capital in a Wired Suburb," *City & Community* 2, no. 4 (December 2003): 277.

[13] Gustavo S. Mesch and Yael Levanon, "Community Networking and Locally-Based Social Ties in Two Suburban Localities," *City & Community* 2, no. 4 (December 2003): 335.

[14] 可参考的研究包括：Paul DiMaggio et al., "Social Implications of the Internet," *Annual Review of Sociology* 27 (2001): 307-336; Robyn B. Driskell and Larry Lyon, "Are Virtual Communities True Communities? Examining the Environments and Elements of Community," *City & Community* 1, no. 4 (December 2002): 349; James E. Katz and Ronald E. Rice, *Social Consequences of Internet Use: Access, Involvement, Interaction* (Cambridge, MA: MIT Press, 2002).

[15] Barry Wellman, "Computer Networks as Social Networks," *Science* 293, issue 5537 (September 2001): 2031.

[16] Jeffery I. Cole et al., "The UCLA Internet Report: Surveying the Digital Future, Year Three" (UCLA Center for Communication Policy, January 2003), 33, 55, 62, http://www.ccp.ucla.edu/pdf/UCLA-Internet-Report-Year-Three.pdf.

[17] Pew Internet and Daily Life Project (August 11, 2004), report available at http://www.pewinternet.org/PPF/r/131/report_display.asp.

[18] See Barry Wellman, "The Social Affordances of the Internet for Networked Individualism," *Journal of Computer Mediated Communication* 8, no. 3 (April 2003); Gustavo S. Mesch and Yael Levanon, "Community Networking and Locally-Based Social Ties in Two Suburban Localities," *City & Community* 2, no. 4 (December 2003): 335.

[19] Barry Wellman, "The Social Affordances of the Internet."

[20] 回顾伊藤及其他研究日本科技青年文化的学者的著作，参见 Mizuko Ito, "Mobile Phones, Japanese Youth, and the Re-Placement of Social Contact," forthcoming in *Mobile Communi-*

cations: *Re-negotiation of the Social Sphere*, ed., Rich Ling and P. Pedersen (New York: Springer, 2005).

[21] Dana M. Boyd, "Friendster and Publicly Articulated Social Networking," *Conference on Human Factors and Computing Systems* (*CHI 2004*) (Vienna: ACM, April 24–29, 2004).

[22] James W. Carrey, *Communication as Culture: Essays on Media and Society* (Boston: Unwin Hyman, 1989).

[23] Clay Shirky, "A Group Is Its Own Worst Enemy," published fifirst in *Networks, Economics and Culture* mailing list July 1, 2003.

第三部分　转型期的自由政策

[1] 对此问题的文献综述及重要推进，参见 James Boyle, "The Second Enclosure Movement and the Construction of the Public Domain," *Law and Contemporary Problems* 66 (Winter–Spring 2003): 33–74.

[2] 法学研究中较早对专有权增长持怀疑态度的当属拉尔夫·布朗（Ralph Brown）的商标权研究，本杰明·卡普兰（Benjamin Kaplan）也对酝酿 1976 年《版权法》的那场狂风暴雨持谨慎态度。此外，斯蒂芬·布雷耶（Stephen Breyer）对许多工业版权的经济必要性表达了质疑。1990 年以前，这些声音依然罕见——在 20 世纪 80 年代，加入了大卫·兰格（David Lange）对公共领域的诗意呼吁；早在有人关注之前，帕梅拉·萨缪尔森（Pamela Samuelson）就对版权适用于计算机程序的问题进行了系统批判；杰西卡·利特曼（Jessica Litman）早年关于版权立法的政治经济学研究以及对公共领域的全面否定；威廉·费舍尔（William Fisher）对合理使用的理论探索。学术界在 1990 年代对"圈地"的质疑蔚然成风：萨缪尔森继续推动软件和数字资源的版权化问题研究；利特曼对数字版权的走向和误区提出了许多先见之明；彼得·亚斯齐（Peter Jaszi）对版权浪漫化进行了批判；雷·帕特森（Ray Patterson）提出了以用户为中心的版权观；黛安·齐默尔曼（Diane Zimmerman）重新引发了版权和第一修正案之间冲突的辩论；詹姆斯·博伊尔（James Boyle）对无休止的产权化驱动在理论上的一致性进行了深入批评；尼瓦·埃尔金·科伦（Niva Elkin Koren）探讨了版权和民主的关系；基思·青木（Keith Aoki）质疑了商标、专利和全球贸易体系；朱利·科恩（Julie Cohen）较早探索了技术保护系统和隐私的关系；埃本·莫格伦（Eben Moglen）运用免费软件的理念，无情批判了为知识产权进行辩护的基础。丽贝卡·艾森伯格（Rebecca Eisenberg）和阿蒂·拉伊（Arti Rai）质疑生物医学创新研究工具的专利化是否明智。在这十年中，威廉·费舍尔、拉里·莱斯格（Larry Lessig）、利特曼和西瓦·瓦伊迪雅纳坦（Siva Vaidhyanathan）分别描述了"圈地运动"所采取的各种形式，并揭示了其许多局限性。特别是莱斯格和瓦伊迪雅纳坦，已经开始探索网络环境中的制度斗争和自由之间的关系。

第 11 章

[1] Paul Starr, *The Creation of the Media: Political Origins of Modern Communications* (New York: Basic Books, 2004).

[2] Ithiel de Sola-Pool, *Technologies of Freedom* (Cambridge, MA: Belknap Press, 1983), 91–100.

[3] *Bridgeport Music*, *Inc. v. Dimension Films*, 2004 U. S. App. LEXIS 26877.

[4] 在基于"层"所抽象出来的概念中最有效的参见是 Lawrence Solum and Minn Chung, *The Layers Principle*: *Internet Architecture and the Law*, University of San Diego Public Law Research Paper No. 55；他们的模型更接近 OSI 层，并且专门用于特定法律原则，从不低于需要的水平进行规范。我寻求一个更高层次的抽象概念，其作用不是作为约束具体规则的工具，而是作为理解不同制度要素之间关系的地图，因为这些要素与社会中信息如何产生和交换的基本问题有关。

[5] 对这一现象的首次重要论述出自 Michael Froomkin, "The Internet as a Source of Regulatory Arbitrage" (1996), http://www. law. miami. edu/froomkin/articles/arbitr. htm.

[6] Jonathan Krim, "AOL Blocks Spammers' Web Sites," *Washington Post*, March 20, 2004, p. A01；also available at http://www. washingtonpost. com/ac2/wp-dyn? page name = article&contentId = A9449-2004Mar19&notFound = true.

[7] FCC Report on High Speed Services, December 2003 (Appendix to Fourth 706 Report NOI).

[8] 216 F. 3d 871 (9th Cir. 2000).

[9] *National Cable and Telecommunications Association v. Brand X Internet Services* (decided June 27, 2005).

[10] *Turner Broad. Sys. v. FCC*, 512 U. S. 622 (1994) and *Turner Broad. Sys. v. FCC*, 520 U. S. 180 (1997).

[11] *Chesapeake & Potomac Tel. Co. v. United States*, 42 F. 3d 181 (4th Cir. 1994); *Comcast Cablevision of Broward County*, *Inc. v. Broward County*, 124 F. Supp. 2d 685, 698 (D. Fla., 2000).

[12] 经济学家批判的经典出处是 Ronald Coase, "The Federal Communications Commission," *Journal of Law and Economics* 2 (1959): 1. 关于这些产权具体形态的最完善阐释来自 Arthur S. De Vany et al., "A Property System for Market Allocation of the Electromagnetic Spectrum: A Legal-Economic-Engineering Study," *Stanford Law Review* 21 (1969): 1499.

[13] *City of Abilene*, *Texas v. Federal Communications Commission*, 164 F3d 49 (1999).

[14] *Nixon v. Missouri Municipal League*, 541 U. S. 125 (2004).

[15] Bill Number S. 2048, 107th Congress, 2nd Session.

[16] *Felten v. Recording Indust. Assoc. of America Inc.*, No. CV-01-2669 (D. N. J. June 26, 2001).

[17] *Metro-Goldwyn-Mayer v. Grokster*, *Ltd.* (decided June 27, 2005).

[18] See Felix Oberholzer and Koleman Strumpf, "The Effect of File Sharing on Record Sales" (working paper), http://www. unc. edu/cigar/papers/FileSharing_ March2004. pdf.

[19] Mary Madden and Amanda Lenhart, "Music Downloading, File-Sharing, and Copyright" (Pew, July 2003), http://www. pewinternet. org/pdfs/PIP_ Copyright_ Memo. pdf/.

[20] Lee Rainie and Mary Madden, "The State of Music Downloading and File-Sharing Online" (Pew, April 2004), http://www. pewinternet. org/pdfs/PIP_ Filesharing_ April_ 04. pdf.

[21] See 111 F. Supp. 2d at 310, fns. 69-70; *PBS Frontline* report, http://www. pbs. org/wgbh/pages/frontline/shows/hollywood/business/windows. html.

［22］A. M. Froomkin, "Semi-Private International Rulemaking: Lessons Learned from the WIPO Domain Name Process," http://www.personal.law.miami.edu/froomkin/articles/TPRC99.pdf.

［23］Jessica Litman, "The Exclusive Right to Read," *Cardozo Arts and Entertainment Law Journal* 13 (1994): 29.

［24］*MAI Systems Corp. v. Peak Computer, Inc.*, 991 F. 2d 511 (9th Cir. 1993).

［25］Lawrence Lessig, *Free Culture: How Big Media Uses Technology and the Law to Lock Down Culture and Control Creativity* (New York: Penguin Press, 2004).

［26］Jessica Litman, "Electronic Commerce and Free Speech," *Journal of Ethics and Information Technology* 1 (1999): 213.

［27］See Department of Justice Intellectual Property Policy and Programs, http://www.usdoj.gov/criminal/cybercrime/ippolicy.htm.

［28］*Eldred v. Ashcroft*, 537 U. S. 186 (2003).

［29］*Bridgeport Music, Inc. v. Dimension Films*, 383 F. 3d 390 (6th Cir. 2004).

［30］383 F3d 390, 400.

［31］Mark A. Lemley, "Intellectual Property and Shrinkwrap Licenses," *Southern California Law Review* 68 (1995): 1239, 1248-1253.

［32］86 F. 3d 1447 (7th Cir. 1996).

［33］更加全面的技术解释，参见 Yochai Benkler, "An Unhurried View of Private Ordering in Information Transactions," *Vanderbilt Law Review* 53 (2000): 2063.

［34］James Boyle, "Cruel, Mean or Lavish? Economic Analysis, Price Discrimination and Digital Intellectual Property," *Vanderbilt Law Review* 53 (2000); Julie E. Cohen, "Copyright and the Jurisprudence of Self-Help," *Berkeley Technology Law Journal* 13 (1998): 1089; Niva Elkin-Koren, "Copyright Policy and the Limits of Freedom of Contract," *Berkeley Technology Law Journal* 12 (1997): 93.

［35］*Feist Publications, Inc. v. Rural Telephone Service Co., Inc.*, 499 U. S. 340, 349-350 (1991).

［36］Directive No. 96/9/EC on the legal protection of databases, 1996 O. J. (L 77) 20.

［37］J. H. Reichman and Paul F. Uhlir, "Database Protection at the Crossroads: Recent Developments and Their Impact on Science and Technology," *Berkeley Technology Law Journal* 14 (1999): 793; Stephen M. Maurer and Suzanne Scotchmer, "Database Protection: Is It Broken and Should We Fix It?" *Science* 284 (1999): 1129.

［38］See Stephen M. Maurer, P. Bernt Hugenholtz, and Harlan J. Onsrud, "Europe's Database Experiment," *Science* 294 (2001): 789; Stephen M. Maurer, "Across Two Worlds: Database Protection in the U. S. and Europe," paper prepared for Industry Canada's Conference on Intellectual Property and Innovation in the Knowledge Based Economy, May 23-24 2001.

［39］Peter Weiss, "Borders in Cyberspace: Conflicting Public Sector Information Policies and their Economic Impacts" (U. S. Dept. of Commerce, National Oceanic and Atmospheric Administration, February 2002).

[40] *eBay, Inc. v. Bidder's Edge, Inc.*, 2000 U. S. Dist. LEXIS 13326 (N. D. Cal. 2000).

[41] 这种例外可能采取类似于第二巡回上诉法院在 NBA 诉摩托罗拉案［*NBA v. Motorola*, 105 F. D. 841 (2d Cir. 1997)］的模式，将各州的滥用索赔限制在《版权法》嵌入联邦政策所限定的狭隘范围内。这可能要求实际证明机器人已停止服务，或者威胁到服务的生存。

[42] *New York Times v. Sullivan*, 376 U. S. 254, 266 (1964).